教育部人文社会科学研究一般项目
（项目批准号：10XJA850002）结题成果

妇女撑起半边天

妇女参与少数民族地区社会主义新农村建设研究

罗树杰　等著

知识产权出版社
Intellectual Property Publishing House
全国百佳图书出版单位

图书在版编目（CIP）数据

妇女撑起半边天：社会主义新农村建设研究 / 罗树杰等著. —北京：知识产权出版社，2017.7

ISBN 978-7-5130-4983-2

Ⅰ.①妇… Ⅱ.①罗… Ⅲ.①农村-妇女问题-研究-中国②农村-社会主义建设-研究-中国 Ⅳ.①D669.68②F320.3

中国版本图书馆CIP数据核字（2017）第148895号

内容提要

本书是教育部人文社会科学研究一般项目的结题成果。课题组以宜州市石别镇横山屯、上林县塘红乡那君村、德保县荣华乡上茂村、东兴市江平镇澫尾村、马山县古寨瑶族乡古寨村、扶绥县东罗镇厚寨村等壮、瑶、京等少数民族聚居的村寨作为田野点，进行深入细致的调查，获取丰富的第一手资料，从少数民族地区农村经济发展与妇女社会地位、少数民族留守妇女与社会主义新农村建设、少数民族地区妇女与村民自治、少数民族地区农村妇女的闲暇生活等不同视角对当下少数民族地区妇女在社会主义新农村建设中的现状、问题进行探讨。既有深入细致的观察、访谈等定性资料，也有严格按照科学严谨的定量研究资料，全书图文并茂，案例、数据翔实，视角比较新颖，为更深入了解当前少数民族地区社会主义新农村建设中妇女的地位、作用、存在的问题提供翔实而生动的资料。同时，作者运用社会学、民族学等学科理论，分析在急剧变革的年代少数民族地区推进社会性别主流化面临的困境，提出进一步推进社会性别主流化的意见，也有较强的现实意义。

责任编辑： 李小娟　　　　　　　　　　**责任出版：** 孙婷婷

妇女撑起半边天——妇女参与少数民族地区社会主义新农村建设研究
FUNÜ CHENGQI BANBIANTIAN——FUNÜ CANYU SHAOSHU MINZU DIQU SHEHUI ZHUYI XINNONGCUN JIANSHE YANJIU

罗树杰　等著

出版发行：	知识产权出版社 有限责任公司	网　址：	http://www.ipph.cn
电　话：	010-82004826		http://www.laichushu.com
社　址：	北京市海淀区气象路50号院	邮　编：	100081
责编电话：	010-82000860转8531	责编邮箱：	61026557@qq.com
发行电话：	010-82000860转8101	发行传真：	010-82000893
印　刷：	北京中献拓方科技发展有限公司	经　销：	各大网上书店、新华书店及相关专业书店
开　本：	720mm×1000mm　1/16	印　张：	28.75
版　次：	2017年7月第1版	印　次：	2017年7月第1次印刷
字　数：	456千字	定　价：	79.00元

ISBN 978-7-5130-4983-2

出版权专有　侵权必究

如有印装质量问题，本社负责调换。

前 言

本书是教育部人文社会科学研究一般项目(项目批准号:10XJA850002)的结题成果,是集体合作完成的。具体分工如下:

罗树杰负责全书的框架设计,调研方案的制定、撰稿指导和修改,并撰写第一章;谢秋慧撰写第二章;叶文静撰写第三章;吴茜、沈文凯撰写第四章;康连静撰写第五章;李一格撰写第六章;韦艳枝撰写第七章;李桂锦撰写附录。

在调研和撰写过程中,得到调研点各民族干部群众大力支持。尤其是原广西壮族自治区妇女联合会陈礼贤副处长为调研安排做了大量协调工作。闭伟宁教授、李小文教授、魏万青副教授、刘旭金教授、赵明龙教授、黄家信教授、吕玲丽教授、许立坤教授对书稿的进一步完善提出了许多富有建设性的意见。知识产权出版社的李小娟编辑认真负责,为本书的顺利出版做了大量有益的工作,在此一并表示衷心感谢。

罗树杰

2016年7月31日于南宁

目 录

绪 论 ·· 1
  一、研究的问题及背景 ··· 1
  二、研究的思路和方法 ··· 2
  三、相关研究述评 ·· 3
  四、研究意义 ··· 26

第一章　少数民族地区妇女的家庭权利 ························ 28
第一节　调查点的基本概况和调查方法 ··············· 29
  一、调查点的基本概况 ··· 29
  二、仫佬族的重要文化传统 ·· 31
  三、调查方法 ··· 33

第二节　建构的社会性别角色 ····························· 34
  一、文化自觉：获得社会性别角色 ······························· 35
  二、男女有别：家庭劳务分工下的性别差 ····················· 39
  三、撑起的力量：半边天的角色地位 ···························· 47
  四、事实与心理：男性话语权 ····································· 50

第三节　"内人"的家庭权利 ······························· 55
  一、认知与选择：关于择偶和结婚 ······························· 55
  二、妥协压倒抗拒：家庭暴力与离婚 ···························· 59
  三、理性与权威：家庭事务决策权 ······························· 61
  四、传统的延续：家庭财产继承权 ······························· 64
  五、面子与文化根基：生育的性别假偏好 ····················· 67

第二章　少数民族地区农村经济发展与妇女社会地位 …………76

第一节　生产方式转变对京族妇女社会地位的影响 …………76
一、关于京族生产方式及其妇女社会地位的研究 …………76
二、本次研究的田野点以及研究方法 …………78
三、改革开放前澫尾村的生计方式与京族妇女的社会地位 …………84
四、改革开放后澫尾村的生计方式转变对
　　京族妇女社会地位的影响 …………92

第二节　生计方式变迁影响着京族妇女的社会地位 …………109
一、生计方式变迁对澫尾村京族妇女经济地位的影响 …………109
二、生计方式变迁对澫尾村京族妇女政治地位的影响 …………115
三、生计方式变迁对澫尾村京族妇女文化地位的影响 …………119
四、讨论 …………123

第三章　少数民族"留守妇女"与社会主义新农村建设 …………129

第一节　留守妇女形成原因与面临的困境 …………129
一、调查点的概况以及研究方法 …………129
二、留守妇女形成的原因与面临的困境 …………136

第二节　壮族农村留守妇女在新农村建设中角色的变化 …………152
一、不得不担起新农村建设的任务 …………153
二、妇联组织介入下壮族农村留守妇女角色的重构 …………156
三、壮族农村留守妇女性别平等认知在新农村建设中逐步形成 …………164

第三节　男性劳动力外流促进妇女地位转变的理论分析 …………173
一、男性劳动力外流造成了家庭分工方式的裂变 …………173
二、男性劳动力外流与乡村生活的基本形态 …………178
三、男性缺场与妇女的社会参与 …………189

第四章　少数民族地区妇女与村民自治 …………194

第一节　妇女参与村民自治的状况 …………194
一、古寨村的基本情况 …………194
二、壮族农村妇女参与村民自治取得的成效 …………203

三、壮族农村妇女参与村民自治存在的问题 …………………… 213
　第二节　壮族农村妇女参与村民自治存在问题的成因 …………… 221
　　一、受教育程度偏低 …………………………………………… 221
　　二、传统性别观念的影响 ……………………………………… 223
　　三、家庭经济水平的制约 ……………………………………… 224
　　四、多重角色的影响 …………………………………………… 227
　　五、政策法规宣传推广不到位 ………………………………… 229
　　六、村妇女组织的作用没有充分发挥 ………………………… 229
　第三节　壮族农村妇女参与村民自治存在问题的影响 …………… 231
　　一、制约妇女行使民主权利 …………………………………… 232
　　二、增加地方事务管理的难度 ………………………………… 233
　　三、阻碍农村政治文明的建设 ………………………………… 235

第五章　少数民族地区农村妇女的闲暇生活 …………………… 237
　第一节　厚寨村妇女闲暇生活基本状况 …………………………… 238
　　一、田野调查点简介 …………………………………………… 238
　　二、厚寨村妇女闲暇生活基本状况 …………………………… 241
　第二节　厚寨村妇女闲暇生活方式的变迁与群体差异比较 ……… 259
　　一、厚寨村妇女闲暇生活方式的历史变迁 …………………… 260
　　二、改革开放后厚寨农村妇女闲暇生活方式变迁趋势 ……… 261
　　三、厚寨村妇女闲暇生活的群体差异 ………………………… 263
　第三节　厚寨村妇女闲暇生活状况影响因素分析 ………………… 268
　　一、影响妇女闲暇生活的客观因素 …………………………… 268
　　二、影响妇女闲暇生活的主观因素 …………………………… 273
　第四节　促进壮族地区农村妇女闲暇活动的健康发展 …………… 278
　　一、壮族地区农村妇女闲暇活动存在的突出问题 …………… 278
　　二、促进壮族地区农村妇女闲暇活动健康发展的思考 ……… 280

第六章　充分发挥妇女在新农村建设中的作用 ………………… 282
　第一节　突出村民在社会主义新农村建设中的主体地位 ………… 282

一、研究设计 ·· 282
　　二、调查点概况 ·· 285
　　三、调查数据和访谈资料分析 ································ 287
　　四、提高农民在新农村建设中的地位的思考 ···················· 301
第二节　促进农村妇女参与村民自治 ································ 301
　　一、提高妇女文化知识和民主权利意识 ························ 302
　　二、注重家庭支持 ·· 303
　　三、发挥村级妇联组织的作用 ································ 305
　　四、增加壮族妇女村民代表和中共党员的数量 ·················· 305
　　五、加大政策法规的宣传推广 ································ 306
　　六、加强对该地区的扶贫力度 ································ 307
第三节　改善妇女发展环境提高少数民族地区妇女素质 ·············· 307
　　一、政府与社会要积极创造条件，改善妇女发展环境 ············ 307
　　二、妇女应转变观念，努力提高自身素质 ······················ 312

参考文献 ·· 314

附录一　广西高校女生的社会性别意识研究
　　　　——以广西大学为例 ······································ 319

附录二　广西高校女生的社会性别意识状况调查问卷 ·············· 429

绪 论

一、研究的问题及背景

1949年中华人民共和国成立,毛泽东同志率先喊出"男女都一样""妇女能顶半边天"的口号,中国妇女获得了空前的解放。一时间,中国大地上女性社会角色发生了深刻的变化,开始承担起越来越多的社会责任,真正改变了女性的经济地位,从而彻底改变了女性的社会地位。但是,在少数民族地区,由于经济社会发展的滞后性,妇女在对自我解放的认识上相对也比较滞后。

1995年9月,联合国第四次世界妇女大会在北京召开,提出社会性别主流化,我国政府也积极采取措施推进社会性别主流化。在北京召开的联合国第四次世界妇女大会欢迎仪式上,时任国家主席江泽民指出:"我们十分重视妇女的发展与进步,把男女平等作为我国社会发展的一项基本国策。我们坚决反对歧视妇女的现象,切实维护和保障妇女在国家政治、经济和社会生活中的平等地位和各项权益。"[1]这一基本国策的确定,意味着国家从战略上和政策上保障了女性平等参与国家事务和参与社会发展的权利,当然,也包括农村妇女在村级治理中具有与男性的平等参与权利。

中华人民共和国成立后,中共中央就多次提出要"建设社会主义新农村"。中共十六届五中全会在新的形势下,更为深远的意义和更加全面地再次提出建设社会主义新农村。这一时期,我国总体上进入以工促农、以城带乡发展的新阶段。我国全面建设小康社会的重点难点已经转移到农村,农业丰收则基础牢固,农民富裕则国家繁荣,农村稳定则社会安定;没有农村的小康,就没有全社会的小康;没有农业的现代化,就没有国家的现代化。建设社会主义新农村(以下简称"新农村建设"),是中国共产党从中国社会主义现代化的全局出发和适应中国经济社会发展新阶段的必然要求,提出的一项重大而紧迫的战略任务。而在相对贫困地区特别是少数民族地区伴随着现代化

---

[1] 江泽民.江泽民在联合国第四次世界妇女大会欢迎仪式上的讲话[N].人民日报,1995-09-05.

的发展,社会流动的加大,大部分男性出去打工,妇女逐渐成为农业生产和农村经济发展的主要力量,成为村级事务管理的重要力量。2006年4月,民政部副部长姜力在推动农村妇女参与村民自治实践经验交流会上,表示农村妇女参与村级事务的民主管理,是农村基层民主建设重要内容。性别和谐是和谐社会的基础,农村妇女参与村民自治,是推动和谐农村建设的基础。

因此,在世界社会性别主流化的大潮中,在男女平等的国策推动下,大量青壮年劳动力外出务工经商的背景下,少数民族地区妇女如何在社会主义新农村建设中发挥更加重要的作用,是一个值得深入探讨的问题。

二、研究的思路和方法

根据社会性别主流化的含义、中共中央关于社会主义新农村建设的主要内容和当下少数民族地区的实际,本课题分留守妇女与社会主义新农村建设、农村经济发展与妇女社会地位、妇女与村民自治、妇女的闲暇生活等几个专题,从不同视角对少数民族地区妇女在新农村建设中的地位和作用进行研究。此外,我们认为推进社会性别主流化,关键在于一方面要改善外部环境——制定和完善各种法律、制度,加强宣传教育;另一方面要提高妇女的受教育程度,提高她们的社会性别主流化意识。因而,我们选取广西大学女生的性别主流化意识进行研究,了解当前广西这个中国少数民族人口最多的唯一"211工程"大学女大学生社会性别意识的现状及其发展趋势,从而探讨少数民族地区推进社会性别主流化的难点及其对策。

本课题研究的主要方法是以微观个案研究为主,每一个专题选取一个比较典型的少数民族聚落进行深入调查,总结取得的成绩及经验,剖析存在的问题及原因,以小见大,探讨在少数民族地区农村中进一步推进社会性别主流化的路径,具体情况如下。

以广西罗城仫佬族自治县东门镇仫佬族聚居的凤梧村上凤立屯为中心探讨少数民族地区妇女的家庭权利问题;以广西宜州市石别镇壮族聚居的横山屯为中心探讨社会主义新农村农民的主体地位问题;以广西上林县塘红乡那君村、德保县上茂村两个壮族村落为中心,探讨留守妇女在新农村建设中的地位与作用问题;以广西东兴市江平镇京族聚居的澫尾村为中心探讨少数民族妇女在新农村经济发展中的地位与作用;以广西马山县古寨瑶族乡瑶

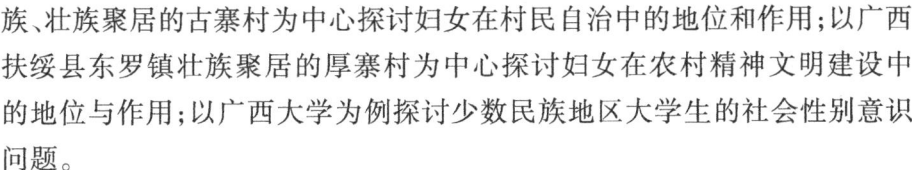

族、壮族聚居的古寨村为中心探讨妇女在村民自治中的地位和作用;以广西扶绥县东罗镇壮族聚居的厚寨村为中心探讨妇女在农村精神文明建设中的地位与作用;以广西大学为例探讨少数民族地区大学生的社会性别意识问题。

同时,为了对少数民族地区妇女在新农村建设中的地位与作用有更深入的了解,课题组还到其他少数民族聚居的村落,包括云南省富宁县板仑乡彝族聚居的龙迈村以及广西金秀瑶族自治县六巷乡瑶族聚居的门头村、象州县百丈乡壮族聚居的民进村、环江毛南族自治县毛南族聚居的下南乡南昌村、罗城仫佬族自治县的东门镇仫佬族聚居的凤梧村、那坡县城乡镇彝族聚居的达腊村、天等县进结镇壮族聚居的孟养村、大新县下雷镇新丰村、靖西县龙邦镇壮族聚居的下坝村、隆林各族自治县苗族、壮族、汉族杂居的德娥乡等。

在此基础上,提出推进少数民族地区特别是农村社会性别主流化的策略。

三、相关研究述评

(一)关于社会性别

1968年,美国心理分析学家安奥克利(Ann Oakley)出版了《生理性别与社会性别》(*Sex and Gender*)一书,生理性别和社会性别才分别用Sex和Gender两个词来表示。1972年,性学家约翰·马尼(John Money)和安克·艾哈德(Anke Ehrhardt)进一步阐释了生理性别与社会性别的区别,认为二者的区别在于前者是生理的,后者是心理的和社会的。"社会性别"一词随后在西方被人们普遍使用,社会性别理论逐步被人们广泛接受。在西方学界,对女性的社会性别研究主要包括家庭、经济生活、思想观念、社会规范、法律、宗教、政治生活、教育、文化、性等。

这里重点介绍国外文献对女性参政、就业、婚姻与家庭等方面的研究内容。①女性参政方面。国外女性政治参与的研究主要集中在探讨女性参政的现状和模式以及总结推进女性参政的措施等方面。西方学界从社会性别的角度,揭示出由于传统的社会性别分工,以及传统性别文化的制约和影响,造成了女性在参政方面的薄弱基础,同时肯定了女性参政的价值和作用。女性只有积极参政,才能在客观上有利于提高女性的社会地位。②女性就业方面。西方专家对女性就业的研究源于经济学分析。但是经济学无法解答女性就业中的一些深层次的问题,社会性别的视角在一定程度上弥补了经济学研究的不足。社会性别理论反对"生物决定论",从制度的背景和文化观念方面阐释男女两性在劳动力市场中的差异。同时表明,工业化促进了妇女的就业,工作的女性对当代家庭生活的各方面产生了影响,工作的女性朝着社会与家庭的平等迈步。③国外针对婚姻家庭问题的正式研究大致起源于19世纪中期。19世纪中叶,社会学学科形成,直接促进了对婚姻家庭研究的科学化,社会学的创始人孔德曾分析过家庭对社会的意义。西方从社会性别的角度探讨了女性婚姻家庭问题,其中有关家庭不平等问题引起了人们的广泛关注。揭示女性在婚姻家庭中的地位低于男性,如婚姻家庭对性和生育的控制,作为无酬工作的家务劳动,以及妇女受伤害的若干形式(如家庭暴力)等。

总的来说,西方从社会性别的视角,揭示由于传统的社会性别分工和传统性别文化制约了女性在参政方面的薄弱和就业方面的不足以及在婚姻家庭中的地位低下,并表明女性和男性应该有平等的权利参政、就业以及享有平等的家庭地位,同时提出改变男女两性平等发展的措施等。主要研究的文献有:西蒙娜·德·波伏娃(Simone de Beauvior)《第二性》(大连理工大学出版社,2008);卡伦·霍尔奈(Karen Horney)《女性心理学》(上海锦绣文章出版社,2009);罗伯特·费尔德曼《性别歧视与人口发展》(社会科学文献出版社,2006);凯特·米利勒《性的政治》(社会科学文献出版社,1999);约翰·奈斯比特(John Naisbitt)、帕特里夏·艾柏登(Patricia Aburdene)《女性大趋势》(新华出版社,1993);W.古德(Goode WJ)《家庭》(社会科学文献出版社,1986);贝蒂·弗里丹(Betty Friedan)《女性的奥秘》(四川人民出版社,1988)。

中国的社会性别研究虽然起步较晚一些,20世纪80年代之前,并不存在着现实意义上的独立的性别问题研究领域。到20世纪80年代中期,随着中国改革开放和社会的发展,特别是1995年世界第四次妇女大会在中国召开,更是推波助澜,掀起了社会性别问题的研究热潮。近30年来,学术界对社会性别的研究更多集中在实践层面,主要侧重以下几个方面。

第一,女性参政问题。主要讨论中国改革开放以来,出现的女性参政比例较低的现状及其原因分析。薛宁兰《社会性别与妇女权利》(社会科学文献出版社,2008);李英桃《社会性别视角下的国际政治》(上海人民出版社,2003);张媛媛《社会性别视角下我国女性参政权研究》(暨南大学硕士论文,

2011);刘志玲《社会性别视角下妇女参政的研究》(安徽师范大学硕士论文,2007);周荣《社会性别视角下的农村女性政治参与问题研究——基于洪湖市L镇的实证调查》(华中农业大学硕士论文,2010)。这些研究大部分都指出我国女性参政现状不如意的表现主要在:①全国人民代表大会女性代表比例徘徊不前;②女性从政的层次较低;③女性参政的结构不合理等。并提出了促进女性参政的相关法律措施等建议。研究中发现男性对政治的关注程度远远高于女性。认为造成该现象的主要原因是受传统观念和文化的影响。

第二,女性就业问题。女性是否应该就业;女性就业出现了什么问题;原因是什么。如何解决女性就业问题。主要研究成果有:韩贺南、张健《女性学导论》(教育科学出版社,2005);李银河《女性权力的崛起》(文化艺术出版社,2003);佟新《社会性别研究导论》(北京大学出版社,2005);刘建中、孙中欣、邱晓露《社会性别概论》(复旦大学出版社,2010);祝平燕、周天枢、宋岩《女性学导论》(武汉大学出版社,2007);杜芳琴、王政《社会性别第一辑》(天津人民出版社,2004)和《社会性别第二辑》(天津人民出版社,2004);王亚男、李薇、李永华《社会性别视角下的女大学生就业问题研究》(黑龙江教育学院学报,2010年第11期);张婧群《女大学生就业问题的社会性别分析》(长春师范大学硕士论文,2012);周敏《中国参政、就业政策中的性别平等问题研究》(吉林大学硕士论文,2011)。这些研究大都指出了我国女性就业所面临的问题,大部分女性相对男性而言都有就业层次较低、男女两性的收入差距大、劳动力市场入口有性别歧视等问题。女性就业有边缘化和不公平倾向。

第三,女性与婚姻家庭问题。主要讨论男女家庭分工的角色差异;男女抚育子女的角色差异;性别差异所产生的家庭矛盾与冲突。谭琳、陈卫民《女性与家庭:社会性别视角的分析》(广西民族出版社,2001);李银河《女性权力的崛起》(文化艺术出版社,2003);李银河《两性关系》(华东师范大学出版社,2005);林聚任《社会性别的多角度透视》(羊城晚报出版社,2003);刘建中、孙中欣、邱晓露《社会性别概论》(复旦大学出版社,2010);曾淑萍《社会性别视角下妇女婚姻家庭地位研究——以湖南省为例》(中南大学硕士论文,2012)。这些研究指出,家庭中的性别角色分工是决定家庭关系和女性地位的基础,性别角色分工虽然与生理因素有直接关系,但却不是由生理因素决定的,它是社会文化塑造的结果。传统的社会性别分工导致了女性在家庭和社会中的从属地位,是性别不平等的根源。并提出实现家庭中性别平等的对策建议,呼吁国家法律与政府政策要树立社会性别意识。研究还得出家务分工仍存在隐性不平等,权力结构依旧倾向男权化的结论。但是,涉及少数民族社会性别问题的研究成果还不是很多,其中罗志发著的《壮族的性别平等》(黑龙江人民出版社,2008)算是不多见的一种。

(二)关于妇女社会地位

1. 国外关于妇女社会地位的研究

在国外,西方女权主义者早在15世纪就开始关注妇女权利问题,女权主义将自己定义为一种对妇女权利的认可、性别之间的平等和女性特质的重新定义而进行的斗争。自20世纪70年代以来,西方女权主义者逐渐意识到应该把自然性别或生物意义上的男女,与由社会文化形成的男女在社会角色和地位加以区别,确定了性与性别之间的不同。自然的生理意义上的性别是先天的,而社会性别是后天的,受到复杂的社会、政治、经济、文化因素制约。女权主义泰斗西蒙娜·德·波伏娃在其巨著《第二性》中提出性别的社会建构含义认为,"女人并不是生就的,而宁可说是逐渐形成的。在生理、心理或经济上,没有任何命运能决定人类女性在社会的表现形象。决定这种介于男性与阉人之间的、所谓具有女性气质的人的,是整个文明"。❶波伏娃唤醒了女性对自己在社会中处在边缘而低下的地位的意识,她认为父权社会对女性的期望限制了她们的自由,社会在男人制定的关于女人的所有规章制度下运行,而和其他受压迫群体不同,女性因为缺乏共同的居住地,所以从来没有强烈的团结意识。这使得她们虽然长期受到压迫却没有对此形成深刻的认识,只能在这个根据男人的利益和观念统治的世界里沦为第二性。女权主义者斯特勒·罗伯特(Stoller Robert)在《性与性别》中再次提出性别之间的社会关系不是生物决定的,且论证了许多行为范式源于生物和社会因素的因果相互作用。"社会性别"概念的引入标志着女性主义学术研究进入了一个新阶段,把目光投向问题的本质。

古典文献强调经济因素及妇女对私有制的依附,认为妇女的生理特征是其在生产关系中的弱势地位和在生育关系中的重要性的基础。如恩格斯在《家庭、私有制和国家的起源》一书中指出,妇女受压迫的主要原因在于她们体力弱小而被排斥在公共生产领域之外。他提出:"妇女解放的第一个先决

---

❶ 波伏娃.第二性[M].陶铁柱,译.北京:中国书籍出版社,1998:251.

条件就是使一切女性重新回到公共事业中去,而要达到这一点,又要求消除个体家庭作为社会的经济单位。"❶恩格斯的学生奥古斯特·倍倍尔(August Bebel)同意马克思、恩格斯关于妇女体力弱小导致其处于受压迫地位的观点,同时他也认为生育功能是妇女依附于男性的根本原因之一。与社会主义有关理论不同的是,波伏娃的《第二性》将重点集中在论述不同时代妇女的地位上,运用心理学理论从经济和生育两方面解释妇女的从属地位。在第一卷中,她根据财产制度及其对妇女的影响,对不同时代各阶层妇女的状况进行了描述,并且增加了永恒的女性神话、不同时代的各种妇女和对妇女的文学处理。在他们之后,英国女权主义思想家朱丽叶·米切尔(Juliet Mitchell)在《妇女:最漫长的革命》中对这些观点作了具有独立见解的评论,她将妇女受压迫的因素概括为生产、生育、性和儿童的社会化这四大类,并提出妇女要真正获得解放就必须改变紧密结合在一起的上述四大结构,如果只是改变其中一个结构,就会被另一个结构的加强抵消,结果只是改变了剥削的形式。

　　法国女性主义哲学家露丝·伊里加蕾(Luce Irigaray)是第三次女性主义运动浪潮的代表人物之一。她在一定程度上继承了波伏娃的女性思想,在著作中重申了女性在父权社会的他者地位,并指出男性根据女性身体在男性权力交换过程中的价值来决定女性的价值。她认为女性之所以被边缘化,被赶出权力和话语的中心,是由于她们没有拥有权力和话语的象征,这才使得女性在父权制度下长期被忽视、被压迫。法国哲学家米歇尔·福柯(Michel Foucault)认为性别结构与权力结构共存,而生理性别随着历史的演变而变化,是话语的产物,他提出了关于日常生活中的统治和抵抗的理论,性别差异是由权力生产出来的。美国后现代主义思想家朱迪斯·巴特勒(Judith Butler)在重读波伏娃著作的基础上解构了生理性别与社会性别的对立,她否认纯自然的生理性别的存在,认为身体涵盖物质、精神和社会等多个层面,并且开始关注种族、阶级等其他社会规范与性别的交叉影响。

　　近年来,妇女的生存发展已成为全球经济社会发展的重要议题,不少国外学者探讨了全球背景下的性别平等与社会转型的问题,推动了全球女性主义研究。英国学者玛丽安娜·赫斯特(Marianne Hester)在《中国和英国的全球化:行动主义和针对妇女的暴力》一文讨论了全球化、跨国主义辩论和

---

❶ 恩格斯.家庭、私有制和国家的起源[M].中共中央马克思恩格斯列宁斯大林著作编译局,译.北京:人民出版社,1999:76.

女性主义行动的影响,比较分析了中国和英国的情况,试图理解针对妇女的暴力在地方的具体表现形式和发展状况。提出全球化可能给妇女带来的影响,一方面导致针对妇女的暴力增加或发展;另一方面也为行动主义和变革带来推动力量与发展空间。美国学者佩吉·莱维特(Peggy Levitt)的《社会性别与跨国迁移:两者关系之理解》概括了以往跨国研究的视角,试图阐明移民经历中跨国迁移改变社会性别关系。美国学者克里斯提·E. 博斯(Christine E. Bose)的《比较视角下的跨地区性别不平等研究》提供了亚洲、非洲、拉丁美洲、加勒比等不同对性别不平等现象进行的比较视角,揭示了这方面的研究与国内及跨国女权主义运动之间的互动关系,提出要促进人才跨国交流,为本土的妇女和社会性别研究提供全球性的知识与信息,打破各种不同形式的父权制。

2. 国内关于妇女地位的研究

中华人民共和国成立以来男女平等一直作为我国社会发展的一项基本国策。改革开放以后,出现了许多新的妇女问题需要作出新的回答。特别是1995年第四届世界妇女大会在北京召开后,我国也承诺推进社会性别主流化,把男女平等上升为基本国策。从此,借鉴西方女权主义研究成果,社会性别主流化成为我国各级妇女组织和妇女研究者熟悉的话题与探索的目标。我国学者翻译了大量的西方女性主义学者的著作,如西蒙娜·德·波伏娃《第二性》(陶铁柱译,2004)、朱迪斯·巴特勒《性别麻烦》(宋素凤译,2012)、朱丽叶·米切尔《妇女:最漫长的革命》(陈小兰、葛有利译,2007)、瓦勒里·布勒森《女权主义政治理论引论》(李银河译,2007)等,并对西方学者的思想进行了深入的研究,如刘岩的《差异之美:伊里加蕾的女性主义理论研究》(北京大学出版社,2010)、吴庆宏的《弗吉尼亚·伍尔夫与女权主义》(中国社会科学出版社,2005)等。此外,众多学者对我国妇女地位和妇女问题进行了研究与经验总结,如李银河《女性权力的崛起》一书就是对世界与中国妇女发展状况及未来趋势的全景式描述,不仅回顾了两次妇女运动浪潮和各种女权主义流派的思想,分析了女性在政治参与、就业、教育、家庭等方面的生存状况,还指出当代妇女运动的焦点和发展,包括对妇女的照顾和立法、暴力、性骚扰等问题,预测了世界和中国妇女在21世纪的发展前景。蒋永萍主编《社会转型中的中国妇女社会地位》,以全国妇联和国家统计局的两期中国妇女社会地位调查数据为基础,从不同的角度和层次分析调查数据与访谈资料,深入探讨社会转型背景下中国妇女社会地位状况及变化,并探讨了影响妇女地位变迁的因素和机制。书中还分别对女性经济精英、国有企业女工、农村有外出经历的女性和少数民族妇女这四个典型群体进行了研究,描述这些群体在经济体制改革不断变化条件下的地位状况。蒋美华的《20世纪中国女性角色变迁》比较分析了20世纪"辛亥革命—五四"时期和改革开放时期的女性角色变迁,首次将历史上的中国女性角色变迁与当代中国女性角色变迁置于20世纪社会转型的宏大视野中进行系统分析,实现了女性研究历史与现实的统一。书中从角色变迁的起点、过程、效果等方面总结女性角色变迁的趋同性和差异性,进一步阐明了女性角色变迁与社会转型的紧密互动关系。其中第三章从就业权与就业增长率、就业结构、经济收入、职业变动、女职工劳动保护等方面分析了女性经济角色在改革开放中的发展,作者认为从各种指标可以看出,中国女性的经济角色在改革十几年间有了很大的发展。另外,又分析了女性经济角色在改革开放中的困扰,如女工下岗及其再就业问题、女性就业难问题、女性在业人口的性别隔离问题、男女不同年龄退休问题、农村"留守妻子"现象及"农业女性化"趋势、农村妇女土地权益受损问题以及女工劳动保护问题等。此外,作者认为当代职业女性的外出谋职引发了社会角色和家庭角色间的冲突,这也反映出女性塑造独立经济角色的艰难性。还有大量相关的学术论文也从立法、教育、就业、参政、妇女运动等方面研究妇女地位和妇女问题,并且随着社会主义新农村建设的提出,越来越多的学者关注农村妇女地位,如叶敬忠的《留守妇女与新农村建设》(《中华女子学院学报》2009/03)、蒋永萍的《留守妇女与新农村建设的制度设计》(《中华女子学院学报》2009/03)、王秀绒的《妇女参与新农村建设的调查与思考——以商洛市为例》(《河北农业科学》2008/07)等。

(三)关于生产方式与妇女社会地位

生产方式,按照马克思的说法,就是"不改变他的劳动资料或他的劳动方法,或不同时改变这二者就不能把劳动生产力提高一倍。因此,他的劳动生产条件,也就是他的生产方式,从而劳动过程本身,必须发生革命"。[1]在西方资本主义生产关系建立初期,迅速扩张的大工业推动贫困的劳动妇女大规模

---

[1] 马克思.资本论:第1卷[M].北京:人民出版社,1975:350.

参加社会化大生产,并在反抗资产阶级剥削的斗争过程中争取自身解放,不少学者对资本主义生产方式下的性别分工和女性地位进行了探索与研究。恩格斯在《家庭、私有制和国家的起源》中就曾说过:"妇女的解放,只有在妇女大规模地参加生产,而家务劳动只占她们极少功夫的时候,才有可能。"[1]夏洛特·帕金斯·吉尔曼(Gilman Charlotte Perkins)在《妇女与经济》中也提出,"经济上处于依附地位是妇女受歧视的原因,要通过家务劳动的社会化使妇女挣脱家庭的羁绊,自由参加社会活动,取得经济上的独立,成为一个完整的人"。[2]海迪·哈特曼(Heidi Hartmann)在《资本主义、父权制与性别分工》一文中对资本主义的出现与工业革命时期妇女在劳动分工体系中处于不利地位的历史及其原因进行探讨。她认为按性别进行劳动分工决定了妇女的社会地位,"雇用劳动力的形成,生产规模的扩大是随着资本主义的出现而出现的,它们对妇女的影响在某些程度上比对男人更严重"。[3]"工业资本主义组织转移了家庭劳动,使妇女的从属性加强,因为它增强了男人在居于支配地位的领域的相对重要性。"[4]丹麦学者埃斯特·鲍斯罗普《妇女在经济发展中的作用》一书论证了妇女在经济社会发展中的中心作用,批判以工业化为导向的发展政策忽视了妇女的生产者角色,揭示了经济发展非但没有带来妇女地位的提高,反而日益下降。国外还有一些学者开始关注近年来兴起的乡村旅游,如德尔诺伊(Dernoi)在奥地利开展调查,提出妇女在乡村旅游中担当两重甚至三重角色:参与旅游、参与农场劳动和做家务。[5]尼尔森(Nilsson)的研究表明妻子在乡村旅游发展中处于中心地位。[6]伊万斯(Evansh)等人认为乡村旅游潜在地改变了农户丈夫和妻子的能力分布范围。[7]

随着我国经济体制改革的深入,妇女的社会角色和地位发生了变化,国

---

[1] 中华全国妇女联合会.马克思恩格斯列宁斯大林论妇女[M].北京:中国妇女出版社,1990:152.

[2] 王政.女性的崛起:当代美国的女权运动[M].北京:当代中国出版社,1995:23-24.

[3] 李银河.妇女:最漫长的革命:当代西方女性主义理论精选[M].北京:中国妇女出版社,2007:57.

[4] 同[3]61.

[5] DERNOI L.Prospects of rural tourism: needs and opportunities[J].Tourism recreation research,1991,16(1):89-94.

[6] NILSSON P A.Staying on farms——an ideological background[J].Annals of tourism research,2002,29(1).

[7] EVANSH N J, ILBERY B W. Farm-based accommodation and the restructuring of agriculture: evidence from three english countries[J].Journal of rural studies,1992,8(1).

内关于生产方式与妇女地位的研究主要归纳为三个方面。

一是关于经济转型与妇女职业地位变迁的研究。胡传荣著《经济发展与妇女地位的变迁:经济发展程度不同的国家之间的比较研究》一书阐述了发展程度不同的国家妇女的不同状况,提出资本主义生产方式建立使发达国家生产规模的不断扩大、经济活动门类增多、职业岗位增加和劳动需求量上升,使妇女越来越多地进入社会物质和精神生产的各个领域,随着生产方式的不断演进,她们从事经济活动的覆盖面日益扩大,职业层次和能力提高,获得了比以往更多的机遇,但是她们的经济地位相比男性要低得多。于金凤《经济转型期女性的就业问题》提出在传统计划经济向市场经济转变过程中,传统经济结构、就业结构和观念都发生很大变化,使妇女就业面临着机遇和挑战。一方面,政府对妇女就业加强了重视,第三产业的发展为妇女就业提供了广阔渠道,劳动力市场的建立和完善也为合理配置妇女劳动力资源提供了机会。但另一方面,经济的多极化发展和结构的转型又使对妇女的劳动保护措施进一步弱化,就业妇女面临重新失业的挑战,对妇女自身素质有了更高的要求。郭志坚《社会转型与女性职业地位变迁》认为,女性职业地位的发展变化既体现了一定时期男女平等的程度,又体现了社会进程中女性发展的状况。而中国的经济体制改革和社会经济高速增长对个人的职业地位产生了重要影响,也为个人的职业获得和流动提供了广阔空间,但并未给女性带来与男性同等程度的职业流动机会,反而面临着更大的压力和障碍,所以女性的职业地位变迁更能够反映一个社会的开放程度。

二是关于经济转型与城镇妇女地位的研究。左际平、蒋永萍认为,西方妇女双重角色冲突的根本原因是资本主义生产方式,在中国20世纪80年代前就业的城镇妇女在国家社会主义制度下一直享受着国家支持就业的宏观政策,改革后妇女双重角色冲突的凸显与经济转轨有直接关系。他们的《社会转型中城镇妇女工作和家庭角色的多元化建构》一文选择了北京、上海、兰州、吉林这四个市场化程度不同的地方作为调查点,通过对研究结果的分析,提出市场转型对城镇妇女及其家庭的影响是多层次的、波及全社会的。妇女在作选择时要考虑多种因素,不能简单地把"男主外,女主内"的性别分工模式归结为传统文化或看作男女不平等,很多情况下,这种模式是已婚夫妇回应市场经济的一种策略,而不是或并不完全是他们固有的观念所致。杜鹰、白南生从家庭作为"利益整体"角度出发,也强调性别分工的合理性。❶炜婷的《试论社会转型期城市家庭中女性地位的变化轨迹》提出,目前中国城市女性的家庭地位正在以其自身素质为导向,沿着两种轨迹运行:体质弱、能力差、文化程度低的女性在家庭中的地位有所下降;体质好、能力强、文化程度高、自我意识强烈的女性在家庭中的地位进一步上升。而且两种变化轨迹都与社会经济转型密切相关,一方面,即使一些女性在企业精减裁员时面临下岗问题,回归从属、依附地位;另一方面,经济体制从单一性向多元性过渡,多种经济成分并存,又为女性创造了新的就业机会,而且在市场经济条件下,公平又激烈的竞争机制为那些文化素质高、互动能力强的女性提供了有利条件。因此,作者预计中国城市女性家庭地位的这两种轨迹将随着经济体制的进一步改革而更趋明朗。

三是关于生产方式转变与农村妇女地位的研究。杨丽琼的《旅游发展对云南世居少数民族妇女地位和社会角色变迁影响研究——基于撒尼、白族和摩梭三民族案例的对比分析》选取了云南世居少数民族中的撒尼、白族和摩梭妇女作为研究对象,从妇女家庭地位、经济地位等方面对三个不同旅游发展阶段的村寨进行对比分析,提出旅游发展对云南世居少数民族妇女地位的影响是深刻、多样和复杂的,并且这些影响随着旅游业的发展日益呈现出新的特点。旅游经济的出现在一定程度上改变了传统的男女角色和地位,女性在旅游经济中发展空间扩大,成为旅游中最受关注的对象。王伊欢、王珏的《乡村旅游对农村家庭性别分工影响研究——以北京市延庆区8个农村社区为例》一文对北京市延庆区7个镇/乡8个农村社区的乡村旅游经营状况进行调研,发现近几年乡村旅游在中国发展迅速,对农村家庭再生产活动的性别关系有一定程度的影响,妇女的参与度明显高于男性,乡村旅游为农村妇女提供了就业机会,提高其经济收入。但这并不能完全颠覆农村妇女原有的生活和家庭社会角色,她们在从事乡村旅游相关活动的同时也完成农业生产和家务劳动。付翠莲《舟山休闲渔业发展中妇女角色变化调查研究》以舟山地区渔农村产业结构对妇女的影响为切入点,分析渔农村产业调整中妇女的角色变迁及其影响。她认为妇女社会角色随着舟山渔农村社会经济体制改革的深入及产业结构调整发生了变化,在经济增长中的作用日益凸显。提出发

---

❶ 杜鹰,白南生. 走出乡村——中国农村劳动力流动实证研究[M]. 北京:经济科学出版社,1997:40-56.

展休闲渔业、吸收渔村妇女剩余劳动力,以寻找新的经济增长点,政府要在政策制定、研究工作和数据统计中,将社会性别意识纳入公共政策决策主流,切实实现性别主流化。汪泉《蚂蚁岛乡休闲渔业发展中妇女社会角色变化调查研究》一文对蚂蚁岛乡进行调查研究,该地妇女以前主要从事家务、务农、生育等传统工作,自其利用自身优势发展特色休闲渔业后,妇女直接或间接地参与到旅游业中,其社会地位和家庭角色发生了变化,思想意识也由传统观念转变为独立、自我的现代价值观念。他认为休闲渔业的发展拓宽了妇女的就业门路,促进其自力更生和经济独立,从根本上解决了妇女发展与解放的问题,对妇女自身和休闲渔业的发展以及渔业文化的传承都有重要意义。

(四)农村留守妇女的相关研究

留守妇女是近年来学术界关注较多的一个领域。出版了周福林的《我国留守家庭研究》(中国农业大学出版社,2006),郑真真、解振明的《人口流动与农村妇女发展》(社会科学文献出版社,2004),叶敬忠等著的《阡陌独舞:中国农村留守妇女》(社会科学文献出版社,2008),刘旦的《留守中国》(广东人民出版社,2013)等,发表的论文也不少,主要从以下几个方面展开论述。

1. 农村留守妇女留守的原因

农村留守妇女这一群体的产生是多方面因素共同作用的结果。第一,我国城乡分割的二元体制导致农民工既不能在城市享受应有的身份待遇,又因高生活成本和高教育成本、低福利而不能和家庭成员一起转移;第二,农村传统的"男主外,女主内"的性别分工模式与"男强女弱"的性别观念导致两性之中的男性更倾向于外出务工;第三,农村家庭将满足家庭生存理性与经济和社会理性任务进行角色分工的理性决策结果。[1]除了这些原因外,也有学者认为妇女自身文化素质低是其留守农村的原因之一。[2]农村妇女选择留守还是外出,一方面在于她们对农村与城镇之间比较优势的认识与把握;另一方面在于农村社会伦理的制约。在丈夫外出的前提下,赡养老人与照看小孩的责任就全部落到妇女的肩上。换言之,尽管农村妇女生活在能够促使她们外出的大环境下,但在讲究礼治、讲求孝道与责任的乡土差序格局里,部分农村妇女被迫留守。而曾经外出务工的农村妇女回流成为留守妇女,除了生理原

---

[1] 王菲.留守妇女:农村上演新织女故事[J].中国社会导刊,2007(4):26-28.
[2] 周福林.我国留守家庭研究[M].北京:中国农业大学出版社,2006.

因之外,多是与尽孝道、尽社会抚育责任相关,前者回流的时间较短,而后者回流时间一般较长。但只要二元结构长期存在,农村中青年劳动力始终存在着外出的冲动。❶除了从不同角度研究留守妇女产生的原因外,一些学者还对上述原因进行了概括分类。例如,魏翠妮在《农村留守妇女问题研究——以苏皖地区为例》中将农村留守妇女留守的原因分为社会原因(城乡二元体制,传统性别分工)和个体家庭原因(自身能力、家庭资源)。朱海忠在《农村留守妇女问题研究述评》中将农村留守妇女留守的原因分为观念因素和结构因素。其他文献也做了类似这样的分类。

2. 农村留守妇女面临问题

第一,生产任务繁重。留守妇女既要承担繁重的农业生产劳动,又要料理家庭事务。有的还要照顾年迈的老人,教育未成年的孩子,劳动强度很大,严重损害身体健康。大多数的留守妇女都需要承担家里近5亩地的农业生产,其中有50%以上的妇女表示,一个人忙不过来,难以承担繁重的农活。丈夫外出打工,家中种着的农作物,农业生产的担子都落在了女性一个人身上。第二,家庭负担问题。留守妇女除了要承担起生产劳动外,还有家务劳动、教育子女、赡养老人的责任,劳动强度大。照顾多个未成年孩子,料理家务,一年到头身心疲惫。婆媳关系不融洽,虐待老人的现象呈上升趋势。教育子女方面由于自身文化水平低,能力不足,子女的教育培养状况呈下滑趋势。第三,感情问题。由于丈夫外出务工,长年不在身边,留守妇女们忍受着身体和心理的双重负担。家里冷冷清清,白天要下地干活,晚上独守空房,久而久之造成精神空虚,丈夫不在家,在日常生产、生活中处处小心谨慎,不敢和村里的男人多说一句话,怕遭人闲言碎语,时时挂念在外务工的丈夫,担心丈夫经受不住城里的诱惑而移情别恋。第四,缺乏安全感,家庭财产受威胁。男性劳动力外出后,农村只剩下了老人、儿童和妇女,这种人口结构的变化,会带来农村治安防范力量的减弱,使农村社会治安隐患增加,农村中针对留守家庭的小偷小摸现象增多。❷

---

❶ 周庆行,曾智,聂增梅.农村留守妇女调查——来自重庆市的调查[J].中华女子学院学报,2007 (1): 63-66.

❷ 刘小平.贵州农村留守妇女生存现状调查与思考[J].现代经济信息,2009(19).

3. 留守妇女的婚姻关系与心理状况

一方面,留守妻子的婚姻遭遇很多难题,可能出现不和谐甚至破裂。❶另一方面,丈夫和妻子之间出现了城市化不同步的现象,不仅表现在信息、技术和知识的不同,价值观、思维方式等也都出现了不同,这种不同步是引起婚姻变化的直接因素。❷还有些研究认为,留守妇女婚姻脆弱,维权困难,经常遭遇情感沙漠,婚姻频亮"红灯"。❸此外,农村留守妇女对自己的婚姻有危机感。一方外出打工导致婚姻存在很多不稳定因素,有的婚姻已经名存实亡;同时留守妇女和配偶不经常联系,有的甚至不联系,双方的交流无从谈起,导致了留守妇女对婚姻有很深的不安全感,甚至出现生活无望的想法。丈夫常年在外打工,其收入对于大部分留守的农村女性来说是未知数,一旦婚姻出现问题,妇女的财产权益无法保障。而有些留守妇女由于受到传统观念的影响,或考虑到老人、孩子而不愿离婚,成为她们心理压力以及生活困难的主要原因之一。❹陈利认为,留守妇女面临着巨大的生存压力和心理压力,却无人可以倾诉,缺少丈夫的关怀,既担心被丈夫抛弃,又担心被丈夫怀疑,这种种压力使其产生各种心理问题,又没有正常的方式释放压力,长年累月将严重影响其心理健康。❺"男工女守"分工模式的直接后果是夫妻共享时间的减少和夫妻的异质性增强。在夫妻分居生活中,他们各自受到不同文化、观念、生活方式的影响,与不同的人群交往。丈夫处于一种动态的、开放的、变化的生活环境中,而妻子则处于相对静态的、封闭的、少有变化的生活状态之中。社会化客观条件的差异造成了二人在知识、信息、技术、社会关系、生活态度等方面的差异,这使夫妻二人的异质性增强,直接影响到夫妻关系的变化和婚姻的质量,有的还导致夫妻情感淡漠、家庭解体。❻然而,也有研究认为,夫妻分居生活本身对夫妻感情并没有造成普遍的负面作用,但是农民工婚姻较之其他农民家庭而言却隐含着更多的不稳定因子。❼有调查发现,在有些家庭,

---

❶ 郑真真,解振明.人口流动与农村妇女发展[M].北京:社会科学文献出版社,2004:122.

❷ 罗忆源,柴定红.半流动家庭中留守妇女的家庭和婚姻状况探析[J].探索与争鸣:理论月刊,2004(3):103-104.

❸ 王菲.留守妇女:农村上演新织女故事[J].中国社会导刊,2007(4).

❹ 安徽省妇联.农村留守妇女儿童情况调查[J].中国妇运,2006(7):24-26.

❺ 陈利.农村留守妇女的精神压力和感情危机[J].甘肃农业,2006(11):85.

❻ 项丽萍.农村留守妇女:一个值得关注的弱势群体[J].广西社会科学,2006(1):176-180.

❼ 魏翠妮.农村留守妇女问题研究[C].南京师范大学,2006.

丈夫外出打工,双方因两地分居的思念而增进夫妻的感情,有"久别胜新婚"的效应。[1]也有研究者认为,对于大多数普通的农民工家庭来说,分离式的家庭生活并不是影响夫妻感情的主要因素,但婚姻危机已出现在少数家庭,且与丈夫的经济收入和职业地位变化有高度相关性。农村已婚男性外出打工,由于受经济条件和工作性质的影响,一般一去半年、一年甚至是几年才能回家团聚一次。在这漫长的岁月中,农村留守妇女长年独守空房,再加上农村公共服务设施的缺乏,没有基本的文化娱乐与交流,因而她们的性需求只能长期抑制。特别是对于年轻女性,这种压抑会对其生理和心理健康产生消极的影响,有的甚至发生生理病变或性冷淡,进而影响夫妻性生活,为家庭变故埋下祸根。与此同时,留守妇女在农村特有的熟人社会条件下,还时不时地遭受骚扰之苦,甚至容忍有些男性把自己作为性侵犯的对象。在极度困难和空虚的条件下,有的留守妇女甚至经不住男性的诱惑和骚扰而屈从。[2]留守妇女普遍缺乏安全感,饱受性压抑之苦。

留守妇女并没有因为担负起农业生产的重任而减少了她原有的"主内"角色所承担的家务劳动重任,而劳动强度的加大和承担多种角色的责任对她们的身心健康产生了负面影响。[3]农村社会原本就缺乏有利于妇女休闲的公共设施,加之农业职业病以及妇科病得不到及时的治疗,留守妇女身心健康得不到保障,进而危及农业生产的顺利开展。[4]

4. 留守妇女的子女教育

丈夫外出务工后,留守妇女多种角色集于一身,导致子女教育缺失。在农村留守妇女家庭中,父母角色都由母亲承担,家庭角色的缺位,对孩子的健康成长产生巨大影响。由于自身文化水平有限,难以承担教育子女成材的责任,加之繁重的农活和家务让留守妇女没有时间和精力去管教孩子,一旦孩子犯了错,也找不到一个可以商量对策的人,因此,很多留守妇女无法实施有效的管教,只能让孩子顺其自然地成长。[5]

---

[1] 郑真真,解振明.人口流动与农村妇女发展[M].北京:社会科学文献出版社,2004.
[2] 鄢木秀.留守的女人困惑的心——农村留守妇女权益的缺失和保护[J].重庆社会工作职业学院学报,2005(4):7-9.
[3] 孙琼如.农村留守妻子家庭地位的性别考察[J].中华女子学院山东分院学报,2006(2):29-33.
[4] 周福林.我国留守家庭研究[M].北京:中国农业大学出版社,2006.
[5] 黄敏.农村"留守妇女"生存现状及对策思考[J].安徽农学通报,2007(2):42,63.

一些关于留守儿童的研究文献讨论了父母双方外出务工与单方外出务工对留守儿童的影响差异。张德乾、仰和芝的研究表明,留守儿童交往问题受父母谁在外打工、打工时间和回家时间间隔长短的影响。父母都在外打工比单纯父亲或母亲一方在外打工的留守儿童报告出更多的孤独与郁闷(孤独、郁闷、无乐、无交流)、亲情梦和需求缺失,母亲在外打工比父亲在外打工报告出更多的亲情梦,该研究认为母亲是儿童的情感支柱。另外,母亲在外打工时间的长短对留守儿童的学习辅导缺失有显著影响,该研究认为儿童的学习辅导也主要依赖于母亲。❶

华中师范大学周宗奎等的研究表明,农村"留守儿童"在父母外出务工后表现比较突出的心理问题主要有情绪问题、交往问题和自卑问题等,父母都在家的儿童的人际关系显著地好于单亲及双亲都外出打工的孩子,而单亲外出打工的孩子的自信心显著强于双亲外出打工的孩子。❷

于慎鸿认为,留守儿童的单亲家庭教育力不从心。只有父母一方在家的家庭中,由于父亲或母亲所要承担的家务较多,无暇顾及儿童的情绪和情感变化,且一些儿童为帮助监护人做家务等会耽误学业。❸但这些研究并没有明确区分单亲外出务工的留守儿童指的是父亲还是双亲外出务工的留守儿童。

5. 留守妇女与新农村建设

在学术界关于留守妇女与新农村建设的研究不多,特别是少数民族留守妇女与新农村建设关系的研究更少。

关于少数民族留守妇女在新农村建设中的角色意识问题上,覃金玲以咸丰县官坝苗寨为例,认为新的时期新农村建设所提出的要求,留守妇女理所当然地挑起了最主要的责任。这些新的要求除了必然带来农村社会各方面深刻的变化外,它们还会与留守妇女所固守的传统生活方式和角色模式发生激烈的碰撞,使之无从适应。因此,在新农村建设的过程中,如何修正既定的模式,实现多重角色的转换,最大限度地实现农村现代化,是摆在留守妇女面前必须思考的问题。作者以咸丰县官坝苗寨为例,探讨研究苗族留守妇女在

---

❶ 张德乾,仰和芝.亲情呵护缺失:聚焦农村留守儿童交往[J].中国统计,2007(6):15-16.

❷ 周宗奎,孙晓军,刘亚,等.农村留守儿童心理发展与教育问题[J].北京师范大学学报:社会科学版,2005(1):71-77.

❸ 于慎鸿.农村"留守儿童"教育问题探析[J].中州学刊,2006(3):128-131.

新农村建设过程中妇女角色的转换以及调适过程。[1]

周全德、齐建英认为,在当前的新农村建设中,农村"留守妇女"正扮演着农副业生产的生力军和新生活创造者的重要角色。科技进步的力量使妇女在发展生产与改善生活方面与男性并驾齐驱,妇女的伦理智慧及生活品性使她们在乡风文明和村容整洁方面起主导作用。有碍于农村"留守妇女"充分发挥她们聪明才智和整体效应的因素莫过于世俗偏见及她们自身的心理惰性。全社会应引导她们积极克服这类消极因素的影响,激励她们努力实现自身从传统农民向现代新式农民角色的历史性转变。[2]

王金玲认为,在新农村建设中留守妇女逐渐成为新农村建设的主力军。"女性农业化"和"农村女性化"成了新农村建设的一个新的特点。而妇女成为主力军,即使是替代性的,也为妇女在新农村建设中发挥主体性作用,真正成为农村发展的主体打开了方便之门。这不仅直接挑战了传统的"男主女从"的性别秩序,也为包括农村妇女在内的农村生活者提高性别敏感度,改革传统性别制度提供了可能。应该说,作为一个新契机,我们是可以通过新农村建设来促进传统的、不平等的性别制度的变革。[3]

郑小敏认为,从社会性别的角度,审视农村男女两性发展的特点和角色定位,特别是分析或指出目前存在的农村性别差异和由此产生的妇女相对劣势地位,从而强调社会性别平等发展对合理开发农村女性人力资源、促进我国农村留守妇女发展的作用,以及对实现建设社会主义新农村目标的意义,是极其必要的。实现性别平等发展都是建设和谐社会的重要任务与不懈的目标,是建设社会主义新农村题中应有之义,而努力将平等的性别意识纳入决策主流,应用于政府工作实践中,是实现可持续发展的有效路径,是建设社会主义新农村的必由之路。[4]

关于留守妇女在新农村建设中的作用问题,叶敬忠带领的中国农业大学人文与发展学院"中国农村留守妇女研究"课题组选取了中国南方农村劳动力输出最为集中的安徽、河南、湖南、江西和四川五个省的10个行政村进行实

---

[1] 覃金玲.新农村建设中留守妇女的角色调适——以咸丰县官坝苗寨为例[J].湖北民族学院学报,2007,25(4).

[2] 周全德,齐建英.论农村"留守妇女"在新农村建设中的角色和作用[J].中华女子学院学报,2006,18(5).

[3] 王金玲.新农村建设:改变农村传统性别制度的新契机[J].中华女子学院学报,2009,21(3).

[4] 郑小敏.建设新农村中的社会性别平等问题探析[J].厦门理工学院学报,2006,14(4).

地调查,调查结果显示,受到大量农村劳动力外出务工的影响,女性从事农业生产比例已经超出男性,农业生产的群体结构呈现女性化趋势,女性已经成为农业生产的主体。另外,相当比例的老人仍要从事农业生产劳动。这些从事农业生产的女性大多是由于丈夫外出务工后而挑起农业生产的重担,即她们基本上是留守妇女。与此同时,调查还认为留守妇女在新农村建设过程中发挥自己的能动性,调整农业生产结构,充分利用社会网络发挥农业互助合作,将农业生产和家务劳动调整适当。在缺乏农业生产劳动力的情况下,留守妇女采取一系列如"让丈夫回来帮忙、帮工、换工、雇工、租用机器及耕牛"等策略。她们还会综合考虑各种因素后,调整耕地面积,改变生产结构和类型等。调查结果显示,有39.5%的留守妇女家庭调整了耕地面积的大小,29.0%的留守妇女家庭调整了其他农业生产结构。遇到缺乏生产技术的困难,留守妇女会采取以下策略:咨询农业生产能手、向种子化肥农药等销售部门咨询、参加"公司+农户"模式获取技术、聊天交流农业生产的经验、自己看书和通过相关媒体等途径进行相关的学习。❶

(五)关于中国妇女政治参与的研究

国外学者对中国妇女的关注和研究是在19世纪末开始的,源于传教士、东方学家以及激进派女作家。西方学术界对中国农村妇女参与政治的研究多集中于中国的汉族,主要代表有加拿大学者宝森,他在《中国妇女与农村发展——云南禄村六十年的变迁》一书中写道:"以60年之间中国政治、经济、历史巨变为背景,围绕'中国妇女与农村发展'这个主题,以独特的视角分析了缠足与纺织、农地制、农业与非农业就业、贫困与富裕、婚姻家庭、人口变迁及政治文化等诸多领域的社会性别问题,从而总结了乡土中国汉人社会性别制度的微观变动。"❷英国伦敦的祖德·豪厄尔教授对中国妇女在村民委员会中民主参与进行了研究。他对中国改革开放以来,特别是1988年实行村民选举以后,妇女在村治理中的民主参与水平下降和一直走低现象比较关注,在《中国妇女的政治参与:为谁而选举》一文中他分析了原因,主要是妇女缺乏自信,受"封建"思想影响等,提出了相应对策解决妇女政治参与低的问

---

❶ 叶敬忠.留守妇女与新农村建设[J].中华女子学院学报,2009,21(3).
❷ 宝森.中国妇女与农村发展——云南禄村六十年的变迁[M].南京:江苏人民出版社,2005:35-56.

题。❶加拿大学者朱爱岚著《中国北方村落的社会性别与权力》一书,对不同的历史变革中妇女地位和作用改变的描述。❷

通过对国际学术会议、学术相关论文、SCI科学引文数据库、SpringerLink等资料进行收集和分析,发现西方学者对于中国少数民族妇女政治参与的研究很少。关于中国少数民族妇女政治参与的研究主要集中在少数民族妇女参政的现状、制约少数民族妇女参政的因素和提高少数民族妇女参政比率的措施。代表人物有查尔斯·贝尔等人,他写道:"藏族女性拥有较高的社会地位,女性对家庭内部重要事务有一定的决定权。"美国学者对于中国少数民族妇女研究比较喜欢借助基金会(如"福特基金会")与中国本土开展合作研究。例如,在美国福特基金会"西北少数民族妇女生存状况与发展对策研究"项目的资助下,在2004年到2007年的时间里,李育红等人对东乡族、保安族女性生存与发展状况进行比较全面的了解,出版了《东乡族、保安族女性/性别研究》一书,书中写到东乡族、保安族女性政治参与问题。东乡族、保安族女性政治参与取得了一些进步,但也存在问题。主要是女性对选举的政治意义和重要性了解不够;她们的文化素质偏低,政治参与积极性不高,宗教对少数民族妇女选举影响比较大,等等。主要原因是女性权利意识淡薄;女性受历史和传统观念的影响;女性教育程度普遍偏低等原因。对策主要是为妇女参政营造良好的社会氛围;为妇女参政制定立法支持;发挥妇联的作用;大力发展农村经济,提高生产力,为妇女参政提供经济基础,等等。❸还有一些学者对农村村委会选举中妇女参与问题进行了研究。代表有:Elisabeth Croll 的 *Feminism and socialism in China*❹、Tamara Jacka 的 *Women's work in rural China*❺、Jackie West 的 *Women of China*❻,等等。美国肯特·詹宁斯着眼于农村妇女与男性的比较。他的《中国农村的性别与政治参与》主要对中国农村妇女与男性在村民自治中差异进行比较,但是他进行的是跨国度的宏观比较,没有对

---

❶ 豪厄尔. 中国妇女的政治参与:为谁而选举[J]. 当代世界语社会主义,2008(1).

❷ 朱爱岚. 中国北方村落的社会性别与权力[M]. 南京:江苏人民出版社,2010:30-78.

❸ 李育红. 东乡族、保安族女性/性别研究[M]. 北京:民族出版社,2007:148-152.

❹ ELISABETH CROLL. Feminism and socialism in China [M]. London:Routledge&Kegan Paul,1978.

❺ TAMARA JACKA. Women's work in rural China : change and continuity in an era of reform[M]. New York:Cambridge University Press,1997.

❻ JACKIE WEST, ZHAO MINGHUA.Women of China:economic and social transformation[M]. Basingstoke:Macmillan Press,1999.

农村妇女在村民自治中具体的内容等进行介绍,只是大体的介绍。

我国关于女性参政的研究兴起于20世纪80年代中期,中国共产党和中国政府也在不断地探索扩大妇女参政的措施。国内学术界也在不断地研究关于中国妇女的参政问题,主要集中在以下几方面。第一,中国妇女参政的现状:程绍珍的《浅议中国妇女参政的现状》❶、梁旭光的《中国妇女参政的问题、成因及对策》❷等。第二,制约中国妇女参政的因素:高银玲的《影响妇女参政的女性自身因素及对策》❸等。第三,完善中国妇女参政的措施:学者针对妇女参政的现状进行原因分析,提出解决对策。如梁旭光的《中国妇女参政的问题、成因及对策》等。

近年来,国内学术界对农村妇女民主直接参与问题研究不断加深,并且研究的真实性和针对性也不断增强。在村民自治的背景下,研究的主要方面包括,第一,农村妇女参与村民自治的现状。代表著作主要有:张凤华的《农村妇女在村委会选举中的参与意识分析》❹、杨翠萍的《何种原因在阻碍农村妇女参与选举——村委会选举中妇女参与现状及原因的调查》❺等。第二,影响农村妇女参与直接民主的制约因素。代表著作主要有:周秀平、周学军的《社会支持网络与农村妇女发展——女村长与村落发展的案例分析》❻等。第三,完善农村妇女直接民主参与的措施。肖芳的《影响农村妇女参政的主要因素与对策》❼,《影响农村妇女参政的原因及其对策》❽等。

从所掌握的资料来看,我国关于少数民族妇女的研究真正形成是20世纪90年代,1993年,中央民族大学中国少数民族妇女研究中心宣告成立,标志着我国少数民族妇女专业化研究的开始。1995年9月第四次世界妇女大会在北京召开,推动了学者和政界对我国少数民族妇女参政的研究。关于少数民

---

❶ 程绍珍.浅议中国妇女参政的现状[J].领导科学,2002(10).

❷ 梁旭光.中国妇女参政的问题、成因及对策[J].理论科学,2000(1).

❸ 高银玲.影响妇女参政的女性自身因素及对策[J].前沿,2011(10).

❹ 张凤华.农村妇女在村委会选举中的参与意识分析[J].华中师范大学学报,2002(6).

❺ 杨翠萍.何种原因在阻碍农村妇女参与选举——村委会选举中妇女参与现状及原因的调查[J].调研世界,2001(4):33.

❻ 周秀平,周学军.社会支持网络与农村妇女发展——女村长与村落发展的案例分析[J].中华女子学院山东分院学报,2007(1).

❼ 肖芳.影响农村妇女参政的主要因素与对策[J].中国妇运,2007(4).

❽ 张丽春,王秀娟.影响农村妇女参政的原因及其对策[J].中共太原市委党校学报,2010(3).

族农村妇女在村民自治方面的研究著作很少,这方面的研究是最近这几年才兴起的。我国学者对这方面的研究主要集中在以下几个方面。

第一,关于少数民族农村妇女参与村民自治的现状研究。主要代表有:袁涓文的《贵州少数民族农村妇女参与村民自治研究——以黔南地区长顺县凯佐乡为例》,以贵州少数民族地区长顺县凯佐乡为例,通过对男女参与村民自治进行分析,了解贵州少数民族地区农村妇女参与村民自治的现状。从男女对村民自治的了解来看,女性对村民自治的了解远远不如男性;从男女两性对参与村民自治的动机来看,女性参与村民自治的动机很多都是被动的;从男女两性对参与村民自治情况来看,女性不是不关心村务,而是没有发言权。❶虞碧琳提到少数民族地区"留守妇女"在构建社会主义新农村中,对基层民主建设起着日益重要的作用。❷吕蕾莉、杨联的《论少数民族地区村民自治建设中妇女地位的提高——以甘肃省天祝县安远镇兰泉村为例》❸一文中,主要是以甘肃省天祝县兰泉村为例,少数民族地区村民自治建设中的现状是存在着妇女参与地位较低,参与选举自主性较差,政治参与程度较弱的局面。韩小兵在《中国农村少数民族妇女参与基层决策和管理的法律思考》中,认为我国某些地区农村少数民族妇女参加各党派的人员不够普遍;参加直接选举的比例不高;担任村干部的人员比例较小;对村内重大事务的决策参与程度较低。❹郑玉顺在《中国农村少数民族妇女权益保障法律制度研究》一文中认为,少数民族农村妇女参与基层民主主要的是被动参与选举;妇女的参政经历和能力培训方面比较低;村中的参政议政少数民族妇女被排除在外。❺赵丽珍在《少数民族女性在村民自治中的参与和角色分析》中提到农村的少数民族女性,在村民自治中,从参加选举、提名候选人、投票,到参加户代表会议、村民小组会议和村民大会,大多数是处于被动的地位。在村委会选

---

❶ 袁涓文.贵州少数民族农村妇女参与村民自治研究——以黔南地区长顺县凯佐乡为例[J].安徽农业科学,2009(33).

❷ 虞碧琳.新农建设中被遗忘的角落——少数民族地区的"留守妇女"——以浙江省畲族聚居区的"留守妇女"生活状况调查和研究为中心[J].管理观察,2009(8).

❸ 吕蕾莉,杨联.论少数民族地区村民自治建设中妇女地位的提高——以甘肃省天祝县安远镇兰泉村为例[J].农村经济与科技,2010(5).

❹ 韩小兵.中国农村少数民族妇女参与基层决策和管理的法律思考[J].西南民族大学学报,2004(3).

❺ 郑玉顺.中国农村少数民族妇女权益保障法律制度研究[M].北京:民族出版社,2008:67-87.

绪 论

举期间,女性的意见一般由男性代替作出决定。❶努尔古丽·阿不都苏力在《维吾尔族城乡女性比较研究——以切克曼村与乌鲁木齐市为例》中认为,在村委会里的妇女很少,且主要是管理妇女工作。在村民会议上,主要是男性出席,这种正是家庭内部分工模式在政治民主领域的延伸。女性对于政治不感兴趣。❷廖林燕在《村民自治视野下边远地区农村白族妇女的政治参与研究——以云南省大理白族自治州云龙县诺邓镇诺邓村为例》一书中指出,参与的形式主要以动员为主;参与意识薄弱;参与主体的不平衡;参与手段的消极性;参与层次的片面性。❸

第二,制约少数民族农村妇女参与村民自治的因素分析。韩小兵在《中国农村少数民族妇女参与基层决策和管理的法律思考》中认为原因主要是农村少数民族妇女受教育程度低;某些地区的农村少数民族妇女的参政意识不足;法律、政策对农村少数民族妇女权利保障不强。❹樊慧在《甘肃农村基层少数民族妇女参政的现状与困境——以甘肃省天祝县安远镇兰泉村为例》一文中分析,制约少数民族农村妇女参与村民自治的原因主要是民族地区经济发展水平低;民族地区的传统宗教在很大程度上影响着妇女参政意识;少数民族农村妇女教育水平低。❺袁涓文在《贵州少数民族农村妇女参与村民自治研究——以黔南地区长顺县凯佐乡为例》中认为,制约少数农村妇女参与村民自治的原因主要是农村妇女受教育程度低;农村妇女参与村民自治的意识淡薄;在村委会选举中妇女候选人人员提名太少。❻吕蕾莉、杨联在《论少数民族地区村民自治建设中妇女地位的提高——以甘肃省天祝县安远镇兰泉村为例》中认为,妇女在村民自治建设中具有更少的决策权的原因主要有:一是当地妇女的社会联系少,相对应的视野较窄;二是女性劳动力的受教育

---

❶ 赵丽珍.少数民族女性在村民自治中的参与和角色分析[J].中华女子学院学报,2006(5).

❷ 努尔古丽·阿不都苏力.维吾尔族城乡女性比较研究——以切克曼村与乌鲁木齐市为例[M].北京:中央民族大学出版社,2011:76-89.

❸ 廖林燕.村民自治视野下边远地区农村白族妇女的政治参与研究——以云南省大理白族自治州云龙县诺邓镇诺邓村为例[J].中华女子学院学报,2007(2).

❹ 同❶.

❺ 樊慧.甘肃农村基层少数民族妇女参政的现状与困境——以甘肃省天祝县安远镇兰泉村为例[J].改革与开放,2006(6).

❻ 袁涓文.贵州少数民族农村妇女参与村民自治研究——以黔南地区长顺县凯佐乡为例[J].安徽农业科学,2009(33).

程度低;三是受"男尊女卑,男主外女主内"思想的影响,妇女自身不愿参与决策;四是妇女经济上的依赖性也造成妇女参与意识的淡薄。❶廖林燕在《村民自治视野下边远地区农村白族妇女的政治参与研究——以云南省大理白族自治州云龙县诺邓镇诺邓村为例》一文中指出,经济发展水平的程度;体制环境;社会文化环境;妇女自身素质是其影响原因。❷

第三,完善农村少数民族,农村妇女参与村民自治的措施。韩小兵在《中国农村少数民族妇女参与基层决策和管理的法律思考》❸中提出的措施主要是在基本法律中明确对农村少数民族妇女参政的保护规定;建立和完善教育培训法律制度以及相关法律宣传机制等。郑玉顺在《中国农村少数民族妇女权益保障法律制度研究》中写到,应该用通俗易懂的方法对基层选举进行宣传;扩大农村少数民族妇女的村干部比例等。❹袁涓文在《贵州少数民族农村妇女参与村民自治研究——以黔南地区长顺县凯佐乡为例》中认为,提高少数民族农村妇女的参与率最关键一是要营造一种有利于妇女参与的氛围,在这个过程中提高妇女的自信心,使妇女真正地参与到村民自治中;二是提高农村妇女的教育文化水平;三是政府要大力宣传男女平等的基本国策,注重提高和培养农村妇女干部的比例。❺赵丽珍《少数民族女性在村民自治中的参与和角色分析》中认为,提高少数民族农村妇女参与率的措施主要是:一是应该发挥国家法律、政策和制度的引导作用,支持女性的村民自治实践,具体贯彻落实《村民委员会组织法》培训和提高女性的参与能力,保障女性选举、参与民主管理等权益;二是建立男女平等发展的支持系统,营造女性参与村民自治的社会环境条件;三是发展农村教育,提高和增强女性的知识文化水平与利用社会资源的能力,培养女性主动参与村民自治的角色意识。❻吕蕾

---

❶ 吕蕾莉,杨联. 论少数民族地区村民自治建设中妇女地位的提高——以甘肃省天祝县安远镇兰泉村为例[J]. 农村经济与科技,2010(5).

❷ 廖林燕. 村民自治视野下边远地区农村白族妇女的政治参与研究——以云南省大理白族自治州云龙县诺邓镇诺邓村为例[J]. 中华女子学院学报,2007(2).

❸ 韩小兵. 中国农村少数民族妇女参与基层决策和管理的法律思考[J]. 西南民族大学学报(人文社会科学版),2004(3).

❹ 郑玉顺. 中国农村少数民族妇女权益保障法律制度研究[M]. 北京:民族出版社,2006:258-189.

❺ 袁涓文. 贵州少数民族农村妇女参与村民自治研究——以黔南地区长顺县凯佐乡为例[J]. 安徽农业科学,2009(33).

❻ 赵丽珍. 少数民族女性在村民自治中的参与和角色分析[J]. 中华女子学院学报,2006(5).

莉、杨联的《论少数民族地区村民自治建设中妇女地位的提高——以甘肃省天祝县安远镇兰泉村为例》中认为,应该吸引少数民族农村妇女参与生产管理、实施与监测评估,并组织外出考察,拓宽妇女的视野,提高其科学素养,增强经济独立性,提高妇女的平等意识是增加妇女参与民主建设的关键。❶段威在《农村少数民族妇女发展的根本理念和基本要求》中写到,提高少数民族农村妇女在村民自治中的参与率的措施可以总结为一是增强政治参与意识;二是政府在政治上对于妇女参与村民自治的扶持。❷廖林燕在《村民自治视野下边远地区农村白族妇女的政治参与研究——以云南省大理白族自治州云龙县诺邓镇诺邓村为例》一书中写到,措施主要是大力发展生产力,扩大白族农村妇女参与村民自治的物质基础;加强政府的引导与规范;建立、健全农村政治机制,创造和谐的体制环境。❸

(六)对农村妇女闲暇生活的研究

西方学者开始关注女性在工作之余的闲暇问题,拉·亨德森等运用社会心理学的方法研究女性闲暇生活状况,细致地描述了女性闲暇生活的历史变迁与现代社会中女性闲暇生活的一般状况。总体来说,目前国外的女性闲暇研究的对象群体往往是城市女性,农村女性的闲暇生活状况较少得到关注,这可能与国外发达国家高城市化水平相关。

伴随着中国农村经济的不断现代化发展,农民的生产生活现状已发生显著的变化,农民的闲暇生活方式和内容也随之发生明显的改变。田翠琴、齐心通过对河北省农民闲暇生活的方式与内容,结构与特征,差异与趋势进行全面研究,撰写了《农民闲暇》一书,从不同层面上全面反映了不同类型农民闲暇生活方式全貌及其变迁,且丰富了国内农民闲暇理论研究。郑群明、贺小荣等通过对湖南农民闲暇生活和旅游活动的调查研究认为,当前湖南农民闲暇时间增长、闲暇意识的增强有助于农村旅游市场的发展。章辉美、邓春梅探讨了闲暇的来源和历史发展过程,肯定了闲暇在社会学研究中不可替代的重要位置,且提出农民工闲暇问题是当前研究闲暇

---

❶ 吕蕾莉,杨联.论少数民族地区村民自治建设中妇女地位的提高——以甘肃省天祝县安远镇兰泉村为例[J].农村经济与科技,2010(5).

❷ 段威.农村少数民族妇女发展的根本理念和基本要求[J].农村经济,2007(3).

❸ 廖林燕.村民自治视野下边远地区农村白族妇女的政治参与研究——以云南省大理白族自治州云龙县诺邓镇诺邓村为例[J].中华女子学院学报,2007(2).

领域的关键部分,呼吁社会各界对农民工闲暇生活质量及其精神生活的更多关注。

随着中国改革开放的到来,中国农村女性要求权利平等及对自身发展要求越来越高,而学者对于农村女性的研究也随之增多。大多集中在对女性职业生涯发展面临着的性别障碍展开研究,而针对在闲暇机会与闲暇资源分配过程中可能存在的城乡壁垒、性别壁垒的关注、研究较少。吴碧英在《当前农村妇女闲暇生活行为分析》中通过对福建闽清县886名妇女采取半结构访谈的方法研究农村妇女闲暇生活行为,她指出当前农村妇女闲暇生活日益多样化但亦出现较多问题,希望各部门能加大对妇女闲暇生活的有效指引。同样在《文化建设视域下农村妇女的闲暇生活问题研究》中吴碧英再次以福建闽清县农村妇女为调查对象,通过结合当前农村文化建设内容,提出改善闲暇场所和公共设施来完善新农村文化建设体系,提高妇女闲暇生活质量来促进新农村文化发展的进程。在此基础上,田翠琴从性别差异视角研究农村女性闲暇问题,以拓宽社会性别研究和闲暇社会学等领域。《农村妇女发展与闲暇时间的性别不平等》中就把闲暇理论与社会性别理论结合,从闲暇时间、闲暇内容、闲暇意识等多个角度讨论闲暇生活对农村妇女个体发展的制约与影响。

综上所述,近年来有关社会性别主流化和农村妇女的研究成果还是相当丰硕的,但是有关少数民族妇女在社会主义新农村建设中的地位与作用的全面论述还是比较薄弱的。

四、研究意义

近几十年来,特别是1995年联合国在北京召开世界妇女大会后,推进社会性别主流化、促进两性平等和谐已经成为世界潮流,我国也已经把男女平等确定为基本国策。21世纪中国共产党从建设中国特色社会主义、实现中华民族伟大复兴的"中国梦"全局的高度,以及适应中国经济社会发展新阶段的必然要求出发,提出建设社会主义新农村这一重大而紧迫的战略任务。然而,由于少数民族地区经济社会发展相对滞后,自20世纪90年代以来——大量青壮年劳动力尤其是男性劳动力外出务工,农村形成了大量的留守妇女、留守儿童、留守老人,妇女成了少数民族地区社会主义新农村建设的主力军。她们不仅要从事生产劳动,还要照顾老人、小孩,还要忍受情感的煎熬。而且,我国主流社会中存在的男尊女卑、歧视女性的观念至今仍然没有完全消除,这种观念在少数民族地区也普遍存在。妇女参政比例偏低、女性就业较男性更为严峻、男女收入差距拉大的趋势明显,社会丑恶现象损害妇女儿童合法权益不同程度存在。

男女两性和谐是社会和谐的基础,也是构建社会主义和谐社会的重要基础和必要条件。因此,本课题研究的意义在于以下几点。

第一,有利于改变少数民族地区由于社会因素造成的性别歧视,把男女平等协调发展原则推广到一切社会领域,使妇女平等地参与经济社会发展,平等地分享经济社会发展的成果,促进社会和谐。

第二,有利于促进少数民族地区妇女的发展,使妇女在发展中获得利益和求得更大的发展,切实保障女性与男性一样既有平等参与的机会,又能充分发挥自身的优势和潜力,创造更高的劳动生产效率和更好物质与精神生活条件,促进社会主义物质文明、政治文明和精神文明建设,推动人与社会的全面发展进步。

第三,对于总结少数民族地区妇女在社会主义新农村建设的经验,发现新问题,推动少数民族地区社会性别主流化,进而发展和深化社会性别理论研究,推进少数民族地区社会主义新农村建设健康发展具有积极意义。

第一章　少数民族地区妇女的家庭权利

　　早在15世纪就听到了一些女权主义思想的声音,随着女权主义运动的风起云涌,西方对妇女权利问题的关注与日俱增。但历经了几个世纪,社会对妇女权利问题的研究都没有实质性的进展,直到进入20世纪以后才有所突破,尤其自1975年6月19日~7月2日在墨西哥首都墨西哥城召开的第一次世界妇女大会以来,妇女问题就由政府主导、社会参与的形式完全公开地展现在世界人类的面前。为使妇女权利问题成为全球共同关注并能一起商讨的国际问题,联合国主办的在各国政府间组成的专门讨论妇女问题的世界性大会,即世界妇女大会(World Conference on Women)先后召开了四次。第一次世界妇女大会于1975年6月19日~7月2日在墨西哥首都墨西哥城召开,会议通过的《关于妇女的平等地位和她们对发展与和平的贡献的宣言》(以下简称《墨西哥宣言》)对男女平等下了定义:男女平等是指男女尊严和价值的平等以及男女权利、机会和责任的平等。第二次世界妇女大会于1980年7月14~31日在丹麦首都哥本哈根召开,大会举行《消除对妇女一切形式歧视公约》,强调妇女在就业、保健以及教育方面的权利。第三次世界妇女大会于1985年7月13~26日在肯尼亚首都内罗毕召开,大会最后通过了《到2000年提高妇女地位内罗毕前瞻性战略》(以下简称《内罗毕战略》)。第四次世界妇女大会于1995年9月4~15日在中国首都北京召开。会议以"以行动促进平等、发展和和平"为主题,指出为提高妇女地位应保障其健康、教育和就业的权利。会议通过了《北京宣言》和《行动纲领》,为争取妇女权利制定了新的战略目标和具体行动。2005年8月29日纪念联合国第四次世界妇女大会召开10周年即"北京+10"在中国首都北京召开,会议以"以行动促进平等、发展和和平"为主题,重申联合国第四次世界妇女大会精神,目的是为了推动世界妇女运动的发展,促进世界范围内的性别平等使两性能够更好地和谐发展。这四次会议在逐步加深对妇女以及社会现状的了解研究基础上,围绕两性平等的主题,不同的历史时期提出不同的奋斗目标,倡导两性和谐成为当今大多数国家的战略目标。

第一章 少数民族地区妇女的家庭权利

家庭是社会的细胞,要研究少数民族地区妇女在社会主义建设新农村中的贡献,首先分析少数民族地区妇女在家庭中的权利关系。因此,本章首先选择罗城仫佬族自治县仫佬族聚居的东门镇凤梧村上凤立屯为个案进行剖析。

第一节 调查点的基本概况和调查方法

一、调查点的基本概况

(一)区位与人口

地处桂西的罗城仫佬族自治县东门镇凤梧村上凤立屯,地处县城北大门,距离县城1.5千米,是全国最大的仫佬族村落之一。上凤立屯依山傍水,背靠凤凰山,前有尖笔山与之呼应;一条由罗城通往黄金、龙岸的二级公路把屯子东西连接起来,将整个屯的水田包围在其中。屯中的主干道铺有水泥路,屯民的房屋建在主干道的两旁,并不太整齐。

2009年1月我们在该村调查时,全屯有213户,1180人,其中男649人,女531人;60岁以上的有68人;在校学生310人,其中初中生150人,高中生19人,在校大学生78人,在外工作的100多人。由于屯里出了很多大学生,被当地人称为"秀才村"。屯里姓氏以潘姓为主,分为两大支系来源。根据2009年10月统计,屯常住的户中,户主为潘姓的有186户,占常住户的87.3%;另外有梅、陈、谢、吴、何、刘、曾、陆、赵姓各1户,王、张姓各2户,韦姓2户,吴姓12户,占常住户的12.7%。

(二)生计

该屯人均占田0.47亩,占地0.5亩,2008年人均收入2200元。由于外地商人到屯里开办木材厂、租地种植甘蔗,屯里大部分农民搞土地流转,把自家田地承租出去,只种一些足够糊口的口粮,由此在土地上的收入大大降低,以耕田种地的传统生计模式发生了重要变化,依附于土地的状况极大改变。很多家庭的男人都外出县城或广东等地打工,他们甚至脱离土地生产;妇女则在家务农,种植剩下的土地,依附于土地上,因此妇女的收入主要靠土地。这样一种形式成了新的"男主外,女主内"的分工模式。少数家庭的夫妻一起做生意,土地给别人种植,从土地上完全脱产。屯里由于没有什么支柱产业,而生产方式的改变引起谋生方式顺应的变更,使得谋生方式往多元化方向发展:做生意、搞运输、开饭店、种菜、养蚕、外出打工等。笔者调查所得的数据如表1-1所示。

表1-1　上凤立屯的谋生方式

家庭主要谋生方式	户数(户)	占百分比(%)
做生意	5	2.34
搞运输	16	7.51
开饭店	3	1.41
种菜	12	5.63
养蚕	6	2.82
搞建筑	120	56.34
外出打工	40	18.78
其他	11	5.16
合计	213	99.99

(三)文化娱乐

上凤立屯养育了以潘琦、潘代业为杰出代表的众多优秀仫佬族儿女。外出参加工作的儿女们利用自身的优势,为家乡的建设出谋划策、引资捐款。几年来,屯里共投资80多万元,对屯中的道路进行硬化建设,安装了路灯和自来水,极大地方便了村民的生产和生活。上凤立屯先后建起了屯小学教学大楼,新建了文化娱乐中心、敬老院、灯光球场,还建立了"留守儿童之家";这些设施的建立实现了小有依靠、老有所乐、老有所养。上凤立屯还组成文艺舞蹈队、舞狮队,逢年过节为屯里的群众演出,还经常参加县里举行的群众文化娱乐活动,到县文化广场演出。文艺舞蹈队一直都是以妇女成员为主,直到为仫佬族首届依饭文化节准备节目时需要男演员,才有8位男子受动员而加入其中。现有15位女演员,30~40岁的有3人:潘碧群、唐巧胜、银老三;40~50岁的有4人:潘柳菊、潘少娥、谢月梅、潘秀华(负责人);50~60岁的有8人:潘巧枝、潘少花、潘月枝、潘七鸾、银维月、吴鸾妹、潘小香、潘秀菊。

在家务农的妇女们中午喜欢聚集在屯商店里打麻将,有时从中午12点一直玩耍到下午5点;在县城打工回家吃午饭的男人们也到屯商店玩耍直到下午2点去开工,因为男性喜好玩"牌九、牛鬼"❶,故玩牌时他们一般自成一桌,打麻将则不分性别。据笔者在田野调查期间的观察,在屯里的一家商店,平均每天都开两桌麻将摊,从中午12点开始至下午5点收摊,除了偶尔有个把男性参与外几乎都是妇女在娱乐,观看的人大多也是妇女。夜幕下的娱乐活动更是热闹非凡,有到文化娱乐中心看书、读报的,有打篮球、跳舞、唱歌的,商店里的娱乐摊在晚上8点到12点也很热闹,这些勾勒成一幅和谐社会下仫佬山乡农民其乐融融的生活场景。屯风屯貌的巨大变化丰富了村民的文化生活,对农村文明建设,构建和谐社会新农村起到了明显的促进作用。

二、仫佬族的重要文化传统

(一)生活习俗

当地仫佬族在饮食方面,一日三餐,早、晚餐较丰富,中餐相对较随意,有玉米粥和"辣椒钵"❷即可。除了青菜、大米自家产以外,绝大部分食物都从市场上购买,极少的家庭种有五谷杂粮。在居住方面,社会经济的发展和劳动人民收入的增加使得屯里大部分人盖起了砖混结构的新房,即由火砖砌成、顶铺钢筋水泥式的平房或楼房。经济条件较宽裕的家庭不仅把房子里面装修好,铺上地板砖和墙裙,甚至把房子外部都贴上了墙砖。屯建设虽然得到了改变,但依然保持了狭窄过道交错、围墙之内各家分隔的住房格局。

(二)婚姻家庭

20世纪50年代以前,当地人婚姻大多是由父母包办。直到出生于五六十年代的这辈人开始兴起自由恋爱,但是由于当时社会环境的影响以及家庭经

---

❶ 当地玩牌的一种方式。
❷ 当地人对辣椒的一种做法,把辣椒洗净放进瓷皿里,同时放进几颗大蒜,加点盐。然后,用10厘米左右长的硬短木棍不断地捣碎辣椒和大蒜。

济劳作方式的限制,原来恋爱圈处于狭小的范围内,一般就在本村或者临近的村落。自70年代开始,家庭经济生活方式改变,许多年轻人外出读书、打工,一种完全开放式的自由恋爱兴起,年轻人自由选择对象,父母极少加以干涉。兴许是受传统家庭观念的影响,大多仫佬族父母还保持着一生有两大主要奋斗目标:起新房和帮孩子娶媳妇(也包括招上门女婿),这两大目标被称为家庭责任。因此,在孩子婚嫁时大多是由父母负责操办酒宴以及操持喜酒的各方面相关事情,给媳妇的开礼钱或者是嫁女的陪嫁品都由父母开支。父母为自己有能力做这些而倍感骄傲,否则不仅觉得对不住子女甚至在亲戚面前抬不起头,被认为是没有能力且很丢脸的事。

婚宴一般采用传统的仫佬族嫁娶习俗,如果是娶媳妇进门的话,喜酒一般在男方家举办,女方只准备几桌丰盛的饭菜招呼男方接亲队伍。传统的仫佬族嫁娶习俗程序复杂,发展到现在已有所简化,但是大概流程还是保留着。屯里仫佬族男子迎娶新娘时,去接亲的人有:下礼公、人姑、两人挑担、一个写字人和媒婆。东西有:两三斤酒、肘子一个、两只鸡。那些红包被称为封筒,包括:梳妆8~10元、伴娘10元、负带(背包的)10元、移步费10元、开带10元、袜底10元、奶娘钱400元、过桥钱每次4元(每过一次桥都给新娘)、天圆(里面包放两颗槟榔,表示白头到老,是天作之合、圆满的意思)、地方(里面装有黄糖,表示今天成婚很甜蜜)、山盟(装茶叶)、海誓(装盐,表示爱情坚贞)。还请有文化的人来写对联,每个门都写一副对联贴上去。男方回家的时候女方也送礼,给点酒,并洗好两个空瓶子装米给男方,表示四季有吃穿,锅里有饭吃。结婚第三天新媳妇敬茶,哥、嫂、姑、干爹等长辈给新娘子见面礼,一般至少给10元,新娘背着口袋收钱。礼金一般由夫妻一起平分,但若新娘子自己拿了男方也不会有意见。如果是"上门"❶的话就不举行这种传统的婚俗,男的在半夜11点左右偷偷去女方家,有自己去女方家也有好多亲朋好友送过去。

新婚夫妇在婚后很长一段时间内都是和父母居住在一起,和父母组成新型家庭的类型随家庭情况不同而不同,一般有两种情形:第一种情形,在兄弟多(指三个或三个以上)、并且还有兄弟姐妹未婚的家庭,新婚夫妇如果有意愿自成一家的话,在婚后大概一两年就独立出来,组成小型的核心家庭。但是如果父母年迈或者有疾病无力承担家庭责任,需要已婚的兄长承担的话,

---

❶ 倒插门女婿的一种当地称法。

兄长会义不容辞担负起责任,这时就组成了联合家庭类型。随着兄弟姐妹逐个成婚,联合家庭慢慢分解,变成一个个小型核心家庭,但是成婚了的兄弟姐妹共同承担对未婚兄弟姐妹的家庭责任,直到家庭内未婚成员全部成婚。这种情况一般是在国家计划生育政策执行前,父母生养有多个小孩的家庭。第二种情形,也是现在上凤立屯家庭类型的普遍情形,即父母只生养有两个子女的家庭。如果是两个子女都成婚在家,那么成婚后都可以跟父母共同居住,但是自己有能力起新房子的话也会独立出去,旧房留给尚未有能力起新房的兄弟姐妹。父母尚有能力的话会帮助没起新房的子女,但是大多父母此时已成为爷爷奶奶,带孙子成了他们日常的主要事务。如果是一个成婚在家一个外嫁(或倒插别家),在家的子女一直跟父母共同居住,组成联合家庭,除非父母愿意自己居住,但是对父母的赡养义务子女也是承担的。后面的情况也相当于是独生子女的家庭,但是由于上凤立屯以少数民族为主,计划生育政策允许少数民族生育两个子女,因此上凤立屯目前较少有家庭只生养一个小孩。

(三)丧葬习俗

当地仫佬族人认为,人能活到六七十岁是自己的命,再继续活下去就是因为所积的功德多。上天眷顾让其多活,所以如果是高龄逝者的亡宴都会举办得很隆重,不管逝者是男是女。听闻消息的亲朋好友或者其他村村民都会过来凭吊。仫佬族老者有言:生者自己父母,死者大家父母。故邻里亲朋好友都一起帮忙,大家认为共同出力渡过难关。

丧葬习俗开支很大,一天花销三四千元以上,办一场丧葬仪式总共花费数万元,比婚俗花销更多。当地人认为,死者之所以高龄才去世是因为其功德圆满,是上天让其多活于世造福家庭,因此是福气的象征。现在死者回到西天,去另一个世界享乐了,家人在伤痛其不在世远离身边之余,更多的是对其的祝福,认为死者在天之灵会以自己的灵气庇佑家庭,因此丧事并不是那么悲伤。

三、调查方法

2009年2月24日~30日、2009年10月11日~11月1日、2010年2月24日~

3月8日,笔者先后3次到田野调查点进行田野调查。与仫佬族村民同吃、同住、同劳动、同娱乐,对他们进行深入的入户访谈,通过举行座谈会、个别访谈、发放调查问卷等形式来获取真实的第一手资料。总共深入访谈了80位妇女、20位男子,随机发放了100份调查问卷。

第二节　建构的社会性别角色

社会性别角色是指社会赋予某一性别的一套稳定的心理行为模式。刻板印象,又称定型观念,是人们对不同事物进行概括后形成的相对固定的看法。当人们以性别为基础,赋予男女两性以不同的特征框架时,社会性别刻板印象就产生了。性别角色是社会角色中的一种类型,是建立在生理因素基础上的先赋角色。学术界比较一致的看法认为性别角色是被建构起来的,普遍承认波伏娃的论断:"一个人之为女人,与其说是'天生的',不如说是'形成'的。没有任何生理上、心理上或经济上的定命,能决断女人在社会中的地位,而是人类文化之整体,产生出这居间于男性与无性中的所谓'女性'。唯独因为有旁人插入干涉,一个人才会被注定为'第二性',或'另一性'。一个孩子,就其本身而言,很少会想到性别问题。"❶家庭性别角色是社会性别角色赋予男女两性表现在家庭内的不同特征,在仫佬族特定的环境和文化背景下,性别角色往往不自觉地被固定以及强化,变成人们的一种期待、规范和评价。而不同的历史阶段同一社区的性别文化又表现出不同的特征,作为上凤立屯仫佬族家庭经济转型分水岭的生产队时期❷(1958~1980年)、包产到户时

---

❶ 波伏娃.第二性——女人[M].桑竹影个,南珊,译.长沙:湖南文艺出版社,1986:23.
❷ 生产队是人民公社的产物,是人民公社三级(公社、大队、生产队)组织中的最低一级组织单位,它既是劳动组织的基本单位,又是基本核算单位,实行独立核算、自负盈亏,负责直接组织生产、分配和完成国家的计划任务,生产队对其所有的土地、山林、草场、滩涂、牲畜、农业机械有经营的自主权。1958年在高级农业生产合作社的基础上建立生产队。1982年12月第五届全国人民代表大会第五次会议通过的《宪法》规定设立人民代表大会和人民政府后,人民公社逐渐解体,生产队也随之解体。但是当地人却普遍承认屯生产队1980年开始解体,并实行包产到户,因此本章就以1980年作为一个分界点。

期[1](1980~1992年)、打工潮时期[2](1992年至今)的家庭性别文化也各有其特点。

一、文化自觉：获得社会性别角色

在我们承认性别的先赋是被建构的这样一个事实下，不得不面对后天遵循的问题。前者正如人类学家研究异文化时的他者建构，后者则是强调本土文化以及本土文化自觉的作用。费孝通教授以"文化自觉"明确性展示本土文化的同时，挑战以研究者自身审视本土文化的他者视角观；本尼迪克特（Ruth Benedict）也曾暂且抛开自己牢固的西方价值观而站在日本本土文化的立场，从而得出贴切的象征日本人特征的耻感文化以及国民性。即所谓强调文化的真实性、本土的自我意识，这些使研究者必须回到原有的文化上进行阐释。就性别角色而言，打个形象的比喻：对于初生的婴儿，可以根据其第二性征归为男性或女性，其性别被建构了；但若其在成长后通过变性手术变成人妖或者第三性，那么其真实性的文化就不遵循最初的建构，而是自身的一种文化自觉。因此，本章在点出性别被建构的前提下，着力呈现仫佬族后天的一种性别角色文化自觉。

"在一切强调先赋的制度下，尽管多数人都相信：性别角色行为是自然形成的，即由生物差异或天生的差异所造成的，但任何社会都不会听其自由发展。相反地，在婴儿还听不懂任何话的情况下，人们早已告诉他们是男是女这类性别问题了，并对他们得体的行为予以赞扬。"[3]历来的仫佬族家庭，父母对子女的性别角色教育在孩子出生便已开始。父母对女孩总是要选择红、黄等色彩鲜艳的衣服，男孩则选择蓝、灰等暗色的衣服；给女孩买布娃娃等柔弱的玩具，给男孩则买象征阳刚性的手枪、汽车等玩具。更多的家长希望自己的女儿被人称赞是漂亮、可爱、脾气温和、性格好的；儿子则希望被称赞是帅气、健壮、聪明的。随着年岁的增长，儿童被赋予的性别期望也不同，当儿童成长到可以为家庭分担家务时，女儿一般是洗衣服、煮饭、扫地，儿子更多的

---

[1] 1978年中共十一届三中全会确定改革开放的基本国策；之后的1980年9月肯定了包产到户的社会主义性质，确定把集体资源承包给个人的"责任制"，当地人把这一历史阶段形象地称为包产到户时期。

[2] 之所以称1992年至今为打工潮时期是由于屯民大多认为外出打工不完全依靠土地是从这个时候开始，外出打工又是家庭经济主要来源转变的直接原因。

[3] 古德.家庭[M].北京：社会科学文献出版社，1987:108.

是下地干活,极少洗衣服。正如身份理论主张的观点:"人们是在无意识地接受他人的行为和态度的过程中,以自己的性别特征为依据,学习和模仿与自己同性别的父母或他人的身份和行为去逐步确立起自己的性别角色身份和行为的。"❶仫佬族女性儿童会在母亲潜移默化影响之下学到更多的家庭角色行为,并形成"一切以家庭为中心"的家庭观念;男性儿童的目光会追随在出外谋生的父亲,因为他们觉得那才是自己的正经事,才是有出息的。

而不同历史阶段家庭对性别角色的期待有所差异。生产队时期,家庭被限制在集体上,靠赚取工分❷的多寡决定家庭的经济收入,因此劳动力成为家庭渴求的潜在资源。不管是男孩还是女孩,在赋予其性别特征之后都被期待能有身强力壮的体魄,希望尽早能承担更多家庭劳务;娶进门的媳妇如果身体太瘦弱也是不被家庭所喜欢的。和附近其他民族社区以劳动成果作为判断标准而给予工分不同的是,上凤立屯以年龄作为衡量是否成为劳动力的标准,规定13岁可以成为半劳动力❸,18岁成为劳动力,可以参加集体劳动赚取工分。因此,在对孩子体格的关注下,仫佬族人更加迫切的是希望时光飞转孩子赶快成长。

包产到户时期,各家庭占有土地资源并任其自由支配,集体制劳动变成以户为主的农业劳动。在相同的基本资源上,对土地如何合理地利用分配、家庭劳动力资源如何调整、如何安排劳作和家务等成为家庭首要考虑的问题,需要自己思考,而劳动力不再成为家庭收入的主要因素,因此"勤俭""有头脑"成为这一时期人们评价一个人的价值标准,人们甚至轻视一个"懒惰""笨""没有头脑"的人。对于女孩或者妇女,人们称赞其最高的价值标准就是"勤俭""持家有道","有头脑"只成为男子聪明的代言词。

打工潮时期,由于屯生产方式的变更,依附于土地的情况已经不存在,在土地上的劳作强度也降低了,由此剩余的家庭劳动力更多地承担着家务劳动,因此,上述情况正发生着变化。根据笔者的入户调查统计,村里烧柴的只有3户人家,其中买柴烧火酿酒的2家,还剩下的1家由于家庭条件困难而打柴。其余的家庭都是使用煤球或者电磁炉烧水、煮饭。因此,儿童承担的家

---

❶ 苏红.多重视觉下的社会性别观[M].上海:上海大学出版社,2004:32.
❷ 人民公社时期,生产队普遍采用"工分制"作为劳动的计量和分配依据,以潜在的劳动力为依据。
❸ 半劳动力指在相同的劳作时间里,只能赚取标准劳动力一半的工分。

务量减少了。如果家庭中有祖父、祖母的话,或者母亲包揽完家务的话,儿童是不用承担家务的,他们的任务就是读书、玩耍,直至毕业。有的中学毕业就直接外出打工,在家的也不愿意参加家务劳动了。尽管如此,女孩们在家庭中还是被要求要脾气好、性格温顺、贤淑善良、知书达理,个性像男孩子的女孩是不被喜爱的;男孩们则允许适当放任,脾气暴躁是可以接受的。

个案1-1:潘小兰(化名),女,50岁,仫佬族

(**访谈时间**:2009年2月27日上午9:00~11:00。**访谈地点**:受访者家中)

老班讲"独柴难烧,独仔难教,满仔也难教",我这个满仔就是这三样。刚当兵回来,没晓得做什么,当了两年保安,他总没愿做了,懒多没得。早上睡到现在(早上10点钟),起来就出克(去)耍,克(去)网吧。这种年的后生仔啊,你有要指望他帮你做点什么,地从来没有下过,也有懂得做。喊他做,他讲宁愿出克打工也没种这种地。讲多又没得,脾气没好还认得发脾气先咧,有什么办法哦,这种年的后生仔好像都是这样子的,我们都习惯了,随便他啦,我们也没讲他那么多。人家有新房啊,我们还住烂房子,没有钱做啊,仔又做冇起,有嘛办法,爹做没得起,仔也做没得起,一定都是穷到底。

个案1-2:李梅(化名),女,40岁,壮族

(**访谈时间**:2009年2月27日下午3:00~5:00。**访谈地点**:受访者家中)

家里面的农活都是我一个人做,这帮仔,后生的,他们才没做呢。今年我喊我大仔帮我打谷,他就给我100块钱讲我没克,给钱给你请人。像那时我讲我女没读书了就回来帮我,她讲妈啊你有要想这种的,我冇读书了也没可能在家种这种田的。我仔脾气蠢蠢的(脾气坏的意思),幸好这个媳妇还忍受得了他哦。我女就好多了,疼父母,女妹仔脾气冇好以后哪个敢要哦,克别个家没挨骂死,仔在自己家还好点哦,做父母的自己仔脾气还没懂得嘛,你做没得他的,你越傲他,他的脾气越狠。

由于对性别期待的差异,以及父母从小对子女塑造的性别角色,即使仫佬族男、女孩接受了同等的教育,但还是形成了鲜明的性别角色差异。据笔者的观察,周末在河边,帮忙家里洗衣服的都是女孩子,她们洗完衣服就回家看电视;男孩子则聚集在商店里面玩牌九或者一起骑自行车去逛街、上网。

女孩子不经常跟陌生人说话,在说话时都面带羞涩神态,不敢直视他人;男孩子则大胆、主动地跟陌生人说话,并还向陌生人提出问题。

当这种女孩含蓄、男孩大胆延伸到成年仫佬族人身上时已形成了定性。从表1-2我们可以知道。

表1-2　妻子、丈夫被期待的品行值比较

妻子	贤良淑德、脾气好、品德好、长得漂亮
丈夫	不抽烟、不喝酒、孝顺、对父母好

通过调查得到:大多数丈夫认为贤良淑德、脾气好、品德好是好妻子的特征;大多数妻子认为不抽烟、不喝酒、不打人、脾气好是好丈夫的特征。对妇女是基于内在的品质要求,对男子则是表面的行为要求,两者有着本质的差别。这说明在两性的权利上,妇女相比男子处于更低的位置,对男子获得角色的期待也是处于低层次的要求,而男子则有某些优越性特权,对妇女获得角色的期待自然而然提高了。

仫佬族老年人获得性别角色相对其他年龄段的两性角色来讲,两性的分界线并非非常明显,却也有些差别。老年妇女被认为细心、比较顾家,是带孙子的好帮手。当孙子在断奶之后,大多由奶奶在家照顾,包括喂奶粉、换尿布、洗孙子衣裤,有时晚上还带孙子睡觉。同时,奶奶还包揽家务。老年男子则上午放牛,下午休闲娱乐。孙子到了上学年龄,如果其父母没有空余时间,爷爷就负责接送孙子,孙子的奶奶可以把更多的精力放在其他方面,比如种菜、休闲娱乐等。这时,老年妇女能够自由的支配自己的时间,除了基本的煮饭、做菜外,能够参加更多的娱乐活动,男子则受到接送孙子的束缚,否则也和妇女一样。因此,仫佬族人在老年时期,处于一种基本持衡的两性平等状态。

身份理论认为,男女两性根据外部世界以及家庭环境的要求逐步确立自己的性别角色身份。社会学习理论在肯定身份理论认为角色的获得是人类自身不断的观察和模仿后又提出不同的见解,认为只有通过外界的强化学习才能使人们获得一定的行为规范和态度,性别角色随着环境条件的改变而改变,而非自身的主动性追求。认知发展理论强调性别角色形成的认知因素,认为其形成在本质上是其个体发展的一个方面,是个体对性别的自我认识,否定外界因素的影响作用。所有这些理论都泛泛而谈影响性别角色的因素,无法解答已形成性别角色的原因,更不能解释仫佬族家庭内部性别角色期待形成的文化渊源。仫佬族人在家庭范围内,不同的年龄段被赋予不同的性别角色,这是家庭为正常运作而出于本能的自我角色调节,当传统的家庭文化未加改变之前这种角色定型是不会改变的,具有恒定的历时性。同一年龄段在不同的历史时期被赋予不同的角色期待,是因为影响家庭经济收入因素所暗含的特质成为角色期待的缘由,其特质的改变成为角色期待转变的重要原因,换言之,在仫佬族家庭,经济因素是历史的性别角色期待定位的先定性因素。当这种性别角色期待意识被定型,经过实践加以反省批判,从而选择适应于本土社会的要求时便被沉淀下来,久而久之形成有特色的本土文化。而这一有意识的选择以及本土性别文化的形成过程也就是仫佬族文化自觉的一种体现。

二、男女有别:家庭劳务分工下的性别差

在对性别角色进行分析之前,也许首先应该注意到:无论是原始部落社会的部族或是现代化工业社会家庭,都不可能有一套理想的规范使每个家庭都符合。家庭总是社会的共性,同时又是个性。尽管如此,在相同文化背景下的家庭内部的性别分工总规则却是非常明显的。在家庭里,无论性别分工如何,有些任务固然是分给妇女的,有些理所当然是分给男人的,还有一些必须是男女共同承担的。功能论者就认为由性别差异引起的家庭分工有助于两性之间发挥互补性,使两性的竞争以及矛盾缓和至最低限度,"男主外,女主内"的分工模式是一种有效的社会安排,男子充当工具性领袖的角色,妇女则扮演情感性角色。上凤立屯仫佬族家庭中妇女大多从事两类工作:第一类是家务以及田地上的劳务;第二类是承担家庭风俗节庆与信仰祭祀活动。

厨房和田地上的身影:"家庭主妇"

仫佬族妇女从事的家务和田地上的劳务包括摘菜、买菜、洗菜、做饭、洗碗、打扫、洗衣服、缝补衣服、喂猪、放牛、养殖、带小孩、犁田耙地、种田。所有这类工作都是在家里或者家附近完成,不超出社区的范围。家庭中所分配给男人的工作很少,几乎只有在妇女实在是忙得不可开交而男人们正好

在家时,男人才帮忙从事点家庭劳务。姑且不论如此的性别分工是否是在仫佬族人理性思维下的正确选择,或者就如功能论者所谓的有效的社会安排,上凤立屯仫佬族家庭"男主外,女主内"的分工模式在新的历史时期有其自身的特点,内外分工的界限不再以家庭为分界点,"内"的范围扩大到家庭外部土地上的劳作,而不单纯的限于家庭内部劳动;"外"指脱离于自家土地上的劳作而产生的劳动,如家庭外部的打工。因为性别分工模式界限的改变,如同中国当代汉族农村研究揭示的"农业的女性化"问题一样,仫佬族农村农业的女性化也成为当前的一种定向趋势,妇女文化在两性文化中更加清晰地分离出来。

个案1-3:张姨(化名)女,49岁,高中文化水平
(访谈时间:2009年10月16日上午8:00~12:00。访谈地点:吴宣家桑叶地里)

娃仔(孩子)小那时我挨背着他上街做活,有时打瞌睡我又不得做,我就抱着他坐那里。家里里里外外什么都是我一个人办,老公不理家都靠我。现在家里面就只种田而已了,不种田没有办法,种田还有点米吃,我把地基都卖了给孩子读书,卖得两三年了。我什么活都干,趁现在身体还好,跟他们有哪样做哪样,有衣服车(缝)了就车(缝)衣服,少了就帮人家捡桑叶啊,都做。你这个阿叔就没(不)用讲了,他从来都没有帮我做点什么的,即使我再忙他也是冇(不)会理的。

我这种天的时间就是这样的了:在早上7点钟起,晚上睡得晚了起不来太早,起来就洗衣服,然后他们请我捡桑叶我就克(去),没有活路我就克街上车点衣服,到傍晚6点多回家,回家还要自己煮吃。

在帮吴宣家捡桑叶的这两天,我有幸和张姨接触,从她身上我看到了20世纪60年代有过新式学校教育的女性的身影,她健谈,言语得体,是个有知识、有思想、有主见的女人,但是现实却相反,她被自己的婚姻牵绊,被自己的丈夫所累,活着的唯一动力就是为了子女。她身上有以家为中心、一切为子女的传统思想。面对丈夫对家的漠视,为了孩子,硬是用自己的辛勤劳动苦撑着自己的家,虽然身上流着的是汗水,眼里流着的是泪水,心上流着的是血水,但她依然咬紧牙,继续生活。显而易见她的隐忍是何其之大,她很苦却依然笑着谈论着这些,好像是事不关己一样。

个案1-4：吴宣（化名），女，39岁，仫佬族

(访谈时间：2009年10月16日上午8:00~12:00。访谈地点：受访者桑叶地里)

我老公平时都在街上帮别人安装水管，我自己一个人在家务农，养蚕和种植水稻，还要照顾我仔和我女。一天下来我都没得休息，早上一起来就是要喂鸡喂鸭，然后一边放电磁炉煮粥一边喂蚕，我养8克（蚕蛋的重量）蚕，喂大蚕又要喂小蚕，等我忙完这些都9点多了，然后才得吃早餐。吃完就出克（去）捡桑叶，到中午回来又要喂蚕，喂完蚕人才得吃，吃完饭还要克（去）洗衣服。你看家里面乱七八糟，什么都要经我的手，我都几天不得扫地了，垃圾在那里也不得丢。我老公都不勤俭，懒得要死，他不干地里活的。平时我白天又忙又累，晚上他回来我讲喊他帮我喂蚕，如果我要克（去）跳舞他就不帮我喂，讲，你累咯？都还有力气克（去）跳舞。如果我没克（去）他就帮我喂一下。

吴宣的时间安排表：7点起床—喂蚕到10点（有时到11点）—去捡桑叶—12点多或13点回家吃午饭、喂蚕—14点又去捡桑叶到足够蚕当天吃—回家煮饭—喂蚕—20点有时间就去跳舞—23点左右回家喂蚕—24点半左右休息。

吴宣是个主内的主妇，这个主内包括家庭以及田地农活。老公主外，全部时间都在外打工。从她老公身上我看到了一些男权的影子，总是希望自己的妻子留在家中，对于妻子晚上去跳舞是极其厌恶的，有时夫妻为此竟大打出手。

表1-3 上凤立屯男女劳动力的工种统计

性别	工种
男	搬运、打零工、搞建筑、做生意
女	洗衣、做饭、扫地、犁田耙地、放牛、养殖

表1-4 男女劳动力一日劳动时间对照 （单位：小时）

性别	总劳动时间	生产劳动时间	家务劳动时间
男	8.5	8	0.5
女	9	4	5

通过对上述个案及统计表(见表1-3和表1-4)进行比较分析:可以印证李银河的观点:"在家务劳动分工问题上,女性主义提出了双重负担理论:女性总受家务拖累,要在工作与家庭中选一样,男性则不必"。❶仫佬族妇女主要承担家庭中大部分的劳务,不管是轻活或者重活,妇女成为家务劳动的代言人。虽然是在家庭小范围内的劳务,却是工种复杂、费时、费力没有明显价值的劳动,因此也被当地人称为副业。相对于男子在外的"找生活",工种单一、劳动时间短、劳动强度大、能赚取相比妇女更多财富的工作,被人们看作是高贵的,并被鲜明地称为主业。在有酬工作上,都是男性比女性时间略长;在家务上则是女性所费时间长于男性。把两项劳动相加,女性每日劳动时间比男性长。总而言之,在两类不同的性别行为中,男性或者女性都更强调其中的一类行为。仫佬族男子被期望将注意力更多地放在工作上,放在家庭以外的事情上,如积累财富;而妇女则被期望将注意力更多地放在家庭劳务方面。

如果以创造财富的多少衡量劳动价值的话,仫佬族男子的劳动价值远远大于妇女的劳动价值,但同时男子费时、强度大的劳动给自己带来了很大的压力,比较而言,妇女则是费时、复杂但相对轻松的劳动,从心理承受压力的程度上来说,妇女压力则明显低于男子。即使上凤立屯的村民大多都承认男女的能力在本质上没有多大差别,但是在实际谋生中却以生理差别为重要基准:身材相对男子瘦小、体力不如男子的妇女自然是家务劳动的首要人选。虽然说两性在能力和才干上的生理差别对两性做好各项工作所产生的影响微乎其微,但在现实生活中,许多家庭在两性分工的安排上是由生理因素决定所导致的。由两性的生理差异而引起的分工现象似乎是一种必然的现象,但是随着社会生产方式的变更,妇女的劳动并没有完全局限在家务劳动上,如今妇女承担更多繁重的耕作劳动,相对工作量及强度而言,不亚于男性的外出工作。因此,单纯由生理差异做出家庭分工的模式使两性更好的发展受到阻碍。

西方女权主义就性别分工平等的角度探讨性别平等的问题,一度成为一个较为集中的关注问题。在女权主义的理论以及各种运动中,为妇女争取受教育权、就业权、参政权以及在法律上与男子平等的权利;打破父权制,并极端的宣扬女权主义,或建造一个共产主义社会,使妇女受压迫的基础——对

---

❶ 李银河.两性关系[M].上海:华东师范大学出版社,2005:185.

男子的经济依赖性消失,妇女才能减轻甚至免除家庭劳务的负担。西方女权主义的各种运动以及提出的各种理论,对男权社会无疑是一个挑战,其争取妇女的解放的确促进了社会的进步,在一定程度上消除了社会的不公平。但是这些理论是在西方资本主义社会工业化、以西方文化为文明主体的这样一个社会背景下产生的,对于我国这样一个社会主义初级阶段的农业大国、保存有深厚的传统东方文化的背景下,笔者认为西方的并不是世界的,只能是参照,不能照葫芦画瓢。女权主义社会主义学派认为只有为妇女争取家务劳动的补偿和实现家务劳动社会化才能保证两性平等,妇女只有走出家门,减少家务劳动时间参加大量社会活动才能实现根本的解放。卢梭"天赋人权、自由平等"的思想攻击了社会中的不平等,但他却觉得两性关系是个例外,认为男子理应走上社会去干一番事业,妇女的最佳位置是在家庭。笔者认为,女权主义社会主义学派虽然正视了性别分工,但是忽略了两性的基本生理差异以及不同文化背景下文化机制的作用。妇女是该待在家里还是该现身于社会中?性别平等该如何建构?似乎不是简单的家庭社会学、女权主义的问题。

在上凤立屯,虽然屯经济方式不同于改革开放前,但是仫佬族的农民依旧不放弃土地,暂时的不耕种不等于丢弃土地,"落叶归根"的思想依然根深蒂固。农民都乐于在步入晚年时在家耕田耙地,忙碌于土地上。因此,对比改革开放前对土地的经济依赖转变为改革开放后对土地的心理依赖,这就使仫佬族人对土地有一种难以割舍的情结,这样的一种情结使他们重视土地,在家庭性别分工时,妇女基于生理柔弱的一方自然担负起家务劳动以及土地上的劳务。在这种文化背景下,性别分工不仅体现家庭经济的分工方式,更多渗入了精神方面的归属感因素。

传统的"男主外,女主内"的性别分工模式使得妇女大部分时间都局限于家庭劳务等私人领域,男子则主宰着私人领域之外的社会领域。随着社会的进步与发展,上凤立屯的妇女逐渐加入公共领域的活动之中,稍微改变了由男子一统天下的局面,由此带来男子的负担就部分转移到了妇女的肩上。而"男主外,女主内"的性别分工模式依旧存在,妇女依然是家庭劳动的承担者,男子极少参与家庭劳动,妇女因此承担着私人领域的家务劳动以及公共领域的工作、事业等双重负担,故性别分工依旧不平等、不合理。但是,上凤立屯的村民从来不曾考虑过自己因为家庭性别分工的原因而不能获得某部分的权利,对于他们来讲,分工是自然而然的事情,性别平等的意识在家庭分工中还处于盲区。笔者认为,探究两性关系时性别分工在某些方面的确能够反映性别是否平等,但把性别是否平等简单归结为性别分工的平等是片面的,性别分工只是家庭分工的一部分,反映家庭内部成员的社会关系、情感关系、经济关系等错综复杂关系的一个方面,并且不同文化机制运行下分工方式代表不同的内涵。

大多数人类学家热衷于关注某一社区某一族群集体的而非单个家庭的风俗节庆与信仰祭祀活动,通过将其展演的过程加以深描然后进行剖析,得出风俗节庆与信仰祭祀活动是社区成员之间的互惠、象征性交流以及族群凝聚力有效整合的一种功能价值,或者是社区族群精神寄托共享的一种表现形式。如泰勒(Taylor)对信仰和仪式的看法,他认为那最初是一种互惠的礼物(do ut des)形式;詹姆斯·乔治·弗雷泽(James George Frazer)则认为那是超越于个人权利之上的抚慰或者调解;法国人类学家列维-布留尔(Levy-Bruhl)则认为集体表征乃是社会结构的功能,跟社会结构密不可分。尽管集体的风俗节庆与信仰祭祀活动受到如此众多专家学者的关注,并得到各种各样的看法和结论,我们依然能够从集体风俗节庆与信仰祭祀活动之外捕捉到单个家庭风俗节庆与信仰祭祀活动的踪影,依稀看到集体的理论中关于单一家庭的部分理论。

笔者在田野调查点调查时发现,当地村民对于家庭风俗节庆与信仰祭祀活动的热衷程度,不亚于甚至可以说是远远超过对集体信仰祭祀活动的热衷程度,另一个让人觉得更饶有兴趣的事是这些活动几乎都是由妇女参与,在有些家庭甚至是妇女一手操办,男子大多置身事外,此领域成了妇女具有极大主宰能力的天地,是"娘子军"统领的天下。尽管村民经济生活有所改观,可依旧维持着传统、浓厚的信仰文化。笔者在调查中发现仫佬族家庭在一年阴历的前九个月和第十二个月里有风俗节庆或信仰祭祀活动,从春节家庭祭祖开始,到二月社节、三月三婆王节、四月初八牛节、五月初五端午节、六月初二"三届公爷"节、六月二四"龙岸坡观音"❶节、七月半鬼节、八月十五中秋节、九月初九重阳节(当地称为老人节)、九月十九拜龙岸坡(补重阳节)和十二月家庭祭拜。其实,这些风俗节庆和信仰祭祀活动主要有两大主题,其一是源

---

❶ 当地的一种信仰崇拜。龙岸坡是一座山,当地人认为是观世音菩萨下凡在此山,因此把此山称为"龙岸坡观音",当地人每年都会去朝拜。

第一章 少数民族地区妇女的家庭权利

于祖先崇拜的祭祖、神灵崇拜的祭神和巫术崇拜的祭仙;其二是无关于崇拜理念方面的传统风俗节庆。其中,最具有地方本土特色的是二月社节、三月三婆王节和十二月家庭祭拜。

在附近壮族村落中,被称为保护其人口的"社王"在屯里也被虔诚供奉。这里的屯民认为社王是所有神灵中最大的神,可以保佑居民,一方社王管一方土地,社王还管理钱财、人丁、牲畜。有新媳妇加进来或者老人去世、所有的红白事情都得去告诉社王。关于社王有这么一个传说:以前有个人的衣服找不到了,就怪村上的另一个人,而那个人说自己是冤枉的。于是两个人就到社王面前去炼油,热起来的油溅到谁就是谁偷了衣服。不过炼了一天的油都没有溅出来,傍晚牛回来路过社庙前,油溅起来溅到那头牛,于是大家把牛杀了开膛破肚后果然见丢失的衣服在牛肚里面。所以说社王是很厉害的,它同时又主持了公正。

婆庙❶是婆王妈这个神的所在地,是专门送小孩的,结婚几年没有小孩或者生了女儿没生儿子也去求婆王妈。婆王妈还可以保佑小孩健康成长、聪明伶俐。祈求时一定得虔诚,同时答应婆王妈要是得以成功就会还她礼,说到也必须做到,否则以后即使生出了小孩也会不聪明或者意外死掉。因为欺骗神灵的话,神灵就会怪罪下来,故做人得凭良心,俗话说"哄人哄得,哄神不得"。若哪家有了新生婴儿,在其出生四个月后在那年的三月三,报丁给婆王妈,同时也是让屯里人知道。在挑定的日子快要到来时,要报丁的家庭就要开始准备了,家庭内妇女们于头一天准备好各种祭拜婆王妈的祭品,包括一斤左右的猪肉、一条鱼、一只鸡、一个猪头、一对猪脚,煮好红鸡蛋、粽子,准备好饼干、面包或者包好喜糖。在第二天一早,她们把生肉煮熟,连同糖果、香、烧纸、纸剪的小孩布鞋、黄金柴等装好放到簸箕里,挑担到婆庙。在拜祭婆王妈结束后,主人家的妇女们就在婆庙前等待屯里前来领礼物的其他家妇女,屯里妇女在听到婆庙前放鞭炮后也自行去领礼物。

由信仰衍生的祭祀供奉已经演变成了屯民的节庆活动。笔者在调查中发现,二月社节和三月三婆王节由家庭活动变成屯集体的传统节庆活动,也比较隆重。每家每户每年集资20元用于这两个节日。在谈及拜祭社王的禁忌时她们说:去拜祭也是有严格要求的,家里有牛、狗等畜生下仔不得去拜

---

❶ 当地的一种信仰崇拜。"婆王妈"据说是保佑孩子健康平安并使其聪明伶俐的一个保护神,当地人为婆王妈建造了一座庙宇即"婆庙",因此婆庙也就是婆王妈这位保护神的居住地。

祭;怀孕或者坐月子的人不得去拜祭;以前求社王女人是求不来的,得要男人去求,现在不一样了,可能因为现在天下男女平等了,天上的神灵也放宽政策了吧。根据笔者记录:2009年农历二月二十八这天,屯里过社节(现在每年5家轮流做东),中午11点多去社庙拜祭社王。下午4点左右,村里各家的妇女每人拿一个饭盒装好饭,集体到敬老院前准备会餐。来聚餐的有170人,其中妇女145人,15位男性其中有4位负责后勤工作,还有一个20岁左右的男生代表自家来参加聚餐。妇女们都说这是女人们的事情,男人是不来参加的,除非特殊情况,比如家里女人不在家。多数人认为都是女人来的原因是由于男的在外"找生活"❶没有时间,女的在家照顾家庭或者孩子就顺便来了。因此,在名义、形式上是以户为单位的屯集体祭拜活动,实际上是为众多妇女的聚会闲聊创造了机会。

十二月家庭拜祭也是最具有代表性的仫佬族家庭祭拜:农历十二月上神结束(每月初一到初十称为上神;十一到二十称为中神;二十一到三十称为下神)至月底这段时间,即中神、下神这一时间段,家家户户的妇女自选黄道吉日挑担上山去拜神。所拜众神的先后顺序:土地观音、龙公龙母、社王、庙婆、村主、石挡、龙脉、白公、祠堂、天地、祖宗。目的是为了报答一年来神帮忙做的事情,并祈求来年再帮忙。有时候,同一天内十几家、几十家的妇女前后挑担出门,一路挨一路,一山接一山拜众神。

通过调查发现,仫佬族家庭在劳务分工影响下的家庭风俗节庆与信仰祭祀活动两性参与差异具有鲜明的地方性色彩,不同于其他一些仫佬族村落和附近其他兄弟民族在这一领域主要由"男性主宰,妇女最好不要参与"的性别分工模式。通过对上凤立屯这一分工的调查可以得知,这种性别倾斜并非历来如此,而是随着家庭经济方式的转变,在家庭两性分工模式与传统文化相互冲击下慢慢融合形成这种局面,因此这也是仫佬族两性发展过程中自然并非一时偶然的阶段。据屯民的回忆,不知从哪年开始就不再是单个家庭自行祭拜,而是通过集体的形式单户参与,但是大部分家庭还保留着祭祀当天除参与集体活动外还额外在家进行祭拜。而且这些参与集体活动当中的个体,有自行选择是否参加的权利。通过参加二月社节的参与户数统计可知,有170户参与,占全屯213户的79.3%,妇女代表家庭参加的有145人,占总代表170人的85.3%,由此可以看出,妇女在家庭祭祀这一领域获得相当大的权

---

❶ 就是外出赚钱的意思。

利。上凤立屯这些限于单个家庭的传统风俗节庆和信仰祭祀活动扩展到了社区范围之内,成为联系社区群体的一种方式,对于社区成员的凝聚力得到有效的整合,使其更加团结一致的确具有重要的作用。同时,从性别的角度分析,妇女在这一领域的绝对参与也是妇女获得更多家庭权利的一个重要体现。

三、撑起的力量:半边天的角色地位

在传统汉族社会,女人除了相夫教子、无事可做外,很多女性长期以来都不参与家庭外部的农业劳动,只是单纯做家务,所谓"男主外,女主内"。在仫佬族家庭史上,家务劳动几乎是女人的专项劳动,社会发展至今,传统汉族社会"男主外,女主内"所包含的概念已经解释不了仫佬族家庭的分工模式。更多的仫佬族男子脱产于土地,外出打工赚钱;妇女还是家务劳动的主要操劳者,同时又是土地上的劳作者。家里的土地除了承租出去外,剩下的基本上靠在家的妇女耕种,从犁田耙地—插秧种田—施肥看管—成熟收割,妇女半边天的角色成了撑起家务劳动这一片天的承担者。女主内使丈夫花费更多的时间在外面的工作上,妇女在家务劳动上有了相对的自主权。而妇女的家庭地位即妇女在家庭中所处的位置,指对其角色的一个评价,包括自我评价以及他者评价,不仅体现在相对于男子的权利上,而且体现在妇女个人的自主权以及对自身家庭角色平等的满意度上。因为只有通过主位的感受,才能体现在当地特定的社会文化背景下,夫妻之间的家庭婚姻互动,以至两性建立和谐的伙伴关系,从而共同提升家庭生活的满意度以及质量,故本研究以妇女自身评价为本位,建立一个妇女家庭地位的指标体系(见图1-1)。

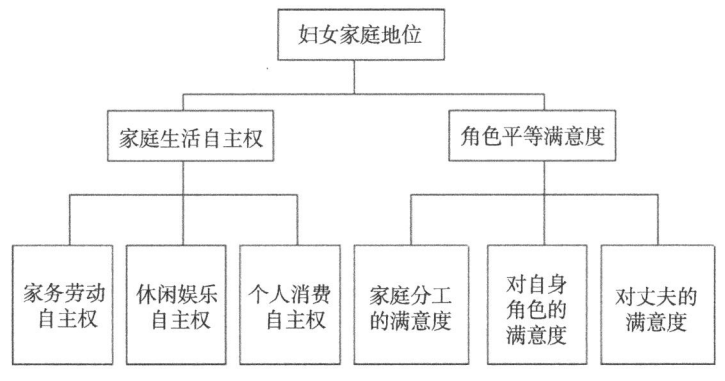

图1-1　妇女家庭地位的测量指标体系

这个指标体系以妇女自身的认同感受为主,记录客观事实,研究家庭内部潜在的权利。通过对80名妇女深入访谈,问题涉及:①家务劳动是否自己做主;②平时去打麻将、打牌、跳舞吗,丈夫是否让去;③个人用品是谁买的;④觉得"自己在家务农,丈夫外出打工"这样好吗;⑤丈夫和自己承担的责任有何差别;⑥对自己和丈夫是否满意。

仫佬族家庭经济收入模式的变化使得家务劳动主要体现在家庭土地上的劳动。其中,17名妇女,占21.25%,说丈夫一年四季都在县城打工,几乎不过问家里的事情,种田时自己犁田、拔草,农忙时候要是忙不过来就请人收割,家里的劳动都是自己安排的。36名妇女,占45.00%,说丈夫外出打工,只是在自己忙不过来的时候回来帮忙,比如蚕虫进入50时期、插秧、收割时节,其余时候都不回家务农,丈夫负责买化肥,自己决定什么时候该做什么。23名妇女,占28.75%,说和丈夫一起耕种完后外出打工,收割时候再一起回家务农,过后再出去打工。3名妇女,占3.75%,说家里已经不种植,靠商店收入、生意收入养家糊口。1名妇女,占1.25%,说凡事都听丈夫的安排。从统计数据来看,有53名,占66.25%,超过一半的妇女都表示自己有家务劳动的自主权。

在休闲娱乐方面,31名妇女,占38.75%,表示只是自己不感兴趣,平时只看点电视,丈夫随便自己,这方面不干涉。20名妇女,占25.00%,表示几乎每天中午12点至下午5点都会去打牌、打麻将,有时候晚上也去玩耍,丈夫随便自己做主。16名妇女,占20.00%,表示如果有排练舞蹈的话,晚上都会去操场观看或者跳舞,丈夫有时也会去看,挺支持自己的。13名妇女,占16.25%,表示自己没有休闲娱乐活动,晚饭过后就直接休息了。从统计数据来看,参加休闲娱乐活动的人数36名,占45.00%,虽然参加休闲娱乐活动的妇女人数不到一半,但是67名妇女,占83.75%都表示在休闲娱乐方面丈夫不加干涉,随自己意愿。这说明大部分的妇女在休闲娱乐方面还是有自主权的。

出于农村的消费观念,除了个人必需品,如卫生棉、衣服等外,极少妇女使用保养品、化妆品等女性用品。因此,在个人消费上,其消费范围也是比较狭隘的。在个人消费上,69名妇女,占86.25%,表示个人必需品都是自己购买的,花费自己的钱;11名妇女,占13.75%,表示个人必需品是其他人帮忙买的,有时使用丈夫的钱,有时用自己的。相对来说,在其狭隘的消费范围内,妇女的消费自主权也是得到保障的。

第一章 少数民族地区妇女的家庭权利

通过对妇女家庭地位测量的研究(见表1-5),仫佬族妇女大部分拥有家庭生活自主权,但是在角色平等满意度上,妇女们大多希望丈夫能够多花点时间帮忙分担家务,如煮饭、做菜等;还希望丈夫平时少抽烟、少喝酒。以下是几个妇女的座谈发言。

表1-5 妇女角色平等满意度比例 (单位:%)

角色平等满意度	家庭分工的满意度	对自身角色的满意度	对丈夫的满意度
满意	40.00	42.50	18.75
基本满意	26.25	47.50	37.50
不满意	45.00	7.50	40.00
不知道	3.75	2.50	3.75

访谈时间:2009年10月17日下午3:00~4:00
(访谈地点:村商店外路边)

妇女1:我们两个(和丈夫)一直都在家做,那种重活我又做没得,我就酿酒和养蚕。我家这个也讲啊,克(去)跳舞没讲累,克(去)捡叶子就讲困。那回来都吃饱了,又洗好凉就休息那当然轻松啊,他话是跟子(这么)讲,就随便我们自由,想克(去)就克(去),他没(不)管这种的。

妇女2:老公冇(不)理家,都靠我,他就顺便你怎么负担这个家庭,好像是不管他的事一样。后悔没有办法啊,本来想到头就重新来,现在什么都不想了,就只想这两个娃子。我当他不存在了。

妇女3:一天就是看店,冇看店做什么,在家就是这种的了。生意随便好冇好,反正在家你做冇得什么。

妇女4:我家那个喝酒多多的,那种脾气又冇好,喝酒了像变一个人一样,我还同他争架。

上凤立屯仫佬族妇女相对于附近其他民族的妇女,其在文化娱乐方面是比较积极的,当提到屯文艺队时屯民都是一脸的自豪,引以为荣。妇女能够自主地参加文化娱乐活动,并当成了个人的兴趣爱好。笔者想,当娱乐变成了个人的兴趣爱好,就意味着妇女自我认知、自我行为和自我角色正在发生巨大的变化,这也是素质提高的一种表现。通过对屯文艺队成员的深入了解得知,她们在一定程度上挑战了对妇女的传统定位,对比"成功的男人背后有一位女性",她们是"活跃在外的女人身后有一位开明的男性"。这更深层次说明了,女人的行动还是限制在男人的允许之内,尽管她们是进步了,有了自己的文化娱乐活动,能有机会表现自己的兴趣,表达自己的思想,但还是建立在男人的许可范围内。娱乐许可掌握在男人的手中,要是反抗可能就会产生家庭矛盾、家庭暴力等。说明仫佬族妇女在家庭中的地位相比男子有些低,没有达到完全平等,但是两者的比例差距随着社会的进步以及得到明显的改善,妇女的家庭地位已经有了很大的提高。如果能够突破原始的两性分工,使妇女有机会进行更多的就业,兴许两性会得到更加平等、和谐的发展。

四、事实与心理:男性话语权

当我们以性别把这个世界的多元文化分为二元时,讨论妇女权利的同时,男性权利也应当考虑。女权主义在争取女权的同时只站在自身的角度,描述自身的位置是处于世界文化的边缘和外围,男性则处于中心,得出妇女文化是边缘、落后文化等结论。过分地强调女权忽视男性话语权或者过分地强调男权忽视女性话语权,都会使这个世界的文化走向极端化、不平衡的发展,最终也会激化两性矛盾。只有两性的相互协调合作,才能使二元处于同一条平行线上,并得到不断的延伸,促进社会和谐。因此在争取妇女在家庭中的权利的时候,男性是如何看待这一个问题的、他们反应如何、他们是否愿意帮助妇女脱离苦海等,这些都是至关重要的。

个案1-5:潘荣(化名),男,77岁,仫佬族,退休教师
(访谈时间:2009年3月3日晚上8:00~9:00。访谈地点:受访者家中)

以前有生产队,我家里劳力少,年底靠工分分配,我的工分都是超支的,我尽力用工资补回。生活不好,都是喝粥。我们工作时单位规定不可"公鸡带仔",子女都留在家里,家里还有老人有土地,在家就靠土地过活了。女人的辛苦是千言万语都说不清楚的,带小孩、照顾老人、缝缝补补等忙得团团转。那会儿生产队长一吹哨就得赶忙跑出去,晚了会挨骂。有次我女人听到吹哨着急往外跑,被锄头磕到脚流血了,但摸都没摸一下就跟跟跄跄地跑出去了。女人很少待在家里,更别说照顾孩子。常常被调到克(去)开荒,自己带上被子,晚上在山野里过夜,因为可能半夜就得起来去其他地方开荒,反正是劳力的都得出去干活。那时女人肚子饿时还得去犁田,有吃的都留给小孩了。现在她身体不好了,那时期过来的人上了70岁身体就不行了,劳累过度了。

个案1-6:潘华(化名),男,73岁,仫佬族
(访谈时间:2009年3月4日上午8:00~12:00。访谈地点:受访者家中)

以前我在外头搞商业的,在单位做商业会计,长期下乡,像工作组一样。我很愿意下乡,我觉得很舒服,同人家讲得也来。1958年她(老婆)也出克,工厂大炼钢铁那时她就克环江,到第二年她就回来了。拔田、犁田都是她,夜晚都挨克到12点钟才回。逢年过节在外面工作的就买点猪肉回来。村上男人就割田基草啊,养猪啊,猪场要男人因为晚上他守得;还有做水库都是男的,女的在屋啦,男的克犁女的克拔。一天炒麦子顶餐,这样经得饿点啦,红麦也炒面麦也炒,玉米炒得满口袋克,克田里面克咬,个个嚼得啪啪响。我家有3个劳力,每到春节人家都到我家做糍粑,我们有米做,别家劳力少饭都冇够吃的。

村里很多70岁以上的男性都是退休的工作人员,他们经历过生产队时期、"文化大革命"、改革开放等国家重要历史时期,是见证历史的一代人,同时他们参加了几十年的工作,也是有文化修养的一代人,素质得到了提高,在屯里是受人尊敬的长老。村里的文化活动主要由这辈人策划,包括组建文艺队、舞狮队,指导村里文艺队的舞蹈、购买电子琴诸如此类的活动,他们在其间发挥了重要的作用。在入户对他们进行访谈时发现他们很喜欢看新闻,经常关注中央四套的《海峡两岸》这个节目。在和他们交谈时,他们乐此不疲谈论的一个话题就是社会的变化、农民生活水平的提高,并常提到改革开放农民受益之处,言语间所用之词有"'三农'问题""农民权利"等,属于政治觉悟较高的一辈人。当问及妇女的情况时,他们说妇女在生产队时是最辛苦的,不仅要照顾家里的老老少少,还要参加队里劳动,相比自己女人是比较辛苦的。

个案 1-7：潘阳（化名），男，66 岁，仫佬族

（访谈时间：2009 年 10 月 20 日上午 8：00~10：00。访谈地点：受访者家中）

我家就是两份田地，就我和他奶两个人的，一个人就 5 分田，两份就 1 亩。我们这个村田地也是少。以前他们没在屋就我们两个在屋，米就还有剩，现在就挨买点，买没多。我们有牛啊，就自己克犁，亩把也没难，多了就没得了。犁、拔都是他奶克，她还做得，我就看点水，她有力气，身体也没算好，经常挨吃药。主要有他奶，她冇做得的话家里没种得田的，现在屋里头的活路总是她做。家里面的也总是他奶做活路，媳妇冇认得做我们这种活路，虽然讲共一个地区，但是做活路冇同。我们这凯都是女人克拔田、犁田的多，男的也有比较少，有时把冇有活路做也是克，男的克做别样啊，重活路就是男的做，女的冇没得。

屯里 55 岁到 70 岁的男性由于身体健康每况愈下，大部分是在家务农，和妻子一起从事土地上的种植以及家庭养殖，只有极少的几个人出去做生意。通过调查发现，这个年龄段的人现时在家庭中处于当家做主时期，即使儿子们结婚了，并一起组建成联合家庭，但日常的家庭劳作、参加婚宴的礼物馈赠、走亲戚等都由他们操办。由于孩子们已婚，每月交给母亲部分生活费，家庭负担变得不是很重了，这时当家的妇女掌管着家庭生活费以及土地上的收支，丈夫对其有支配权。

个案 1-8：潘新（化名），男，55 岁，仫佬族

（访谈时间：2009 年 10 月 15 日晚上 8：00~9：00。访谈地点：灯光球场）

像我们这个村现在大部分都是女的做了（干农活），男的克街上随便做点什么得几角钱，一天得几十块钱也得搞点家务，不然没有什么钱用的啊。你光靠养、种，那就要大批的种养啊，是以种养为主，你种养冇得你要本大啊。人家讲"吹糠冇见米"，他克街上得好多就是好多啊，他得回来就可以解决一天两天油盐这样子，有点能力大的他就多得点钱。田地也没有哪个种二苗了，米照样够吃。现在小的读书出来考冇得大学的那种就出克打工了，都是女人在家种田。

第一章　少数民族地区妇女的家庭权利

个案1-9：潘周(化名)，男，47岁，仫佬族
(**访谈时间**：2009年10月30日上午8：00~10：00。**访谈地点**：受访者家中)

我常年在外打工，仔读书要钱，冇出克冇得，老婆在家，养点猪、鸡、养蚕，做点活路。田地也少，都是烂田也没用什么收成，不是水泡就是旱田，下面的水田人家起房子都挡光完也冇得收什么。地有一部分租出克，还有点种桑叶。一回养一张蚕虫，一个人捡冇急就请人。在家的活路都是我家这个做，也是辛苦，没有办法。辛苦就辛苦点咧。一般都是女的在家，在家的活路轻点啊，讲轻也冇轻哦，捡叶子也是累哦。

屯里40岁到55岁的男性是比较辛苦的一辈，因为他们的子女正读高中或者大学，需要较多的学费以及生活费，他们家庭显得比屯里其他家庭清贫。男子一年四季几乎都外出县城或广东打工，大多从事的是能够赚取现钱的很重的体力活，比如搬运、装卸、搞建筑等。如果男子能够赚取足够家庭开销的钱，妇女则不用外出赚取，只负责家务劳动；当男子个人力量无法负担得起家庭开支时，妇女在忙完土地上的活之后再外出打工赚钱，或者夫妻二人共同忙完土地上的活之后一起外出打工。直到孩子毕业，他们为了还债和起新房，依然需要做苦工。

个案1-10：潘克(化名)，男，30岁，仫佬族
(**访谈时间**：2009年3月11日中午12：00~13：00。**访谈地点**：受访者家中)

我从来冇做过田地里面的活路，也冇懂得做也懒得做那种的，做冇习惯了，我们这辈的人都冇做得多，像我一直就开车搞运输。出车的时间总是冇定的，有时人家喊帮克柳州、桂林拉鸡，半夜两三点你都挨起床了，所以我总是冇在家的多，一个礼拜才得在家吃两三次饭。老婆轻松点，就在小市场摆摊卖衣服，她自己克柳州进货，现在生意冇是很好做了，冇得什么钱的。田地就留我妈种，随便她想哪样子舞，种冇完就给别个种憨，反正我们俩老了都不会回家种田的。

屯里30~40岁的男子部分脱产于农业，比较乐于从事农业之外工种单一的其他工作，如安装水管、修理门窗、搞运输等，久而久之他们都有了一技之长。不脱产于农业的男子是因为农忙时期家里缺少劳动力，而又不想请人帮

53

忙作业,因而参加了部分农业劳动。属于核心家庭类型的户把家务完全交给妇女,联合家庭则交给上了年纪但还有劳动力的父母。

不同年龄层次的男子代表历时阶段男性对于两性看法的话语权,顺应两性发展展现出的新的时代特征:二元制不再是尖锐地对立着,而是相互理解、相互和谐甚至融为一体。而许多女权主义者自从20世纪80年代末以来,也不再简单地追求男女平等立法或者标榜男女差异,转而开始突破传统的男女二元对立论,关注男女两性内部各自拥有的差别。她们意识到:只有男女两性相互融合、相互支持,共同努力、共同创造,人类文明才能达到真正辉煌的顶点。以弗吉尼亚·伍尔夫(Virginia Woolf)为代表的女权主义者关注两性的融合问题,认识到要让女性和男性获得真正意义上的自由平等,就必须从根本上消除两性之间形而上学的二元对立,消除建立在两性对立基础上的思维模式、整个社会意识、伦理价值标准。"这样,男性与女性都将统一在'人'的范畴中,或者说既不是'第一性',也不是'第二性',而是超越二者的'第三性'。而'双性同体'理论的出现更好地解释了'第三性'所表达的意思,被认为是一种超越性别的理论,它解决了男女二元对立的矛盾,为促进人类解放提供了新的思想方法。人们开始普遍接受这种观点,即人类是由两性构成的一个自然整体,没有男女双方的共同努力,人类的延续和进化是不可能的,人类的解放必须以消除一性对另一性的奴役为前提,必须以两性协调互动达到和谐统一为基础。"❶

从上凤立屯的个案或许我们可以知道,为什么仫佬族的妇女相对附近其他民族的妇女在日常家庭生活中更显得清闲,却更活跃、更有主见。不仅仅是因为仫佬族受到历史发展以来传统文化的影响,允许妇女有一定的话语权,更多的是两性在深层次的意识里认识到自身的局限性,只有突破二元的对立,两性彼此尊重,才能更好地协调发展。上凤立屯的仫佬族男性大都觉得自己作为男人,相比妇女自己身强力壮,在劳动强度大、耗费体力多的劳动上,自己理应比妇女要承担更多。妇女作为柔弱的一方,较多的承担力所能及的劳务,比如家庭事务。虽然说由此会产生明显的性别分工,单从家庭劳务方面考虑妇女权利则会得到妇女处于受家庭压迫的结论,但是我们不得不看到这样的性别分工在当地却没有引起不满,屯民不仅乐于接受甚至羡慕有如此分工方式的家庭。因此,不能单纯地从观察者自身的角度去

---

❶ 吴庆宏. 弗吉尼亚·伍尔夫与女权主义[M].北京:中国社会科学出版社,2005:150-174.

认识这一事实的存在,应该在得出妇女权利没有得到完全保障的结论下思考这样一个问题:难道妇女在家庭中无所事事才叫获得权利或者说妇女和男子共同做家务、共同外出劳动才算是获得权利了吗？非也！仫佬族两性的分工是在承认两性差异的基础之上,具有地区、民族特色,我们不能说这样的分工是不合理的,只能够说期待其自身的发展,让两性能更完美地协调发展。

第三节 "内人"的家庭权利

"内人"原指屋内的人,过去是男人对自己妻子的一种称呼。用内人指代上凤立屯仫佬族妇女有两层内涵:其一,对其原意的延伸,指处于"男主外,女主内"分工模式下主内位置的妇女,从中体现出家庭分工方式;其二,保持本意,站在男性的角度对自己妻子的一种称呼,体现两性之间的相互关照、尊重。而妇女在家庭婚姻中的权利包括多项内容,例如女性选择配偶的权利、离婚的权利、再婚的权利、财产的权利、姓名的权利,以及继承权等。

一、认知与选择:关于择偶和结婚

认知与选择实际上也是理性与实践这一对矛盾的表述,人类学理论曾纠结于这对矛盾如同在囚室四壁间踱步的囚徒那样始终徘徊于这两极间。结构主义代表者克洛德·列维-斯特劳斯(Claude Levi-Strauss)把人的主体地位及其理性作为思考的基础,认为在认知与选择中间,必定存在着一个中介,那就是实体(entities)的存在,一种集经验和知识的客观事实。功利论(utilitarianism)与文化论(cultural account)就此曾义正词严地认为,选择是人们对认知有目的性的、实用性的实际行为的编码,是受文化设计(design)的调整作用而做出的具有实践经验和习惯性实践的行为。法国社会学家涂尔干(Emile Durkheim)却认为认知乃由社会所决定,由社会结构塑造出来对人的行为的约束力。尽管各种论点各抒己见,却承认认知乃主体的一种自我意识,只是在与实践选择之间权衡时认知的主要参照物不同罢了。而仫佬族妇女在择偶和婚姻问题上,自我的认知系统与对实践的选择这对矛盾的展演往往并非单纯的出于习惯性经验、社会建构或者物质上的目的性的一点。

部分研究家庭的社会学家认为,婚姻是一种男女之间择偶的制度性安排。那么也就是说择偶是婚姻缔结的前提。对于崇尚"从一而终""白头偕老"价值观念的仫佬族人来说,择偶关系到其一生,是极其重要的事情。但是,择偶除了当事人的主观意愿之外,常常受到社会环境和家庭因素的制约。在仫佬族文化发展史上,人们从择偶不自由走向择偶自由,婚姻的缔结形式从包办婚姻走向自由恋爱婚姻。如今,随着社会变迁中各种因素的变动,人们的价值观也在不断改变,择偶的标准也在变化。

婚姻的自然属性决定了人们择偶要考虑对方的身体、相貌等条件,不仅在于异性相吸,更重要的是造福子孙后代。"婚姻的社会属性决定了人们择偶要受到社会的政治、阶级、经济、宗教、道德等因素的影响,使人们的择偶标准有时代特征,随时代的变迁在不断变迁。"[1]由于人类自身的生理条件,婚姻的自然属性不管在任何时代、任何时期都是首选的条件之一;而婚姻的社会属性随着社会的变迁不断改变。因此,对婚姻的社会属性影响择偶标准进行研究具有重要的现实意义。仫佬族未婚女性从生产队时期、包产到户时期、改革开放时期到现代时期的择偶标准有明显的变化。

在生产队时期,仫佬族未婚妇女在十二三岁就一边上学一边帮家里人到生产队上务农直到读书毕业,毕业之后就全部投入土地劳动中。青年女性没有空余的时间,在进入青春期和恋爱期时都处于生产队的劳务之中,婚姻大多通过媒婆牵线,无形中限制了女性自主选择的机会。

个案1-11:潘柳(化名),女,66岁,仫佬族,小学毕业

(访谈时间:2009年3月12日上午8:00~10:00。访谈地点:受访者家中)

我们那时哪凯得克耍哦,克学校都还是带弟妹克,弟妹一哭就挨出克教室哄,书都读没好,家里面穷啊,父母挨做工冇人带。我们好多人都读完小学冇愿读了,十二三岁就要帮家里面挣工分,那时我们算半劳力了,挨克啊,要吃饭的嘛。我们哪凯还有时间出克,逛街都冇得,冇单是扣工分,晚上还开会批斗你先咧,冇敢出克。所以,我们哪凯认得什么其他村的人,人家介绍哪样子就是哪样子了哦。当初我也是看冇上我家老头子的,本来我和村上另一个男仔好上了,但是他家穷多,我家又没有什么人在家,我哥在外面工作冇回来了,我姐嫁出克了,我要在家养我爸妈,那你冇想找个条件好点

---

[1] 潘允康.社会变迁中的家庭[M].天津:天津社会科学院出版社,2002:128.

的嘛。后面老头子他姑介绍他给我,我起先也没同意,但是他经常跑来我家,搞得我冇好意思克,他姑他们又讲:你看人家对你几好。我又怕别个讲多,就答应了。我们一天就是劳动也冇认得别村的什么人,做媒的讲哪样子就是哪样子的咯。

通过对20位60岁女性的深入访谈统计,可知其婚姻圈如表1-6所示。

表1-6 婚姻圈统计

婚姻圈地域范围	本屯	同村公所别屯	别的村公所	别乡、镇	别县市、省
配偶人数(人)	3	7	6	4	0
距离(千米)	0~1	2~3	3~10	7~20	0

生产队时期,由于人们的活动空间很小,接触的人非常少,择偶机遇有限,婚姻圈范围仅限于本地,媒婆的选择成了重要的中介,代表了当时社会、家庭的择偶倾向。

包产到户时期,家庭已经能够自主分配劳动力,未婚妇女有了更多的空余时间。自主选择、媒婆牵线的婚姻形式的进步决定了这些妇女择偶大多能代表自己的意愿,而不再是父母长辈的强制意愿或者家庭条件的限制。大部分未婚妇女会选择家庭劳动力多、土地多、有老人的家庭,这主要是取决于当时的社会环境和家庭经济条件。因为这一时期,农民按人头分得土地,劳动力多意味着这个家庭有相对多的土地。并且在当地,除了在土地上的作业以外没有其他额外工作,劳动力多的家庭意味着有相对更大的生产力,在土地上的收获就多,生活也相对宽裕。而有老人的家庭,在媳妇出月子后,孩子可以由老人在家照顾。老人照顾孩子的同时还担负家务劳动,媳妇外出务农。

个案1-12:潘粤(化名),女,50岁,仫佬族,高中毕业

(访谈时间:2009年10月13日下午1:00~3:00。访谈地点:受访者家中)

我是本村的,我们自己谈的,但是结婚时也象征性地找个媒婆。他们家兄弟多,有6兄弟,那个时代总给生的。我是老大,结婚后他讲愿意来我们家,以后总在我家这边了。以前我和村里面一个谈得6年,他家庭好,我家庭困难,他妈没同意,转变就和这个老头子结婚。我们那辈的人好多都嫁在本村的,那时我们喊做自由恋爱,但是还是带有那么一点点封建色彩,人家开放我总开放不起来,我总不敢克人家家做活路。别村的姑娘也不愿意嫁来我们村的,我们村的田地少,人均占田不到5分,别村比我们村多,所以那时人家都还讲:嫁克黄立村饿死哦。好多年轻的女仔都嫁进弄里面克了,哪个懂得现在变化那么多哦。

包产到户时期的未婚妇女在选择配偶的时候,希望男子有强健的体魄固然还是个基本条件,但蛮力不再是解决家庭经济收入的唯一途径,对于对方在智慧方面的要求开始在所需条件中破茧而出。仅当时来讲,社会环境和家庭经济条件成了首选的标准。择偶机遇的扩大,使得婚姻圈范围有所扩大,由于仫佬族允许五代以外同宗族也可结亲,故这一时期的青年女性在屯里都自由恋爱,同姓结婚的人数成为仫佬族史上相对较多的一个时期。爱情在择偶标准里占了一定的比例,说明了仫佬族青年女性在婚姻这个领域有了质的进步。

打工潮之后,市场经济的开放使农民不再依附于土地,多余的劳动力纷纷涌入市场。随着社会的进步以及经济的发展,在土地上的收入远远低于外出打工,土地的多寡不成为影响家庭主要收入的因素,越来越多的农民弃土地外出当农民工。这势必影响了未婚妇女择偶标准,土地不再成为择偶的主要条件,更多地关注家庭收入来源的方式,妇女更多倾向于选择不靠土地而是有其他额外技术获得主要收入的家庭,比如,靠搞建筑、运输、买卖作为家庭主要收入的家庭。

个案1-13:韦唯(化名),女,24岁,壮族,初中毕业

(访谈时间:2009年10月15日上午8:00~10:00。访谈地点:受访者家中)

我不是本地人,我是东兰那边的,初中毕业出克广东打工认得我老公。金融危机广东很多工厂倒闭,我们没有活路做就回来将结婚了。我家田地冇多,就两份,租出克点还剩点来种,够米吃。这种年哦,哪个看田地,主要是自己有感情了冇看那么多的,再讲主要是有技术,懂得做点别样,这点田有什么用,靠田地人都饿死。像我老公跟人家做点小工,工冇正常也没得什么钱,人家做大工的、开车的或者做点鸡生意的,收入就多了。

虽然择偶的标准随着社会条件的变化不断变化(见表1-7),但择偶过程也存在一系列复杂的客观规律。择偶的首选条件说明了仫佬族未婚妇女对基本物质的追求还占据非常重要的位置。到现代时期,"自由恋爱"成为择偶标准说明了仫佬族妇女随着社会的进步,婚姻素质有了很大的提高,其婚姻自主权在一定程度上得到尊重以及保障。妇女对择偶和婚姻认知的不断变化体现在选择这样一种实践上,选择也正是个体的认知在社会特定场景下实际需求的射影。

表1-7 不同年龄段的婚姻形式

年龄段	70岁以上	50~70岁	30~50岁	20~30岁
婚姻形式	父母之命,媒妁之言	媒婆牵线,自主决定	自由恋爱,媒婆当中介	自由恋爱,自主决定

二、妥协压倒抗拒:家庭暴力与离婚

"家庭暴力是一般公众和学者近年来最为关注的问题。在国外的研究中,学者们通常使用'家庭暴力'这一术语。关于家庭暴力的定义有很多,最常见的定义是:家庭暴力是发生在家庭成员(如夫妻、同居伴侣等)之间的暴力行为,造成其中一方生理或者心理上的伤害。所谓的暴力行为,指的是会引起害怕、恐惧、不安全感、冲突等后果的行为。"[1]"在华人社会的研究中,对家庭暴力的定义更加广泛,扩展到所有家庭成员之间。不仅包括夫妻之间的虐待,还包括子女对父母或祖父母的虐待、父母(或其他家庭成员)对子女的虐待,同时还包括兄弟姐妹之间的虐待。而夫妻(配偶)之间的暴力行为,只是家庭暴力的一种。"[2]因此,笔者将采用家庭暴力这个概念,研究在家庭内部夫妻之间的暴力现象,从而揭示妇女的地位。

"女权主义认为,虐妻从根本上来讲是父权制的产物,是男性控制女性的手段之一。暴力的婚姻关系反映了男性对女性的主宰。所以,对虐妻的研究

---

[1] 刘梦.中国婚姻暴力[M].北京:商务印书馆,2003:27.

[2] 同[1] 28.

一定要放在特定的社会性别构成和性别权利关系分配框架中进行。"❶"家庭社会学家对虐妻的解释是,家庭作为一个特别的社会组织,具有某些特点,从而导致家庭中容易发生婚姻暴力。"❷通过对上凤立屯50位已婚妇女进行的抽样调查得到的数据,有4名妇女,占8%,承认遭受过丈夫的殴打;有8名妇女,占16%,承认丈夫只是在酒后容易动怒、辱骂以及殴打妻子,平时不存在暴力现象;有38名妇女,占76%,说平时有过吵架、扔东西,但未打架。其中有2位妇女,占4%,组成了再婚家庭。在这50位已婚妇女中,受暴现象体现出年龄差异,于生产队时期结婚的妇女大多未受到过家庭暴力,只是偶尔有吵嘴的现象;包产到户时期结婚的妇女是受家庭暴力最严重的一批人,"小老婆""第三者"等这些字眼频繁从她们口中听到;而近十年来即打工潮之后结婚的妇女,几乎没有受到过家庭暴力。

个案1-14:黄菊(化名),女,39岁,壮族,初中毕业

(**访谈时间**:2009年10月16日上午8:00~10:00。**访谈地点**:受访者家中)

老公在外头跟人家有娃子了,都没回来。那边没结婚,我没离婚那边也结婚冇得。早几年前我都想跟他离婚了,我讲你那样子偷偷摸摸有什么好,离婚对你对我都好,他就是没离,他就讲我要耍而已嘛我又没要人家做老婆。其实离得婚嘛,有一次晚上跟姐妹出克耍,就走街而已,挨他懂得回来还打你。跟别的男的讲话都冇得,他没敢打人家就回来打我,更加有用讲跟男的耍咯。他骂是没骂过我,就是动冇动就打我。我子女那时都同意我出克,我女都喊(叫)我说:妈,你跟他离婚克(去)。但是我仔女都跟么大了,以前他们小冇忍心丢他们,现在大了我还出克嘛,出冇得了。

个案1-15:李宣(化名),女,36岁,仫佬族

(**访谈时间**:2009年10月16日中午11:00~13:00。**访谈地点**:受访者家中)

平时不止吵,还打架呢,气死我了。主要是他懂得打我,这点我忍受不了,如果你没反抗,下次他还打,所以我才不给你打我呢。有一次他打我一边脸都黑了,严重得我都离家出走克,我马上收拾衣服,先克县城我姐家住了一天,然后又回我家住了一天,就克柳州我妹那里。农历八月十四那天晚上,我

---

❶ 同 ❶ 32.

❷ 同 ❶ 31.

看人家打麻将回来他讲就回来了嘛没打了嘛,我回他,打你的头。他操起鞋子就往我脸上打,我也是反应快马上拿起板凳挡住了。像昨天,我问我女:你爸呢克哪凯了,回来看我不收拾他。我女就讲:你打又打不过他,收拾他?我就是打没过他,他又没跟你骂,你骂他他就动手打人。不过过日子嘛可能就是这样子,打打吵吵地过,现在两个娃仔在这凯,就这样过咯,气的时候就想克离婚,后面又好了,你总挨看这个家、娃仔克的。

上凤立屯近年来离婚率的提升,以及通过对受虐妇女为什么不离婚的研究发现,传统观念的影响、家庭的隐瞒和容忍、男权思想的影响以及妇女的家庭角色定位使得人们对离婚表示否定。传统社会观念认为离婚是家庭中不光彩、丢脸的事,会受到别人的轻视,因此家庭对有外遇或者暴力现象一般都采取先隐瞒的态度。伦理道德观念认为好女子应该从一而终、嫁鸡随鸡、嫁狗随狗,这不仅起到舆论监督的作用,同时成为束缚不幸婚姻的利器。妇女在家庭中的角色定位要求妇女以经营婚姻家庭为主,以家庭和孩子的利益为重,有形中要求妇女要忍受、宽容,无形中构成了家庭暴力的一个保护性机制,有效地维护了家庭暴力的存在和发展。大多数仫佬族妇女具有家庭本位主义,认为个人在"家"的面前是微不足道的,虽然都不愿意受到家庭暴力,但若在婚姻中受委屈的压抑却是必须经受的。这样就造成了对家庭暴力和离婚在文化层面的妥协之意。离婚的个案都是由于丈夫有外遇,夫妻感情破裂,丈夫提出离婚而离的,妻子在离婚自主权上还处于被动的角色,没有话语权,而男子成为决定是否离婚的操控者,这就造成了妇女在家庭中处于被动的角色。家庭暴力是男性控制女性的手段,这种现象的存在说明了仫佬族家庭男权制下的两性发展还不平等,妇女的婚后自主权很大程度上受到社会舆论以及家庭的限制,婚姻法律意识的欠缺,使得妇女即使受到家庭暴力也忍气吞声,抗拒使得妇女变得不可理喻、不识大体。因此,在面对家暴以及离婚时妇女心理妥协之意以绝对的优势压倒抗拒之争。

三、理性与权威:家庭事务决策权

法国17世纪著名哲学家勒内·笛卡儿(Rene Descartes)有句名言:"除非我

们有理性的证据,否则我们是不会为任何的真理所说服的。"❶言语间折射出西方的理性主义思维,认为对现存的一些文化深信不疑、盲目认同甚至加以追捧是错误的,只有凭借怀疑的精神和理性的思维方式与文化对立起来才会得到意想不到的真实。在西方女权主义号召推翻父权制的时候,东方传统汉族社会强调的男权制已经盛行已久并且根深蒂固,在汉儒家经典《仪礼·丧服·子夏传》中,即"未嫁从父、出嫁从夫、夫死从子"。而家庭事务的决策权更是一种家庭内部男权的象征,是男人用以表达其与女人这种差别的存在状态的意义,同时增加表达其在家庭中极其权威的角色和地位。我们由此反思,权威造就了服从或认同,同时也造就了性别权利差异;抛开性别压迫而言,它在抑制性别发展的同时却使得家庭异常稳定牢固。仫佬族家庭男权制有时被忽略为不存在。所有这些使我们在研究家庭事务决策权时,有必要进行反思权威的象征意义。

"传统上衡量夫妻权利的标准之一是看哪方配偶决定大事情和丈夫与妻子的决策方式是如何根据关心面不同而不相同的。"❷本研究以妇女为本位,将仫佬族家庭重要事务决策的类型分为4类,在这4类中,家庭的管理者和事务决策者有着明显的性别分工,体现性别权利的差异。

第一类型:妻子不是家庭生活的管理者,不参加家庭事务决策。在这一类型中,妻子只是家庭的一个成员,家庭的事务都由丈夫一手分配以及决策,丈夫有绝对的决策权利,为家庭所有事情做决定,妻子听从丈夫的安排。

第二类型:妻子是管理者,但不参加家庭重要事务决策。在这一类型中,妻子主要负责家庭生活,进行家务日常安排,但是丈夫掌握家庭重要事务决策权,妻子不加干涉。

第三类型:妻子是管理者,参加家庭重要事务决策。在这一类型中,妻子是家庭生活的管理者,丈夫不参与家务和日常安排,夫妻一起商量家庭重要事务,达成一致。

第四类型:妻子是管理者和家庭重要事务绝对决策者。在这一类型中,妻子不仅安排家庭日常事务,还是家庭重要事务绝对决策者,丈夫听从妻子的安排。

通过对不同年龄层次的80对丈夫或妻子进行采访(见表1-8),问题

---

❶ 赵旭东.文化的表达[M].北京:中国人民大学出版社,2009:386.

❷ 埃什尔曼.家庭导论[M].北京:中国社会科学出版社,1991:448.

涉及家庭内部重要事务决策权方面的情况：您觉得家里谁赚钱的本事大些；在家里谁安排家务劳动；谁比较操心家里的事情；家里的重大事情谁说了算。

表1-8 家庭重要事务决策类型统计

家庭重要事务决策类型	夫妻对数	所占百分比(%)
第一类型	5	6.25
第二类型	30	37.50
第三类型	42	52.50
第四类型	3	3.750

通过调查发现，不同年龄层次的夫妻家庭权利没有什么明显的差异，同一时代背景下表现出大同小异的特点。从表1-8家庭实权方面的调查可以看出，仫佬族家庭的实权大部分是掌握在丈夫手中，丈夫是家庭的掌舵者，妻子只是执行者。德国社会学家马克斯·韦伯（Max Weber）在《经济与社会》中这样分析父权制，认为其是一种经济支配形式，会因为社会经济方式转变带来的冲击导致父权制传统权威的解体。"男主外，女主内"的分工模式使丈夫成为家庭收入的主要创造者，妻子被限制在家庭劳务当中，由于经济收入的不平等导致了家庭生活权利和责任的分配不均衡。西方学者在探究夫妻家庭权利时主张："不论哪种思路，都没有否定资源理论的基本主张——家庭中的权利与有价值的资源之间存在内在的关联性。"[1]"根据资源理论，经济的不平等导致婚姻内权利的不平衡，因为一个人拥有的资源（收入、职业地位、社会阶层）越多，他拥有的权利就越多。在夫妻关系中，掌握较多资源的配偶拥有较大的决定权。"[2]在这80对夫妻中，男子相比妇女带来更多的资源，而夫妻间权利的平衡反映在他们控制的经济资源方面。一个配偶给家庭带来的收入比例越大，那他在决定事务上的权利也就越大。国家政策固然已推行男女平等，妇女的法律地位相应也有所提高，妇女追求平等的意识逐渐增强，广大妇女并具有了一定的经济独立能力，客观上减少了她们对男人的依附，提高了她们在家庭中的地位。但

---

[1] 张丽梅.西方夫妻权利研究理论述评[J].妇女研究论丛,2008(3):76.
[2] 刘梦.中国婚姻暴力[M].北京：商务印书馆,2003:105.

是相比其丈夫,妇女在家庭经济中还是处于劣势的地位,家庭重要事务的决策权主要还是掌握在丈夫手中。

恩格斯在《家庭、私有制和国家的起源》中虽主张父权制是制度的根源,是私有财产和阶级不平等产生的后果,却也不否认父权的权威性。不同于人类学家所指的古罗马父权制家庭特征:家庭中年龄最大的长者是至高无上的,可以无条件地掌握家庭其他成员的生死大权,对妇女实行严格的约束。仫佬族家庭的男权制则明显要缓和得多,却也具备男权制的一些基本特征,那就是男子为一家之主,是家庭威信的象征,掌握有大多相对的权利,主宰家庭劳动力资源的支配方式,决定家庭重要事务。

四、传统的延续:家庭财产继承权

妇女的家庭财产继承权是妇女权利的一个重要组成部分,是考察妇女家庭权利是否得到保障不可缺少的部分。我国法律这样定义继承以及继承权:继承指自然人死亡之后,其近亲属按照其所立的有效遗嘱或者法律的具体规定,无偿取得其遗留的个人合法财产的法律行为。继承权是指自然人依法享有的,能够无偿取得其死亡近亲属遗产的权利。从1985年10月1日起我国就开始施行《继承法》,而且国家从宪法原则上确立了妇女享有和男子平等的继承权,如《中华人民共和国宪法》第四十八条规定:"妇女在政治的、经济的、文化的、社会的和家庭生活等方面享有与男子平等的权利。"但是近年来,很多报纸杂志、文章都指出在边远的少数民族地区,妇女的家庭财产继承权大都被严重的漠视甚至受到侵犯。笔者在田野调查过程中对这个问题也倍加关注,了解到上凤立屯妇女家庭财产继承权方面的情况:虽然上凤立屯村民依附土地的现象已经明显改变,但是在家庭财产方面主要还是关注土地,对于土地的分配成为家庭成员共同关注的财产继承分配问题。任何联合家庭一旦分成小型核心家庭,解决好了土地分配问题就算是解决了家庭问题的九成,因此继承问题和土地分配问题紧密联系在一起。下面主要从3种现象加以概括分析妇女在继承家庭财产中体现出的权利问题:

(一)外嫁女在娘家的家庭财产继承权

很多人认为老少边地区人们思想观念比较保守,平等意识较薄弱,外嫁女犹如"泼出去的水,收不回来",没有权利继承家庭财产。但是笔者在田野调查中却发现,那些观点是片面的,至少在上凤立屯的仫佬族社区其被推翻。在田野调查期间发现,有很多户人家的外嫁女只要想回娘家耕种田地,父母会把一份田地分割出来给她,兄弟姐妹也毫无怨言;外嫁女在夫家如果生活不如意想带着子女回娘家永久生活是被允许的;寡妇外嫁后想再回前夫家生活或者带着后夫回前夫家生活也是被允许的。这几种形式不是近年来村民接受才出现的,而是由来已久,用村民的话说:"这些不是什么奇怪的事情啊,历来如此。"

个案1-16:潘翠花(化名),女,67岁,仫佬族

(访谈时间:2009年3月23日上午8:00~10:00。访谈地点:受访者家中)

我得三四岁我爸就死了,我妈带我嫁克得英,我记得很清楚,那时我7岁了。我妈那时讲要一个上门给我,我讲我没要,我要回我的黄立村(上凤立屯),我妈讲那边兄弟多,要也可以回黄立村,免得挨人家呛,洞里面又没有哪个了波。我爱人那时在队上做会计,人家冤枉他用村上的钱。我又没服气,喊大队来算,算了又没有数,她讲我捡走了,我又喊公社来算,那夜就拿我妈来打,我爸带我爱人连夜回来黄立村,后面就落户在这凯了。以前村上做什么我妈都给钱回来,讲就我一个女,以后我还要回来,做庙婆啊什么的都会的。

个案1-17:梅大姐,35岁,仫佬族,读到小学三年级

(访谈时间:2009年3月1日上午8:00~10:00。访谈地点:受访者家中)

那时我是嫁出克的,现在回来,回来跟弟要田地嘛,我没要了,虽然家里面也讲给我。以后如果想种,我就讲我回上面那凯。我是大姐,还有3个弟在村里面。那时没想更多讲在家,又有弟。如果讲养猪嘛中石那边就宽,拿出来卖又难,里面的路没好,下点雨来泥巴裹满克,来街又远点过。命过(命运如此),我家这边条件还好过。那个村的都是这样子(挖煤),现在人家没给挖了,就是难,没有什么做,现在回我家(娘家)这凯,想搞养殖。现在我们房子没有搞好,我爸妈有空就来帮,我们也都是吃爸妈的。和弟他们都一起住,往时做什么都在一起的,像我们什么都没有分什么,就一起共那凯,一起吃。

(二)丈夫是上门女婿的妇女在家庭中的财产继承权

在上凤立屯,一个家庭中如果只生养有女孩,或者女儿恋爱论嫁的对象家庭条件较贫困,或者父母舍不得女儿外嫁,或者父母年老但弟妹还小,在这种情况下家庭就会考虑为女儿招婿上门。对于招婿上门的女儿,父母以及众亲戚都把其当成儿子来看待,兄弟需要承担的责任,招婿上门的女儿也必须得承担,并同时享有分配家庭财产的权利。而不同于外嫁女的就是:一般情况下父母不愿意去外嫁女儿家长住以及由其赡养,但却愿意跟随招婿上门的女儿;在家的女儿参与家庭内部需要承担的责任或义务,但是外嫁女儿可以允许不参与。总的来说,对于招婿上门的妇女,家庭赋予其与男子完全同等的权利,在分配家庭财产时享有完全相同的份额。

个案1-18:潘月(化名),女,35岁,仫佬族

(访谈时间:2009年10月29日上午8:00~10:00。访谈地点:受访者家中)

我是在家的,我还有两个弟,我家兄弟姐妹一个才几分田地,分时每人一份,我就得我这份。我妈在下面跟我弟住,跟我也是得的啊,我也是在家的,又冇是嫁外面的。我们这凯还是有蛮多女的在家的,在家的话就和兄弟同样分田地,有多,就有少了,没有什么差别的。

个案1-19:勤妈妈(化名),女,74岁,仫佬族

(访谈时间:2009年10月17日中午12:00~14:00。访谈地点:受访者家中)

她爸(丈夫)很早没在,我改嫁过了没好就转回来,就得这点房叔好,亲戚好,所以又回来了。我有3个女,我跟这个小女住,她在家(招女婿上门,女婿是古窑的)。田地全部是她种了,姐她们也没回来了。在家要走亲戚之类的啊都是她(小女)克了波,她在家的嘛,像平时房叔啊有什么事情的就喊她克了。

(三)老年妇女的家庭财产继承权与赡养权之间的关系

上凤立屯的老年妇女的财产继承权和赡养权是紧密相关的,大部分老年妇女只有转移或者放弃了自己的财产继承权才能获得被赡养的权利。当所有孩子都结婚生子,能独立承担家庭责任,并且能够提供家庭的主要收入时,父母就完全放手一切让孩子做主。成家后的孩子考虑独立门户,经过家庭会议,叔伯讨论之后,公开平分家庭财产,同时必须解决父母的赡养问题。大部分健在的母亲也有自己的一份财产,财产跟随自己,名义上由自己自由支配。但是,当老年妇女要跟其中一个孩子居住时,并只要这个孩子承担赡养义务,那么她的财产就全部归这个孩子所有,其他孩子不能分到财产也不用承担赡养义务。如果孩子把母亲的财产完全平分,然后共同承担对母亲的赡养义务,此时母亲也就没有了财产。所以实际上,老年妇女只有转移或者放弃了自己的财产继承权才能获得被赡养的权利。

个案1-20:潘华秀(化名),女,50岁,仫佬族,高中毕业

(访谈时间:2009年3月28日上午8:00~10:00。访谈地点:受访者家中)

仔全部结婚以后才分家。上面如果没有父母的人也挨承担家啊,有父母在就要承担了。好多家有5个娃仔也好,分两个老人出来,自己累自己吃。那样我总觉意冇过,像我们还负担得老人家哪样子给他自己过。现在好多人讨媳妇怕媳妇分老人出来,给老人自己种他那份田地。她冇理、冇管你生活几困难,好多家都是这样子,养很多男仔但是冇养父母。父母帮娃子讨媳妇在农村是义务啊,他冇养你他也有他的道理,他讲他要养他的仔啊,他冇讲养老人的义务了。

从上面个案可知,上凤立屯外嫁女和在家女不仅拥有家庭财产继承权,而且其权利也得到家庭的保障,其原因是"把其当儿子养"。大部分妇女在步入老年后只有转移或者放弃了自己的财产继承权才能获得被赡养的权利这种现象的存在说明了,上凤立屯妇女家庭财产继承权能够得到保障是建立在男权的基础上,受其影响、控制甚至支配,妇女只能以选择放弃另外一种权利为代价才能获得家庭财产继承权,妇女的家庭地位还较为弱势。

五、面子与文化根基:生育的性别假偏好

对面子问题的关注不管是在中国的学术场域还是西方学者涉猎的文化范围,都将其贯穿在人情、互惠中进行分析。美国人类学家博尔斯(Bols)描述的切努克人的"夸富宴"(potlatch)就是当地人炫耀式的物质展

现,是对社会声望的一种角逐,即使在后来被其他的人类学家看成一种再分配的经济制度,但正如本尼迪克特所言,它是一种"妄想自大狂人格"(megalomaniacal personality),是面子与社会地位的体现。中国心理学家黄光国就特别强调"中国社会中随处可见的讲人情、做面子的社会现象,背后隐含着一种以交换理论为基础的文化逻辑"[1]。中国人的脸面当今社会依旧影响着人们的心理和行动。在王铭铭看来,"人情、面子"之类是地方互助制度与文化实践的基础。不假思索,面子是一种文化根基在层面上的表达,虽然有时面子的表达以经济上的互惠较明显而致使研究者认为它就是一种经济制度。遗憾的是,很少有学者在研究家庭生育性别偏好时去关注产生偏好结果部分是由于渗入的面子问题,也许它在表层上表达的不是非常明显。

"在施耐德(Schneider)眼中,生育的含义在于人们创造出来的一套亲属制度的文化概念,而不在于自然意义上的生物学。"[2]笔者把生育权归为妇女在家庭中的权利是因为在仫佬族家庭,生育的一个最主要目的是养儿防老、传宗接代,妇女是一个不可缺少的角色。其次,生育权不只是妇女的权利,而且是夫妻间权利相互协调的体现,更是家庭对妇女生育期望的一种体现。在传统汉族社会里,妇女的地位普遍比男子低下,三从四德使妇女对男性是绝对地服从,妇女通过生育出儿子来提高自己的家庭身份地位。"国际人口会议指出:'女性控制自己生育的能力是她们享受其他权利的重要基础。'在发达国家中,大多数女性已享有基本的生育自由:能够获得避孕知识,能自主地决定生孩子的数目和生育间隔。相反,欠发达国家的已婚女性缺少生育上的自由权,无力获得足够的教育与训练,缺少走出家庭就业的机会,过高的出生率迫使女性在很多年内都在生养孩子,她们的健康受到损害,工作能力受到限制。"[3]如今,受到国家计划生育政策的影响,仫佬族妇女的生育意识大大提高,计划生育政策的实施大大降低了妇女的生育水平。同时,男女平等的提倡也使传统生育观念得到了一些改善,但是迫于家庭的压力以及文化传统中根深蒂固的性别偏好,隐藏在生育上的性别偏好还是很明显,对女婴的性别假偏好暗含在了其中。

---

[1] 赵旭东.文化的表达[M].北京:中国人民大学出版社,2009:118.

[2] 同[1] 60.

[3] 李银河.两性关系[M].上海:华东师范大学出版社,2005:130.

第一章　少数民族地区妇女的家庭权利

笔者在对仫佬族家庭生育性别偏好的调查研究中发现,由于害怕他人怀疑自己"没文化、思想落后"而使自己脸上无光的这样一种思考逻辑下脱口谈论自己的性别偏好是一种假性定论。或者受访者在填写调查问卷时笔者一再强调所填内容是非常保密的,除笔者之外绝无他人可看到,但是正是由于笔者这个作为他本人之外的第二人的存在而致使其小心翼翼,就像害怕自己的秘密被偷窥之后会心里不安而使他会加倍守护一般。从而调查问卷得到的数据也是失真的,只能通过不断地访谈、反复地询问或许可以挖掘出言下之意。

个案1-21

(**访谈时间**:2009年10月19日早上。**访谈地点**:上凤立屯牛坡上)

新阿姨:鸾妹的女在家的,要人上门,她有冇有生育能力,就接养了一个女,男仔哪个给接哦。他们两个感情好,也舍冇得离婚。现在村里面有几个接了波。

老奶奶:我两个媳妇讲冇成生,一个才生一个太少了。有个女好哦,有个女冇得洗碗嘛。

尚妈:我们村有一个养了3个女,他克南宁孤儿院接了一个仔回来,那个仔肥波隆(很胖的意思),他是有福气了,还接得一个仔先。

梅:小香同我妈讲怀孕得几天就吃包子,就可以想要男就是男,想要女就是女。有个计生的就是那样得了个男,哪个晓得这种的咧,我都生两个女了。

潘奶奶:有两个多好点,一个仔一个女,光是仔也有好,仔冇认得疼父母,光女也没得的啊,总挨要个仔商量问题的。

吴莹:这个年代了哪个还讲不要女的,人家笑死你,都还那么保守,不就是承认自己跟不上时代,思想落后了。

通过调查发现,在仫佬族社区历来允许有入赘婚,即使没有生养男孩的家庭也可以通过招婿上门,从而使父母老有所依,因此在生育性别上的偏好相比附近其他民族没有那么强烈,溺女婴、弃女婴的现象几乎没有,不存在妇女因为生女孩而受歧视、虐待的现象,孙女和孙子一样受到祖父母的疼爱。但是在仫佬族社区妇女和男子还未达到完全平等的地位,喜欢生女的前提条件是家里已生养有男孩,言下之意,女孩只是使家庭更加圆满的一个

69

必要非充分条件。在只生养有女孩的家庭，女孩没有那么可贵，而且在父母的心里总是有个期盼，希望得到一个男孩。在调查中，有部分年轻媳妇在闲谈间无意谈到过自己不排斥女孩是由于自身的女性身份和当代教育的发展让人们意识到性别平等，但公婆等老一辈人只是迫于外界言论的压力以及害怕因为自己没文化而受到他人的轻视丢掉面子，而在外假装也喜爱女孩。得到如此结论是因为她们一致承认在怀孕期间公婆在家庭中表现出对男孩的喜爱让她们感到很有压力，生出的婴儿是男孩则如同心头放下大石块，否则心就一直悬空着，不难受却也快乐不起来。一位妇女曾这样回忆自己的婆婆。

我之前连续生得两个女，我家老奶（婆婆）虽然很冇（不）高兴，但是不得已（不情愿）也得买鸡蛋给我坐月子啊，她也怕屯里人讲她闲话，老爹（公公）一听讲是女就直接从医院回去了，看都冇看我一眼。到这个老三了，是男的啊，什么鸡、鸭啊天天给你补，你以为我情愿生啊，生就不痛苦嘛，但是在这种家庭有什么办法。

国内学者在研究国内家庭的生育性别偏好时，大多认为"'男性偏好'在中国社会是一种制度化的价值取向"[1]，是以传统文化为根基的观念问题，属于意识形态，会随着人类的社会发展、时代的变化而变化，随着人类向往和享受更大的自由与全面发展，人们将有能力追求更多的选择。正如摩尔根认为人类实践活动只是思想萌芽的展现，发端于人类的欲望和需求，是"心灵的自然逻辑"[2]，是心灵借助自然来实现为文化的工具。大多数国内学者在研究国内农村农民的生育性别偏好的选择时认为，对于性别的偏好选择不能完全排除，哪怕只是少数人做出的选择，也可能是人类社会又要面对的一个新的个人选择与公共利益矛盾的问题、一个发展与伦理道德矛盾的问题。言下之意认为生育性别偏好是客观存在不可扭转的事实，笔者对此持有怀疑的态度，通过田野调查发现至少此地并非如此绝对。

上凤立屯这种"性别假偏好"正是意识形态的观念约束力与实践活动

---

[1] 刘爽.中国的出生性别比与性别偏好现象、原因及后果[M].北京：社会科学文献出版社，2009：179.

[2] 萨林斯.文化与实践理性[M].赵丙祥，译.上海：上海人民出版社，2003：74.

的冲突而产生的文化体现,是面子这种自我意识与教育理性思维的冲突,对女孩的"性别假偏好"就充分体现出来,使女婴在家人心中的地位较低于男婴。但又不同于李银河描述的汉族社会的性别偏好问题,"偏爱男孩的观念在人们的生育实践中不断被社会观念强化,最终使生男孩的冲动和欲望变成了一种社会习俗,这一冲动常常是非理性和相当严酷的"[1]。喜好男孩的根源是父系的单性继嗣制度和从夫居的婚姻制度。仫佬族对性别的偏好虽然也在一定程度上深植于人们的观念中,但并未渗透到社会习俗里,在社会习俗里女性角色的活跃度明显大于男性,而且入赘婚姻的存在允许母系单性继嗣制度、母系双性继嗣制度或者父系单性继嗣制度存在于母系家庭中,从夫居、从妻居、"两头走"[2]的家庭居住方式使得对性别的功能分化变得不是很明显,传递家族姓氏不只是男孩才有的专利,女孩也能成为传宗接代的接班人。因此,仫佬族地区对性别偏好相对于汉族地区较为缓和。

通过对广西罗城仫佬族自治县凤梧村上凤立屯的调查分析,我们得出以下的初步结论。

第一,在仫佬族妇女先天被建构的性别角色基础上,地方性文化以及两性后天的文化自觉是维系性别角色特点历时恒定的重要因素。

人类学家在强调本土文化时实际上也是承认地方性文化的作用,正如美国人类学家克利福德·格尔茨(Clifford Geertz)所说的那样,"这世界是地方性的,只有地方性的知识才能够进入人类学家解释的意义中去,否则都只能够是一种遥远的想象了"[3]。人类学家有时乐于将文化说成是地方性的一种生活方式。另有一些学者则似乎更愿意将其说成是一种与物质领域相互对立的精神领域,是一种有意克服我们的动物本性的精神的成长。而克利福德·格尔茨把文化看作一种符号意义的系统,其本身是一种机制,用以控制人的行为,"没有有意义的符号系统的指导,人的中枢神经系统就不能指导人们的行动"[4]。不过,文化往往是一种集体意识的沉淀,

---

[1] 李银河.性别问题[M].青岛:青岛出版社,2007:183.
[2] "两头走"指新婚夫妇不固定在男方家居住,也就是说可以在女方或男方家任意选择,意味着男女方家庭都有自由选择的权利,同时要相应地承担起两边家庭的生产、养老等责任。
[3] 赵旭东.文化的表达[M].北京:中国人民大学出版社,2009:6.
[4] 格尔茨.文化的解释[M].纳日碧力戈,等,译.上海:上海人民出版社,1999:57.

是集体象征性的表述,如信仰、风俗习惯以及各方面价值观。同时,形成的文化又反过来影响人的行为,有时甚至制造种种枷锁把人限制于其中。每一种地方文化又都是独立存在却处于和其他文化不断相互联系之中,每个社区都有其自身的文化,有其独特的价值观,由此而将其自身的文化与其他文化区别开来。

尽管我们认为上凤立屯仫佬族妇女在家庭中的性别角色首先是被建构出来的,但不可否认,后天的遵循:影响和决定性别角色获得的条件、妇女自身和男子对其性别角色的定位、基于生理基础上的"男主外,女主内"的分工模式使得性别角色形成明显分化其中暗含地方文化的影响作用。妇女在家庭中的基本生计、劳务和男子无后顾之忧地在外打工,使得妇女在家庭中获得相对更多的权利,在对耕种—施肥—看管稻田这一过程以及家务劳动的分配上,妇女在承担的同时获得更多独立自主的机会,这也被看作她们存在的意义,以家为中心的传统型妇女。但从细节的深挖我们却看到另外一种事实,如同列维施特劳斯在《野性的思维》中分析野蛮人思想知识上的贫困时对比得出文明是建立在逻辑以及物质主义基础之上的。仫佬族家庭性别分工主要是注重物质因素,还基于生物因素基础上的考虑,受到经济因素的制约。仫佬族人还处于生物上的抗战,即要满足基本的物质追求,离文化层次的享受还有段距离。

第二,以基于两性生理差异作为衡量性别平等的一个前提标准,得出在仫佬族家庭中,传统的家庭文化是决定性别角色获得的原因,经济因素是影响角色期待变化的根源。

在进化论人类学者的眼中,两性生理差异的发展是适者生存(the survival of the fittest)的自然选择(natural selection)的结果。20世纪六七十年代西方世界的新女权主义浪潮中,一批新女权主义者强调在"男女两性之间除了存在着客观的生物性别差异外,还因为各自经历了不同的历史发展轨迹而存在着客观的社会性别差异,所以,要实现真正的男女平等就不能像旧女权主义者那样无视男女的性别差异"[1]。故在探究性别差异和性别角色时,两性生理差异的客观存在性是必不可少的前提。同时,大多数人类学家认为地方文化定型后成为影响地方居民生活的重要原因,却极少像经济学家一样从经济理性

---

[1] 吴庆宏.弗吉尼亚·伍尔夫与女权主义[M].北京:中国社会科学出版社,2005:108.

的角度分析家庭性别角色的差异。人类学家强调人类文化的重要性本是出于一种职业本能,但过分强调文化甚至形成文化决定论,从而要把学科功能无限扩大化时,种种弊端同时暴露无遗。事物本是极其复杂的,单一的决定论是难以解释清楚事物的形成以及发展,只有在强调文化重要性的同时表明这只是原因之一,也许较为明智些。

从个案的分析来看,不同年龄阶段的妇女由于受到的性别期待不同,在家庭中获取不同的性别角色,从表面看来的确是与男子有着本质的差异,当把不同年龄段的性别角色与家庭地位联系起来,却发现妇女地位的保障更多地受到妇女承担的家庭责任以及客观经济因素的合力影响,部分受到性别文化的影响。上凤立屯的妇女在婴幼儿时期和老年时期获得与男子基本持衡的地位,这是因为这两个时期的妇女无须承担家庭责任,只是在自己力所能及的范围内做事,家庭未赋予其经济上的期待,此时的家庭责任和性别地位成了反比关系。而当家做主时期是妇女一生中最劳累的时刻,不仅要操持家务,还要参加农业活动,虽然在家庭中的重要性增加了,连带家庭责任也沉重了,被赋予更多经济上的期待。相比男子所需承担的劳务,妇女所承担的各项劳务总和成了超负荷劳动,但妇女在家庭中的地位相对较低下。

不同年龄段的仫佬族人被赋予不同的性别角色,但性别角色并未随着时代的变迁有所质变,具有恒定的历时性,而同一年龄段在不同的历史时期却被赋予不同的角色期待。马歇尔·萨林斯(Marshall Sahlins)认为,"心智是被动的,而非主动的,是理性的,而非象征的,由此,它只是在反射地对其自身既不能生产又不能组织的环境做出反应而已,因此,实践逻辑——在早期阶段是生物逻辑,在后来阶段则是技术逻辑——最终不过是实现在文化形式之中的东西罢了"。❶但在上凤立屯,两性文化历时却没有多大变化,文化机制的影响固然存在,但经济转型引起的变化才是角色期待变化的根源。

第三,家庭性别分工虽只能片面体现家庭内部性别平等问题,但从此却可得出仫佬族妇女在家庭中已获得一定的权利和地位,而两性的相对平等还需两性的共同努力。

---

❶ 萨林斯.文化与实践理性[M].赵丙祥,译.上海:上海人民出版社,2002:74.

现阶段的西方女权主义在谈论性别平等问题时倾向于以性别分工作为评判性别平等的标准，认为妇女要实现与男子平等的权利就应该参与到社会性的公共劳动当中，而不是仅限于家庭劳务的狭小范围之内。家庭社会学在探究妇女对于家庭的作用以及其重要性时，往往也习惯于把性别分工与性别平等简单地一一对应起来。笔者认为，这种无视辩证唯物主义中事物存在的复杂性以及忽视地方性文化的论点本身就是一种假性的命题，即使论据到位也只会以偏概全，假使论证成功却也只是为假而论。性别分工只是家庭内部人与人之间的关系以及经济关系的一个侧面。在上凤立屯的个案中，从性别的分工形式来看，经历过生产队时期的妇女既要亲自参与集体劳动又要和丈夫一起承担家务，到包产到户时期凡事妇女必得亲力亲为，到最后的打工潮时期妇女的完全主内模式，虽然妇女参与家庭性劳务没有什么变化，但更多地参与到了社会性劳动当中，即土地上的劳作，同时承担的劳务总量却增加了。因此，这种形式上的性别分工的平等反而加重了她们事实上的不平等。故把性别分工在形式上的不对等泛化为性别的不平等，对于当地仫佬族而言是有失公平的，家庭性别分工只能片面体现家庭内部性别平等问题。

但就妇女在家庭中的具体权利分析而言，在国家推行男女平等政策，在妇女的法律地位提高的前提下，仫佬族妇女追求平等的意识有了提高，择偶、婚姻自主权在一定程度上得到了尊重以及保障。广大妇女也有了一定的经济独立能力，客观上减少了她们对男人的依附，提高了她们在家庭中的地位。但是，在离婚自主权上妇女还处于被动的角色，没有话语权；妇女在家庭经济中还是处于劣势的地位，家庭重要事务决策权主要掌握在丈夫手中；家庭财产继承权能够得到保障是建立在男权的基础上，受其影响、控制甚至支配；女婴在家人心中的地位还是较低于男婴。但是越来越高比例的自由恋爱、婚姻自主、参与家庭重要事务决策权、娱乐自主权说明妇女在家庭中还是取得了一定的权利和获得相应的地位。男权制在某一程度上固然还存在，但妇女权利得到越来越多的保障就说明，妇女文化不再是远离人类文化中心的边缘文化，也并非主流文化外的次要文化。新的历史时期下，经济全球化以及在世界文化大一统的现实环境里，男女两性文化会共同造就人类文化的发展。同时，通过"双性同体"理论，会更好地解决男女二元对立的矛盾,指导两性在新阶段的实践,更为促进人类解放提供了新的思想方法。人类是由两性构成的一个自然整体,没有男女双方的共同努力,人类的延续和进化是不可能的,人类的解放必须以两性协调互动达到和谐统一为基础。

第二章 少数民族地区农村经济发展与妇女社会地位

妇女是少数民族地区社会主义建设的核心力量,但是由于传统文化、生产方式和社会结构的差异,新时期妇女在社会主义新农村建设中的地位、作用以及遇到的问题也不尽相同。本章以京族聚居的澫尾村进行深入剖析。

第一节 生产方式转变对京族妇女社会地位的影响

一、关于京族生产方式及其妇女社会地位的研究

京族生活于广西壮族自治区防城港市东兴经济开发区江平镇境内,是我国改革开放后生活方式跨越发展速度最快的少数民族之一,现已成为广西最富裕的少数民族。特别是中越边境贸易开放以来,京族的产业结构不断调整和优化,日益活跃于市场经济大潮中。近年来不少学者对京族进行了研究,其中主要集中在对京族传统文化和艺术的研究,包括研究京族的"哈节"、独弦琴和歌舞。如黄有第的《京族文化的传承与发展:防城港市京族文化研讨会论文集》、黄尚茂的《澫尾京族传统文化发展现状调查研究》、蓝武芳的《京族海洋文化遗产保护》等。而对京族地区经济生产方式及其妇女地位的研究主要有以下内容。

妇女一直在京族经济发展中发挥了重要作用,但其地位并非一直受到重视,正如宋涛在《传统裂变与现代超越:西部大开发与西南少数民族生活方式变革问题研究》中说的"京族妇女历来以勤劳能干著称,但其地位却十分低下,受歧视,这在传统的生产、生活、生育的禁忌上反映得十分突出,甚至在

'哈节'不允许女子入哈亭,参加聚餐"❶。直到改革开放后,京族多元经济的发展为妇女就业和创业提供了机会,使当地青壮年妇女走出家庭,迅速成为各行各业的主力军和女能人。她们以致富的业绩赢得男子的尊重,促进男女平等。目前旧的男权统治已被废除,传统生产生活中有关妇女的禁忌也被取消,大部分京族家庭都由妇女理财、管家,妇女在"哈节"时也可以进入哈亭,代表家庭参加组内聚餐。马居里、陈家柳主编的《京族:广西东兴市山心村调查》通过对京族聚居的山心村进行调查,发现农业、商品贸易的发展极大地充实该村的经济体系,促使产业结构日趋多元化,但渔业的主导地位仍无可替代,传统思想观念对妇女的影响并没有完全消除。山心村老年人在日常生活中有一定的性别分化,男性一般在吃亭活动,热衷于参与村里的公共活动,女性多在家中主持日常家务。女性若要求离婚会遭到村里人歧视,男性要求则不会,而且离婚后女性很难再婚,一般要视其相貌和人品而定,男性离婚后只要有钱很容易再娶。在避孕问题上主要由妇女完成,长期服用避孕药,这会对其身体造成不良影响。周建新、吕俊彪的《从边缘到前言:广西京族地区社会经济文化变迁》一书通过对京族聚居的澫尾村进行田野调查,认为现实的经济生活和传统文化共同塑造了京族人在各自家庭中的性别角色。由于受到海洋渔业生产方式的影响,澫尾村京族人在生产、生活上都有较明显的性别分工,虽然这种性别分工差异已经在人民公社时期的集体劳动中很大程度上被消解了,但落实家庭联产承包责任制后又重新得到恢复传统的"男主外,女主内"的性别分工。目前因为劳动力的限制,妇女也参与深海捕捞、海水养殖、海产品加工和运销等行业,但男性在这些行业中起着主导作用,而女性主要从事浅海捕捞、餐饮、旅游、商品零售等行业。妇女在家庭经济中发挥的作用越来越大,家庭地位也得到相应提高,家庭成员关系渐趋平等。例如,近年来当地妇女从事海蜇加工增加了家庭收入,也在一定程度上提高了她们在家庭中的地位。

综观目前国内外学者的研究可以发现,首先,关于妇女地位的研究很多,但关于生产方式与妇女地位的研究并不多,也很少有学者从学理上回答生产方式转变与妇女地位的关系。其次,妇女参加公共事务管理,增强话语权是提高妇女政治地位的重要表现,但目前关于生产方式与妇女地位的研究主要

---

❶ 宋涛,等.传统裂变与现代超越:西部大开发与西南少数民族生活方式变革问题研究[M].北京:民族出版社,2006:331.

是研究经济转型或生产方式转变下妇女的经济、职业地位和家庭地位的变迁,很少研究生产方式转变下妇女在公共事务管理中的地位变迁。最后,京族作为我国的沿海沿边少数民族,其生产方式特别、人均收入高,而且在改革开放后面临生产方式急剧转型,妇女的地位和作用有所改变,但目前关于京族生产方式转变及其妇女地位的研究很少。因此,丰富这方面的研究有助于提高少数民族地区妇女地位,推动性别主流化,进而发展和深化社会性别理论。

二、本次研究的田野点以及研究方法

按照社会学的研究方法,对研究点的选择应该以研究目的为根据,之所以选择广西东兴市江平镇澫尾村作为田野点,主要是基于以下几方面考虑。

第一,澫尾村是我国京族人口最多的聚居村落,也是历来研究中国京族的学者关注的对象,京族人口约占全村总人口的94.5%[1],民族成分相对单一,具有一定的代表性。

第二,澫尾村在改革开放后经历了生产方式的巨大变革,经济社会发展快,变化大,有利于考察生产方式的转变对京族妇女社会地位的影响。

第三,风笑天在《社会学研究方法(第三版)》中提出,"获准进入"是实地研究的关键环节,研究者常常需要某些"关键人物"或者"中间人"的帮助才能参与到研究对象的实际生活中,这些人是研究者的朋友、亲戚更好。相对于其他的京族聚居村落来说,笔者在澫尾村有亲戚,能帮助笔者十分便利地进入研究对象的生活世界,有利于开展田野调查。

澫尾村位于广西东兴市江平镇,距离江平镇约13千米,距离东兴市约21千米,原来是一个海水冲击而成、四面环海的孤岛,20世纪70年代初围海造田工程中演变成半岛,与越南万柱隔海相望,陆地呈"品"字半岛状,东西长南北窄,东厚西薄,地势低洼,由北向南的海拔高度为3~5米。村的南面就是连绵10千米长的金滩海岸线,它沙细滩长,海水洁净,年均气温22℃。这里的海产品资源丰富,鱼类种类繁多,如墨鱼、鱿鱼、黄鱼、青鳞鱼、力鱼等,常有大量的鱼群,还有丰富的介类和螺类,如青蟹、花蟹、石蟹、虾、车螺、白螺、红螺等。澫尾村全村土地面积13.6千米,其中耕地1044.1亩,土地以含沙层为主,个别坡地以泥沙层为主,多种红薯、玉米、花生、大豆,也有人种莲藕、蔬菜

---

[1] 本数据由江平镇政府提供,在此表示感谢。

等。由于处在亚热带地区,该村全年降雨量较大,每年6~8月最为集中,加上地面径流相对较少,土地干燥,所以农业生产主要靠雨水灌溉。

据清光绪元年(1875年)澫尾村京族人订立的乡约记载,从15世纪开始,澫尾村京族人的祖先就陆续从越南涂山、吉婆等地迁入我国境内,最初来到澫尾岛的京族人只有一二百人,主要有黄、刘、武、阮、吴、梁、苏、杜、裴、罗、龚等姓氏。1949年以前,澫尾村曾被称为"福安村""福安邑""安南村",20世纪50年代初改为"福安村"。1952年成立了澫尾京族自治乡,由当时的防城县第二区(江平区)管辖,包括澫尾、万东、万西3个自然村。1958年成立澫尾大队,由江平人民公社管辖。20世纪80年代后又相继成立澫尾村村公所和澫尾村村民委员会。

目前,澫尾村有23个村民小组,名称就是"×队",分为澫东、澫西、澫尾3个自然片区,其中1~11队为澫东片,12~17队为澫尾片,18~23队为澫西片。1949年以前,澫尾自然村主要是京族人聚居,澫东和澫西两个自然村以汉族人为主,随着汉族人和京族人通婚逐渐增多,这两个自然村的京族人口不断增加。2012年,全村总户数1158户,其中常住人口4948人,京族人口4676人,约占总人口的94.5%,其余人口大部分为汉族,也有少数的壮族。村里的姓氏很多,人口比较多的姓氏主要有莫、张、郑、许、黎、阮、苏等,一些人口比较多的姓氏常常组成一个村民小组,并以姓氏命名,也叫"×屋"。一直以来,村中男女人口比例比较接近,目前男性多一些,但这两年来男女两性人口相差不到50人。目前,全村劳动力人口2964人(男性16~60岁,女性16~55岁),外出打工者不多,只有一些在外读书的人才留在外地打工,而且由于当地经济发展得好,外来打工者比较多。全村有1~4级残障人士80多个,包括听力、视力、肢体残疾、弱智等,其中一级残疾20多人,有些残疾人员还可以从事一些工作。表2-1为2012年澫尾村人口情况。

表2-1 2012年澫尾村人口情况[1]

序号	生产组名	农户数	人口数	京族人口数
1	1队	53	223	205
2	2队	48	225	204
3	3队	46	207	196

[1] 本表数据由江平镇政府提供,在此表示感谢。

续表

序号	生产组名	农户数	人口数	京族人口数
4	4队	52	237	215
5	5队	51	234	214
6	6队	36	156	146
7	7队	49	215	197
8	8队	41	185	176
9	9队	57	268	255
10	10队	52	223	214
11	11队	39	175	169
12	12队	56	256	249
13	13队	51	223	218
14	14队	57	219	213
15	15队	62	235	228
16	16队	53	227	225
17	17队	55	228	223
18	18	72	287	269
19	19队	65	275	262
20	20队	69	276	258
21	21队	28	111	102
22	22队	31	128	113
23	23队	35	135	125
合计	23	1158	4948	4676

京族自15世纪末16世纪初从越南涂山迁徙过来,至今约有500年历史。在这个漫长的历程中,澫尾村的社会经济不断发展,特别是改革开放后社会经济发展很快。以前不通道路、水电,村民靠捕鱼为生,现在村民主要经济来源以旅游经营、海洋捕捞、海水养殖、海产品加工和边贸生意为主,目前全村有三四百人在做边境贸易,而且多为男性,也有个别女性,主要从越南进口煤炭、海产品,如鱼、海蜇等。在农业方面,由于澫尾村近海,土地为沙质土壤,含碱高,不太适宜种植谷物,虽然经过改良土壤,但水稻产量不高。沙质土壤适宜种植红薯、萝卜等,但目前经济效益也不高。产业结构调整之后,村民将

可开发的浅海滩涂、低洼地等,改造成虾塘,用来养虾。坡地和旱地大部分用来种花生、玉米、红薯、大豆等,也有人种莲藕,几乎家家户户都种有农作物,但是投入大,产出少。且由于田地比较少,无法实现机械化,所以以传统牛耕、手工作业为主,产出的农作物大部分留作自家吃,只有少量卖到当地农贸市场,如蔬菜、莲藕、红薯等,几乎没有出口。2010年和2011年农民人均纯收入分别达10362元和12444元,村级集体经济主要通过发包土地、房屋、养殖塘以及联营等途径,年收入达10万元。经济收入增长了,村民的生活水平和生活质量也在不断提高,基础和配套设施不断完善,全村硬化道路四通八达,不仅修建了进入氵万尾村的岛京港大道一级公路,还在村里修建了民族大道、中心大道、滨海路以及多条出海通道,各村民小组都通达了水泥硬化道路,水、电、电视、宽带到户,处处都是法式建筑和别墅式村民住宅,全村有私家小汽车190多辆,摩托车1500辆。

随着生活水平的提高,氵万尾村人们的文化生活也日益丰富,村内建有京族学校、京族博物馆、民族节庆活动场所哈亭、占地117亩的京族文化广场和许多娱乐设施,如图2-1和图2-2所示。哈节是氵万尾村京族人一年当中最隆重的节日,定于每年农历的六月初九至十五日举办庆典,庆典活动的程式一直没有太大变化,但是随着经济社会的发展,内容却变得更为丰富了,而且每年都吸引成千上万的游客来观看,在一定程度上带动了当地的旅游业发展。除了哈节之外,春节、中秋节、清明节也是氵万尾村京族人比较隆重的节日,过节的内容和汉族差不多。

图2-1 村民住宅

图2-2 京族文化广场娱乐设施

目前,男女平等的观念在氵万尾村比较普遍,女人享有跟男人平等的权利,在家庭中地位也比较高,大部分村民都认为生男生女都一样,很少有重男轻女的现象,女孩也能够上学。但是受传统性别观念的影响,大部分家庭还是主张"男主外,女主内",认为男人是家里的顶梁柱,而女人则根据自己的情况和能力做不同的工作,并且家务大部分都是女人打理。氵万尾村的京族人一直都有与其他民族通婚的现象,以前主要以村内、岛内通婚为主,后来通婚地域逐渐扩大到江平镇甚至东兴市以外。现在全国各地的人都来京岛,也有一些出嫁女带丈夫回来居住的,在一定程度上反映了当地经济发展所带来的吸引力。据调查了解,1988~1993年从越南嫁来本村的妇女比较多,全村约有43名。京族受儒家文化影响较深,所以京族人传统的婚姻制度和家庭结构与汉族人有一些共同或相似之处。中华人民共和国成立前村里有一些包办婚姻的现象,现在基本上都是青年男女通过自由恋爱而结婚,也有一些介绍婚姻,据村党支部书记介绍,村里除了三五个痴呆、弱智的人外,几乎没有光棍,正常人都能找到结婚对象。村里离婚的情况并不多,家庭结构从传统的以主干家庭为主过渡到以核心家庭为主。

在生育方面,所有的调查对象都说自己没有重男轻女的观念,生男生女都可以,就算是生女儿也会让其接受教育。但是她们都认为,如果不考虑计划生育的话,还是希望能既生有女儿又生有儿子,因为儿子可以"继承香火""传宗接代",而女儿始终都要嫁出去。京族妇女冯某就说:"如果都是女儿没有儿子的话不太好,还是想有个儿子,不然女儿以后都出嫁了,家里冷清了。"❶另一位京族妇女蔡某认为:"不是说重男轻女,但是还是有个儿子好一点,有儿有女好,有后代咯,对吧?你有间房子,女儿全部嫁出去了,人家说可以娶进来啊,娶进来的跟你不同姓了呢,对吧?还是要有个姓继承祖宗的位置啊,是吧?你有自己的香炉,哪家都要有自己的人来拜的咯,人家说外姓人来拜他们(祖宗)不领的,我们的风俗习惯了。"❷京族男性韩某也说:"有一男一女是非常好的,两个女儿,站在我的角度来说,我们国家这么多年以来,我们几十年所见到的,应该要有一个继承人,有一个儿子。为什么我这么说呢,对于'五保户',国家无条件要补贴多少钱,生产队要养他,但是有东西给你吃,没有人煮给你吃呢。女儿嫁在身边的可以煮给你吃啊,但是嫁到一百千米以外那种呢,你死了都没人知道。有个儿子的话,平时就算对你没礼貌,但是到你有苦有难的时候,他都懂是你生他出来的,都要煮一餐给你吃,你起不来他都要捧到你嘴边。但是女儿呢,她嫁到一百千米以外了,今晚你头痛了,你叫也没有人在这里(照顾你)。"❸这说明传统性别规范和习俗对澫尾村京族人的影响根深蒂固,使他们事实上在生育行为方面存在一定的"男孩偏好"。

根据研究目的和研究内容的特点,本次研究按照质性研究的相关规范,选取一个典型的京族聚居村落——广西东兴市江平镇澫尾村展开实地研究,在收集相关文献的基础上,主要采用深入访谈法和参与观察法搜集所需资料,进行相关研究。同时,考虑到研究的需要,还运用文献法来辅助实证研究,从而保证研究的科学性,实现研究目标。

(1)深入访谈法。本次研究以澫尾村18岁以上的京族妇女作为调查对象,笔者分别于2012年6月、7月、8月深入调查点,从中选取了20个典型样本进行深入访谈收集相关资料❹,在访谈中主要采用半结构式访谈法。同时,为了从多角度收集资料,研究问题,笔者还对该村的村党支部书记1人、妇女主任1人,以及男性村民5人进行了深入访谈。

(2)参与观察法。参与观察法也是本次研究主要采用的研究方法之一,在深入调查点开展调研时,笔者住在该村村民家,和他们同吃、同住、同生活,虽然该户是壮族人,但对澫尾村非常了解,也正因为他们的关系,笔者得以认

---

❶ 访谈对象:冯某,女;访谈时间:2012年6月6日;地点:澫尾村1队受访者家中。
❷ 访谈对象:蔡某,女;访谈时间:2012年8月1日;地点:澫尾村16队受访者家中。
❸ 访谈对象:韩某,男;访谈时间:2012年6月7日;地点:澫尾村12队受访者家中。
❹ 文中所涉及的人名均已按照学术惯例进行相关缩写处理。

识村里很多京族人。在调研期间,笔者利用自身会说粤语的语言优势,很快融入当地生活,甚至经常被认为是本村村民。

三、改革开放前澫尾村的生计方式与京族妇女的社会地位

(一)改革开放前澫尾村的生计方式:半渔半农

改革开放前,澫尾村的京族人一直过着半渔半农的生活,其中以渔业为主,兼顾农业。

1. 靠海吃海的京族人

海洋是京族人赖以生存的资源宝库,澫尾村的京族人世代都以捕鱼为生,过着一种"靠海吃海"的半自然经济生活。以前的海洋资源比现在丰富得多,据一些村民回忆,早期来到澫尾村时,海上的鱼不仅种类丰富,而且数量繁多,经常可以看到鱼群,出海捕捞的鱼虾多得挑不完。有一位京族老婆婆说:"以前我们去海边挖螺、挖沙虫啊,一扒下去就挖出来很多,不像现在,几扒下去有时候还挖不到东西。"但是当时的交通不便,海产品无法远销,当地的销售市场也不旺,一般只能挑到江平镇去卖,一斤鱼虾只卖得两三毛钱,价格非常低廉。除了进行浅海捕捞外,澫尾村京族人还从事少量的海产品加工,比如做一些鱼露、蟹露等,但是都是手工业生产,大多属于家庭副业,没有太大的经济贡献,所以当时村里的经济水平比较低下。中华人民共和国成立以后,澫尾村在20世纪50年代初先后开展了土地改革和渔业民主改革,逐步走上了合作化道路。至1956年,京族地区基本完成了渔业和农业的社会主义改造,并于1958年秋建立了人民公社。❶当时村里先后成立了互助组、合作社,在一定程度上整合了渔业和农业资源,使得集体经济得到了发展。

京族的渔猎方式多种多样,但是由于经济发展水平比较低下,当时的生产工具也比较简单,渔船、渔网、鱼箔、虾笱、螺扒、沙虫锹、鱼叉、蚝蜊镐等都是常用的渔猎工具。在没有机动引力的条件下,村民只能在附近海域作业,拉网就是常见的作业方式之一,它是一种较大型的群体性渔猎方式,一般需要几十人进行操作,大的拉网高至八九尺,长达120余丈。此外,还有放墨鱼笼、鲨鱼网等作业方式,而妇女主要从事挖沙虫、扒螺等滩涂作业。在人民公

---

❶《京族简史》编写组.京族简史[M].南宁:广西民族出版社,1984(1):4.

社时期,潭尾村的村民就经常去拉网捕鱼。京族妇女蔡某向笔者描述了当时的工作:"我们那时候是渔农结合的,我和我老公一起去拉大网,海浪大的话我们就回来耕地,回生产队干活,海浪小的话我们大家就去拉网,我们生产队有一个大网的,我们夫妻俩都去拉网,有些老人不去的话就在家耕田。"❶在当时的生计方式下,集体经济虽然得到了一些发展,但是村民的收入并没有得到很大的提高。京族村民秦某回忆说:"以前在生产队干活,一天做八九个小时,但是没有效益的。当时劳动是记工分,分等级的,我们家才分得二等、三等,一等是十分,二等是九分,我们一般得八分。最足就是十分工,每一分工算回当时收成的钱是两毛五,平均一天做得两块至两块五。年终集体收成好就会分配一些公物、粮食等,一年下来全家收入才五六百块。"❷人民公社时期潭尾村下属的生产队逐步把大型渔具和机动船只引进渔业生产,成立了专业捕鱼队,在一定程度上提高了渔业生产和加工技术。但是受到"以粮为纲"的政策影响,对渔业生产缺乏人力、物力投入,发展比较缓慢。

2. 京族人的农业生产

早期来到潭尾村的京族人基本上以捕鱼为生,很少从事农业生产,只能用自产的鱼产品向周边地区的汉族、壮族产粮区农民换取日常食用的稻谷、玉米等主食,经济依附性较强。20世纪60年代末70年代初,当地政府发动和组织群众开展了声势浩大的围海造田运动,长长的海堤使海岛变成了半岛,岛上的几千亩浅海滩涂变成了可以改造成稻田的陆地,在一定程度上解决了潭尾村京族人耕地不足的问题,村民基本实现了粮食自给。围海造田的成功大大地鼓舞了当地群众建设社会主义的热情。但是,由于土壤含盐量较高,种植水稻的产量很低。据统计,经过土壤改良后的京族三岛多年来水稻双季亩产也只有200千克左右。❸当时潭尾村还种了红薯、花生等农作物。沙质土壤适宜种红薯,产量也较高,却打不开销路,经济效益差,只能拿来当粮食吃。围海造田虽然给潭尾村带来了大面积的耕地,但由于当时的农业生计方式和技术水平落后,农产品的产量和市场价值较低,所以村民的经济收入仍然得不到提高。

---

❶ 访谈对象:蔡某,女;访谈时间:2012年8月1日;访谈地点:潭尾村16队受访者家中。
❷ 访谈对象:秦某,男;访谈时间:2012年6月5日;访谈地点:潭尾村1队受访者家中。
❸ 李甫春.在改革开放中走向富裕的中国京族[J].广西大学学报,1999,1.

(二)改革开放前京族妇女的社会地位:经济文化地位低,政治参与机会多

1. 经济文化地位低

改革开放前,在传统的社会生计方式下,澫尾村的经济发展水平比较低下,人民生活比较困难,京族妇女的经济地位也不高,这主要体现在以下两方面。

(1)京族妇女的职业选择少,用于农业劳动和打理家务的时间多。

中华人民共和国成立前,京族妇女的主要工作就是扒螺、挖沙虫等滩涂作业,所得的海产品或拿去换取粮食,或留作自家吃,经济贡献很少。在人民公社时期,妇女也要参加集体劳动,进行农业耕作和浅海作业,如前面提到的拉大网。而且受到政治因素的影响,村民只能在生产队搞生产,不能从事其他的工作。个案2-1、个案2-2、个案2-3的妇女就向笔者描述了当时的工作。

个案2-1:郑某,女,51岁,京族,澫尾村村民
(根据2012年6月4日对郑某的访谈记录整理)

我刚读完小学回来就开始工作了,一开始是种田,在生产队里,不去做就没饭吃,后面分了田又种自己的田地。在生产队的时候早上八点就要开始干活,做到十一点多或者十二点,下午两点开始做到六点,每天大概工作八小时。那时是算工分的,工分多收入就多,都不记得有多少了,够吃够用吧。

个案2-2:丛某,女,63岁,京族,澫尾村村民
(根据2012年6月4日对丛某澫尾的访谈记录整理)

我是1949年出生的,六几年就开始工作了,一直是做海(海洋捕捞)。24岁结婚了就到这里,也是种田、做海。改革开放之前的工作很辛苦,那时候很早就要出去,我有两个小孩,一个是1974年生的,一个是1979年生的,以前是做生产队活,我又没有公公婆婆,只能背着小孩去干活。回到家还要养猪、种地、做家务,很辛苦。那时候光是打理家务都很累,所以为什么说现在好,现在有大路,有楼房,什么都有卖的,以前想买也没钱买。以前真是太辛苦了,

从早干到晚,干的活多,但是没现在那么好挣钱。而且以前水电都没有,人们之间来往少,就算你有东西都没人买,现在只要你能从海里抓到东西出来都能卖到钱。

个案2-3:万某,女,53岁,京族,澫尾村村民
(根据2012年6月7日对万某的访谈记录整理)

以前我早上三点半就要起来做早饭,做完早饭去挑水,那时候没有自来水啊,挑水之后喂猪,然后才吃早餐,吃完早餐扫地、洗衣服,然后就去干活,到中午回来吃午饭,待一两个小时,喂猪,然后又去干活,干到晚上太阳下山就回来。那时候种田啊,什么时候天黑什么时候回来。

(2)京族妇女的经济收入低,可支配收入少。

工作是一个人获得经济收入的主要途径,在当时的生产力水平和社会环境下,澫尾村京族妇女可以选择的职业很少,因此经济收入也很低,可以自由支配的收入更是少之又少。正如京族妇女丛某所说"我记不太清楚那时候一个月有多少钱了,太久了,有时候收成好钱就多,收成不好钱就少,我老公收入多一点。挣的钱够吃饭就不错了,哪里还有多余的钱去干其他的"。❶

2. 政治参与机会多

改革开放前京族妇女参与政治生活的积极性比较高,对村里的政治建设和社会稳定做出了很大的贡献。

(1)积极响应号召,参与政治生活。

改革开放前,京族妇女不仅积极参加生产劳动,投身于社会主义经济建设,而且政治觉悟很高,经常参加村里的政治活动。除了在平时忙碌的生产劳动后能积极参加生产队的大会外,还积极响应当地政府号召,开展围海造田运动。据了解,在20世纪60年代末70年代初的围海造田运动中,澫尾村的很多京族妇女巾帼不让须眉,积极参加,发扬了不畏艰险的奋斗精神。个案2-4中,63岁的蔡某至今回忆起当年的情景还觉得很自豪。另一名京族妇女王某也曾于1974年、1975年被生产队派去防城县修水利,她到那里之后还上指挥部去搞宣传、跳舞。

---

❶ 访谈对象:丛某,女;访谈时间:2012年6月4日;访谈地点:澫尾村13队受访者家中。

个案2-4：蔡某，女，63岁，京族，澫尾村村民
（根据2012年8月1日对蔡某的访谈记录整理）

我们那辈人很积极的，男女都一样，六几年的时候我们可以说是文武双全，那时大队经常开会，我们做着工，人家下令说要集中，我们马上丢下东西就回去集中，真是群众全民出动去开会的。以前防城港市开始塞坝，1969年的时候我还带女儿去防城港塞坝，1970年也去，反正那几年到处出去修水利，也去企沙。我们那时候真是什么活都去做的，现在的人太幸福了。

当时京族妇女们参与政治生活的积极性很高，甚至让村里的男人都折服，至今说起来还赞叹不已。汉族村民李某就说："改革开放前妇女地位重哦，那时候有民兵营，还有宣传队，民兵营女人也很多，跟男人数量差不多，宣传队就是女人多，那时候一帮女人给力（厉害）哦。平时妇女参与政治生活和公共事务管理的积极性很高，比现在高，村里有什么义务劳动她们都参加，现在没有什么义务劳动了。以前到'三八'节就开妇女大会，主要是对一些妇女进行表扬或批评，表扬的就指名，批评的就不点名了，妇女都很积极参加，但是从九几年开始就没有过这种大会了。"❶

（2）积极参加民兵营组织，保卫边防安全。

京族三岛位于中国与越南的交界处，属于沿海沿边地区，如此重要的地理位置决定了京族地区人民在保卫国防边境安全上的关键性。澫尾村在当时有民兵营组织，参加民兵营的有男人也有妇女，他们平时不仅要参加生产劳动，还要进行训练，负责在海岸线上巡逻放哨，有些妇女怀孕了，大着肚子都要去海边放哨，有的妇女还担任过民兵营营长，比较有名的是一位叫宋某的京族妇女。正是有了这些乐于奉献的同志，我们祖国的边防才得以安宁。在个案2-5的访谈中，京族妇女冯某向笔者描述了她当时参加民兵营的一些情况。

个案2-5：冯某，女，54岁，京族，澫尾村村民
（根据2012年6月5日对冯某的访谈记录整理）

笔者：你现在是党员吗？

冯某：不是哦，不识字都入不了党啊。

---

❶ 访谈对象：李某，男；访谈时间：2012年6月7日；访谈地点：澫尾村5队受访者家中。

笔者:那你在生产队的时候想过入党吗?

冯某:那时候也不能入啊,不过一般是民兵可以入团,入党很少的,我们以前参加过民兵。

笔者:你以前参加过民兵啊?

冯某:是啊。

笔者:现在还有民兵营是吗?

冯某:现在没有了。❶

笔者:以前参加民兵的女人多吗?

冯某:多啊。

笔者:是全村人都参加吗?

冯某:是啊,全村都参加,那时候参加民兵不知道多辛苦的,和部队一样训练的,一年不知道训练多少次,差不多每晚都开会。

笔者:大概是哪一年的事呢?

冯某:1973年、1974年吧,改革开放前。

笔者:那你参加过打仗吗?

冯某:我们以前轮班在海边放哨,每天晚上干活回来吃了晚饭就要去放哨,放到深夜或者天亮,一班一班轮的。

笔者:那时候村里有多少民兵?

冯某:不知道有多少,反正年轻的时候大家都要去,男女都要参加。

笔者:那是你们自愿参加的吗?

冯某:没有什么自愿不自愿啊,村公所有民兵营营长,有什么事就召集大家。

笔者:你做民兵的时候遇到过什么印象深刻的事情吗?

冯某:没有,那时候打仗也不用我们去的。

笔者:那你放哨的时候遇到过什么事情吗?

冯某:很少,还算比较太平,就是担心有坏人从海上潜伏来。

笔者:那抓过这种人吗?

冯某:没有抓过。

笔者:每天轮多少人呢? 还是每天都那么多人去放哨?

---

❶ 其实目前村委还设有"民兵营营长"一职,由治保主任兼任。

冯某：每天都那么多人轮班的，分好片的，一些在东面，一些在中间，一些在西面，分三个地方。

笔者：一个地方多少个人放哨呢？

冯某：一般一个班五六个人。

笔者：那白天有人放哨吗？

冯某：白天不用去。

笔者：三个班不是才十几个人吗？

冯某：三个小时一个班，然后又换人，一直走来走去巡逻的，不能站着的。

3. 文化地位较低

改革开放前由于受到经济政治和传统社会观念等的影响，京族妇女的文化地位较低，主要表现在以下两方面。

（1）接受教育少，文化程度低。

改革开放前澫尾村的经济发展比较落后，因此基础教育的发展也经历了一个漫长的发展历程，特别是1949年以前，京族地区连真正意义上的正式教育机构都没有，虽然之后情况有所改善，但直至1978年，澫尾村村民子女的上学问题都得不到很好的解决。1958年年初，根据上级教育部门的部署，遵照"教育为无产阶级政治服务，教育与生产劳动相结合"的指导方针，开始学习苏联教育经验，在"全面大跃进"思想指导下，掀起了全民办教育的浪潮。❶一直到1968年，澫尾村才开始创建村办初中，设初一、初二两个年级。教育资源的缺乏，加上家庭经济困难和传统观念的影响，导致很多京族妇女在当时都无法接受学校教育，或者只是接受了小学教育。

在访谈中了解到，当时大部分家庭都有几个孩子，在经济困难的情况下根本没有办法同时供这些孩子读书。在这种情况下，如果女儿是老大的话，一般都要留在家里帮忙干活，照顾弟弟妹妹。就算去读书的话条件也非常艰苦，有些人读到中途就坚持不下来了。个案2-6中蔡某就讲述了自己当年读书的艰苦历程。

---

❶《当代中国》丛书编辑部.当代中国的广西：下册[M].北京：当代中国出版社，1992:118.

第二章 少数民族地区农村经济发展与妇女社会地位

个案2-6：蔡某，女，63岁，京族，潵尾村村民
（根据2012年8月1日对蔡某的访谈记录整理）

我们家有3个兄弟姐妹，我是老二，有一个大姐和一个弟弟，那时候家里困难，我爸爸说我姐可能没那么聪明伶俐，就没给她读书，留在家里看牛，背弟弟，而送我去读书，我弟弟后面也能读书。以前困难啊，现在富裕了，又有大路又有楼房，四通八达的公路到处走都行，不像以前。以前我们读书，从东到西，一条公路都没有，只有一条小路。我小时候读书又没鞋子穿，没帽子戴，清早我爸爸煮两个红薯给我带去学校，中午不回家，就吃两个红薯。不然中午回家太阳太猛，沙子晒得很烫，烫得脚都掉皮。我四岁就没有妈妈了，爸爸把我养大。有一回中午我回家，跟爸爸说："泥沙太烫脚了，我不愿去读书了，中午不愿回家了。"爸爸就说："阿侬（父母对孩子的昵称）啊，你拿几个红薯去，中午你就在那里吃不用回来了，太阳太猛。"后来，我每天上学就带两个红薯去。中午人家都回去了，我就在学校吃红薯，等到下午放学三四点钟才回家。那时候真是凄凉啊。

蔡某一边说着，眼眶都红了，当问到当年读完小学有没有想过读初中时，她接着说："那时候哪里有钱读初中，读四五年级都不错了。那时候五几年，最困难的时候，你不懂的，你爸爸那一辈都没懂。而且那时候男女不平等，我认识的一些人，家里都是女儿不能读书。女孩子要在家看牛，带小孩，背弟弟妹妹，我爸爸送我去读书，还有人嘲笑他：'你傻啊，你自己都难到死（十分困难），你不留她在家里多做几份工给你多花几块钱，你送她去读书，等以后她有文化还不是去嫁人了，会留在家帮你干活啊？'不过我爸爸还是坚持送我去读书，我算是幸运的了。"

有一些京族妇女就没有蔡某这样"幸运"了。2012年76岁的一个阿婆，一共有5个兄弟姐妹，她是老大，下面是两个弟弟，两个妹妹。因为家庭困难，她十二三岁就去帮别人看牛，去扒红薯。所谓的"扒红薯"，就是等别人家挖完红薯的时候她就到地里面去翻那些剩下的。扒到红薯就回去煮了喂弟弟妹妹。弟弟妹妹都能读书，只有她不能读书。54岁的王某也只读到小学四年级，而且读的是夜校，白天不能读书。她说："那时候旧社会，很少女孩能读书

的,可能因为重男轻女吧,只有弟弟能读书,我是姐姐要干活,但是我的妹妹也能读书。"❶

(2)文化活动少,精神生活不够丰富。

经济基础决定上层建筑,改革开放前氵万尾村的经济水平比较低,物质生活贫困,人们把大部分的时间和精力都放在经济建设上,文化活动很少,除了过传统节日哈节之外,几乎没有别的文化活动,而且那时候过"哈节"也没有现在那么热闹。对当时的京族妇女来说,电视、计算机、手机等还是新鲜事物,如果遇到大队里播放露天电影,或者文工团进行演出,可以算得上是最奢侈的享受了。村民韩某说:"现在样样都不同,丰富多彩,什么麻将、扑克、天九(一种牌),改革开放前没有这种东西的,也根本没有时间玩,以前就摔跤玩咯。那时候的女人也没有什么玩,大家男男女女逛大路咯。大队有放电影,但是每个月就一次两次,文体活动很少。"❷1970年,村里成立了"业余文艺宣传队",每一年都为全村人演出3~5次。这个业余文艺宣传队里有一半是妇女,而且由于具有京族的民族特色,所以比较受到当时东兴县文工团的重视,后来因为农村经济体制改革,集体经济削弱,业余文艺宣传队被迫解散。在这8年里,业余文艺宣传队在一定程度上丰富了村民的文化生活。

四、改革开放后氵万尾村的生计方式转变对京族妇女社会地位的影响

(一)改革开放后氵万尾村的生计方式:由单一向多元化转变

改革开放后,氵万尾村逐渐由原来的"以渔为主,兼顾农业"过渡到多种生计方式并存,商业发展特别迅猛,旅游经营、海洋捕捞、海水养殖、海产品加工和边贸生意成为氵万尾村的支柱产业和村民的主要收入来源,农业生产逐渐淡出了村民的经济生活。

---

❶ 访谈对象:王某,女;访谈时间:2012年6月8日;访谈地点:氵万尾村金滩,受访者负责看的太阳伞下。

❷ 访谈对象:王某,男;访谈时间:2012年6月7日;访谈地点:氵万尾村12队受访者家中。

1. 渔业

改革开放以来,特别是1983年落实家庭联产承包责任制全部完成后,村民开始自主决定自家的劳动安排,澫尾村的渔业得到了恢复和发展,特别是海洋捕捞、海水养殖和海产品加工方面,生产工具和技术都有较大的改进与提高。

(1)海洋捕捞。

海洋捕捞是澫尾村传统的生计方式之一。随着经济水平的提高和科技的进步,特别是家庭联产承包责任制落实以后,这一传统的生计方式得到了迅速的发展。在生产工具方面,轻便灵活的机动小竹排(见图2-3)逐渐取代了传统的手摇小木船、小竹排,成为主要的航海工具。渔网是机织的胶丝渔网,也有人将胶丝买回家自己织网,如果渔网出现了破洞,渔民就用胶丝补网,不用出海的时候经常可以在村里看到一家人在一起补网。有了机动渔船后,渔民不仅可以在附近海域作业,还可以去到比较远的海域作业。一般是家里的男人开船出海放网,过五六个小时去收网回来,女人就去帮忙解网,把上面捕获的海产品卸下来,包括鱼、虾、螃蟹等。拉网捕鱼是澫尾村传统的浅海捕捞方式,现在仍有村民从事这一行业,不过大部分是中老年人,一般20~30人为一组,男女都有,年龄多在50岁左右。而且由于近年来浅海渔业资源日渐枯竭,拉网捕鱼的方式产量很低。图2-4是澫尾村村民拉网捕鱼归来的情景。

图2-3　渔民出海捕鱼的航海工具

图2-4　村民拉网捕鱼归来

男人出海捕鱼,女人除了帮忙解网外,自己也开展一些滩涂作业,最常见的就是挖沙虫和扒螺。这也是澫尾村传统的渔业作业方式。但是现在螺的经济价值比较低,远远比不上沙虫。沙虫可以直接出售,也可以做成干货后出售。根据大小、品质的不同,沙虫的价格也不一样。一般大条的、成色好的生沙虫,收购价每斤达到十几元,差一点的也差不多每斤10元。一般五六斤新鲜的沙虫晒干后变成一斤干沙虫,大条的每斤400元,小的每斤也要300元。所以很多京族妇女经常结伴去挖沙虫,也能给家庭带来一些经济收入。

在海产品的销售方面,随着市场经济的发展,交通运输的日益发达,渔民的销售渠道拓宽了,不仅可以将海产品卖给当地的酒店、餐厅,也可以拿到当地的农贸市场出售,或者运到外地的海鲜市场去销售。用村民的话来说"只要能捕到东西,都能卖得出去",而且价格合理。海洋捕捞给渔民带来了比较丰厚的收入,村民秦某告诉笔者,他平时跟儿子出海捕鱼,一个月收入能达到8000元左右。另一位村民丛某,她的两个儿子结婚之后都分别搬出去住了,只剩下她和丈夫住在老宅子,丈夫平时出海捕鱼,她帮忙解网,平均一个月有两三千元收入,有时候更多。除了捕鱼、虾、螃蟹外,海蜇也是澫尾村渔民的主要捕捞对象,海蜇的价格比较高,有时候一只海蜇能卖到15元,便宜的一只也能卖到11元,但是海蜇的季节性比较强,一般出现在每年的春季。据村民说,2012年几乎没有海蜇出现。有学者对澫尾村京族人的渔业劳作安排进行了统计,如表2-2所示。

表2-2　澫尾村京族人的渔业劳作安排[1]

月份(农历)	主要渔业劳作安排	备注
一月	捞海蜇、捕墨鱼	从每年开春到四月初八
二月		
三月		
四月		
五月	捕鱼、捉花蟹、抓鲎	—
六月		
七月		
八月	捕冬蟹	—
九月		
十月	—	—
十一月		
十二月		

(2)海水养殖。

海水养殖在澫尾村是一个新兴的渔业生计方式,20世纪90年代中期才发展起来,目前已成为村里的支柱产业之一。海水养殖以养殖对虾为主,也有个别养殖户利用网箱在小海湾养殖石斑鱼等经济价值较高的鱼类。对虾养殖开始于20世纪90年代,当时一些村民将承包的低产盐碱田挖成水塘,有的用于自家养殖,有的出租给外地人养虾,目前村里共有养殖塘面积4115亩。对虾每年可以养两茬,但是对养殖技术要求比较高,而虾苗、虾饲料等也需要购买,因此成本高、风险大。高风险也带来了高收益。据调查[2],在2003年以前,养殖对虾的利润率超过50%。而网箱养鱼是在2000年以后才开始的,一般在澫尾村西部的浅水海湾进行,但是由于养殖面积有限,产量并不高,年均产量多在20吨以下。

(3)海产品加工。

澫尾村一直以来都有一些鱼产品的初级加工,最初是因为旺季时捕获的

---

[1] 周建新,等.从边缘到前沿:广西京族地区社会经济文化变迁:下册[M].北京:民族出版社,2007:55.

[2] 同[1] 50.

鱼比较多,无法储藏,需要及时处理,于是就晒成鱼干或者做成鱼露。但是由于缺乏销路、加工技术不高等原因,直到20世纪90年代之前,海产品加工业并不发达。真正大规模的海产品加工开始于20世纪90年代中期,以季节性的海蜇加工为主。根据村民的讲述,在海蜇捕捞旺季时,岛上大大小小的海蜇加工厂有一两百个。这些大多数是外地商人开的,也有本地人开的,工人基本上都是本村或附近的村民,其中以妇女居多,有时候加工厂太多了,还会出现劳动力紧缺的现象。氵万尾村村民陈某的父母就在海边开了一个海蜇加工厂,到海蜇捕捞旺季时就收购海蜇回来加工,请十几二十个工人,大多是妇女,海蜇经过半成品加工后就卖到广东等地,也有少量在本地销售。

2. 边贸生意

20世纪80年代末,京族三岛的边境贸易迅速发展起来。据当地人回忆,1989年春节期间,越南芒街镇的居民涉水渡过中越界河北仑河,来到当时我国广西东兴镇采购商品,由此打破了中越边境贸易的坚冰,从一开始的日用百货逐步发展为颇具规模的批量贸易。氵万尾村村民凭借地理环境和语言方面的优势,积极参与边境贸易活动,他们既有直接参与商品交易的,也充当经纪人的。如现年五十多岁的村民吉某就是一名经纪人,他做这一行已经不下10年,平时主要是带一些广东的老板跟越南的老板洽谈煤炭生意,然后从中收取劳务费。由于阅历丰富,品性敦厚,又精通越南语和粤语,在行内深受好评。他的劳务费也从刚开始每个月1500元涨到8000元左右,加上奖金和其他收入,现在每个月收入一万多元。目前,氵万尾村约有三四百人从事边境贸易,主要是从越南进口煤炭、海产品如鱼、海蜇等。边境贸易的发展使村民的家庭经济收入得到较大提高,边境贸易一度成为氵万尾村的主导产业。

3. 旅游经营

20世纪90年代以来,氵万尾村凭借着沿海沿边的优越地理位置、迷人的海滨风景、浓郁的民族风情等,吸引了无数慕名而来的游客,形成了一种新的经济增长方式——旅游。据江平镇政府统计,1997年到氵万尾村旅游的人数已达到30万人,而在"十一五"规划实施期间,年均接待游客达50万人次之多。旅游业的发展带动了当地的商业活动和经济蓬勃发展,许多村民把人力、物力投入旅游服务业,经营与旅游相关的行业,如酒店、海鲜餐馆、小商店、为到海边游泳者提供太阳伞摊位、修理店、发廊、客运面包车等,应有尽有。如今去到氵万尾村,可以看到海鲜餐馆鳞次栉比,沙滩太阳伞摊位五彩缤纷。刚开始时,到氵万尾村旅游的多为广西区内游客,而且旅游季节集中在夏秋两季的双休日和节假日,后来随着知名度的不断提高,客源扩展到省外和国外。特别是京族"哈节",已被列为国家级非物质文化遗产,活动内容丰富多彩,持续时间长、规模宏大,吸引了无数游客从国内外过来参观旅游。现在旅游经营已成为氵万尾村的一大支柱产业,并且从根本上改变了当地的产业结构。

4. 农业

在边境贸易、旅游服务等新兴行业蓬勃发展的时候,氵万尾村的农业却逐渐淡出了村民的经济生活。目前全村土地总面积20389亩,耕地面积2193亩,仅占总面积的10.8%。村里几乎家家户户都种有农作物,因为田地比较少,无法使用机械化作业,所以以传统牛耕、手工业为主,投入大,产出少。产出的农作物,如红薯、芋头、花生、玉米、蔬菜等,有的留作自家吃,有的卖到当地农贸市场,几乎没有出口,农业收入很少。

可见,改革开放以来氵万尾村的生计方式发生了巨大的改变,呈现出一些新的特征。首先,渔业等传统生计方式有了新的发展,除了生产工具得到改进和经济效益提高外,出现了海水养殖、海产品加工等新的产业;其次,边境贸易和旅游业的兴起,从根本上改变了氵万尾村的产业结构,并成为当地的支柱产业;最后,农业在氵万尾村村民的经济收入中所占比重很低,将日益淡出村民的经济生活。

(二)改革开放后京族妇女的社会地位

1. 经济地位:就业机会增多,经济收入提高

改革开放后,随着生产力水平的提高和市场经济的发展,京族妇女的经济地位得到了很大的提高,主要体现在以下两方面。

(1)就业机会增多,妇女参与经济建设的热情高。

改革开放带来了京族生计方式的巨大变革,氵万尾村人民不再局限于传统的渔业和农业生产。一方面,新兴的经济产业创造了更多的就业岗位,京族妇女除了挖沙虫、扒螺、务农外,有了更多的职业选择,如去酒店当服务员、摆太阳伞、进工厂从事海产品加工等。而且接受访谈的妇女都说自己还有身边的女性朋友找工作时从来没有受到性别歧视。据一些村民反映,到了海蜇捕

捞旺季的时候,海蜇加工厂请的工人基本上都是妇女,因为妇女"手脚勤快""细心""能吃苦""定性"(稳定),而且就算1000元左右的工资妇女也愿意做,男人就会嫌钱少不愿意做,妇女成了海产品加工的主力军。另一方面,社会环境和经济政策比改革开放前自由开放了,工作环境也得到极大的改善,这大大激发了妇女参与经济建设的热情,有些京族妇女还自己创业,如摆烧烤摊、开商店、做边贸生意等。正如村民韦某所说:"京族女人做哪方面工作都有啊,现在个个生活都那么好了,做生意也有,做海(海洋捕捞)也有,开店也有,做什么都可以。像开食品加工厂这种,全部都是用女人,全部都是女人去得多。"❶

(2)经济收入提高,对家庭的经济贡献增长。

市场经济的发展,就业机会的增多,使得京族妇女的经济收入相比改革开放前有了很大的提高。通过访谈了解到,20位受访的京族妇女中有2人的月收入在3000元以上,3人的月收入在2501~3000元,1人的月收入在2001~2500元,4人的月收入在1501~2000元,4人的月收入在1001~1500元,6人的月收入在1000元及以下。其中月收入在1000元以下的妇女,不是上了年纪不参加工作的,就是在家带小孩的家庭主妇,但即使这样,她们也通过务农、挖螺、挖沙虫或者其他途径获得一些收入。据了解,国家现在每个月都给村民发放边境补贴,每人每个月80元,到了年底,生产组内还有集体收入分红。经济收入的提高,使京族妇女对家庭的贡献增长了,甚至成为家庭的主要收入来源。如京族妇女万某,她家里有6口人,她的主要工作是摆夜市摊,一年收入接近10万元,成为家里的主要经济来源。有了自己独立的经济能力,京族妇女在家庭中的地位也会得到提高,不仅可以管自己的钱,还可以管家庭的收支,家里要作什么重大决定的时候也征求妇女的意见。接受访谈的妇女都对自己在家庭中的地位表示基本满意,自己的收入基本上可以自由支配,家人从不干涉。而且大部分的京族妇女都参加了新型农村合作医疗和新型农村社会养老保险。个案2-7中,34岁的京族妇女杨某现在是两个小孩的母亲,她在与笔者的谈话中讲述了自己从开始工作到现在的经历及其目前在家庭中的情况,可以看出生计方式的变迁使京族妇女的就业选择越来越多样化,她们可以从事比较轻松的工作就能得到满意的收入,而且收入的提高使其在家庭中有更多的自主权。

---

❶ 访谈对象:韦某,男;访谈时间:2012年6月6日;访谈地点:澫尾村5队受访者家中。

第二章 少数民族地区农村经济发展与妇女社会地位

个案2-7：王某，女，34岁，京族，氵万尾村村民

（根据2012年6月6日对王某的访谈记录整理）

笔者：你初中刚毕业出来第一份工作是什么？

杨某：帮人家摆摊。

笔者：摆摊卖什么？

杨某：卖咸菜，是帮我婶婶摆的。

笔者：那时候工资有多少呢？

杨某：那时候一个月五百块。

笔者：你做了多长时间？

杨某：做了一年。

笔者：之后去做什么呢？

杨某：去加工厂加工海蜇。

笔者：是哪一年？

杨某：1997年、1998年这样。

笔者：做了多长时间？

杨某：做了五六个月而已。

笔者：那时候加工厂里人多吗？

杨某：十几个女孩子而已。

笔者：没有男的吗？为什么呢？

杨某：没有的，就是十几个女孩子，男人没有心思剥这个，做这个要比较细心。

笔者：当时做海蜇加工每天有多少钱？

杨某：五六十块一天吧。

笔者：是按个来给钱的吗？

杨某：是称斤的，三毛钱六毛钱一斤。

笔者：那时候做这种辛苦吗？

杨某：不辛苦的，就是去坐着干活而已。

笔者：你们是怎么加工海蜇的？

杨某：用手剥掉海蜇那层膜而已。

笔者：后来还做其他工作吗？

杨某：去饭店做过。

笔者：是当地的饭店吗？做什么的？

杨某：是啊，当地的饭店，做服务员，帮人家端菜什么的。

笔者：当时工资高吗？

杨某：也是几百块。

笔者：有摆摊的钱多吗？

杨某：也是五六百块，但是那种工作辛苦哦！

笔者：大概是哪一年？

杨某：1999年的时候吧。

笔者：你做了多久呢？

杨某：做了几个月，后面就结婚了。

笔者：是因为结婚才不做的吗？那结婚之后你做什么工作呢？

杨某：是啊，结婚了还做这个干吗。结婚之后去捕捞海蜇、放网啊。

笔者：是你老公去拉回来然后你去帮忙拆是吗？

杨某：是啊。

笔者：做这种收入高吗？

杨某：不是很高。

笔者：一个月挣多少呢？

杨某：两三千吧，不过那时候两三千也算多了。

笔者：两三千是你们两夫妻的收入吗？那你公公婆婆跟你们一起吗？

杨某：是啊。他们不跟我们一起，他们自己开加工厂。

笔者：那时候拉网辛苦吗？

杨某：不是很辛苦。

笔者：做这种做了多少年？

杨某：做了两三年，2002年开始就不做了。

笔者：那后面你又做什么？

杨某：后面都不做什么，就跟现在一样，挖螺、挖沙虫，卖一些，自己吃一些。

笔者：现在是每天都去吗？每次去多长时间呢？你觉得辛苦吗？

杨某：合水（退潮）的时候就去咯，一次去三四个小时，去不了多久的，海水会涨的咯。不过不辛苦，有什么辛苦的，每天就去这么一下子而已。

笔者:你是自己去还是跟别人一起去?

杨某:大家一起去啊,今天早上还去了。

笔者:现在太阳那么猛,不晒吗?今天挖到沙虫了吗?

杨某:不晒啊,早早就去了,很多人去的。挖到沙虫我们一般就在那里直接卖了,有些人拿回来做成干的再卖。

笔者:你做这个每天有多少收入呢?有百来块吗?

杨某:几十块吧,有时候有百来块。

笔者:那每个月有三四千吧?

杨某:没有那么多,但是千把块是肯定有的。

笔者:你对现在的工作满意吗?你觉得现在的工作辛苦还是以前辛苦?

杨某:满意啊,以前辛苦,以前摆摊一天从早摆到晚;饭店也是做到晚上十点左右才能回家,一天十几个小时;捕捞海蜇是晚上去,去到第二天早上回来休息一下,傍晚的时候又出去;放网是早上去,去到下半夜就回来,总之比现在辛苦多了。

笔者:你做了那么多份工作,你觉得哪一份最辛苦呢?

杨某:出海辛苦,就是放网。

笔者:你跟你老公一起去放网吗?

杨某:有时候去,有时候不去,开船到外面放的。

笔者:你们家的主要收入来源是谁呢?

杨某:我老公。

笔者:那家里的钱是谁管呢?

杨某:我们夫妻俩一起管呀。

笔者:你自己的钱可以自由支配吗?你老公会干涉吗?

杨某:可以啊,我老公不管的。

笔者:家里的大事一般谁做决定多点?

杨某:老公。

笔者:他跟你商量吗?

杨某:肯定要跟我商量啊!

笔者:你对自己在家庭中的地位满意吗?

杨某:满意啊!

2. 政治地位:参与热情下降,参与程度降低

(1)京族妇女参政议政权利有了法律和制度保障。

相比改革开放前村民参与政治生活的积极性,改革开放后随着家庭联产承包责任制的落实,村民更多地将精力投入经济发展中,对政治生活的参与热情有所减退。直到20世纪90年代以后新的村民选举制度推行,在一定程度上唤起了村民参与政治生活的热情。澫尾村村民委员会和村党支部相继制定了一些村民参政议政制度,包括《村民会议制度》《村民代表会议制度》《村民议事制度》《民主评议党员制度》《党员民主生活制度》等,还制定了相关的干部管理制度,明确了村干部的各项职责。这些都有效地加强了澫尾村的政治民主化建设,在一定程度上保障了京族妇女参政议政的权利。比如每次村里进行民主选举,都有工作人员将票箱扛到各家各户去收集选票,保证每一个有法定选举权的村民都能够行使自己的权利,当然也包括京族妇女。村里或队里召开村民会议时都鼓励妇女参加,并在会上有自由的发言权,作重大决定前也会征求妇女的意见。澫尾村的妇女主任元某可以说是京族妇女参政议政的典范。1989年她就通过村民选举当选了妇女主任,至今已20多年,目前还兼任村党支部组织委员。

(2)京族妇女参政议政比例较低。

尽管有了法律和制度的保障,京族妇女参政议政的比例仍然较低,主要表现在三方面。一是村干部中的女性成员较少。目前,在澫尾村的村民委员会和村党支部"两委"班子中,在编村干部共5人,还有1名第一书记,2名镇聘村用人员,1名大学生村干部,其中只有妇女主任一职由京族妇女担任,同时还兼任村党支部组织委员,可见京族妇女在村干部中的比例是比较低的。二是女性党员人数较少,澫尾村全村共有党员104人,其中女性党员15人,仅占14.4%。三是女性村民代表较少,澫尾村全村共有村民代表51人,其中女性村民代表11人,仅占21.6%。

(3)京族妇女参政议政的意识薄弱。

虽然澫尾村制定了一些村民参政议政制度,鼓励村民参政议政,但是出于各种各样的原因,目前村里的京族妇女参政议政的意识比较薄弱。在接受访谈的20位京族妇女中,有16人经常参加村里的民主选举,有1人偶尔参加,3人从不参加。然而那些经常参加民主选举的人也并不都是自己画选票的,自己不在家的时候都是请老公或其他家人代劳。有7人经常参加村民会议,4

人偶尔参加,9人从不参加;有1人经常针对村里存在的一些问题向村委或村党支部提出意见或建议,有4人偶尔提,有15人从来不提。从个案2-8、个案2-9的对话中可以看出京族妇女参政议政的意识还有待增强。

个案2-8:费某,女,41岁,京族,㵲尾村村民
(根据2012年8月2日对费某的访谈记录整理)

笔者:你参加过村里的民主选举吗?

费某:参加过啊。

笔者:是经常参加吗?

费某:人家拿票箱来你不参加哦? 谁在家谁选都可以。

笔者:哦,那你的选票是你自己画还是你老公帮你画呢?

费某:他在家他画,我在家我画。

笔者:你参加这种选举是自愿的还是人家要求你才参加的?

费某:自由的咯。

笔者:你参加过村民会议吗?

费某:没有。

笔者:队里的会议参加过吗?

费某:队里的会议他在家就他参加。

笔者:那你去参加过吗?

费某:我都不肯去参加的。

笔者:从来没去过吗?

费某:他在家的话我从来不去,他做主,我又做不了主。

笔者:哦,一般都是老公去,对吧?

费某:是啊,一般都是男人去。

笔者:村委有针对村里一些重要的事情征求你的意见吗?

费某:有啊。

笔者:是经常征求还是偶尔呢?

费某:经常。

笔者:那你针对过村里存在的问题向村委或村党支部提过意见或建议吗?

费某:没有。

笔者:从来没有提过吗?

费某:我都不去开会,男人去开会男人提,我都不肯去参加会议的,男人在家他就去。

个案 2-9:成某,女,20 岁,京族,瀚尾村村民

(根据 2012 年 6 月 6 日对成某的访谈记录整理)

笔者:你参加过村里的民主选举或村民会议吗?

成某:没有,都不关我的事。

笔者:平时村里搞民主选举不是都要参加的吗?

成某:是啊,不过我不选。

笔者:为什么呢? 他们不是拿着票箱过来的吗?

成某:这种我不选的,我们家里人选。

笔者:那没有发选票给你吗?

成某:没。

笔者:是没发选票给你还是你自己不想选呢?

成某:我不理这些的。

笔者:哦,你为什么不参加呢?

成某:不愿意理这些,不关我的事。

笔者:那村里或者队里开会一般谁去参加呢?

成某:公公去。男人在家男人去得多,男人不在家的话女人去。

笔者:那你自己或者身边有什么问题你会向村委反映吗?

成某:我不反映啊,都是家里的主人(一家之主)去反映。

笔者:你为什么不反映呢?

成某:不关我的事,不想反映。

(4)京族妇女参政议政的能力偏低。

京族妇女的政治地位不高还表现在其参政议政能力偏低,很多妇女受教育水平较低,文化素质不高,对新形势下的政策规定不了解,对当今社会的热点问题不关注。比如,在调查中发现,很多妇女只是从电视上听过妇女联合会,至于妇联是做什么的,有一部分妇女并不清楚,甚至有的连听都没听说过,大部分妇女都不了解土地承包方面的政策法规。京族妇女万某就说:"我曾经遇到过家庭暴力的问题,当时我想人事局、妇联应该能帮忙解决这个问题。不过后面跟人家一聊,人家说没用的,现在谁管这个,我想可能也是没有什么效力的,所以就不去了,到现在我都一直想着这个事。"❶

(5)京族妇女参政议政的渠道不畅。

京族妇女的政治地位不高还表现在她们参政议政的渠道不畅,很多妇女有问题、有想法、有意见却不知道该如何反映,向谁反映。她们还担心反映了没有人理会,甚至担心反映了问题会对自身和家庭带来不良的影响。有一位叫葛某的44岁京族妇女说:"现在都不怎么开会了,以前六几年、五几年的时候有生产队的干部经常下来了解妇女的需要的,这十几年都没见有过了,有事情也不知道找谁帮忙。"❷村民韩某反映,村里很多女人都去挖沙虫,但近年来有人用机械挖深海的沙虫,不仅破坏了海洋的原生态,从长远来看也损害了她们的利益,有妇女想组织去上访,但是因为各种原因没有去成。

3. 文化地位:有了较大提高

经济的繁荣发展使氵万尾村村民的物质生活水平大幅度提高,精神文化也越来越受到人们的重视,京族妇女的文化地位得到很大的提升。

(1)受教育机会增加,文化素质有所提高。

首先,受教育机会的增加首先得益于九年义务教育制度的推行。改革开放以后,国家制定了关于有步骤实行九年义务教育的要求,氵万尾村逐渐将中小学迁移到村中心地带。2003年8月,村小学和京族中学合并,更名为东兴市京族学校,学校占地面积2.85公顷,校舍面积8008平方米。到1998年,氵万尾村基本普及了九年义务教育。教育制度和教育设施的完善,加上生活水平的日益提高,逐步降低了村民因为家庭贫困而不让孩子上学的比率,增加了京族妇女受教育的机会。人们逐渐认识到教育的重要性,接受访谈的20位妇女都认为教育可以提高一个人的文化素质,而且表示不管自己的是儿子还是女儿都会送去读书,读得越多越好。京族妇女万某就说:"读书肯定有用啊,不读书我就不可能做买卖了,不识字,没文化,出去人家挂个东西出来你都不懂是什么字。我去拿货卖,人家贴个字条说'我搬去哪条街几号了',你不认

---

❶ 访谈对象:万某,女;访谈时间:2012年6月7日;访谈地点:氵万尾村"京族学校"旁的小商店。
❷ 访谈对象:葛某,女;访谈时间:2012年7月31日;访谈地点:氵万尾村10队受访者家中。

识字的话不是只能在那里等了？我去住旅社,在哪里,多少房价我都能看得懂,不识字的话你问人家,人家都不一定说得清楚给你听,你说对吧？有些人好心就跟你说,不然人家也不会告诉你了。识字好,走遍天下都可以。"❶很多改革开放后出生的京族妇女都能读到初中或者高中,很少有人因为是女孩而要把读书的机会让给其他兄弟姐妹。如现年20岁的成某,她家中有两兄妹,父母都送他们读书,读完高中后自己觉得对读书不感兴趣就没有继续读了,初三的时候她还加入了共产主义青年团,她说如果当初自己想读的话父母还是会支持的。

其次,受教育机会的增加得益于成人教育的开展。改革开放前,澫尾村进行了针对成年人文化教育的扫盲工作,不少上了年纪的京族妇女都曾参加过扫盲班,但这并不能满足人们对教育的要求。改革开放后出现了以职业技术教育为主的成人教育,成立了一所"农民成人教育技术学校",即当地人称"农民技术学校",学校还设立了图书室,并且会不定期开展一些农业养殖技术培训,聘请技术专家和技术人才开展这方面的专题讲座。另外,村里还成立了"经济能人协会""农家书屋",为村民提供了经验交流的平台和阅读学习的资源。

最后,受教育机会的增加,提高了京族妇女的文化素质。正如村党支部书记所说:"现在年轻人都识字,六七十岁的都是小学,八九十岁的文盲多,能够送去读书的都去,没有重男轻女。现在有脱盲、夜大,妇女文化素质逐步提高,文化程度有所提高,旧社会不能读书。"❷村民秦某认为:"现在京族女人的文化素质比以前高了,以前生活水平低,家里没办法送去读书,文化水平就低。没文化没想法啊,思路不清楚,都是以打鱼为生,说话也没什么礼貌,现在读书多了,文明了。"❸京族妇女王某也说:"现在变化大了,现在的人文化高,以前都不能读书,我们那时候去读夜校回来又教那些阿姨脱盲,点着灯去读。"❹

(2)积极发扬传承传统文化。

京族的传统文化形式多样,内容丰富,无论是宗教艺术,还是语言文字,

---

❶ 访谈对象:万某,女;访谈时间:2012年6月7日;访谈地点:澫尾村"京族学校"旁的小商店。
❷ 访谈对象:澫尾村党支部书记,男;访谈时间:2012年6月4日;访谈地点:澫尾村村委会。
❸ 访谈对象:秦某,男;访谈时间:2012年6月5日;访谈地点:澫尾村1队受访者家中。
❹ 访谈对象:王某,女;访谈时间:2012年6月8日;访谈地点:澫尾村金滩,受访者负责看的太阳伞下。

都蕴含着独特的民族气息,这正是它吸引无数学者和中外游客的地方。京族传统文化的传承主要得益于家庭和学校教育、节庆仪式、民间宗教等,一些地方精英更是积极地传承传统文化,如通过开办培训班教授京族语言、文字、歌唱、乐器等,其中比较有名的是村民孙某和沙某。京族妇女在传统文化的传承中也发挥了很大的作用。

哈节是京族一年当中最为隆重的节日,在哈节仪式上有哈妹唱歌,哈妹的角色就是由村中的京族妇女担任的。据调查,❶2004年村委曾牵头开办过一期"京族哈妹培训班",村民沙某是主要负责人,当时招收到的学员基本上都来自京族三岛,主要是本村村民,而且多为30多岁的妇女。京族是个热爱歌唱的民族,歌唱可以说是澫尾村京族人的传统文娱活动,在日常的生产劳动和生活中,人们都爱以歌抒情。据了解,一些老人还组织了自己的歌圩,开始是定于每个月阳历的十日、二十日、三十日三天到哈亭歌圩唱歌,后来由于各种原因改到了每个月阳历的10日、30日,参加歌圩的有男有女,年龄在60多岁至80多岁,常引来一些游客去驻足参观,促进了社区文化的发展,有利于传统文化的发扬,如图2-5所示。

图2-5 哈亭歌圩

独弦琴也是京族文化的一大特色。它结构简单,但音调丰富,音色优美,曲调清雅,既可以用于独奏,也可以用于伴奏,深受京族人民的喜爱。澫尾村有名的独弦琴传承人孙某从1993年就开始免费教村民及村里的学生弹奏独弦琴,他言传身教,教会了女儿弹奏独弦琴,现在女儿上大学了,又教年

---

❶ 周建新,等.从边缘到前沿:广西京族地区社会经济文化变迁:下册[M].北京:民族出版社,2007:252.

幼的孙女弹。目前村里面弹奏独弦琴的多为女性,包括女学生和村民妇女,京族学校的很多女学生都会弹奏独弦琴,可谓是从小培养。现在不管是村里搞活动还是市里搞演出,都经常邀请她们去表演独弦琴,充分展示了京族的传统文化,相信这些女性以后会成长为京族传统文化的新一代传承人。如图2-6所示是京族妇女独弦琴伴奏表演、图2-7是百名学生弹奏独弦琴的壮观场面。

图2-6　京族妇女独弦琴伴奏表演

图2-7　百名学生弹奏独弦琴

京族妇女在传统文化的保护和传承方面发挥了重要作用,得到村里人的肯定。村民韩某就说:"京族妇女在传统文化继承方面有很大作用啊,我们说唱哈,唱哈的哈妹都是一代接一代继承的,还能够保留这个东西。像15队的和某就是经常唱哈的哈妹,她今年可能比我(56岁)年纪还大了,唱了好多年,现在她还培养了一批年轻的,我们'康王庙'(村里的庙宇)有什么活动也请她们来唱歌、跳舞啊。如果上面有什么领导,中央和区里有记者来,哈亭亭长孙某就组织这帮人去表演。"❶

(3)闲暇活动增加,精神生活日益丰富。

改革开放前,妇女整天忙着搞生产劳动,闲暇时间很少,而且当时电视、计算机、音响等家用电器和高科技产品还没普及,生产劳动之余就是大家坐在一起聊聊天,唱唱山歌,自娱自乐。加上当时交通、通信不发达,与外界的接触比较少。改革开放后,随着社会的发展和物质生活水平的提高,澫尾村京族妇女的闲暇时间多了,活动也越来越丰富多彩。特别是20世纪90年代以后,京族妇女的活动形式多种多样,以看电视、逛街、打牌、跳舞、上网等为主。据一些妇女说,村里还有一个女老师教她们跳当下流行的广场舞,很多妇女都去参加。2011年的时候是每人每月交五六十元,2012年之后每人每月交100元,只要天气晴朗她们每晚都去跳,地点就在京族文化广场,从7点跳到9点。交通运输发达以后,京族妇女的活动地点不再局限于本村或本市,有的妇女闲暇时候还和家人去外地旅游。据村党支部书记介绍,现在村里有一个以妇女为主的文艺队,村委会平时也会组织妇女唱歌、跳舞,还有参加一些健康方面的活动,文化生活丰富。

第二节 生计方式变迁影响着京族妇女的社会地位

一、生计方式变迁对澫尾村京族妇女经济地位的影响

(一)生计方式变迁促进京族妇女就业

劳动创造了人类社会,但是社会的维持和发展必须依靠劳动的分工与分化。美国社会学家帕森斯首次提出了关于性别劳动分工的理论,他依据两性的生理差异建构了社会角色分工系统,著有《美国社会结构中性别作用分析》一文。帕森斯的理论假设是:母亲与孩子的关系是首要的,男人无须承担生物功能。基于这样的假设,他的劳动性别分工理论主要内容包括:第一,传统

---

❶ 访谈对象:韩某,男;访谈时间:2012年6月7日;访谈地点:澫尾村12队受访者家中。

的两性劳动分工有利于工业社会的稳定;第二,划分了男女两性活动的工作领域;第三,规定了女性的母性之责。帕森斯这种社会角色分工系统,实际上并没有超越男人的视角、经验和立场。针对帕森斯的理论,祝平燕、夏玉珍在《性别社会学》一书中曾指出:"固然两性的根本生理差异没有改变,但是人们很少去想,随着生产力的高度发展和生产方式的巨大变革,按照性别分工还有多大的合理性,男人和女人作为人的共同体,本质上到底是差异性大还是相似性大,这需要我们深入反思。"❶在潙尾村,改革开放后生产力的高度发展和生计方式的变迁,在一定程度上打破了原有的劳动性别分工,京族妇女越来越多地参与到社会劳动中,这正好印证了祝平燕和夏玉珍的观点。生计方式变迁带来京族妇女社会地位的提高主要体现在两方面:一方面是就业机会增多,使得妇女有了更多的就业选择,不仅从事着传统京族女性的工作,也进入一些以前曾被认为应该是男人从事的行业,如边境贸易、出海捕鱼、装修、修理等,甚至同时从事多种职业;另一方面,经济政策的开放,使很多京族妇女走上了创业的道路,涌现出一大批女能人。这并不像帕森斯所划分的那样——妻子的活动场所是家庭私领域,社会对女人来说是遥远的彼岸。另一方面是经济收入的提高。

个案 2-10:家庭的顶梁柱——王某,女,54 岁,京族,潙尾村村民
(根据 2012 年 6 月 8 日对王某的访谈记录整理)

现年 54 岁的京族妇女王某是一名普通的农村妇女,丈夫早年去世,生有两女一男,均已成家,她现在与儿子、儿媳、孙子同住。只有小学文化程度的她从十几岁开始工作至今,已经换了好几份工作。

王某是 1977 年结婚的,1984 年和老公一起到防城工作,两人开了修理店,主要是补轮胎、卖零件、打气等,丈夫还开货车运货,主要是将海鲜运到福建等地。两年之后老公出车祸去世了,她带着三个孩子继续在防城生活,直到 1990 年才回到潙尾村居住。回到潙尾村之后王某开始做海鲜生意,从东兴拿螃蟹苗到防城卖给别人。1992 年她结束了海鲜生意,自己开了摩托车修理店,当时她的妹夫投资了几百万元在当地开了度假村,她又同时去帮妹夫管理度假村。做了一年之后,1993 年,积累了一定资金的她去防城盖房子,因为老公还在的时候他们曾在防城买有地皮。盖好房子以后,1994 年她把防城的

---

❶ 祝平燕,夏玉珍.性别社会学[M].武汉:华中师范大学出版社,2006:14.

房子出租给别人,回到潭尾村开始做装修,大概1998年她便将防城的房子卖了。做装修的同时,1994年她也开始在金滩上摆太阳伞,她说道:"当时我们是做得最早的一批人,才7个摊,收入很好,每天都有几百块。"老公虽然去世了那么多年,但是王某说她从没想过改嫁,自己一个人将3个孩子拉扯大,大约1991年的时候有朋友叫她一起去越南拿废铁回来卖,她因为子女小,又缺少资金就没有去,一个人既要工作养家又要打理家庭。直到现在,孩子都成家立业了,她还是从事着两份工作。"我现在还是可以自由选择工作啊,没有什么限制,以前我修摩托车,还有其他的工作,都是我自己决定去做的,人家问我为什么想做这些,我就说因为我喜欢做。"

现在的王某仍然从事着摆太阳伞和装修两份工作,以装修为主。她说:"摆太阳伞是季节性的,一年只能做半年,每年从四五月开始摆,因为那时候天气热了,来旅游的人慢慢多了。摆太阳伞是两个人一个摊,收入两个人平分,比如一个摊得200块,我就得一半,100块,但是没有那么多的,50块一天吧。而装修主要是装修门窗,一年四季都可以做。平时没接到装修活就到海滩看太阳伞,接了活就叫人帮看太阳伞,跟人家分钱。平时的主要收入来源也是做装修,但是这个活有点辛苦哦。我平时自己都不去找的,一般是别人来叫我。现在老了不想做那么辛苦了,所以接的活也不多。现在没有什么负担了,只是自己做一些人情,自己的花销而已,剩下的话就拿去存,不剩就算了。"由于摆太阳伞的季节性比较强,收入不稳定,王某目前平均一个月收入2000元左右。她对自己的工作状况表示很满意,感觉现在的经济环境比以前好得多,自由了,工作也没有以前那么辛苦。

采访王某的时候适逢傍晚,我们坐在太阳伞下,旁边就是一望无垠的大海,太阳下山了,游客们兴致正浓,三三两两的京族妇女已经开始将太阳伞收起来。夕阳的余晖照在她的脸上,我看见的是一种历经沧桑后的坚定和豁然。

个案2-11:辛勤创业的京族女能人——万某,女,53岁,京族,潭尾村村民
(根据2012年6月7日对万某的访谈记录整理)

我是1989开始做生意的,那时候家里经济条件差,五分三分钱一斤红薯,我把家里红薯全卖了,得了十几块钱就用来做生意,跟一些阿姨一起,去越南拿货回来,比如螃蟹啊、鱼啊这些,又拿货去越南。我会听一点越南话,过得去越南,所以看见人家去做我也去。但是那时候子女小,身上没本钱,一天才挣得二三十块而已。而且当时还是骑单车去做的,从百做到千,就是这样了。

到了1999年我又开始收沙虫、收螺。收沙虫凄凉哦,以前做生意又不像现在有小店卖吃的,以前一千米左右才有一个小店,又没有手机,带的是call机(BB机),有人call你都没地方回复,现在有手机了,收够东西就打个电话找车,马上就有车开过来接了。以前收了东西都要一篮一篮扛出去,两三个小时才走得到小店,等找到车来接,都天黑了。

2004年我就开始摆夜市,卖烧烤、卖粥这些,都做了快10年了。现在的经济环境比以前好多了,虽然摆夜市要熬夜,从晚上6点钟做到第二天早点5点,生意好的话还要去拿货,一天才能睡两三个小时,但是我经历了以前那么困难的情况,现在这些还能克服,而且现在不用挑什么重的东西了,一上车就可以了,车费也能支付,相对以前的困难来说,现在算轻了。

这是一个普通的京族妇女艰辛的创业历程,如今她的年收入接近10万元,成为家庭收入的主要来源。据她说,现在当地很多酒店、餐馆的老板都是妇女,她们的能力很强。这些妇女不仅解决了自身的就业问题,也为他人创造了不少就业机会。从上述两个个案可以看出,生计方式的变迁给京族妇女带来的不仅仅是工作,更重要的是使妇女走出了家庭领域,在经济生活中占有一席之地,在生产劳动中寻求自身的发展。

(二)经济收入增长提高了京族妇女的家庭地位

张瑾认为,黄洛瑶寨妇女通过广泛参与旅游业,提高了经济收入,从而提升了她们的经济地位,增加了她们对家庭重大事务的决策机会和决策力度。❶笔者通过研究也发现,生计方式的变迁使京族妇女更多地参与到经济生活中去,经济收入有所提高,在经济上不再完全依附于男性,加上社会发展对传统性别观念带来一定的冲击,使妇女在家庭中的地位得到了提高,对家庭事务、孩子的教育问题等都有一定的话语权。村民李某就说:"家里什么大事都是两个人商量,一般的事都是她(老婆)做主,不是原则性的事我都让她

---

❶ 张瑾.文化重构视野下的红瑶妇女生计变迁研究——以龙脊梯田景区黄洛瑶寨为例[J].广西民族大学学报,2011(4):82-87.

做主。比如家里面的开支,要搞建设什么啊,都是她做主。你看我们家盖的这间房子就是她自己做的啊。我们1993年盖这间房子,那时候我在外面治安队值班,她找工人自己挖个坑装灰回来了,我才知道要盖房子,原来我是计划去外面盖的,但是她硬要在这里盖,我也就由着她了。"❶

周建新、吕俊彪在㴲尾村调查时曾指出:"由于妇女在家庭经济中发挥的作用越来越大,她们的家庭地位也有了相应的提高,家庭成员的关系渐趋平等。"❷夫妻之间能够互相理解和体谅,村民韩某说:"我很体贴我老婆的,几十年来风风雨雨过来,从来没有骂过她一句,有时候她情绪不稳定我也能理解。为什么我们住在这里她不去海,在最困难的时候都不用她去挖沙虫来维持生活,我宁可我辛苦一些,都不愿她去做。我们村里的夫妻之间很体贴,有时候老公没日没夜地去海,回来老婆做得很周到,煮好饭拿出去等老公回来,老公回来吃东西她们就在那里解网,生活得很愉快。"❸调查显示,在受访妇女中,只有1人对自己目前在家庭中的地位感到一般,其他人都感到满意或基本满意。这与第三期中国妇女社会地位调查的数据是比较吻合的,该调查显示,"85.2%的女性对自己的家庭地位表示比较满意和很满意"。❹

个案2-12:董某,女,46岁,京族,㴲尾村村民
(根据2012年6月5日对董某的访谈记录整理)

在一个宽敞的大院子里有一栋两层的楼房,院子里种着些许果树,果树下搭了个大棚,上面吊着渔网,在织网的妇女和男人就是董某和她的老公,旁边她的儿子和儿媳正在逗孩子玩,一家人有说有笑的。

今年46岁的董某是一名普通的京族妇女,小学毕业后她就回来拉大网,一天拉到晚才挣得三四十、四五十元钱,都要拿回家交给父母,她说:"以前的经济不行,收入比不上现在。"1987年她嫁给了同村的小伙子,大约1994年她和丈夫两个人开始做海鲜收购生意,主要是收购螃蟹、虾等卖到外面去,到2004年左右才不做。在收购海鲜后的一两年他们还在村里开粥店,当时老公

---

❶ 访谈对象:李某,男;访谈时间:2012年6月7日;访谈地点:㴲尾村5队受访者家中。
❷ 周建新,等.从边缘到前沿:广西京族地区社会经济文化变迁:下册[M].北京:民族出版社,2007,140.
❸ 访谈对象:韩某,男;访谈时间:2012年6月7日;访谈地点:㴲尾村12队受访者家中。
❹第三期中国妇女社会地位调查课题组.第三期中国妇女社会地位调查[EB/OL].人民网,(2011-10-21)[2016-10-05].http://acwf.people.com.cn/GB/99058/15973949.html.

主要负责收购海鲜,她则在家开店,一直做到2005年左右,后来觉得辛苦且收入不大就不做了,以后就一直做海。

目前,董某的主要工作是浅海捕捞,和老公、儿子一起去下网、抓螃蟹等,到了海蜇季节还捕捞海蜇卖给加工厂。她共生有一儿一女,女儿出嫁了,现在家里有6口人,包括她和老公、婆婆、儿子、儿媳、孙子,全家做浅海捕捞每个月平均收入四五千元。她平时还去挖螺、挖沙虫,一天去三五个小时,如果每天都去的话平均一个月有两三千元收入,如果要做网就去不了。家里的收支都由她管理,自己的收入也可以自由支配,丈夫从不干预。家里的大事都是由她提出来,然后和老公商量决定,她对自己目前在家庭中的地位感到很满意。她说:"我说什么都比较准,家里的大事都是我决定啊,我也和老公商量,不过主要是我提出来。"

然而,不可否认的是"男主外,女主内"的传统性别分工,仍然影响着京族妇女的家庭生活。很多人认为男人应该干重活,女人干轻活。比如男人出海下网捕鱼,女人则帮忙做一些解网、织网、补网等协助性工作。在大部分的受访者家庭中,家务劳动、照看小孩和农业劳动等都是由妇女来承担,或者是受访者本身,或者是她们的婆婆,个别家庭的家务劳动和农业劳动是由夫妻共同承担,但是所有的受访者都对家务分工感到满意或比较满意。对于"女性是否应该比男性承担更多的家务"这个问题,除了1人觉得"不好说"以外,其他人都认为"应该"。京族妇女万某就说:"(家务活)这些都是女人应该做的咯,还想男人做啊?因为从古至今都是这样的,三从四德、男尊女卑这些都是有的,对吧?洗碗、洗锅什么的都是女人做的活,男人就算他定定坐着也不会做这种活的,是吧?这种流传到今天都有的。30%的活男人做而已,70%都是女人做的,煮饭啊、买菜啊都是女人做得多。"❶冯某也说:"女人肯定是多做点家务咯,本来女人就应该做这种工作嘛,我们这儿的都是女人做这些活的。"❷恩格斯曾将家务劳动的社会化作为妇女解放的三个先决条件之一,即"把私人的家务劳动逐渐融化在公共的事业中"❸。夏洛特·帕金斯·吉尔曼(Gilman

---

❶ 访谈对象:万某,女;访谈时间:2012年6月7日;访谈地点:澫尾村"京族学校"旁的小商店。
❷ 访谈对象:冯某,女;访谈时间:2012年6月6日;访谈地点:澫尾村1队受访者家中。
❸ 中共中央马克思恩格斯列宁斯大林著作编译局.马克思恩格斯选集:第四卷[M],北京:人民出版社,1995:162.

Charlotte Perkins)在《妇女与经济》中也提出,经济上处于依附地位是妇女受歧视的原因,要通过家务劳动的社会化使妇女挣脱家庭的羁绊,自由参加社会活动,取得经济上的独立,成为一个完整的人。❶目前,繁重的家务和养育子女的责任占用了京族妇女大量的时间与精力,在一定程度上影响和制约了她们参与经济政治文化活动,受访者中就有一些是因为要在家带年幼的孩子才无法出去工作的。

二、生计方式变迁对㴔尾村京族妇女政治地位的影响

(一)生计方式变迁并不会必然带来政治地位的提高

"妇女参政议政是指妇女参与国家政治生活和管理社会公共事务的权利及行为,主要包括民主参与和权力参与两个方面。民主参与是指妇女行使公民的民主权利,包括行使选举权、知情权和监督权,通过言论、出版等发表自己的政治见解等;权力参与是指妇女直接担任各级人民代表和各级各类领导职务,直接管理国家与社会事务。"❷妇女参政议政既是衡量妇女生存和发展状况的重要指标,又体现了一个国家的社会文明和发展程度,没有妇女参与的政治就不可能称为民主政治。京族妇女作为社会主义基层民主政治建设的重要力量,参政议政也是衡量其政治地位的重要指标。第三期中国妇女社会地位调查显示:"2.2%的在业女性为国家机关、党群组织、企事业单位负责人,为男性相应比例的一半;高层人才所在单位一把手为男性的占80.5%,30.8%的高层人才所在单位存在'同等条件下男性晋升比女性快'的情况。92.9%的女性关注'国内外重大事务',54.1%的女性至少有过一种民主监督行为,18.3%的女性主动给所在单位、社区和村提过建议。80.6%的农村女性近5年来参与了村委会选举"❸。这表明从全国来看,妇女的政治参与程度低于男性,特别是妇女担任领导岗位的比例远远低于男性。通过对㴔尾村的调查也发现,改革开放以来虽然该村京族妇女的政治权利有了法律、法规的保障,但存在参政比例较低、参政议政意识薄弱、参政议政能力偏低以及参政议政渠

---

❶ 王政.女性的崛起:当代美国的女权运动[M].北京:当代中国出版社,1995:23-24.
❷ 刘维芳.全面建设社会主义时期妇女参政议政初探[J].中华女子学院学报,2010(1).
❸ 第三期中国妇女社会地位调查课题组.第三期中国妇女社会地位调查[EB/OL].人民网,(2011-10-21)[2016-10-05].http://acwf.people.com.cn/GB/99058/15973949.html.

道不畅等问题,与第三期中国妇女社会地位调查结果有相似之处。这些都印证了叶文振等人的研究,他们在分析马克思主义妇女理论关于女性参政的观点时曾认为,该理论将女性参政作为实现妇女解放的重要环节和途径,却又仅仅将妇女受压迫的根本原因归结为私有制和经济剥削,这是将妇女解放问题简单化了,从而提出"经济解放固然是妇女解放的一个条件,但事实上,即使经济问题得以解决,妇女解放也不一定能随之实现"❶的观点。在澫尾村,改革开放前京族妇女的经济地位不高,政治参与程度却较高;改革开放后生计方式的变迁带来了京族妇女经济地位的提高,她们的职业选择增加、经济收入和生活水平提高,但政治参与程度却降低了,她们愿意把更多的时间和精力投入经济生产,而较少关心政治和公共事务。这表明生计方式的变迁并不会必然带来妇女政治地位的提高,妇女参与政治生活受到传统性别观念、自身素质能力和体制机制等制约。

(二)制约京族妇女政治地位提高的因素

1. 传统性别观念的影响

澫尾村的京族人从越南迁来中国已有几百年的时间,受到传统渔业生计方式的影响,"男主外,女主内"的性别分工比较明显,男人出海捕鱼,女人照顾家庭,并做一些辅助性的工作,如解网、补网。这种性别分工在人民公社时期的集体劳动中得到较大程度的消解,但在家庭联产承包责任制落实以后又重新得到恢复。目前,生产力的发展和生计方式的变革在一定程度上打破了劳动性别分工对妇女的就业限制,但并不能完全消除,"男主外,女主内"的传统观念还束缚着京族妇女的发展。一方面,妇女参政议政的主体意识不强,认为这是男人的事情,自己只要照顾好家庭,教育好子女就行了,存在自卑和依赖心理,怕挑重任,不愿竞争。加上承担照顾家庭和生儿育女的双重压力,妇女参政议政需要比男人付出更多的时间和精力。特别是在市场经济条件下,有些妇女觉得当村干部吃力不讨好,收入不高,有时间还不如"去海"(进行海洋捕捞),这就导致了妇女参政议政的动力不足。另一方面,社会上对妇女参政议政的重要性认识不够,信心不足,不敢突破比例,委以重任。接受访谈的20位京族妇女都认为村干部中应该有妇女成员,但是她们大部分都觉得妇女干部应该做与妇女相关的工作,比如妇女主任,这样与妇女容易沟通,如

---

❶ 叶文振.女性学导论[M].厦门:厦门大学出版社,2006:309.

果做其他工作的话会不如男干部那么厉害。村民韩某就说:"大部分男人比女人厉害,女人从智力、体力等各方面都比不上男人,绝大部分都是。比如我跟你做同一样工作,就说扛一块石头好了,你做不到,我做得到。一直以来有些女人依赖惯了,这么多年来形成一个习惯了,对于女人来说,嫁了一个老公,就傍着他,依赖他,养成了这样一个习惯,女人对事业方面可能不比男人看重一些。"❶从个案2-13的访谈中可见妇女参政议政受传统性别观念的影响。

个案2-13:华某,女,26岁,京族,澫尾村村民
(根据2012年6月5日对华某的访谈记录整理)

笔者:你做过村干部吗?

华某:没有。

笔者:你想过参选村干部吗?为什么?

华某:都没想过这个,觉得自己能力不够,头脑不行,有很多比我们有能力的人。

笔者:那你老公鼓励你参选吗?

华某:没有,都没有这个能力。

笔者:那你参加村里的选举吗?

华某:参加啊。

笔者:你经常参加吗?

华某:经常啊,他们拿过来都会选。

笔者:你是自愿参加的吗?

华某:自愿啊,反正一般上面说我们都会参加的。

笔者:你的选票是你自己画的,还是老公帮你画的?

华某:一般就是看选票上的名字然后自己想要选谁就选了。

笔者:那你会跟你老公商量吗?

华某:商量啊。

笔者:为什么呢?

华某:反正结婚了觉得有什么事都要商量,不然什么都不说,生活就没意思了。

---

❶ 访谈对象:韩某,男;访谈时间:2012年6月7日;访谈地点:澫尾村12队受访者家中。

笔者:你参加过村里的会议吗?

华某:没有。

笔者:那队里的呢?

华某:也没有。

笔者:为什么不参加呢?

华某:一般村里开会都是我公公或者老公去参加,我们女人很少去。当然也可以去,只是我们不想去,反正谁去都可以,派一个代表就行了,一般是公公去得多。都是男人去得多啊,去那里坐着听就可以了,也不用发表什么意见啊。

笔者:那你为什么不想去呢?

华某:因为家里有人去了,而且也要有人看小孩儿的,开会一般都是晚上七八点才开的,大家白天都要干活,晚上又要看小孩儿了。

笔者:村委会做重大决定的时候会征求你们的意见吗?

华某:这个我不懂。

笔者:那会通过队长回来征求你们的意见吗?

华某:队长知道的啊,我们好像没见有征求。

笔者:你会针对村里的问题向村委或村党支部提意见吗?

华某:不会,因为目前都没有什么意见。

2. 京族妇女的自身素质能力

唯物辩证法认为内因是事物变化发展的根据,我国古语也有云:"工欲善其事,必先利其器。"妇女自身的素质能力决定其参政议政的水平。在潕尾村,随着经济的发展和教育制度的完善,京族妇女的受教育水平得到了一定程度的提高,但是在这个信息时代,科学技术日新月异,对京族妇女的素质能力提出了新的更高要求。列宁曾指出:"文盲是站在政治之外的,必须先教他们识字,不识字就不可能有政治。"[1]可见,文化素质对妇女参政议政的重要意义。然而妇女在工作之余还要承担繁重的家务劳动,参加教育培训和自主学习的时间、精力和动力相对不足。加上培训机会少,培训内容缺乏吸引力,妇

---

[1] 中共中央马克思恩格斯列宁斯大林著作编译局.列宁全集[M].北京:人民出版社,1990:180-201.

女的参与性不强,这就导致她们的知识更新慢,思想政治素养、心理素质和综合能力等与现代社会的要求有一定距离。调查发现,很多妇女对自身的能力持否定态度,认为自己学历低,不能胜任村干部的工作,从没想过参加竞选。

3. 妇女参政议政的体制机制

关于妇女参政议政,在我国并不缺乏相关的法律、法规和政策制度。早在1949年颁布的《中国人民政治协商会议共同纲领》就明确规定了妇女与男子享有相同的政治权利。1975年、1978年和1982年的《中华人民共和国宪法》中分别明确规定了妇女享有与男子同等的参政权。我国关于妇女权益的专门法律《中华人民共和国妇女权益保障法》提出国家权力机关中应该有适当数量和比例的女代表。近年来,国家在推进妇女参政议政,加强妇女干部培养选拔方面制定了不少政策措施。但是,一些法律、法规还缺乏具体操作实施细则,地方性政策在一些基层落实不到位,导致妇女参政议政缺乏有效的保障。

三、生计方式变迁对澫尾村京族妇女文化地位的影响

(一)京族妇女:民族传统文化的重要传承人

中共十七届六中全会提出了推动社会主义文化大发展大繁荣,为全国人民描绘了建设社会主义文化强国的光辉前景。中共十八大报告也提出建设社会主义文化强国要坚持面向基层、服务群众,建设优秀传统文化传承体系,弘扬中华优秀传统文化。少数民族妇女是我国社会主义文化建设的重要力量,在澫尾村,生计方式的变迁带来了经济的快速发展和人民物质生活水平的提高,文化越来越受到人们的重视,妇女的文化地位有了一定的提高,在对传统文化的保护和传承方面发挥了重要作用,逐渐成为唱哈、独弦琴等民族传统文化的重要传承人。而对传统文化的保护和传承,也对当地经济的发展和京族妇女经济政治地位产生了一定的影响。正如周建新、吕俊彪说的那样"传统文化与民族经济的良性互动是社会协调发展的重要条件"。❶

边境贸易和旅游业都是澫尾村的主要生计方式,京族传统文化对它们的

---

❶ 周建新,等.从边缘到前沿:广西京族地区社会经济文化变迁:下册[M].北京:民族出版社,2007:253.

发展产生了重要的影响。在边境贸易方面,京族传统文化增强了村民的民族认同感,凭借民族、地理位置、语言等优势发展与越南的经济技术合作和交流,逐渐将小商小贩发展成批量化的边境贸易;在旅游业方面,澫尾村的地理环境和人文环境为旅游开发创造了良好的条件,以民族节庆哈节、民族乐器、民族服饰为代表的民俗文化展演成为当地旅游业的主要看点之一。边境贸易和旅游带动了当地经济社会发展,为京族妇女创业、就业提供了大量的机会,促进其与外界的交流。

京族传统文化不仅为澫尾村的经济发展创造了良好的人文环境,也在一定程度上提高了当地人的政治地位。我们国家历来重视民族团结和谐,根据具体情况为少数民族提供一些优惠政策,促进少数民族的发展,在澫尾村也不例外。京族人的少数民族身份为其带来许多政治、经济上的政策优惠,当地政府对京族传统文化保护的支持较多,很多村民也能自觉保护传统文化。如自觉组织开展唱哈活动,传承京族歌唱文化。

(二)京族妇女接受教育培训的现状有待改善

改革开放后澫尾村京族妇女的受教育水平和文化程度得到了提升,但总体水平仍然不高,崇尚科学文化知识的氛围不浓,很多妇女因为各种各样的原因都只读到初中、高中,甚至小学就放弃了学业。离开学校后,妇女主要的受教育途径就是成人教育了,但是妇女接受成人教育的机会少,而且在教育中面临话语权缺失的问题。接受成人教育的机会少,除了因为举办这样的教育培训的次数有限外,主要原因是妇女受到家庭分工的影响,参加教育培训的时间和精力不足。话语权的缺失主要表现在培训内容、培训方式、培训时间等都不能由妇女自己决定,自主性不强,无法吸引妇女来参加。如之前村里也开展过一些养殖技术等方面的培训,但是在调查中发现很多妇女都不知道有这样的培训,知道的妇女也说没有兴趣、没有时间参加。从个案2-14、个案2-15的访谈中可以看到目前京族妇女参与教育培训的情况。

个案2-14:杨某,女,34岁,京族,澫尾村村民
(根据2012年6月6日对杨某的访谈记录整理)
笔者:你觉得你的学历和知识结构适应现在社会的发展吗?
杨某:不是很适应,好像现在是社会什么都好了,不像我们以前。

笔者：你是觉得社会发展太快了吗？

杨某：是啊，发展太快了。

笔者：那你平时有什么事是因为学历低或者知识少受到限制吗？

杨某：有啊，像平时出去外面跟人家交流，很多都是大学生，我们是农民，感觉交流不来。

笔者：你想过参加过教育培训吗？

杨某：没有（教育培训）。

笔者：村里有一些教育培训活动吗？

杨某：没有过。

笔者：有的话你想参加吗？

杨某：想啊。

笔者：你想参加哪些方面的培训呢？

杨某：想参加……都不懂怎么说。

笔者：比如你是想参加一些有关妇女健康、法律、技术培训，还是其他培训呢？

杨某：妇女健康的培训。

笔者：要是收费的你还参加吗？

杨某：也参加。

笔者：你老公会支持你参加吗？

杨某：支持啊。

笔者：他有鼓励你参加培训吗？

杨某：有啊。

笔者：那你觉得现在制约你参加教育培训的主要原因就是没有这样的机会是吗？

杨某：是啊。

个案2-15：胡某，女，34岁，京族，澫尾村村民

（根据2012年7月30日对胡某的访谈记录整理）

笔者：你觉得学历低对你找工作有影响吗？

胡某：有啊。

笔者:怎么体现的呢?以前找工作因为学历低错过一些机会吗?

胡某:是啊。

笔者:是什么时候的事呢?

胡某:1997年、1998年的时候。

笔者:当时是找什么工作呢?

胡某:像我没有学历都不敢去找什么工作。

笔者:那当时是去什么单位呢?

胡某:去保险公司。

笔者:后面进去了吗?

胡某:进去了啊,但是自己水平低,后面不做了。

笔者:是做业务员吗?

胡某:是啊。

笔者:村里举办过一些针对妇女的教育培训吗?

胡某:没有。

笔者:你想参加这样一些培训吗?

胡某:想啊。

笔者:你想参加哪方面的培训呢?

胡某:健康方面的。

笔者:现在为什么不参加呢?

胡某:没有时间,孩子还小,要在家带孩子。

笔者:如果有培训机会的话,收钱的你会参加吗?

胡某:参加啊,有空就参加,主要是没空。

笔者:那你老公支持你吗?

胡某:支持啊,这种他肯定支持的。

笔者:他平时有鼓励你参加教育培训吗?

胡某:有的话他叫啊,也支持啊。

(三)京族妇女:农村精神文明建设的重要力量

社会的发展和物质生活水平的提高为京族妇女带来了比以往更加丰富的闲暇活动,邻里乡亲之间的交往日益频繁,形成团结友爱、互帮互助的淳朴民风,由妇女牵头而引发的"广场舞"热也为农村社区带来了新的活力,很多人都说现在村里的精神文明风貌很好。但也有一些老人认为现在村里的风气不如改革开放前,主要表现在现在的人"爱赌钱""违法的事多了"。63岁的京族妇女蔡某就说:"我觉得现在村里的风气不如以前好了,我见人家去赌钱我都不适应,按照我们这一辈人观念,认为这些事情是不能做的,多少人去赌,赌完了连一分钱都不剩。以前大家安安静静的,我结婚回来这里,住在旧屋(老房子)那边,真是打开大门都没人偷东西的。生产队的时候上面安排工作组来村公所这里住,就分配到我家吃饭,每个月都有3个人住在我家,同吃、同住、同劳动。那时候很少有电,电风扇都没有,天气热了我们就扛床到外面大树下睡,打开大门,又没有贼来抢东西。我们家一二十只鸡,那些鸡站在树枝上,都没有人抓,真的没人偷。现在不行了,锁得多牢都有人去偷、去抢的。"❶甚至有的村民认为现在村里"赌钱的妇女比男人还多",人们的"性观念也过于开放"。在改革开放不断深化,社会经济日益发展的同时,与外界的交往越来越频繁,不仅会带来先进的文化,也会带来一些不健康的因素,这就需要发挥妇女的作用,多开展一些有益于身心健康的文体活动,积极推进农村精神文明建设。

四、讨论

1995年世界妇女大会在北京召开以来,推进社会性别主流化、促进两性平等和谐已成为全世界的潮流,我国也把男女平等作为一项基本国策。改革开放30多年,我国逐步从计划经济向市场经济转化,从农业社会向工业社会转化,各地的生计方式发生了巨大的变革,澫尾村经历了从渔农结合过渡到以旅游经营、海洋捕捞、海水养殖、海产品加工和边贸生意为主的多种生计方式并存的过程。生计方式的变迁是否促进了京族妇女社会地位的提升,带来了怎样的影响?通过对该村20个典型样本的深入访谈,对研究缘起的问题意识进行了回应,得到以下三方面的发现。

第一,随着生计方式的变迁,澫尾村京族妇女的经济收入增加,经济地位有所提高,对其家庭生活也产生了很大的影响。马克思认为妇女的压迫不是从来就有的,是社会发展到一定历史阶段的产物,"一切社会的从属和压迫是

---

❶ 访谈对象:蔡某,女;访谈时间:2012年8月1日;访谈地点:澫尾村16队受访者家中。

起因于被压迫的经济的从属"❶，经济上的从属地位，导致了妇女在其他方面的从属和被压迫地位。而在恩格斯看来，妇女受压迫的主要原因在于她们体力弱小而被排除在公共生产领域之外，他提出："妇女解放的第一个先决条件就是使一切女性重新回到公共事业中去，而要达到这一点，又要求消除个体家庭作为社会的经济单位。"❷祝平燕、夏玉珍也提出"社会发展与技术进步为女性获得平等的社会地位创造了条件"❸。男女在体力上的差异变得不那么重要，特别是在信息化时代，信息生产已成为重要的生产方式，办公地点和时间的灵活为妇女参与经济生活提供了便利。澫尾村京族妇女的经济地位变化正好印证了以上学者的观点。改革开放后，市场经济日益发展，特别是20世纪80年代末90年代初与越南关系正常化后，边境贸易迅速发展起来，加上旅游业的兴起和海产品加工的发展，京族妇女的就业范围越来越广，就业机会越来越多，在一些行业，如海蜇加工，非但没有针对妇女的性别歧视现象，妇女还成了主力军。这也与宋涛的研究结果不谋而合，他认为改革开放后京族多元经济的发展为妇女就业和创业提供了机会，使当地青壮年妇女走出家庭，迅速成为各行各业的主力军和女能人，以致富的业绩赢得男子的尊重，促进男女平等。就业机会的增加使京族妇女的经济收入得到了较大的提高，她们在经济上不再处于从属地位，甚至成为家庭经济的主要来源，这对她们的家庭生活产生了很大的影响，使得京族妇女的家庭地位得到提高，对家庭收支和家庭事务有了更多的自主权。但是受到传统性别观念的影响，"男主外，女主内"的思想依然根深蒂固地存在于很多妇女的脑海中，她们觉得男女应该平等，女人也可以能力很强，却又担心是否可以男女平等，毕竟"女人的大部分时间还是应该照顾家庭"，于是她们承担了全部的家务劳动和照顾子女的责任，并且认为是理所当然的。这在一定程度上阻碍了妇女参与经济政治文化活动。海迪·哈特曼（Heidi Hartmann）在《资本主义、父权制与性别分工》一文中也曾提出按性别进行劳动分工决定了妇女的社会地位。因此，要进一步提高妇女的经济地位，实现性别平等，必须打破传统性别分工的影响，转变妇女的思想观念。

---

❶ 贝贝尔.妇女与社会主义[M].葛斯，朱霞，译.北京：中央编译出版社，1995：14.

❷ 恩格斯.家庭、私有制和国家的起源[M].中共中央马克思恩格斯列宁斯大林著作编译局，译.北京：人民出版社，1999：76.

❸ 祝平燕，夏玉珍.性别社会学[M].武汉：华中师范大学出版社，2006：136.

第二,由于多种因素的影响,京族妇女的政治地位却没有因为生计方式的变迁而得到提高,相反存在不少问题。改革开放以来澫尾村京族妇女的政治权利得到了法律和制度的保障,但仍存在参政议政比例较低,意识薄弱、能力不强、渠道不畅等问题,这表明生计方式变迁带来京族妇女经济地位提高的同时,并没有提高其政治地位,也印证了周建新、吕俊彪等人的研究,他们认为澫尾村京族人目前对政治的参与积极性不如1978年以前高,如今"很少有村民主动到设在村委大楼的投票点进行投票,致使村民选举的组织者有时不得不抬着票箱到村民家里鼓励村民投票,而一些村民的投票往往带有某些应付性的色彩"。❶

为何改革开放前京族妇女的经济地位不高,政治参与程度高,而改革开放后经济地位提高了,政治参与程度却降低了?主要原因还是传统性别分工对人们的影响比较深。传统渔业生计方式使澫尾村京族人形成了"男主外,女主内"的性别分工,男人出海打鱼,女人照顾家庭,做一些辅助性的工作。这种性别分工在人民公社时期的集体劳动中得到很大消解,当时无论男性还是妇女都一起参与生产活动和政治生活。家庭联产承包责任制落实后,这种性别分工逐渐得到恢复。目前虽然生产力的发展和生计方式的变迁在一定程度上打破了传统性别分工对妇女就业的限制,但它对人们思想观念的影响根深蒂固:一方面,社会对妇女担任领导干部的能力不信任,只要按照法律、法规的规定使妇女干部比例达到要求即可,不敢突破比例,委以重任;另一方面,很多妇女存在自卑心理,觉得自身能力不足,怕挑重任,不愿竞争,加上家务劳动和生儿育女的沉重负担,妇女参政议政的时间、精力和动力不足。除了性别分工的影响外,妇女的素质能力相对不高,特别是在思想政治素养方面,对参政议政的认识不足,意识薄弱。改革开放以来妇女的就业机会增加,收入提高,在经济利益的推动下,她们更愿意把时间和精力投入经济活动中,降低了参与政治生活的热情。另外,体制机制不健全也制约了妇女政治地位的提高。可见,生计方式的变迁和经济的发展并不必然带来妇女政治地位的提高。马克思主义强调了妇女平等参政的重要性,李大钊曾提出,真正的民主,"不是男子所行的民权民主的政治,乃是人民全体所行的民权民主的政

---

❶ 周建新,等.从边缘到前沿:广西京族地区社会经济文化变迁:下册[M].北京:民族出版社,2007:167.

治。这里所谓的人民全体,就是包含男女两性在内"。❶因此,社会经济的发展和妇女经济上的独立并不一定能实现妇女的全面解放,政治上的性别不平等也影响了京族妇女地位的提高。

第三,生计方式的变迁使妇女的文化地位有所提高,同时也带来一些亟待解决的问题。生计方式的变迁首先带来的是澫尾村社会经济的发展和人们物质水平的提高,加上教育制度和教育设施的不断完善,京族妇女接受教育的机会增加,文化程度比改革开放前有了很大提高。在对传统文化的保护和传承方面京族妇女也发挥了很大的作用,京族的很多传统文化都保留得很好,特别是民族节庆唱哈节、民族乐器独弦琴等,而传统文化反过来又能促进当地经济政治的发展。此外,京族妇女的精神文化生活日益丰富。在文化地位得到一定程度提高的同时,也存在一些亟待解决的问题。在教育方面,虽然目前京族妇女的受教育程度比改革开放前有所提高,但相对于当今社会的要求还有一定距离,大部分妇女都只是读到初中、高中,很少有接受高等教育的。这主要是由于经济发展带来的冲击,使很多家庭都把精力放到赚钱上,忽视了教育的重要性。周建新、吕俊彪等人在调查中也发现,由于澫尾村经济发展较好,年轻人就业容易,导致村里不少学生升学意愿低,初中毕业后便选择在本地就业,不再继续读书,甚至有一些家长把送子女读书认为是盲目投资。此外,京族妇女参与教育培训的积极性不高;村里一些不良风气,如赌博、六合彩等,影响妇女的身心健康发展和整个村的精神文明风貌。

总的来说,生计方式的变迁对澫尾村京族妇女的社会地位产生了很大的影响,但不能简单地说生计方式变迁提高了京族妇女的社会地位,要从不同的维度来考虑,这正印证了韦伯的社会分层观点,他认为个人的社会地位并不只有财富这一个决定因素,其他如权力和声望都有可能影响到个人的社会地位,而且个人社会地位的高低可能因为评审标准不同而有所差别。生计方式的变迁在一定程度上影响了妇女地位,为妇女社会地位的提高创造了条件,但只要制约性别平等的社会制度和文化依然存在,妇女就无法实现全面的发展。

可见,生计方式的变迁对京族妇女的社会地位产生了很大的影响,但不

---

❶ 李大钊.妇女解放与Democracy[J].少年中国,1919(4).

能说生计方式的变迁必然提高京族妇女的社会地位,从不同的维度来看,其影响各不相同,并且各个维度之间也相互影响着。从经济地位来看,改革开放后生计方式的变迁在一定程度上提高了京族妇女的经济地位。按照马克思主义妇女理论的观点,生产资料的私有制是妇女受压迫的根源之一,妇女解放的前提是消灭私有制,使妇女参与社会生产劳动。蒋美华在《20世纪中国女性角色变迁》一书中,分析了女性经济角色在改革开放中的发展,并提出中国女性的经济角色在改革开放十几年间有了很大的发展。祝平燕、夏玉珍认为现代社会整体的变迁,包括社会发展与技术进步等为女性获得平等的社会地位创造了条件,这不同于传统社会女性只能通过婚姻来实现向上流动,社会的发展使得男女在体力上的差异变得越来越不重要,女性可以更自由地进入传统的男性工作领域,更深入地参与经济生活。对潕尾村的研究证明了这些观点,生计方式变迁带来就业机会增多,经济收入提高,就是京族妇女经济地位提高的重要体现。并且由于经济地位的提高,京族妇女的家庭地位也在逐渐提高,家庭成员关系渐趋平等,其对家庭生活满意度也较高。从政治地位来看,叶文振等人曾提出妇女解放不一定能随着经济问题的解决而得以实现。

在笔者看来,妇女的政治地位还受到传统性别观念、妇女的自身素质能力和体制机制的影响与制约,甚至由于生计方式变迁带来的良好就业环境和经济效益,使妇女愿意把更多的精力投入经济建设,缺乏参与政治生活的动力,导致了改革开放前京族妇女经济地位不高,政治参与程度却较高;改革开放后,经济地位提高,政治参与程度却降低。因此,生计方式的变迁并不必然带来妇女政治地位的提高。从文化地位来看,社会的发展促进了教育制度和教育设施的完善,生活水平的提高增加了京族家庭对教育资本的投入,京族妇女的受教育程度和文化素质得到一定程度的提高,在民族传统文化的保护和传承上也发挥了重要作用,精神生活日益丰富。但京族妇女的文化素质与现代社会的发展还有一定差距,在市场经济条件下,部分京族家庭对教育的重要性缺乏认识,妇女在教育培训中缺乏话语权。可见,经济的发展既为京族妇女接受教育创造了条件,又带来了新的问题,而妇女文化素质的高低又对其参政议政有重要影响。此外,经济发展在为妇女带来丰富闲暇生活的同时,也带来一些不良风气,对民族传统文化造成一定的冲击。吕俊彪曾提出:

"经济发展不是一个孤立的问题而是一个整体上的、综合性的概念,发展经济必须同时处理好民族文化的调适与发展问题。"❶因此,必须关注生计方式的变迁使京族妇女的文化地位有所提高后带来新的问题,才能真正实现女性地位的提高。

---

❶ 吕俊彪."靠海吃海"生计内涵的演变——广西京族人生计方式的变迁[J].东南亚纵横,2003,10.

第三章 少数民族"留守妇女"与社会主义新农村建设

由于大量青壮年男性外出务工,少数民族地区妇女成了新农村建设的主力军,发挥着不可替代的作用,成了农村建设和发展的主体。本章选择上林县那君村和德保县上茂村两个壮族聚居村落进行深入分析,一个主要是从留守妇女视角看壮族妇女在新农村建设中是如何发挥作用的及其所面临的困境,另一个则重点是从男性外流视角看壮族妇女在新农村建设中是如何发挥作用的及其所面临的困境。

第一节 留守妇女形成原因与面临的困境

一、调查点的概况以及研究方法

(一)那君村概况

那君村位于广西中部的上林县塘红乡政府驻地南部,村委会设在六卢庄界内,距乡政府驻地塘红街约1.5千米。东与乔贤镇水头村、六浪村交界,西接邑森村,北连塘红社区,南邻万福村。全村由刚烈(分上烈、下烈)、上蒙、中蒙、下蒙、六卢、那君、天福、路言、那肥、六屋、那畔、枯桐12个自然庄22个村民小组组成。

那君村地属丘陵,2010年我们调查时,全村有耕地面积2014亩,其中,水田1387亩,旱地633亩,人均耕地0.6亩,主要种植优质稻、玉米、甘蔗、桑叶等。农民收入主要以外出打工和传统种养为主,年度劳务输出总收入达31.26万元。受人均占有耕地面积少、土地灌溉条件差等原因的掣肘,目前没有形成规模主导产业。村中无集体经济。2009年全村人均收入2550元。

据村委会介绍,2009年全村稻谷种植面积2712亩,产量914吨;玉米种植面积768亩,产量173吨;大豆种植面积382亩,产量31吨;红薯种植面积11亩,产量约3吨。经济作物生产包括花生种植面积91亩,产量7吨;油菜籽种植面积512亩,产量11吨;甘蔗种植面积476亩,产量2380吨。其他农作物生产包括蔬菜种植面积207亩,产量322吨。2009年全村牛出栏数90头,猪出栏数3200头,家禽出栏数25240只,肉类总产量270吨。全村养殖面积27亩,产量6吨。有些零散蚕业生产,桑叶约有60亩。林地面积约4200亩,人均林地1亩多,主要种植速生桉。

2010年,那君村共776户,3351人,均属壮族。在常住人口中,男性人口为1832人(其中,留守男性为357人),占54.67%;女性人口为1519人(其中留守妇女784人),占45.32%。人口性别比(以女性为100,男性对女性的比例)由2000年第五次全国人口普查的126∶35下降为120∶61。村民以樊、韦、谭、蓝、石、罗、覃、盘、黄、苏等姓氏为主,民风淳朴,勤俭持家,热情好客。全村从业人员2528人,其中,农、牧、林、渔业从业人员1658人,外出打工870人。在全村人口中,15岁以上未婚男女性别比达到100∶136,而30岁以上未婚人口中,男性占同龄人口的比例达到5.44%,女性仅为1.17%。留守人员中男女比例将近1∶1.5。这说明人口性别比失衡导致男性失婚现象日益明显,女性负担加重。当大部分男性走出去打工时,留守妇女就承担起了本来男性该承担的许多责任。

2010年时,那君村全村共有党员47人,其中,男性37人,女性10人,共有10个经联社、7个党小组。村两委干部8人,樊国森担任村党支部书记兼村委会主任,樊保乐担任村党支部副书记兼村委会副主任,谭建贵任民兵营营长,谭秀丽任文书,樊展兴任计生定工干部,樊文展任治保主任,覃玉任团支部书记,樊红梅任妇女主任,其中女性3人,全部具有初中以上文化程度,其中高中3人,大中专各1人,平均年龄43岁。村两委班子同心同德,团结共事,凝聚力和战斗力强,带领群众脱贫致富愿望比较强烈。

村中建有一个完小那君小学,2010年有学生230人(包括学前班),其中,80%为留守儿童,共7个班,教职工12人,三年级以上住校学生135人。1997年建有500平方米教学楼1栋,2003年社会力量援建470平方米综合楼1栋,有一个篮球场供师生开展文体活动,经自治区妇联援助一批基础的体育器

械,解决了过去师生文娱活动器材严重不足的困难。❶

在那君村的所有女性中,1980年之后出生的人大都接受过初中或高中教育甚至大学教育,大多数女性通过打工、求职、出嫁、求学等不同的渠道向城市流动。在被调查的147名留守妇女中,20岁以下的占5.99%,20~25岁的最少,约为3.57%;26~30岁的约占12.24%;而31~35岁的较多,约为33.04%;35岁以上的最多,约占45.15%,也就是说,绝大多数留守妇女都在35岁以上,具体情况如表3-1所示。

表3-1 不同年龄留守妇女的人数

年龄(岁)	人数(人)	占总人口百分比(%)
20以下	9	5.99
20~25	5	3.57
26~30	18	12.24
31~35	49	33.04
35以上	66	45.15
总计	147	99.99

但是,留守在家的这些中年和老年妇女大都出生于20世纪五六十年代甚至更早,她们中的大部分只有小学学历,为数不多的几个人拥有初中或者高中学历。另外,在留守妇女中还有少部分人一字不识,没有接受过正规的教育。据问卷调查后得到的数据显示,在那君村所有的留守妇女中,具有高中以上文化程度的只占4.21%;具有初中文化程度的约占30.36%,大约54.97%的人曾经进入过小学学堂;而10.46%的人则为文盲。❷因此可以说,该村留守

---

❶ 笔者调查发现,与其他非少数民族的村庄相比,那君村的教学设施相对比较落后,很多教学设施、体育设施已经不能适应教学和发展的需要,因此,当地的教育部门还应该加大对少数民族地区村庄的教育的投入,改善少数民族地区的教育质量。

❷ 因为少数民族农村留守妇女,在知识经济的浪潮中面临严重匮乏科技知识和技能的压力,加上传统性别文化影响、经济发展相对滞后、民族传统习俗延续等因素,少数民族"早婚早育"观念和行为至今在上林民族地区普遍存在着。许多女孩子为了改善家庭生计或者遵循族规祖训等,才完成初中教育甚至小学教育就忙着谈婚论嫁,一旦有了家庭拖累,却因没有文化和缺乏一技之长,无法进城务工只能留守在家。因此,少数民族留守妇女与汉族留守妇女相比更加受封建的男尊女卑观念影响,在教育方面少数民族女性的受教育的权利得不到保障。

妇女的文化程度普遍不高,具体情况如表3-2所示。

表3-2　那君村留守妇女文化程度

文化程度	人数(人)	占被调查人数的百分比(%)
高中以上	7	4.21
初中	46	30.36
小学	77	54.97
文盲	17	10.46
总计	147	100.00

据上面调查结果显示,农村留守妇女的年龄分布为:26～30岁的约占12%;31~35岁的约占33%;35岁以上的约占45%。可见,30岁以上是那君村留守妇女较为集中的年龄段,总共占百分比约为78%。这一年龄段的农村妇女大多数都已经结婚生子,上有日益年迈的老人需要赡养,下有正在成长的孩子需要抚养,承担较大的经济负担,包办了所有的家务劳动和田间劳作。

从文化程度上来看,20~25岁的那君村留守妇女多数为高中或中专以上文化程度;26~30岁的那君村留守妇女多数为初中文化程度;31~35岁的那君村留守妇女中多数为小学文化程度;35岁以上的那君村留守妇女部分是文盲,不识字。

据调查资料显示,26~30岁这个年龄段是那君村留守妇女的黄金年龄段。这个年龄段的留守妇女的文化程度相对较高,思想也相对活跃,思维更加的开阔,心智更加的成熟,体力也更加的充沛。在全乡举办的农村科技信息交流以及致富技能培训等活动中,她们更能起到典型示范的作用。

据那君村留守状况的调查显示:那君村有的留守妇女的丈夫在外打工最长已经有10年之久,而最短的只有在春节前的一两个月外出打工赚点钱补贴家用。在那君村外出打工的人群中,75%以上的打工时间超过了2年。从回家次数来看,85%以上的那君村村民每年回家不超过两次,只有一小部分离家比较近的打工者回家次数比较多。从留守妇女对丈夫的满意程度上来看,68%的那君村留守妇女对丈夫外出打工的状况较为满意,尽管留守妇女面对着较大困难,综合考虑权衡利弊之后,大多主动做出了让步。从调查中还可以看到,那君村大多数留守家庭中孩子的爷爷奶奶均健在,但留守妇女带着孩子和孩子的爷爷奶奶分开居住。然而,留守妇女需要护理1位或2位老人的日常生活的比例大约占1/3,家庭生活负担比较重。

(二)上茂村概况

上茂村是一个壮族聚居的村落,面积大约32.188平方千米,海拔高度300~700米,它位于广西西南部德保县荣华乡政府西南部,村部所在地距离乡政府所在地5千米,与荣华乡上河村相邻,西面与龙光乡那供村毗邻。距离德保县城34千米,属丘陵地区。上茂村分为11个屯,其中巴眉屯、红山屯、那贯屯和塘沙屯地缘位置相近,连成一片坐落于鉴河两岸,这些自然屯离荣华乡政府所在地不远,路程大约为8千米。屯与屯之间交通便利,历来降雨量充沛,水资源丰富;头林屯、果陋屯、六红屯、启德屯在分布上则相对零散,处于大山深处,一些自然屯离村委所在地有8千米路程,六红屯离村委所在地有11千米之远,与龙光乡三联村毗邻,山深林密,至今仍无法做到通信信号覆盖。这4个屯未通公路,交通不便和信息落后导致自然屯经济与生活落后于其他屯,严重阻碍了这两个屯"三农"问题的解决,而这4个屯的人口占到全村人口的40%左右。目前整个上茂村交通水利方面的基础设施建设仍然薄弱,没有现代化的浇灌、饮水设施,农业灌溉和村民生活饮水还要依靠沟壑山涧和小溪流水,抵御自然灾害的能力令人担忧,并且,村民文化水平和思想觉悟普遍偏低,这些客观条件在不同程度上制约着上茂村经济建设、文化事业的进一步发展。

2011年笔者调查时,上茂村有405户1864人,有劳动力1247人,其中,男劳动力804人,女劳动力443人。全村耕地面积1317亩,人均0.70亩,都是小面积的水田(含部分梯田)。粮食作物播种面积1017亩,人均0.55亩,草地面积1500亩,户均3.70亩,山地、林地共19500亩,户均48.1亩。该村耕地面积较少,山地和林地较多,经济结构主要以粮食作物种植、林木种植和甘蔗种植为主,经、果、牧的经营收入极少,粮食作物主要有稻谷、玉米、木薯等。2011年全村粮食总产量805吨,人均463千克,农民人均纯收入1180元,全村现有贫困户355户1775人,贫困面大。有大家畜180头,鸡、鸭存栏1500只、猪存栏100头。现有甘蔗种植300亩。❶

在改革开放的时代大背景下,全国出现了农民进城务工的浪潮。上茂村

---

❶ 德保县荣华乡政府2011年度工作总结报告。

作为我国千千万万个村庄中的一员,其发展与动向受到全国趋势的影响。上茂村是中国广大农村的一个点,其男性劳动力外流也具有明显的时代烙印。上茂村男性劳动力外流可以分为3个主要阶段:第一个阶段:时间上大约是1978年到20世纪90年代初期,这是上茂村"第一代"农民工出现的时间段,这一代农民工可以说是试水者,或者说是农民中的先行者,数量上也是最少的,他们以乡镇企业为就业目的地。第二个阶段:时间上是20世纪90年代初期至21世纪初,邓小平南方谈话后国家层面大力发展经济特区,旧有的城市粮食供应制度的彻底改革,上茂村大量劳动力进城务工(其中以男性劳动力为主,少部分年轻女性也开始外出),第二次"民工潮"出现。第二次"民工潮"就规模而言,是史无前例的,跟第一代农民工不同,这个阶段人们的目的地是城市。第三个阶段:从21世纪初至现在,这一代农民工被称为"新生代农民工"。2010年1月31日,国务院发布2010年中央一号文件《关于加大统筹城乡发展力度 进一步夯实农业农村发展基础的若干意见》(以下简称《意见》),《意见》中首次使用了"新生代农民工"的这个词汇,要求政府层面采取有力措施,着力解决新生代农民工在城市工作、生活遇到的现实问题。

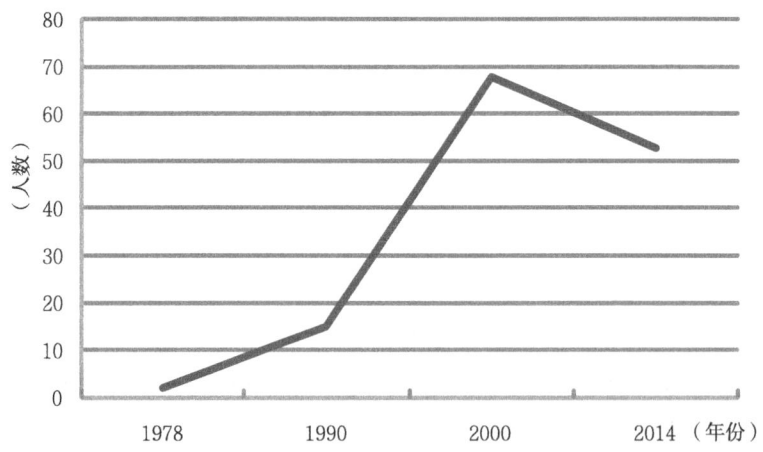

图3-1　各时期上茂村男性劳动力外流走势(100样本为例)

从图3-1可以看出,上茂村男性劳动力外流规模达到最大是在2000年左右,之后曾出现小小的回流。男性劳动力外流,他们选择的地区、行业是不一样的,由于自身素质、能力和社会关系的不同,每个个体取得的收入也存在差异(见表3-3)。他们外出务工,在提高了家庭收入的同时,也面临着背井离乡、难以融入城市生活的问题。

表3-3 各时期上茂村男性劳动力外流情况

年份	外流数量（人）	流入地区	流入行业	人均月收入（元）
1978~1990	2~15	德保县、县内其他镇	临时工、散工	360
1990~2000	15~67	广东省、南宁市、百色市	家具厂、家电厂、服装厂、餐饮店	1020
2000~2013	67~52	广东省、南宁市、百色市、柳州市	制造业、IT业、餐饮业、货运公司、个体经营	1860

男性劳动力外流,对上茂村的公共事务、家庭事务、人口结构以及经济活动都产生了深远的影响。总的来说,可以概括为以下几个方面:第一,男性劳动力外流,将农村的剩余劳动力转移,为村里带来了前所未有的经济收入,这些收入的一部分用于农村建设,在很大程度上改变着农村的面貌。例如,新起的楼房、新修的道路等;第二,男性劳动力外流,在接触了城市的现代生活之后,把城市生活的诸多因素传播回农村,如城里的思想观念、城里的生活方式、城里的现代化通信工具等,这些都市因素影响着上茂村,加快村庄城镇化的步伐;第三,男性劳动力外流,将妇女和儿童留在了农村,大部分家庭出现了留守儿童或留守妇女;另外,村里公共事务或家庭事务的决策人可能出现真空,或者决策权从男人那里转移到了妇女那里,这样一来,妇女不得不承担更大的责任而无意间提高了妇女的社会地位。对于第一、第二个影响,不是本次研究的重点,因此,不做深入的分析和研究。至于第三个,男性劳动力外流对妇女地位变迁的影响,则是本课题关注的焦点。

(三)具体研究方法

对那君村和上茂村的研究,我们在收集相关文献的基础上,采用实地观察、访谈和问卷的方法。通过发放问卷以及与个人结构式访谈搜集相关研究资料,并做好相关记录。为了进行数据的统计和分析,对当地的留守妇女进行问卷调查。调查内容主要是留守妇女的留守状况、学历情况、安全状况、精神文化状况、年龄状况等一系列的问题。在那君村,2011年3月15日到2011年3月20日、2011年4月15日到2011年4月30日,2次对村支书、村文书、妇女主任、韦敏玲、卢凤莲等20多名留守妇女进行了细致的访谈。访谈的主要内容包括:个人及家庭的基本情况、丈夫及外出打工的基本情况、家庭的经济收入和支出状况、留守妇女与农业生产、留守妇女与家庭关系、留守妇女与忙闲生活以及打算和想法、留守妇女在新农村建设中做了什么及内心的想法。同时,采取系统抽样的方法选取那君村的留守妇女共150人进行问卷调查。问卷主要是由研究人员与调查对象面对面完成填答。在上茂村,2013年7月16日、2013年11月13日组织了2次实地调查,每次历时13天,并根据村委会提供的户口资料,分"50后"出生、"60后"出生、"70后"出生、"80后"出生、"90后"出生5个年龄段进行随机抽样,每个年龄段(男女各占一半)抽取20个样本,总共100个随机样本,2次实地调查发放调查问卷100份,并按照类似的方法,根据年龄段选取30个样本作为重点访谈对象。正是在这个基础上,通过实地接触与此相关的重要组织以及个人,深入了解上茂村女性的历史与现状。第二次调查问卷按照分层抽样共发放问卷200份,收回197份,收回率为98%,其中有效问卷为197份,有效率达100%,在参与本次调查的197名人员当中,留守妇女共有108人,约占总人数的54.80%,非留守妇女为89人,约占总人数的45.25%。从小孩个数来看,留守妇女的小孩比非留守妇女要多,生育2个小孩以上的留守妇女为87人,约占留守妇女总数的80.60%;而生育2个小孩以上的非留守妇女为67人,约占非留守妇女总数的75.30%。

二、留守妇女形成的原因与面临的困境

生活所迫、丈夫外出打工、农村妇女留守在家,这一现象看似简单,实际上是多种主、客观因素共同作用的结果。少数民族农村妇女留守现象与其他农村地区留守妇女的形成在成因上既有城乡二元格局限制和性别分工观念

影响的共性,又有历史上教育资源对少数民族妇女分配极不平等,农业耕作方式带来特有的男尊女卑观念的特殊性。除此之外,农村留守妇女这一群体一经形成,她们自身要承受的身体过度劳累、心理压力、安全隐患等问题也接踵而来,这些问题不但损害她们的身心健康,也使她们在农村原本所处的弱势地位进一步加深了。

(一)壮族农村妇女留守的成因分析

1. 城乡二元结构造成的障碍

随着我国工业化、城市化进程的不断加快,我国城乡二元格局的许多制度弊端开始凸显,这些弊端严重制约着我国城乡经济社会的协调稳定发展。华中煜将城乡二元经济社会结构的制度缺陷分为7个部分❶,笔者认为在城乡二元格局弊端的7个部分之中,对于农村留守妇女来说最为客观的是城乡二元户籍制度的限制以及城乡分割的二元教育制度。

城乡二元户籍制度大大限制了农村劳动力进行举家迁移。尤其是在壮族农村地区,由于受到当地山区自然环境的影响,农业种植生产规模比较小,仅仅依靠农业生产种植不能提高家庭的生活水平。广西壮族自治区农民2010年人均纯收入为4543元,远低于我国中东部地区农村的平均水平。经济原因致使壮族青壮年外出打工,由于城乡二元户籍制度的限制,给农村家庭举家打工造成很多不便,这样的客观现实致使壮族农村妇女滞留在农村。

个案3-1:樊玉梅(化名),女,35岁,壮族,那君村留守妇女
(访谈时间:2011年4月19日15:00~16:00。访谈地点:受访者家中)
我们一辈子都是农村人,这个情况已经不会发生改变。我们在那君生活得非常习惯,不会离开自己的家乡去城市工作生活。就算丈夫出去打工也不是城市人,不可能一辈子都在外面打工,到一定时候还是要回到家乡安定下来。有时候想想,正好现在年龄不是很大,带着孩子一起和丈夫到城市去。

---

❶ 华中煜在《我国城乡二元结构的制度障碍与破解之路》一文中着重探讨了城乡二元结构的弊端以及解决方式。他认为城乡二元格局的弊端主要表现在7个方面,分别是:第一,城乡二元户籍制度的壁垒;第二,不合理的二元土地制度;第三,城乡分割的二元教育制度;第四,二元的就业歧视制度;第五,不公平的二元社会保障制度;第六,分配不公的城乡二元卫生制度;第七,歧视性的资源分配制度。

可是，到了城市里由于户口原因真的难落脚，没地方住。丈夫在外面打工，住在工地的集体宿舍，基本上不要什么住宿费用，吃喝都很方便。要是我们一家都搬去了，就得找个廉租房，还要自己解决伙食问题，小孩儿在那儿也不方便，花钱开支方面肯定要大得多，到时候一年挣得的钱还不够我们花的。还不如我和孩子留在家里，省点钱，这样丈夫每年打工挣的钱，除去开支还能结余一点。

城市现代化曾为农村剩余劳动力的转移提供了广阔空间，农村剩余劳动力流入城市不仅自身得到了比种田更高的收益，同时为城市的繁荣发展做出了突出的贡献。但是，随着城市经济体制的不断改革，城市中隐性失业者（例如下岗职工、无业青年等）被释放到就业市场中。与此同时，近年来我国每年有约700万高校毕业生，绝大多数选择留在城市，这样更加加剧了城市的就业压力。城市严重的就业压力使得农村剩余劳动力向城市转移的空间日益缩小，从而难以再大规模吸纳农村剩余劳动力。另外，由于受投资主体和资源的限制，我国城市规模难以在短期内迅速扩张，"城市病"日趋严重。"城市病"的存在客观上使得农村剩余劳动力不再成为城市的受欢迎者。

农村剩余劳动力是客观存在的。壮族上林某县1988年人口35.92万人，到2001年达到70.70万人，13年间人口增长了1.1倍。与此同时，耕地面积却呈现逐年下降的趋势，1988年全县人均耕地面积1.21亩，到2001年已降到人均0.9亩左右。可见，地少人多必然要产生农村劳动力的剩余现象。近些年来，由于家庭联产承包责任制的实行、农机化程度的提高、优化劳动组合的出现等因素的影响，更使农村剩余劳动力源源不断地产生。农村剩余劳动力转移也因此而日益成为一个疏导得法则增添建设力量、转移失误则酿成不稳定因素的社会问题。

自20世纪80年代末期开始，我国以不发达地区的农村劳动力进入发达地区的城镇就业为主要特征的劳动力转移规模越来越大。有研究表明，流出劳动力最多的是中、西部的农村地区。农村劳动力转移对农民收入增长具有直接而重要的贡献，这是一个得到普遍承认的事实。然而，关于农村劳动力转移对农业生产、农村发展等方面如何影响却存在着激烈的争论。我国农村劳动力转移中所表现出的某些趋势或特征导致人们对农业和农村发展的某些担心。这些担心主要包括：农村转移劳动力大多数是受教育程度较高的年轻男劳力，有可能造成农村人力资本的严重流失，降低农业劳动力的生产率水平;劳动力转移或外出就业通常还会伴随部分农业积累随劳动力一起流向非农业部门或其他地区,有可能引起农业投资的进一步降低;在劳动力转移使得家庭收入不再主要依靠农业、但农民又不放弃土地的情况下,劳动力转移还可能导致农业资源的低效率利用。❶

我们认为,上述担心并不是多余的。少数民族地区经济总体上不是很发达,乡镇企业较少,无法吸引大量的农村劳动力,致使大量的农村劳动力外流。南宁市位于广西壮族自治区的西南部,地域面积22112平方千米,其中耕地面积367092公顷,水田197391公顷,2010年总人口为641.67万人,其中农村人口473.68万人。农村剩余劳动力多,要实现农民增收这一目标,必须实现农村劳动力的大量转移,使农村劳动力向乡外、县外和市外转移,向第二产业、第三产业转移,通过减少农民来实现南宁市农民增收。但是因受地理环境、社会环境及历史原因等各方面的因素影响,南宁市城市规模和经济发展水平在全国大中城市中还相对落后,城市第二、第三产业不够发达,依靠现有的城市经济能力为农村劳动力提供的就业机会较少。同时,2003年横县、宾阳、上林、马山、隆安5县并入之后,南宁市农村人口占全市人口的比重由原来的58.32%上升到74%,农村劳动力就业压力进一步加重。同时,城镇化总体水平不高,综合效益不好,小城镇集聚和辐射作用较弱,缺乏带动整个区域发展的中心。城镇化进程和工业化进程与农业剩余劳动力的转移具有密切的关系,近年来,尽管南宁市城镇化水平有了较快的提高,但与全国和发达地区相比仍有较大的差距。城镇化水平的滞后和农村第二、第三产业发展缓慢,对广大农村的带动辐射作用较弱,难以提高吸收农村剩余劳动力的能力。在上林县那君村,乡镇企业更是少之又少,仅有的几个企业的员工也是利用亲戚关系进入的。

个案3-2:樊国平(化名),男,42岁,壮族,那君村回乡探亲的外出务工者
(访谈时间:2011年4月17日8:00~10:00。访谈地点:受访者家中)

村子周围的乡镇没有什么可做活的地方,有也少。要是镇上能有那种像样点的企业,在里面挣的钱就是不比广州那边多,我也乐意在家附近的城镇干活,守家在地,安全不说,平时家里有个啥事回来也方便,不用那么担心老婆、孩子。现在没办法,趁着年轻有体力能跑大老远的外地能多干几年就多

---

❶ 韩纪江,孔祥智.城镇化进程对农村经济的负面效应浅议[J].农业经济问题,2001(7).

干几年吧,现在夫妻俩种地得的钱根本不够花,等老了,没法了就只能又得回家种地了。

因此,在壮族地区,缺少能促进农村剩余劳动力就地转移的中小企业,这不仅延续了留守妇女现象存在的长期性,也不利于农村本身长远的发展。

2. 传统的性别分工观念形成的束缚

社会性别理论论述的社会性别概念是女权主义最早提出来的,是指一种以争取妇女获得相对于男人在政治、经济、权利等方面完全平等为目标的政治运动以及意识形态。社会性别理论主要强调了男女两种性别在社会上的差异。从总体上来讲社会性别揭示了两性关系的经济本质,认为作为基本社会关系的两性关系实质上是生产关系的反映。就像阶级、民族、国家这些概念一样,社会性别关系是经济生活中两性在占有生产资料和劳动成果方面的不平等关系。

从社会性别角色来看,在社会生活中,男人一般承担有报酬的生产和社会政治活动角色,而妇女承担照顾家庭和抚养子女的责任是自愿性的而且是无报酬的,这也就是传统的"男主外,女主内""男强女弱"的性别分工模式,而且这种性别分工模式与价值观已经被农村男女所内化,成为他们行动"自然而然"的想法。这种历史上形成的"男主外,女主内"的模式根深蒂固。在对壮族农村留守妇女进行访谈的过程中,发现在家庭只能选择一个人外出的条件下,她们普遍认为除了自己留守在家,丈夫外出这种模式比较合理以外,很少会有人考虑是否还有其他更为合理的选择。她们觉得丈夫在家,自己外出,在农村是一件不可思议的事情。这种维护"男主外,女主内"性别分工模式的观点是家庭决策中选择女性留守、男性外出务工的主要原因。

个案3-3:韦常花(化名),女,31岁,壮族,那君村留守妇女

(访谈时间:2011年4月21日10:00~11:00。访谈地点:该村甘蔗田地)

像我也不是没有外出打工过,年轻时无家无业也挺能瞎闯,村里几个要好的姐妹,一起进厂做工,挣钱,见见世面。可是结了婚,生了孩子,自己就没办法出去了。我丈夫他们家就他一个男丁,两个姐姐嫁到外地,公婆身体虽没大毛病,能帮着带带孩子。起初也想一块儿出去算了,但俩老人一个小孩儿,怎么着也都不是太放心。最后我家那口子说不如你还是留在家吧,我在外面多打几份工,你把这个家料理好,咱里外都省心。

从一定意义上来说,传统的性别分工还是有其合理性的。男女生而不同的生理差异决定了在社会分工中,必然存在着差别。一般来说,男性比女性在力气和体力上都要强壮一些,而女性则显得细致小巧一些。如男子较适合狩猎、耕作等外出工作,女性则较适合守护、纺织等细致的家务工作。男女所承担的社会角色也应该是建立在生理差异基础上的社会分工的不同。所以"男主外,女主内"的分工模式在很长时期为人们所接受。

在少数民族地区,农业生产缺少互助小组,农业活动中妻子大多依赖丈夫,又加深了男尊女卑的观念。南方少数民族地区由于地处山区,地块分散,那君村地理特征也不例外。虽各家有犁地的"小金铁牛",但很少在一起劳作,尤其是无互助组,妻子的农业生产活动对丈夫依赖性高,进而加深了男尊女卑的观念。互助组与个人生产相比,虽然在生产技术上没有什么变化,但在一定程度上解决了生产上劳力、畜力和农具不足的困难,协作产生了新的生产力,农产品产量一般高于个体农户;并在一定程度上限制了出租土地、雇工剥削等现象的发展。正是因为缺乏互助小组的作业方式,使得壮族妇女不能聚在一起互帮互助,没有减轻对丈夫的依赖,不利于改善壮族性别不平等的现象,更不利于提升女性的地位。

罗志发认为,生理条件的基础作用,使壮族男女在生产方式变革过程中能力提升的幅度有差距,劳动社会影响力因此也形成差异。比如,大石铲和石犁等重型石器工具的出现,放大了男女的自然差异;青铜器的出现对农业生产工具的改进有一定作用,更促进了阶级的进一步划分;铁器、铁犁和牛耕的出现促进了性别刻板模式的形成,加重了稻作生产的"性别隔阂"。总之,面对着"器物"的基础制约,壮族妇女难以通过所从事的职业或工种在社会劳动组织中获得更高地位。[1]

根据我们的调查,广西上林县经济发展水平低,农民购买力和财政投入能力不强,山高坡陡地块小,使得农业广泛的机械化难度相对较大,每家每户都是耕种自己的土地,彼此之间在农业上帮助较小。同时,农民在土地耕种

---

[1] 罗志发. 壮族经济活动与男女地位——壮族性别关系的研究之二[J].百色学院学报,2008,21(4).

过程中虽有较为现代化的农机具"小金铁牛",但对于当地壮族女性来说"小金铁牛"一个人操纵较为困难,因此在农业生产过程中没有互助组只能依赖丈夫,这样不利于女性地位的提高,会进一步加深壮族农村社会中男尊女卑的现象。

少数民族地区农村妇女享有的教育资源普遍较少,争取自身利益的意识淡薄。在全世界,由于传统社会性别观念、经济条件限制等诸多因素的影响,女性教育仍然比较薄弱,相比男性教育仍然处于劣势地位。[1]在我国的大山深处,有这样一群弱势群体,她们勤勤恳恳地劳动,辛辛苦苦地生活,却得不到同等的受教育权利,"贫困""女性"和"少数民族"三重特征,更加剧了她们的弱势地位,使她们远离知识,远离教育,一辈子重复着周而复始的劳动。[2] 鲍常勇、孙金华认为,不少农村"留守妇女"在思想上不思进取,安于现状,缺乏理想和追求,把个人生活幸福、人生理想寄托在丈夫和子女身上。她们的思想观念和生活方式滞留在"吃穿不愁,围着灶台、丈夫、儿女转"的状态。同时,农村"留守妇女"对自身素质状况也不能正确认识,对成功的期望值偏低,甚至为了眼前利益,放弃对文化知识和科学技术的学习,对追求新的更高的生活状态或目标缺乏必要的信心。[3]

因此,由于传统性别文化影响、经济发展相对滞后、教育资源缺乏、民族传统习俗延续等因素,少数民族"早婚早育"观念和行为至今在上林壮族地区普遍存在着。许多女孩子为了改善家庭生计或者遵循族规祖训等,刚完成初中教育甚至小学教育就忙着谈婚论嫁,一旦有了家庭拖累,却因没有文化和缺乏一技之长,无法进城务工,只能留守在家。那君村壮族农村留守妇女中,25~35岁的学历总体来说是最高的。另外,35~45岁留守妇女学历水平主要集中在小学、初中文化,45~55岁留守妇女学历水平集中于小学文化,而55~65岁留守妇女的文化程度较低,文盲率较高(见表3-4)。

相对于女性,那君村外出务工人员是农村中文化程度相对较高的。从转移出去的农村劳动力的文化构成来看:文盲半文盲占0.37%,小学占17.38%,初中占69.50%,高中占7.05%,中专占3.86%,大专及以上占1.85%,初中及以上的就占了82.26%。

---

[1] 刘明新,马吟秋. 凉山彝族女性教育管窥[J]. 民族教育研究,2006,17(6).
[2] 同[1].
[3] 鲍常勇,孙金华. 河南农村"留守妇女"的思想问题及对策研究[J]. 河南社会科学,2011,19(4).

表3-4 不同年龄的留守妇女文化程度

单位：人

文化程度	25~35岁	35~45岁	45~55岁	55~65岁
大学	1	0	0	0
高中	5	1	0	0
初中	5	31	10	0
小学	7	23	28	19
文盲	0	1	4	12

3. 不健全的社会保障制度带来的限制

很多研究都揭示，丈夫外出妻子留守是家庭和留守妇女理性决策的结果。与此同时，研究也表明，做出这样决策的留守妇女中有半数以上是想和丈夫一起外出务工，但大部分人因为种种原因仍选择丈夫继续在外务工而自己留守在家。❶男人外出打工多与改善家庭经济状况、寻求发展机会等积极的、主动的动机相连，而选择女人留守或女人选择留守却蕴含着太多的无奈与辛酸：城市生活成本太高无法举家外出，孩子需要学习辅导和生活照料。被动接受现实的同时，还必须看到，在这些看似个人和家庭理性选择背后的制度性约束：各种有形无形的城乡二元分割体制，与户籍相连的住房制度和教育政策、失业保险、贫困救助等社会保障的缺失与滞后。

个案3-4：石淑红（化名），女，37岁，壮族，那君村留守妇女
（访谈时间：2011年4月16日13：00~14：00；访谈地点：本村宝石加工作坊）

我挺喜欢在城里打工的日子，虽然整天累死累活，周六、周日都不给放假，但是接触的人多，有人跟你聊天。挣的钱除了存起来外，平常再省着点，还可以给孩子买点农村买不到的小玩具。大家做工累了晚上回到集体宿舍，说东说西也不觉得多累了。赶上工厂偶尔停工还能转转市里的中心广场和公园。谁都知道城市好，但现在城市人在城市买个房子都难，我们更是想都不敢想。前年在外面和老公好不容易租到个能一起住的房子，条件特别差，有时候老公工资不能按时发，我们就特别担心房东每月催交房费，可不敢生病，小毛病就忍着，要不挣的那点钱还不够在城市里吃药、住院的呢。

---

❶ 蒋永萍. 农村留守妇女生存状况的真实写照——评《阡陌独舞——中国农村留守妇女》[J]. 中国农业大学学报, 2009, 26(2).

基于以上论述,我们认为,如果说社会经济的发展,城市化进程的加快是留守妇女的根本原因,那么城乡二元教育系统和城乡二元户籍制度也是将留守女性限制在家中的重要因素。

城乡分割的二元教育制度大大制约了壮族农村妇女外出打工,我国教育制度的最大缺陷在于它的二元分割性。[1]教育的二元分割致使农村孩子在城市上学困难重重。石淑红(化名)还对笔者说:"我在家待着也不会对孩子进行辅导,去年小孩子上学,我带着孩子回来了。在城市孩子们上学真的很麻烦,说我们的户口是农村的,这个城市的学校一般拒绝接收农村户口的学生。所以就不让孩子们在城市学习。只要孩子肯看书,无论在哪里我相信他都能很好地学习。虽然没外面打工挣钱多,我在老家多种作物什么的也还是可以填饱肚子的。"

由于城乡二元教育制度的限制,来自农村的农民工很难在城市里站住脚。随着农村教育的发展,农民对子女教育的重视,大多数经济条件薄弱的家庭在处理孩子上学的问题时,一般选择农村学校,致使原本举家外出的家庭选择由丈夫一方外出,妻子和孩子留守在家。原本准备夫妻双方外出的家庭,在考虑到孩子教育问题时,也会无奈地选择由丈夫一方外出、妻子留守。随着农村教育的发展,重视子女教育的农民大都在处理自己家孩子上学的问题上选择农村学校,农村学校价格较低,大约只是城里费用的1/10,是大多数家庭不得已而为之的选择。

农村社会保障制度的保障能力有限,致使农村人口对土地千百年的依赖性依然存在,即使土地不高产,也不忍心弃荒。发展中国家的工业化实现之初,因缺乏资本原始积累,不得已以牺牲农业来换取工业的发展,这为城乡社会保障制度不平衡发展埋下了隐患。21世纪的头几年,城镇职工的养老、医疗、失业、工伤、生育等社会保险项目已经全部出台。建立了相对完善的社会保障体系,实际覆盖率达到70%~80%,城镇居民低保基本实现了应保尽保。而农村社会保障发展大大落后于城镇,覆盖范围窄、层次低、社会化程度低。农村低保制度仅覆盖约50%的农村贫困居民。而农村养老保险则仍处于试点阶段,覆盖面不足10%。目前,中国有超过2亿农民工。2009年年末,只有4976万农民工参加了工伤保险;参加城镇医疗保险的农民工只有4249万

---

[1] 华中煜. 我国城乡二元结构的制度障碍与破解之路[J]. 理论导刊,2010(1).

人。❶农民工的社会保险关系接续难,对于跨省流动的农民工很不利。

从2012年1月1日起,广西壮族自治区开始实施新型农村社会养老保险制度全覆盖工作,逐步解决全区的适龄农民老有所养问题,政府对无力承担个人责任的困难群众代为缴费,帮助其参保。上林县自启动城乡居民养老保险试点工作以来,严格按照有关工作要求并结合本县实际,创新出"留守家庭重点宣传"、农忙季节"抓两头""身份证交叉办理"三大举措,工作取得了良好成效,目前,少数民族地区基本实现了农村地区养老保险和新型农村合作医疗全覆盖。但是,新农合的保障水平、报销比例和额度仍然比较低,群众患大病产生高额医疗费用后个人负担仍比较重。"救护车一响,一头猪白养"是农民对大病高额费用的无奈表述,因病致贫、因病返贫已成为近年来少数民族贫困地区农民乃至城镇居民凸显的民生问题。因此,在现有农村生产力发展水平下,土地依然是农村人口的主要生活依赖和保障。根据笔者调查,在丈夫外出打工时,有近七成的妇女想跟随丈夫一起外出打工,但是会想到外出后家中的土地就会荒芜。与此同时,她们也认为,虽然土地收成不是很好,但是能保障自己的温饱。

我国在就业选择中实行有差别的就业条件,对女性劳动者的就业歧视普遍存在。同时,许多城市没有将农村劳动力纳入就业计划和劳动保障管理,没有把城乡劳动力资源作为一个整体通盘考虑。农村劳动得不到平等的就业服务,难以享有城市公共就业服务机构提供的各种就业信息、职业辅导、技能训练和小额信贷、补贴培训等就业优惠政策。农民工权益维护和社会保障缺位,同工不同酬,工资水平低,欠薪现象多,劳动保护少,安全卫生差。❷

个案3-5:蓝立德(化名),女,40岁,壮族,那君村留守妇女

(访谈时间:2011年4月15日20:00~21:00;访谈地点:受访者家中)

像我们这样年纪出去,越来越不好找工作,那些年轻的可以进工厂,当学徒,好点的到酒店还能当个领班。我们这个年龄人家都嫌大,只能是找找清洁工、保姆这样的工作,保姆现在人家也都爱要接受过培训的,接受过培训的要比我们这样没接受过培训的工资高不少。本来也是,没个一技之长,年纪

---

❶ 中华人民共和国国家统计局.中华人民共和国2009年国民经济和社会发展统计公报[M].北京:中国统计出版社,2010.

❷ 华中煜. 我国城乡二元结构的制度障碍与破解之路[J]. 理论导刊,2010(1).

大,人家可不挑呗。我以前在广州给一家人带小孩儿,没事晚上在小区碰见几个也是外地人去那儿当保姆的,就试着问问人家工资是多少,发现她们因为年轻工资比我高不少,我回去就偶尔和我那个雇主说我年纪是大点,但干活不在话下,想让她给涨一些工资。她就说,像你这样的市场上一大把,干不干随便你。我心里特不平衡,忍气干了3个多月就不干了。

基于以上调查,我们认为壮族妇女特别是年龄在30周岁以上的跟随丈夫外出打工的话,在不同程度上肯定会遇到各种各样的问题。首先就是就业歧视问题。年龄成为壮族女性打工的障碍之一。一般来说,28岁以下的农村女性可以从事的职业较多,农村女性一旦超过了30岁,由于年龄以及家庭原因,用人单位对其招聘时就会变得很慎重。

另外,根据我们调查,那君村土地较少,适合耕种的土地不多,依靠土地得来的收入仅仅能维持生存,丈夫和妻子共同耕种的话会使劳动力出现浪费的现象。因此,在年龄和技能上受到不平等的对待,使壮族农村留守妇女在土地生产能力不足以保障基本生活、也不能满足生活水平提高的情况下,选择丈夫外出,自己留守。

(二)壮族农村留守妇女所面临的困境

1. 高强度的劳动影响身体健康

那君村每家村民人均田地2~4分,三四块合起来大概才有一亩,水田一亩大概能产粮食500千克,地少所以总产量一般不高,产出的粮食自己留着吃,并没有多余的粮食外卖。水利失修,田地的灌溉很不方便,总是趁着下过雨后对田地进行人工灌溉。2011年4月13日,下午3点,笔者跟随那君村的一位留守妇女去田地灌溉。笔者、留守妇女蓝立德(化名,40岁)、蓝立德的小儿子(18岁高中毕业,待业在家)我们一起拿着锄头和"灌溉带"在田地旁边找了两个泉眼,泉水从泉眼冒出。我们先把灌溉带一头放在田里,另一头一点点抚平,灌溉带开口处接上一个大的铁漏斗,泉眼的储水大概有4立方米,我们用水桶盛水,倒进漏斗,水一股股通过"灌溉带"流入田地。女的体力没有男的体力大,小儿子干活比笔者和留守妇女蓝立德利索很多。旁边的田地有位老妇女也在耕田,不一会儿她的丈夫赶来一头牛,两人一起耕地。蓝立德说:"一到耕地时我就犯难,偌大的力气活,只能雇男人来犁地,耕地一亩100~200元,地少所以比较贵,若是地多的话才可以便宜一点。平常小儿子要是不在家,不管灌溉还是犁地,我都不得不雇人或者找亲戚帮忙。特别是灌溉,咱这样灌溉不仅麻烦,而且泉眼必须在田地的上游,这种灌溉带每次只能抽30米、40米的水,所以雨少的季节,就得用抽水机,女的哪能发动了那柴油机啊,我只能找亲戚或和别人一起合伙雇人弄。抽水机能抽300米、400米的水,而且能从下游引水灌溉上游农田,若是不能雇到人,丈夫打工也不能回来,实在种不来那么多地的话,我索性就放出一部分土地,能种多少是多少。"由此可见那君村壮族农村留守妇女种地面临的困难有多大。水利不便使当地留守妇女灌溉、犁地面临的困难重重;劳作之余家务劳动无人分担,她们以身体承受着很大的压力(见图3-2和图3-3)。

图3-2　等待丈夫一起犁地的妇女

图3-3　独自进行"人工灌溉"的留守妇女

人多地少,地处亚热带气候,使壮族留守妇女农业生产活动一年四季田间劳作基本无闲暇。

可见,那君村壮族农村留守妇女在自己丈夫外出打工之后独自承担起了家中农活的重担。由于广西地处亚热带地区,一般种植作物是一年三熟,全年种植被划分为两个忙碌期和一个闲暇期,这更加重了她们的负担(见表3-5)。除了在春节前后有空余时间之外,其他时间都是一直在忙碌,一直在为支撑自己的家付出自己的努力。几乎不间断的农业生产使得壮族农村留守妇女身体健康日益受损。

表3-5 那君村壮族留守妇女种植周期

作物周期	上半忙碌期				下半忙碌期				闲暇期			
主要作物	玉米、水稻				玉米、水稻				油菜花、红薯			
时令月份	4、5、6、7				8、9、10、11				12、1、2、3			
农业活动	农忙种植	施肥灌溉	看护灌溉	收获运作	农忙种植	施肥灌溉	看护灌溉	收获运作	种植	准备过年	准备过年	松土
可能困难	产前:买到假化肥;产中:犁地、灌溉、自然灾害;产后:种植单一,自家食用(夏天只能吃玉米)											
影响	农业减产不利于农民增收;口粮不够吃,没有余粮养猪、养鸡,影响生活水平提高;妇女负担重,留守妇女更重											

2. 因忍受孤独心理压力大

根据笔者的调查,在那君村的壮族留守妇女中,她们的丈夫去广东打工的最多,将近有60%,另外有近1/4在南宁打工,其他近15%的分布在全国各地。其中有一位壮族留守妇女的丈夫在印度尼西亚从事木材加工行业,还有一位在河北石家庄服装批发市场做服装批发工作。2013年以前上林县远赴非洲加纳淘金的人最多时曾达数万人,引起世人关注。这些淘金者基本都是男性。在加纳淘金的上林人,近年来有数百人命丧加纳,魂断异国。从广西壮族自治区到珠江三角洲地区距离在500~600千米,坐火车回家大约需要13个小时。因此,在广东打工的壮族留守妇女的丈夫每年会回家2~3次,分别是每年农忙季节以及春节回家过年。而南宁与上林县的距离较短,大约在90千米,离家近,同时同乡较多,相互之间有一个照应。因而南宁打工的壮族留守妇女的丈夫每年回家的次数会稍微多一些,一般有4~5次。而在印度尼西亚打工的那位壮族留守妇女的丈夫则是2年回家一次,在河北从事服装批发的则是每年春节回家一次。另外,现在由于手机通信较为方便,有近70%的壮族留守妇女的丈夫每周会给家里通话2~3次,有90%每周会给家里通话至少一次,有个别丈夫一两个月也不给家里通电话。

大部分留守妇女长期与丈夫分居,既担忧丈夫在外务工的安全状况,又对孩子的教育力不从心,虽不担心离婚,情感上十分压抑,忍受着无法表述的压力和孤单。那君村留守妇女在一个人承担家庭生活重担的同时,还要默默地在内心中承受寂寞、孤独等心理压力。婚姻幸福感并不高。

在婚姻方面,大多数学者认为长期的"男出女守"会对农村婚姻稳定带来负面影响。如李泽影等人在四川农村的调查发现,留守家庭夫妻间沟通少,感情日渐疏远,婚姻质量差。❶吴惠芳、叶敬忠认为,"因劳动力流动造成的夫妻分居不仅给夫妻双方带来了孤单感,同时也造成夫妻双方的性压抑,这对婚姻关系的稳定构成了一定的潜在威胁"。❷基于前人的这些研究,同时根据笔者对壮族民族文化的了解以及调查,可以感受到壮族的民风较为淳朴,男性的家庭观念较重,留守妇女大都不会担心自己的丈夫在外有婚外恋而导致离婚的问题。但是在大部分的时间内,她们由于自己子女的教育问题以及平时的孤独寂寞使得她们有话没有地方倾诉,压抑着感情。毫不客气地说,这种日子对留守妇女来说像"守活寡",每天只能与凄惨的月光相伴,眼泪只能默默流向心中。那君村的留守妇女和全国的状况一样,长时间无人可以倾诉和发泄,精神压力大,很容易患上抑郁、焦虑、怀疑等精神障碍。

留守妇女娱乐生活单调,不利于身心发展,排解苦闷的方式多是看电视、聊天、赶集,甚至是把做家务视为放松。调查发现,绝大部分壮族留守妇女的

---

❶ 李泽影,梁英志,刘恒. 行走在婚姻边缘的女人们——四川省农村留守妇女婚姻家庭问题调查与建议[J]. 中华女子学院学报,2009(4):75-78.

❷ 吴惠芳,叶敬忠. 丈夫外出务工对农村留守妇女的心理影响分析[J]. 浙江大学学报,2010(1):15.

娱乐方式就是看电视。另外,在农闲季节,不少的留守妇女聚集在一起去赶集,在赶集时聊天也是她们的娱乐方式。大多数壮族留守妇女一个人的肩膀挑起了全家的重担,甚至有的壮族留守妇女把做家务当成了一种放松的方式。

从调查来看,壮族留守妇女娱乐生活的调查大体情况如表3-6所示。

表3-6　壮族农村留守妇女娱乐情况调查

项目	人数(人)	比例(%)
看电视	49	33.50
聊天	39	26.40
赶集	40	27.10
看书	6	4.30
做家务	8	5.70
参与农村娱乐活动	4	2.90

3. 性生活难以满足,害怕闲言碎语

女人如花,有女人的地方少不了美丽和欢乐,但是女人太多的地方往往也会生出很多麻烦。并不是每位留守妇女都能耐得住寂寞,都能够经得住煎熬,更何况在眼下这个观念多元化的时代。从媒体的报道中,我们经常会看到,因为夫妻长期分居所导致的互不信任等婚姻危机越来越多,导致的家庭破裂和治安案件甚至恶性案件也是屡见不鲜,已经不可否认的成了一个社会问题。

留守妇女每天在家干农活,是家中的顶梁柱。她们既要承担繁重的农业生产劳动,又要料理家务,有的还要照顾年迈的老人,教育未成年的孩子,劳动强度很大。除了劳作之外,她们也有正常人的需求,包括情感和性。由于身体的原因,许多重体力活难以完成,只好请男人帮忙。而这种帮忙,日长月久,难免生情,逾越道德雷池就可想而知了。再者,农村一些生活条件好的,不需要外出打工的男人,在村里成了抢手货。一些社会的二流子也有了插足他人家庭的可乘之机。面对村里少数男性,农村留守妇女不得不容忍他们的粗话,有的容忍他们把自己作为侵犯和取乐的对象,在极度空虚寂寞的情况

第三章 少数民族"留守妇女"与社会主义新农村建设

下,甚至经不住男性的引诱和骚扰而屈从。她们也有的成为农村强奸案的主要侵犯对象。

4. 家中无壮年男子而存在安全隐患

个案3-6:韦建应(化名),女,47岁,壮族,那君村留守妇女
(访谈时间:2011年4月22日11:00~12:00;访谈地点:村头小卖部)
村子每家都爱养个猫狗啥的,今年过年时候我出去赶集,我们家的柴狗就想跟着我一起去,我半路拿石头丢它回去,它就没跟着。赶完集我回到家,等快吃晚饭时我到门口喊我家那只狗"阿花""阿花"喊了好几声都没见影。我就和邻居拿着手电出去满大街找,也没找着。后来陆续听说村子里别的几家也有狗丢了。我当时就特别担心,狗丢了有点伤心不算啥,主要是村里要真来了小偷,丈夫不在家,一想到这儿我心里那叫不踏实。

现在,那君村里各家都不会让狗跟着上街,据说会有外地人来村里把狗偷走,去卖狗肉,这说明有小偷常来那君村,村子里的治安还不是很完善。许多非留守妇女虽然觉得外出务工的青壮年到外面闯荡给老婆孩子挣钱能改善家庭境况,但想到相比留守妇女一个人在家担惊受怕,就觉得在家庭生活还过得去的情况下,自己身边有个男人还是很幸福的。

个案3-7:樊占萍(化名),女,43岁,壮族,那君村非留守妇女
(访谈时间:2011年4月22日11:00~12:00;访谈地点:村头小卖部)
在我们那君村啊,身体结实点的青壮年都走了,出去挣钱去了,只留下他们的老婆孩子在家,我们那君村都快成了寡妇村啦。我们家的男人因为前两年在外面打工时把手臂搞伤了,没法出去打工挣钱了,只能待在家里,我们一起把自己承包的几亩地种好就行了,也不图别的了。其实,其他家的妇女都很羡慕我,羡慕家里有一个男的。呵呵……我觉得虽然他没挣多少钱,但在家陪我,我就很知足,很有安全感了。

通过上面的对话,可见,这位那君村壮族非留守妇女是其他留守妇女羡慕的对象,羡慕家中有一个男性,不仅不用担心丈夫外出会遇到危险,同时也不用担心自己在家里有孤独感以及缺乏的安全感。虽然她的丈夫没办法像其他男人那样外出打工挣钱,但是她自己很知足,很满意,因为彼此之间有个照应。

而其他留守妇女因为家中没有青壮年男子会感到没有安全感,特别是不和公公婆婆住在一起的,独自带着小孩儿的更是感觉到苦涩。她们在面对安全问题时往往自己承担,有苦只能往自己的肚子里咽。

个案3-8:石彩丹(化名),女,34岁,壮族,那君村留守妇女
(访谈时间:2011年4月22日15:00~17:00;访谈地点:该村油茶山上)

2011年3月16日晚上12点左右,有不怀好意的人搡家里的门,没有搡开就走了。当时自己非常害怕,给附近亲戚打电话,找亲戚来做伴,之后很长时间都精神恍惚。"这位妇女告诉笔者,农村人对男女关系特别敏感,有时候一点儿小事就会引起人们议论。因此,这种事情不好意思和村里人说,更不会报案。为了让家里多点动静儿,她家里从没间断养小猫和小狗。她告诉笔者,自己一年当中和狗、猫在一起的时间要超过和家人在一起的时间。"这位留守妇女还向笔者诉苦说:"白天好过,有活忙着也不太在意,最难熬的就是夜深人静时。家里的农活累点儿、苦点儿都能忍,一咬牙就过去了,但看看周围邻居一家人围在一起吃饭的场景,自己吃什么都没味儿。

总之,那君村的留守妇女,普遍承担着高强度的劳动、承受着心理压力、缺乏安全感。这些因丈夫外出打工而带来的问题,使他们的生产生活面临新的困境。家务劳动需要一肩全扛,生产需要投入更多的精力,代丈夫参加选举和诸多事务。既内又外的角色转变,因个体的势单力薄,并没有给他们带来太多的成就感。相对于丈夫打工给家庭带来的可观收入,她们对家庭的贡献被内化,而在农村环境中,她们也被视为"不容易的""需要帮助的",这虽然是对留守妇女生活艰辛的中肯评价,但也在一定程度上掩盖了她们自觉建设新农村的潜质和能动作用。

第二节　壮族农村留守妇女在新农村建设中角色的变化

在传统社会里,少数民族地区农村妇女在丈夫外出务工前,妇女的权利空间很小,也没有参与公共事务的机会,更没有条件提高自主意识、展示和锻炼自己,而且收入边界清晰化使得妇女没有重要性,留守妻子对于主要收入来源的物质基础责任田只拥有使用权,重大事务的控制权仍然由丈夫决策。同时只管家里的家务,养育孩子,没有话语权。新农村建设在一定程度上改变了少数民族地区农村留守妇女,无意中赋予了她们参与社会活动的更多机会,这是之前留守妇女想也没有想过的。在新农村建设过程中,留守妇女开阔了视野,逐渐在崭新的人际关系网络中重新地审视自我,并试图改变以前传统的生活方式。推行社会主义新农村建设以来,农村的传统社会逐渐让位于现代社会。农村留守妇女也慢慢站在了新农村建设的前沿。随着时间的推移,留守妇女慢慢地适应了这一过程,并且积极地参与新农村建设。自我意识上的逐渐觉醒,使她们学会了以前从没想过的东西。新农村建设直接深刻地改变了那君村留守妇女的传统生活模式,使其进入了一种新的生活轨迹。

一、不得不担起新农村建设的任务

(一)视家务及生产劳动为自己留守在家的本职

在调查中,那君村留守妇女不断反映,在丈夫离开家去外面打工之后,倍感生活的压力。特别是家里同时有老人和小孩儿的留守妇女更是觉得生活中有着很多的压力。

个案3-9:樊立英(化名),女,29岁,壮族,那君村留守妇女
(访谈时间:2011年4月28日15:00~17:00;访谈地点:该村篮球场)

"丈夫不在身边,刚出生的孩子要自己带,中风瘫痪的家婆要照顾,所有的农活也要一个人包揽,我就必须比其他妇女付出更多,来撑起这个家。"于是,她学会了犁田,习惯一边背着孩子一边干农活。插田时,就将孩子放到秧盘上,插到哪里,就把秧盘推到哪里。忙完农活之后,还要赶快回家为瘫在床上的家婆端茶送饭、洗抹身子。"每当这个时候,我就会忍不住一个人默默流泪,但想到老公对我的好,我觉得自己应该为他分忧,让他在外面安心工作,我来照顾好这个家。"樊立英说,就是这个理由,让她默默坚守。

阎海峰认为:"妇女成为农业生产的主力军,在农业劳动之余继续扮演传统家庭的角色,劳动强度增大,劳动时间变长,妇女有限的精力与繁重的农业生产、照料家庭之间存在巨大矛盾。"在农业生产女性化现象背后,最受关注的问题就是留守妇女劳动负担沉重、劳动强度大的问题。❶由于承担新的生产和生活任务,留守妇女群体中出现了"角色替代"和"角色取舍",带来了角色分化现象;大部分留守妇女还是依旧承担着农业生产和家务劳动的角色。❷调查发现,丈夫外出,家中的农活自然落在了留守家中妻子的身上,大部分壮族留守妇女都需要自己承担将近3亩地的农业生产,她们只能自己去购买化肥,自己打农药,自己种植,自己收割,自己晾晒农作物,自己挑着担子去卖农作物,加上男女生理上的差别,壮族留守妇女身上的担子又加重了。根据调查,有七成以上的留守妇女认为自己承担这么繁重的农活有压力,但那也得能干多少干多少。

个案3-10:韦敏枝(化名),女,35岁,壮族,那君村留守妇女
(访谈时间:2011年4月28日15:00~17:00;访谈地点:该村篮球场)

以前买化肥、犁地这些活,都是我家那口子张罗,现在他出去打工我就操持这些。去年不小心买到了假化肥,心里特别着急,白天找卖家退钱,晚上回到家也没心情吃饭,一不小心中暑了,浑身难受,不敢告诉丈夫怕他在外面跟着着急。我躺在床上难受,那也得坚持住。我病倒了,家里婆婆得忙着照顾我,孩子又没人管,家里乱成一团那不给丈夫添乱嘛。

壮族农村留守妇女承担着繁重任务,维系着家庭稳定,农村家庭的稳定是农村社会稳定的细胞,而留守妇女在丈夫外出时,对家庭精心的料理与周围邻里相处和谐,自然成为新农村建设"乡风文明"良好的实践者。任劳任怨地承担着农业生产活动也间接地支撑了整个农村的生产发展。

(二)创造的经济价值在淡化的性别平等观念中被内化

笔者对部分壮族留守妇女进行访问中提到"你们家丈夫外出之后,你自己在家中的经济地位是否更加独立?"有近八成的壮族留守妇女对于是否应该独立的回答是"无所谓",这说明,壮族农村留守妇女独立意识总体仍然需

---

❶ 吴旭. 关于中国农村留守妇女现状问题的综述[J]. 法制与社会,2008(1):234.
❷ 范丽娟,程一. 留守妇女:现代农村社区的一个新群体[J]. 合肥学院学报,2005(5):9-13.

要提高。

个案3-11:樊占苹(化名),女,43岁,壮族,那君村留守妇女
(访谈时间:2011年4月22日;访谈地点:村头小卖部)

丈夫每年都会给家里寄来5000元钱,家里的收入主要就是依靠丈夫在外打工挣来的,自己平时耕种所得也就是补贴家用罢了。我平时很少花钱,家里油、盐、酱、醋啥的,闲时掐点豆子卖也就够了。村里的宝石加工厂没有明确的时间规定做工,计件发工资,干完农活中午我就去做点活,个把月合计下来赚的不多,但能给家里贴补点零用钱。问及有没有觉得自己对家的贡献越来越大?她回答:"再做工挣的钱也比不上丈夫挣得的钱多啊。"

由此调查看出,传统农村的社会结构正在逐渐发生改变,壮族农村留守妇女在闲暇之余,开始从事农业之外的兼业劳动,创造农业生产之外的价值,获取农业之外的收入。但是留守妇女的经济地位与独立意识依然有待提高,壮族农村留守妇女在对家庭的经济贡献上,较之于丈夫而言,依然担当一种辅助性的角色。

(三)个体弱势化的存在状态掩盖了建设新农村的潜质

在广西壮族自治区农村地区,性别平等意识淡薄是阻碍留守妇女发展的重要因素。受男尊女卑、男主外女主内角色定位的影响,社会及个人将社会活动、上层建筑等具有权力和权威性的领域赋予了男性,而将家庭私人范畴赋予了女性。这种观念,在长期的历史演变中,已渗透和融入人们的社会生活中,并规范着人们(包括妇女在内)的生活行为、心理情操,使之成为一种文化积淀,被传承下来。直到中华人民共和国成立,妇女问题才真正引起了人们的重视。

在那君村,虽然丈夫外出给了壮族留守妇女参与政治活动提供了舞台,但大部分壮族留守妇女参与政治活动的积极性还是不高。妇女零散的存在状态虽单独承担着家里家外的事务,扮演着"既内又外"的角色,有的代替丈夫参加选举,但这种过程是不自觉的,缺乏能动性的,虽有发挥建设新农村作用的潜质,但这种潜质在没有被组织起来并且外化为显性价值的时候并不被外界认可。

影响留守妇女参政的原因除了与基层村委会本身没有很好地发挥作用有关之外,还受到传统的父权制等因素的影响。因此,妇女要真正在新农村建设中发挥作用,还需要社会体制、舆论及人们思想观念的现代化,以及留守妇女丈夫的支持,更需要妇女自身的自主性、自信心的提高。

二、妇联组织介入下壮族农村留守妇女角色的重构

留守妇女日益加重的劳动带来的不是更多的现金收入,而是更大地对家庭的隐形贡献,从而与外出就业的丈夫创造的相对较多的显性收益形成了巨大反差,妇女的经济地位反而有下降的趋势,如果政府不进行干预,从长期来看妇女的家庭地位将进一步下降。通过调查发现,大部分留守妇女自己认为丈夫对家庭的贡献率高,还有一部分留守妇女在家庭日常生活中不能做主。留守妇女承担起家庭生活的重担,但是这些家庭责任并没有赋予她们对等的权利,留守妇女家庭还是遵循着丈夫的权利大于义务,而妻子的义务大于权利的不公平的处境。壮族农村妇女朴实勤劳,踏实肯干,任劳任怨,性别平等观念有待提高,在一定程度上她们对农村建设的巨大作用因为零散化而被掩盖。农村劳动力大量外流导致留守妇女成为农业生产的主力军,"农业女性化"的趋势,农业较低的收益致使以农业为主的妇女贡献也在下降;同时农业作为女性主业,并不意味着女性在农业中占主导地位,"女人干,男人管",权利仍然掌握在男性手中,妇女主要扮演无技能的劳动力角色;因此,与其说农业女性化,不如说女性农业化。❶但在壮族那君村的新农村建设过程中,笔者发现,在妇联组织这一外力的介入下,通过调整农业产业结构发展特色产业,组建"妇女之家"引导当地留守妇女,壮族那君村留守妇女这一群体因被重新组织起来,在新农村建设中扮演的重要角色逐渐显现,同时在新农村建设过程中,性别平等观念和社会地位也开始发生了变化。

从马克思主义妇女观上来看,要高度重视妇女在创造历史、推动社会伟大变革中的重要作用,"每一个了解一点历史的人也都知道,没有妇女的酵素就不可能有伟大的社会变革"❷。列宁也说过:"从一切解放运动的经验来看,

---

❶ 高小贤. 当代中国农村劳动力转移及农业女性化趋势[J]. 社会学研究,1994(2):83-90.
❷ 中共中央马克思恩格斯列宁斯大林著作编译局. 马克思恩格斯选集:第4卷[M]. 北京:人民出版社,1995:586.

革命的成败取决于妇女参加运动的程度。""妇女既是推动社会发展的一支伟大力量,也是创造人类文明的一支伟大力量。"❶

社会主义新农村建设是新时期社会主义运动的一场革命性变革,这场运动的成败在很大程度上取决于广大留守妇女群体参与变革的程度。作为物质文明与精神文明的承担者,留守妇女的发展水平及其作用的发挥已经日渐成为衡量新农村建设程度的重要尺度和指标。

通过上述分析可知,马克思主义妇女观不仅是旧时期妇女解放的有力武器,同时也是新时期妇女自身发展的指导思想。坚持用马克思主义妇女观引领新农村建设中留守妇女的主导角色构建,既符合社会历史的发展规律,又为留守妇女的自身发展打下了坚实的理论基础,指导留守妇女在新农村建设中发挥出更大的作用。

中国共产党在十七大报告中提出的"统筹城乡发展,推进社会主义新农村建设"是新的历史时期中一个重要的战略任务,是贯彻落实科学发展观的重大举措,是构建和谐社会的总体要求,全面体现了新时期、新形势下农村经济、政治、文化和社会的发展要求。在新农村建设进程中,广大留守妇女群体正日益成为一支不可忽视的重要力量,而新农村建设的浪潮使得留守妇女开始认识到自己所处的社会环境及所要承担的社会生活角色,同时也对留守妇女提出了新的要求。

首先,留守妇女在"生产发展"上的主力作用。农村留守妇女在丈夫外出打工后,全部承担了过去由夫妻共同承担的农业生产活动,成为农业生产的主力军。在一些地方,农村妇女已经成为种植业、养殖业领域的主力,农业女性化的趋势开始显现。

其次,在提高生活水平中的中心作用。留守妇女在家任劳任怨,让丈夫全身心外出务工,既为城市创造了财富,减轻了农村人地矛盾的压力,也较快地增加了家庭收入。留守妇女在自己和支持丈夫增收致富的同时,还掌握和管理着家庭的经济收支,为全家理财,在"生活宽裕"中起到了中心作用。

再次,在建设文明新农村中占主导作用。丈夫外出务工后,留守妇女成为精神文明建设的倡导者和实践者。留守妇女在美化家园,参与村容整洁建

---

❶ 列宁.在全俄女士第一次代表大会上的演说,马克思恩格斯列宁斯大林论妇女[M].北京:人民出版社,1978:278.

设上处于主力地位。在农村开展的"不让毒品进我家""美德进农家""五好文明家庭"创建、"净化家园行动"等精神文明创建活动大多是女性参与实施的。留守妇女还责无旁贷地成为家庭倡导科学生活方式、传承传统美德的主角。她们承担着抚养教育孩子、赡养老人等诸多重任,影响下一代的成长。

最后,在"民主管理"中的半边天作用。丈夫外出务工后,留守妇女则作为家庭代表或村民代表,直接参与村级民主管理,有的在村两委班子中任职,在民主管理中发挥着重要作用。

基于以上论断并结合实地调查,笔者认为,由于丈夫的外出务工,通过外力介入与组织,壮族农村留守妇女角色地位的变化在新农村建设过程中的作用得到更加充分的体现。

(一)积极出工修路,参与新农村村容整治

那君村原来的道路崎岖不平,交通不便,不利于村庄的经济发展。农民小户种植甘蔗,外商根本不愿意进村来收,村民把甘蔗摆在马路上贱卖,种甘蔗的各家各户都蒙受了亏损。特别是到了下雨天道路泥泞,孩子们上学也危险。广西壮族自治区妇联给那君村拨款,并将其设为新农村建设示范点,组织村民出工出力重新硬化了主干道。主干道修好后,村干部又号召大家,自筹资金修建了篮球场、饮水工程等项目。这些项目的完成,少不了那君村留守妇女的支持,虽然丈夫不在家,但她们没有推脱,一人担两工,积极地参与村容整治,为建设一个美好的农村环境尽职尽责(见图3-4和图3-5)。

个案3-12:樊国森(化名),男,58岁,壮族,那君村村委员会主任
(访谈时间:2011年4月30日11:00~12:00;访谈地点:村委会办公室)

我们村的道路硬化有的是自筹的,每家出350元,最多的出1万元(一般是打工的人),这些钱用来买材料。村民出工,一家四口人(含老少)的话,出2个人(一般是夫妻俩),一个人干4天工,一天干8个小时,2个人一共要出8天工。不出工的话出钱一人一天50元。若男人不在家,妻子要么出钱,要么出工,若一个人干工,干不过来,就花钱找提前完工的人来替工。因为是造福子孙的事,也是村民的义务,妇女们并没有怨言,留守妇女也很少找人替工,她们出工出力地搬石头,男人做什么她们也做什么,道路硬化需要搅拌水泥,她们一样做。篮球场、饮水工程这种自筹的项目,一般都是这样做下来的。

图3-4 那君村整洁的主干道

图3-5 那君村自筹修路的芳名碑

(二)自愿响应土地承包经营,共谋生产发展和生活富裕

那君村地属丘陵,耕地面积2014亩,其中,水田1387亩,旱地627亩,人均耕地0.8亩,主要种植优质稻、玉米、甘蔗、桑叶等。受人均耕地占有面积少/土地灌溉条件差等原因的掣肘,直到2009年村中都没有形成规模主导产业。2010年年初,面对那君村土地的不高产现象,区妇联引导女能人(那君村的文书)带头承包土地,发展特色产业。文书动员各家把旱地集中起来承包经营,壮族农村留守妇女纷纷响应,并集中干活,2010年8月在150亩旱地上建立起

示范点。

个案3-13：樊阿梅（化名），女，42岁，壮族，那君村妇女主任
（访谈时间：2011年4月27日6:00~7:00；访谈地点：受访者家中）

村里的水利失修很久了，所以土地不高产。2008年的时候闹水灾，玉米没办法晒，减产。2009年旱灾，玉米不开花，减产。2010年的时候，村里争取上级妇联的支持组织建立甘蔗承包示范点。原本土地不高产，各家都有些旱地，留守妇女本来也种不过来，一直丢弃在那儿也没人管。文书主动承包，就把留守妇女召集起来商量，大家几乎没有迟疑，特别支持，有的留守妇女说"文书你就拿我们的土地去种吧，不给租赁费也没关系，你把这个产业搞起来，我们跟着你一起干"。

示范点建立后，那君村的村干部围绕促进甘蔗种植和农村经济发展、增加农民收入，不断探索总结、完善建立农村土地承包经营权流转工作的新机制、新思路、新办法，并探索出一套切合实际的农村土地承包经营权流转办法。在推进土地流转的过程中，那君村开始实行"土地流转→促进'名、特、优'产业形成规模—组建专业合作社—合作社带领农民增收致富"的发展模式。

2011年11月在那君村政府和当地群众的配合下以出租的形式流转300亩土地用于种植甘蔗，土地流转户数达140户，土地租金平均200元/亩以上，流转农户积极参与甘蔗基地建设和管理，从甘蔗基地获得的土地流转费及打工费，每年户均增收4000元以上，不仅在一定程度上解决了当地留守妇女自己分散种植土地难度大的难题，还实现了规模效益，深受当地留守妇女的欢迎。在共建新农村特色产业实现共同富裕目标的过程中，在妇联引导，村委的组织下，被组织起来的那君村的留守妇女对新农村建设发挥了重要作用。

（三）组建"妇女之家"，互帮互学促进乡风文明

"党建带妇建"，关键在"带"，根本在"建"。壮族农村各级妇联组织坚持"党建带妇建，妇建服务党建"的工作原则，将创先争优活动作为妇联基层组织示范创建的重要内容，进一步加强妇联基层组织建设。那君村妇联坚持"因地制宜、资源共享、立足长远、注重实效"的工作原则，开展了"妇女之家"示范点建设，从需求出发、从服务入手，努力建成妇女人才的培育地、政策法规的宣传窗、服务妇女的主阵地、联系妇女的连心桥、展示风采的大舞台和妇女维权的新平台。

壮族"妇女之家"的成立,有着规范的制度章程,实际举办的活动厨师大赛、种桑养蚕培训、篮球妈妈等,丈夫支持,并被妇联和政府重视。依托基层党组织活动场所设立"妇女之家"活动阵地,有工作室、图书室、文体活动室等,同时组建好巾帼志愿者队伍,根据需求开展各类志愿服务,提高"妇女之家"的凝聚力和影响力(见图3-6和图3-7)。

图3-6　留守妇女在阅览室读书

图3-7　妇联组织留守妇女参加家政培训

个案 3-14:樊桂安(化名),女,45 岁,那君村妇女,壮族
(访谈时间:2011 年 4 月 27 日;访谈地点:受访者家中)

去年 10 月 1 日的时候,几个村子举办篮球比赛,我们村和邻村要打比赛,我去当啦啦队了,平常我在家光干农活没怎么参加过这种活动。村子那天租了一辆卡车,说让我们在家没事的妇女一起去,给"妈妈队"加油,我觉得抛头露面怪不好意思的,但后来大家都去了,我心里痒痒,也跟着凑凑热闹去。我们村"妈妈队"的妇女打篮球打得真好,看着就羡慕,好些留守妇女和我一样寻思啥时也能学点业余爱好。后来村里"妇女之家"成立后,我就加入了。农闲时,晚上文书会把大家组织到篮球场学跳舞,妇联组织的厨师大赛我上次去参加了没得名次,但觉得能代表村子去参加比赛,心里就特别开心。

广大留守妇女是新农村精神文明建设的重要力量。乡风文明是促进农村社会安定团结、构建和谐农村的基础。要实现乡风文明和村容整洁,离不开妇女这一社会变革力量的重要作用,因为乡风文明原本属于农村精神文明建设的构建内容,丰富壮族留守妇女的精神文化生活,在精神文化提高的过程中留守妇女将逐渐看到自身的价值。同时在众多的留守家庭中,妇女已经成为赡养老人、抚养子女的支柱力量,那君村"妇女之家"在新农村建设中,陆续开展了"五好家庭""文明家庭活动",使留守妇女正日益成为家庭美德的传承者、社会主义荣辱观的践行者以及和谐农村的建设者。

(四)关注村民自治,期待民主管理

马克思主义妇女观强调,参加社会劳动是妇女解放的一个重要的先决条件。妇女解放,只有在妇女可以大量地、大规模地参加社会生产,而家务劳动只占她们极少的工夫的时候,才有可能。

党的十七大报告提出,"要健全基层党组织领导的充满活力的基层群众自治机制,扩大基层群众自治范围,完善民主管理制度","发挥社会组织在扩大群众参与、反映群众诉求方面的积极性,增强社会自治功能"。留守妇女已日渐成为村务管理的主要参与者,许多留守妇女的视野已不再仅仅局限于管理小家的层面上,而是要努力成为参与农村民主管理的实际主体。

个案3-15:韦常花(化名),女,31岁,壮族,那君村留守妇女
(访谈时间:2011年4月21日10:00~11:00;访谈地点:受访者的甘蔗地)
"妇女之家"成立以后,村文书带着我们大家搞甘蔗承包经营,村主任尽职尽责组织大家一起出工出力。村里刚实行新农合的时候,有的家迟迟拖延不交费,文书就给他们垫钱,先后垫了6000多元。去年村里一个总是不交新农合保费的妇女要生孩子,这才回来找文书想报销相关费用,还说多亏当时文书给垫上钱交了费。文书不但是女能人,而且处处为那君搞好新农村建设着想,等换届选举时,我们这帮留守妇女说啥都得给她去投一票。

女性政治参与有着十分重要的理论意义和实践意义。女性政治参与是妇女解放的重要内容和途径。妇女解放是多方面的,妇女不仅要求争取获得经济利益,而且要求成为国家政治生活和社会生活的主人。参政是妇女在更高层次上对社会活动的参与,是妇女解放程度的重要标志。女性参与政治是提高女性社会地位和实现妇女解放的重要条件。

妇女参政是国家政治生活民主化的一项重要内容,引导妇女参政,是建设社会主义民主政治,完善社会主义公民制度的需要。❶王晓霞认为,女性政治参与有利于发挥女性的管理才能和优势,推进管理结构和方式的调整与发展,提高管理水平。

留守妇女同样具有参与村民民主自治的能力,这种参与能力的提高对于自身妇女地位有着积极的作用。新农村建设的不断发展刺激了留守妇女自我意识的觉醒,她们逐渐地意识到,社会正在发生改变,自身原有的社会思想已经跟不上新农村社会的发展。于是,留守妇女开始寻求改变和突破,逐渐积极地参与农村基层民主管理。据笔者调查,随着那君村新农村建设的发展,那君村的"妇女之家"已逐步成为当地留守妇女参与农村基层民主管理的主要阵地。"妇女之家"组织留守妇女参与新农村建设事宜,并且有目标、有工作、有计划,规章制度相当的齐全(见图3-8)。

---

❶ 王晓霞. 我国妇女的参政状况及对策[J]. 内蒙古师范大学学报,2002(4):6.

图3-8 那君村"妇女之家"工作制度一览表

那君村的"妇女之家"是那君村留守妇女参与基层民主建设的桥头堡。虽然目前那君村尚有部分留守妇女没有参与到村民自治中来,但相信在不久的将来,在妇联组织的持续帮助和村基层组织建设水平的不断提高下,壮族留守妇女的民主意识也会随着新农村建设的发展得到提高,会越来越积极地参与农村社会生活,在话语上越来越有主导权。

三、壮族农村留守妇女性别平等认知在新农村建设中逐步形成

性别角色指与性别相联系的一系列社会行为规范。当人们把某一行为模式与特定性别相联系并忽略个体差异时,性别角色转化为刻板化观念,"性别角色意识"就产生了——"对于男女两性所承担的与其性别角色相适应的责任和权利的一种态度"。我们认为"性别角色意识"一词既能较好地概括个体对于两性在家庭、社会生活中分工的态度,与现有研究指标相符合,也和西方学者所使用的"gender-role attitude"等概念保持了一致。[1]学界认为关于性别平等的认知主要在于社会公众的认可以及自我的认知。社会公众的认可是性别平等理论认知的前提基础,而自我的认知则是性别平等理论认知的最终的目的。只有自我对性别平等有所认知,这个人才算真正地认识到了性别平等。壮族那君村留守妇女在新农村建设中性别平等观念的提高反映了这一过程。

---

[1] 许晓茵,陈琳,李珍珍. 性别平等认知及其影响因素的研究评述[J]. 妇女研究论丛,2010(3).

(一)妇女在建设新农村中的作用获得广泛认可

丈夫外出打工,壮族妇女留守在家,这种性别分工的合理性,只有当妻子留守状态对家庭及农村做出的贡献,较之丈夫外出打工创造的价值被社会公众平等认可时,才有利于社会性别平等观念的形成和性别和谐社会的发展。农村留守妇女虽在角色上实现了"既内又外"的转变,既要拿出更多的精力照料家庭,又要在农业生产上自力更生,但对于留守妇女个体而言,外部环境只是把她们的状态定义为"弱势的""需要关心的""不容易的"。就连部分留守妇女本身也忽视了自身巨大的潜力,任劳任怨,视这种角色的转变为自己留守在家的本职,比不上丈夫在外打工辛苦。

在妇联引导下开展的那君村新农村建设,使村委组织将留守妇女个体组织起来,共同参与社会活动,出工修路,发展生产,组建"妇女之家",丰富娱乐生活,努力实现那君村新农村建设的目标。在这一过程中,壮族农村留守妇女群体的能动性很大地发挥了出来,对新农村建设的贡献得到了妇联、政府、丈夫及子女的认可(见图3-9和图3-10)。

图3-9　帮媳妇一起出工修路的80岁阿婆

图3-10 周日放学后在篮球场争着扫地的孩子

个案3-16：覃玉芬（化名），女，37岁，壮族，广西区妇联干部

（访谈时间：2011年4月21日10：00~11：00；访谈地点：广西区妇联）

那君村的留守妇女对村子的贡献不比在外面的男人少，男人在外挣钱养"家"，她们留守在家建设"家"，她们村的农村建设主要靠这帮留守妇女。区妇联当时出一部分资金支持她们修路，剩下的她们就自筹，道路修建也是村民们自己出工出力修的。修路时还有一个80岁的老阿妈跟着搬石头，说她家儿子不在家，从外地多寄了钱让媳妇找人替工，但她家媳妇想和大伙一起干，看着媳妇一人担两人的工，她心疼，说能帮多少就帮多少。

个案3-17：樊国森（化名），男，58岁，壮族，那君村村委主任

"（访谈时间：2011年4月30日11：00~12：00；访谈地点：村委办公室）

我们村，家长里短女的不说，不让对方气不过，邻里就和谐。妇女们在学习上帮不上孩子什么忙，但村里的孩子被妇女们管得都很有家教。新建的篮球场有11把扫把放在那儿，孩子周六、周日放学没事了就会争着去拿扫把扫硬化好的篮球场和道路。女的思想觉悟提高了，男的也会跟着被说通。春节时为了种油茶要烧山，外出打工回来过年的男人被老婆动员，全屯那天18岁以上60岁以下的，早上7点都爬上山一起烧山。烧了山再出去打工时，有的男村民就开玩笑说："等再回来，这村子不知又得被这帮媳妇们弄得变成了什么样。"

(二)性别平等的自我认同感逐渐提高

丈夫的外出对留守妇女的生产和生活提出了巨大的挑战。现实摆在面前,逼迫她们撑起了"半边天"。这"半边天"不仅仅是指家庭,同时也包含了留守妇女自我素质提高的渴望、在组织活动中的归属感和对建设新农村的支持。

在家庭事务的决策上,由于丈夫外出打工,家里的重担全部落到了壮族留守妇女身上,她们不得不开始思考和反思自己在家庭中扮演的角色。经过一段时间之后,部分留守妇女开始认识到不能和从前丈夫在家时一样依靠丈夫,必须自己做出决策。一位留守妇女告诉笔者:"自从我丈夫外出打工后,家里大大小小的事情都推到了我身上,刚开始不适应,到后来慢慢地就习惯了,虽然累一点,啥都挺过来以后,我就觉得很有成就感,觉得自己在家庭中很重要,我慢慢喜欢上了这样的感觉。"壮族留守妇女在作决策的时候不一定比她们的丈夫差,壮族女性性格较为泼辣,有魄力,甚至在某些事情上决策更加的果断与谨慎。

在自我素质提高的渴望上,一位留守妇女说:"村子里现在缺水,等水利修好,我种水稻,粮食多了,我可以拿出一亩地种桑树,再腾出间屋子,就能养蚕了。村里举办的种桑养蚕培训,我都跟着去听,以后用得上。"笔者认为,壮族留守妇女在壮族"男尊女卑"的大环境下压抑了太久,丈夫外出打工给了她们一个自我挑战、自我实现的机会。罗志发认为,壮族留守妇女在平时的农业生活中努力程度丝毫不亚于男性[1],只是由于社会分工的原因造成她们在日常的生活中依靠丈夫。

在新农村建设上,被组织起来的留守妇女看到了她们的力量能使村庄焕然一新,能组织起"妇女之家",妇女们互帮互学,还代表村子去外面参加活动。外界的认可唤醒了她们的自我认知,激发了她们的能动性,她们意识到可以通过自己的努力对新农村建设做出贡献,可以在新农村建设中出工出力,参加培训,丰富娱乐生活,提高自己。此外,由于留守妇女作为女性所具有的耐心、热情和独特的生活品性,对禁毒、禁赌、扫黄和反对婚丧大办的支持,使她们在协调家庭与邻里人际关系,活跃乡村文化娱乐生活,营造整洁的村容村貌方面,也起到了推动作用。留守妇女性别平等的自我认同感逐渐提

---

[1] 罗志发. 壮族经济活动与男女地位——壮族性别关系的研究之二[J]. 百色学院学报,2008(4):25-30.

高,这种自我认同感促使她们以更多的责任和更好的姿态努力向新农村建设所需要的新型农民主体转变。在那君村的六卢这个有300多口人的自然村,80%以上的青壮年男丁常年外出务工。村里70多名妇女自发成立10个妇女互助小组,主动上门帮助有困难的村民。妇女们还自筹资金17万多元,并通过争取上级支持和帮助,村民投工投劳,先后建起灯光篮球场,铺设进村水泥路,硬化巷道,并对进村大道及主巷道进行美化绿化,完善文化活动中心设施。接着,又制定了村规民约,聘请保洁员,每天打扫村道,对垃圾进行集中清运、分类处理等。该自然村先后被评为南宁市卫生村、南宁市清洁乡村"百佳村屯"等。这一系列活动的带头人就是村里的妇女——谭秀丽。

(三)壮族农村留守妇女在新农村建设特色项目中主体地位的确立

在社会主义新农村建设中,农民是主体。他们不仅创造着新农村建设所需要的物质财富,而且推动着农业和农村经济发展的主体力量。新农村建设所需资金离不开广大农民的贡献,虽然国家加大了对新农村建设的资金投入力度,但是要完成新农村建设离不开农民积极性的调动和创造的物质财富。进入21世纪以来,在城镇化、工业化的进程中,农村尤其是西部少数民族地区男性劳动力纷纷向城镇转移,造成了当今农村新的"男工女耕"的局面,这使得广大农村留守妇女被迫成为农业生产的主力军。而她们面临的首要任务就是发展农村生产力,提升农业生产水平,新农村建设中"生产发展、生活宽裕"的实现,离不开广大留守妇女的辛勤劳作和付出。农村留守妇女在很多地区的农村已经成为农业生产、政治参与、文化建设、子女教育及其他领域建设的主力军,成为新农村建设的主体。因此,应该改善农村留守妇女生存发展状况,促进农村经济发展和农村社会稳定,有利于更好地建设社会主义新农村。农村留守妇女兼生产者、教育者、赡养者、政治参与者等多层社会角色于一身。她们主体地位仍面临很多困难,需要各种支持和改善,才能更好地促进她们的主体地位。

因此,社会对建设新农村主体的期望为懂技术、能生产、会经营,主体地位不是被客观赋予的,而是在实践中形成的。在建设新农村的过程中,很难想象没有农民的积极参与、未能体现农民主体地位,"新农村"会走向何处。农民在新农村建设中是创造主体与价值主体的统一。从古至今,在中国的历史大舞台上,农民始终扮演着恢宏悲壮的重要角色。不论是从每一次王朝更替的农民战争来看,还是从近现代中国每一次的变革来看,农民都担当了历史的推动者与承担者,是一支浩荡巨大的政治力量。可以说,农民创造了中国的历史,农民的成长与进步发展了中华民族。很难想象,没有农民的支撑,中国的现代化建设能有今天的局面。从某种意义上来说,中国的现代化必须包含占中国人口绝大多数的农民的现代化,没有农民这一社会最大群体的现代化,中国的现代化是不完整的,甚至称不上是现代化。农民在发展农村社会经济政治的过程中,通过自身的实践,证实了其为现代化建设最基本的"创造主体"之一。如农村中不断萌生的新的生产或经营组织形式——家庭联产承包责任制、乡镇企业、股份合作制及农业产业化模式,以村民自治为核心的村级体制改革等,都有力地证明了农民作为中国最为庞大的社会群体蕴含着强大的创造潜能,证明了他们有能力成为地方经济发展和民主政治建设的探路人。因此,中国共产党十六届五中全会提出了推进社会主义新农村建设的历史目标,作为创造主体的农民理所当然地承担起了建设家园的重任。

在新农村建设中,能否正确地摆好农民在新农村建设中的价值地位,是决定新农村建设能否顺利进行并最终取得成功的关键。新农村是农民自己的家园,农民期盼什么,需要什么,他们最有发言权。

(四)争取油茶种植基地的主要参与者

油茶是木本食用油料植物,居各种植物油之冠,有"东方油橄榄"之称,产品用途广,经济效益高。随着我国经济的发展和人民生活水平的提高,可与橄榄油相媲美的油茶市场售价逐年看涨。2007年油茶果采摘时,仅油茶鲜果就达0.84~1.04元/千克。在壮族地区山油茶是农业名特优产品"八香"系列之一,是从油茶果中提炼出来的高品位、高营养价值的纯天然绿色食品,自古被誉为油中珍品,在市场上一直供不应求。广西区妇联为引导农村发展农村特色经济,决定扶植能搞实体经营的村落建立油茶种植基地。

那君村村委有意争取妇联支持,发展油茶种植,当时村中的留守妇女很多都愿意参加,也有许多实干者请缨由村中的妇女负责这一项目。有少数村民对实体经营存疑,一些领跑者与其他留守妇女一起组成小组,走家串户发动村中留守妇女携手创业。村中108名留守妇女,与5名女党员一起以土地入股,每人集资5000元左右种植油茶树。

个案 3-18:陈礼贤(化名),男,33 岁,壮族,
广西妇联副处长,那君村新农村建设指导员
(访谈时间:2011 年 5 月 8 日 10:00~11:00;访谈地点:广西区妇联)

我回去和那君村领导班子传达区妇联有意要扶植能搞实体经营的村子建立油茶种植基地,那君村的村委第二天就马上召集村民们开了动员会,动员会上妇女们都表达一定要争取到这个项目的心愿,还选本村的文书负责组织工作。这个项目之所以最终给了那君村,离不开那君村妇女们的努力。村中有老人不懂实体经营,几个留守妇女就拉着我,一起去给她们的婆婆,还有个别不肯跟着大伙一起干的人做思想工作。有个妇女就和她婆婆说"您守着山守了一辈子,也没守出什么,现在好不容易有个机会,村里一定会把这个油茶山搞起来,等咱们村有了自己的企业,您儿子还用千里迢迢去外面打工吗,这是造福子孙的事情啊"。后来那些顽固的村民被说通了,才自愿地出资出地。

个案 3-19:覃玉芬(化名),女,37 岁,壮族,广西区妇联干部
(访谈时间:2011 年 4 月 21 日 10:00~11:00;访谈地点:广西区妇联)

"区妇联最后决定在那君村建立油茶山种植基地,一方面是那君村的地理优势的确很适合种植油茶;另一方面是在整个审批的过程中区妇联看到了那君村留守妇女的那份努力和干劲。她们为了争取到这个项目,在村委组织下积极动员村民,为此妇女们还组织起了经济合作社。先是找林业局测绘土地,又商议出资分红方案,集体联络。等到 2011 年 4 月,实报上来可集中、集体种植的山地约 500 亩,筹集资的资金已达 7 万元,较之其他村庄更具备实体经营的实力。我们这才放心把价值 10 万元的油茶树苗赠送给那君村,支持她们建设油茶山种植基地。"

那君村壮族留守妇女响应村委决策,善用当地的地理优势,动员村民,集资出地,出工出力,争取妇联的帮扶项目。认识到发挥优势,建设油茶山实体经营基地,是个非常有利的投资项目,既可以更好地提高生活水平,增加家庭收入,又可以改善家乡的生态环境。可以说,那君村油茶山种植基地的建成,很大程度上是壮族留守妇女齐心协力争取来的结果。

(五)动员丈夫回乡建设油茶基地

2011年4月,在壮族那君村连绵起伏的山头上,笔者看到了热火朝天的劳动场面。一群妇女散布在山头上,紧张地忙碌着。村支部书记介绍,山上劳动的妇女共有113名,正在对500亩山头备耕,准备种植油茶树。一个月后,这500亩山头全部种下油茶树苗。

这113名妇女就是该村油茶专业合作社的社员,合作社是在村委开展油茶山种植项目中,由妇女主任发起成立的,社员全部是"清一色"的留守妇女。这是继该村成立首家土地流转合作社后,又成立的首家由妇女社员组成的专业合作社。

油茶种植后,要三年才能投产,在这3年中,该合作社将间种牧草养殖东山羊,发展立体农业,将短期经济效益与长期经济效益相结合,降低风险,增加社员的收入。但是参与的妇女都很乐观,对此创业有自己的看法,并不会有所顾虑,因为有着政府的优惠政策和他们敢干的精神。于今,当年种植的油茶已经开始挂果,可以预计未来若干年将有比较可观的收益。留守妇女认识到种植油茶的良好前景,纷纷劝说自己出门在外打工的丈夫回来参与这个项目,帮助她们开发土地,回乡烧山,为种植油茶提供有利条件(见图3-11和图3-12)。

图3-11 留守妇女种植油茶树的场面

图3-12 种植油茶树的留守妇女

个案3-20:樊国树(化名,中共党员),男,45岁,壮族,那君村回乡务工人员
(访谈时间:2011年4月19日8:00~10:00;访谈地点:该村油茶山上)

每年我都出去打工,要按以前一样我出去打工,春节到现在我都挣了一万元了,但为什么我不要这些钱?我看我们村里的这帮妇女一心要搞这个油茶山不容易啊。我们村这些妇女,现在在这做工都没有工钱的,早上7点多就爬到山上来种树苗了,中午顾不得吃饭,就喝点早晨从家自备的白粥,她们跟着文书想把这个油茶山搞好。不光是我,有些在外打工的男人,今年出去的都比较晚,就是想在油茶山种植的关键时候,帮帮这帮妇女,跟着她们把村子里的油茶基地先搞起来。

(六)在成立农户加合作社经营方式中向新型农民主体转变

一般情况下,新栽油茶林从炼山、垦山、购置种苗、栽种、除虫、管抚各种经济和时间成本加在一起直到8年盛果期来临,平均每亩投入在1800~2400元。公司经营则需更高成本,因林地非企业所有,需要租赁,租赁费为100元/亩/年,其公司高标准新栽油茶林8年投入实际已达3000元/亩。虽然油茶在进入第5年开始有收益,但前期基本上都是投入,农民多"扛不起"。但是地方政府、林业局、油茶加工企业从多个角度给那君村提供了宝贵的信息、资料和技术指导,表达他们的心声和要求,扶持他们发展。农村发展油茶的劳力主要为妇女和中老年留守辅助劳动力。这部分留守妇女年龄虽然偏大或者技术水平较低,但都是既种过田也上过山的"资深农民",对土地有着特殊感情。在种田与垦山发展油茶的经济效益对比中,一致认为油茶投入少,产出较大,热切盼望政府支持发展油茶。因此,即使刚开始没有投入资金或是没有收益,留守妇女凭着勤劳奉献和为把家乡建设好的决心,付出了自己的汗水,对新农村建设的贡献是巨大的。同时,政府鼓励和引导同类农民专业合作社之间在劳动、技术、产品、资本等方面开展联合与合作。积极探索发展跨区域联合社和联合会,通过合作社联合,解决一些合作社共同需要、单个合作社无法办理的事情,进一步提高产业组织化水平。积极创造条件,尽快发展形成一批规模大、效益好、品牌响、竞争力强、有较大影响力的合作社联合组织,提升合作社产品进入国内外市场的竞争力。农民专业合作社把分散的农户组织起来。在生产环节,能更多地依靠市场行情组织订单生产,避免盲目跟风种植。合作社通过统一提供农资、统一品种、统一管理、统一销售等手段,可以促进规模化经营、标准化生产,既能降低生产成本,又能为农产品质量安全提供重要保障。

由此看出,在那君村,男性劳动力外出打工后,村子里农活基本上都落在了壮族留守妇女身上。壮族留守妇女以前没有进行过生产经营技术方面的学习,但是她们敢于担当,不断在农业生产实践中学习和积累经验,为新农村建设做出了积极的贡献,发挥了主体作用。

第三节　男性劳动力外流促进妇女地位转变的理论分析

第二节已经论述了男性劳动力外流,使少数民族地区的留守妇女不得不承担起家庭和新农村建设的重任。本节重点以上茂村为例继续就此问题进行理论分析。

一、男性劳动力外流造成了家庭分工方式的裂变

考察同一群体在不同历史时期社会地位的变化,为了便于做对比,必须对男性劳动力外流前上茂村妇女的社会地位做一个客观的了解。在此,需要指出的是,由于男性劳动力外流是一个渐进性的过程,所以外流前和外流后不存在一个确定的时间点,只能以时间段作为研究的范围。下面我们就上茂

村妇女政治参与情况、家庭事务决定权和职业与收入情况这三个方面进行论述。

（一）传统家庭分工模式的特点

在考察妇女社会地位的指标里，政治地位是高层次指标。而现实生活中，特别是在家庭生活中，对事务的处理和决定妇女扮演什么样的角色与作用，则能更直观地反映出女性的社会地位。与现代都市里典型的"三口之家"不同，上茂村村民的家庭结构通常比较复杂，三代同堂甚至是四世同堂的家庭并不少见。因此，我们可以理性地觉察到，壮族地区农村家庭事务的处理和决定需要考虑诸多方面因素。

1. 传统夫妻观念

家庭事务，我们可以理解为夫妻双方围绕家庭成员的生存和发展而开展的一系列行动的总和，它包括大到农事生产、儿女教育，小到柴米油盐、家长里短等一切与家庭有关的事物。在一个家庭中，事务的决定权掌握在谁的手里，或者说夫妻双方谁更有发言权，在很大程度上与夫妻的主次观念有关。

个案3-21：岑有志（化名），男，37岁，壮族潘丽（化名），女，38岁，壮族（访谈时间：2012年7月22日；访谈地点：德保县上茂村上茂屯，受访者家中）

为了了解夫妻观念的状况，笔者约访了上面这对相对年轻的上茂村夫妻，话题主要围绕家庭生活中夫妻所扮演的角色进行。

笔者：岑哥，你们二位是哪一年结的婚？

岑哥：有点久咯，我记得是1997年结婚的。

潘嫂：就是1997年。

笔者：这样啊，家里的收入，是大嫂你挣得多还是大哥挣得多？

潘嫂：他比我多。

笔者：哦，那是岑哥对你好呀。你看电视里演的，城市里的夫妻，家务活丈夫也要分担的，有时候丈夫还要听老婆的。

岑哥：电视是这么演，现实中，丈夫毕竟是一家之长。

笔者：你觉得这是跟挣钱多少有关吗？如果妻子比丈夫挣钱多呢？

岑哥：一般来说，男人是一家之主，除非说这个男的很没用，那没办法。

潘嫂：说法上是，但具体情况要看哪个家庭咯。呵呵。

对于上茂村的家庭来说,传统的夫妻观念仍然占据着主导地位,不管是在城市还是农村"男人是一家之主"的中国式家庭观念是普遍存在的。在农村不发达的生产力背景下,生活资料的取得往往以体力劳动为主,男性在生理和体格上具有先天的优势,因此,丈夫往往是一个家庭的主要劳动力。虽然,就像个案3-21中潘嫂说的那样,"一家之主"只是一种古老的说法,但这也说明在夫妻观念中,丈夫和妻子分别处于主和次的地位。

2. 生活分工和事务处理

意识观念这东西反映在现实当中,就是丈夫和妻子生活分工的不同。总的来说,上茂村夫妻之间基本上是遵循了"男主外,女主内"的生活分工原则(除了极个别家庭因丈夫出现特殊情况之外)。所谓"男主外",笔者从实地了解的情况大致是:外出农事生产的主要工序(一般都是需要消耗较大体力的活,例如犁田、挑肥)、因利益与别家的谈判、以家长的身份参加村里重大事务等;所谓"女主内",一般的情况是:妻子负责洗衣做饭、负责带孩子照顾老人、协助丈夫忙农业生产、日常生活的柴、米、油、盐、酱、醋、茶等。

个案3-22:李贤才(化名),男,49岁,壮族宋春花(化名),女,46岁,壮族(访谈时间:2012年7月22日;访谈地点:德保县上茂村上茂屯,受访者家中)

李贤才和宋春花夫妇家一共有5口人,其中1个老人,2个孩子;因为今年家里种了5亩左右的甘蔗,所以这些天他们夫妇都在忙着打理甘蔗地的活。笔者去到他们家是在中午,刚好是吃午饭的点,大家坐在家里的餐桌旁,话题自然而然地就拉开了。

笔者:李叔,我见你们家的甘蔗长得挺好呀,今年收成应该不错。

李叔:那是,我的眼光错不了,今年甘蔗能卖得比往年贵。

笔者:哦,呵呵,这么说种甘蔗主要是李叔的主意咯?

李叔:肯定滴,像这种重要的事情,当然要由一家之主发话,她哪里懂得,哈哈。

宋婶:话别说得太早,可别像前年一样,卖不出去自己吃,又吃不完。

李叔:你别在这里啰唆了,今年不一样,我跟镇上的朋友谈好了,甘蔗全部卖给糖厂,这次一定都卖光,一点都不剩。

宋婶:能卖光最好咯,我说你只是为了提醒你。

生活分工的不同,决定了在家庭事务的决定上谁更有说话权。对于一些比较小的家庭事务,例如买什么样的日常用品、做什么样的饭菜等,丈夫没兴趣管,妻子完全可以根据实际情况自己决定;对于一些比较重要的家庭事务,例如孩子上哪个学校、田里种什么农作物、年节祭拜、房屋修建等,则丈夫更有决定权,一般来说都是丈夫主导,妻子的意见起参考作用。另外,当在家庭事务的处理上出现意见的严重分歧时,妇女也往往会处于弱势的地位,有时候她们不得不借助娘家的力量,但是这种情况是比较少的,一般意见产生分歧都会在一家人的包容和体谅下得到解决。

(二)分工方式转变:男性劳动力外流的本质

在男性劳动力外流之前,上茂村的家庭结构是典型的农村家庭,一般来说,奉行的是"男主外,女主内"的家务分工模式。随着男性劳动力外流,上茂村留守在家里的妇女,实际上和丈夫过着两地分居的生活,除了重大节日或者家里有重大事情要解决外,丈夫很难有时间回家一趟。这种情况导致留在村里的妇女在家务事的处理上,出现了和以往不同的方式。

1. 家务分工的变化

丈夫长期在外打工,家里的日常事务处理权就落在了妇女的手中。除了照顾老人和带小孩子外,一些以往丈夫做的事情,现在也由妇女们去打理;一些以往夫妻商量着解决的事务,如今也只得由妇女独自去完成。例如,以往庄稼所需的农药和化肥,都是丈夫去购买和施放的,可是,丈夫因长期在外打工,这个工作理所当然地落在了妇女的肩上,妇女从市场上买来化肥或农药之后,还要自己去施放,如果有男性亲戚,则在男性亲戚的协助下完成。另外,丈夫在外打工寄回来的钱,妇女们有了很大的支配自由,完全可以在家庭经济能承受的范围内,自主决定购买家庭或个人所需的物品。这些家务分工的变化,一方面,有可能增加了妇女们的劳动负担,形势迫使她们要学习和提高自身的劳动技能,客观上改变了她们在家庭中的地位;另一方面,由于丈夫长期在外,如果双方交流和沟通不到位,很可能导致情感问题的出现,为夫妻双方的合作埋下隐患。在调查问卷中,在"您对这样的家务分工满意吗"这一问题上,上茂村妇女的选择是"比较满意"的。也就是说,不是非常满意。但也不至于说是非常不满意。毕竟在农村生活了大半辈子,她们对城市里工薪阶层的夫妻相处之道不是很熟悉,更别说对国外家庭的生活模式有了解了。对于她们来说,如今的生活模式一直是这么下来的,是一种妥协的评价。

2. 重大事件的决定权

虽说丈夫长期在外,留在村里的妇女自主解决家里的一般性家务事,但是,当重大节日或者家庭面临重大事务需要处理时,作为家长的男人还是要参与进来的。当有重大事务要处理时,妇女有两种选择,一是叫丈夫亲自回来,双方合作处理;二是丈夫真的没有时间回来,夫妻在电话里商量好解决办法,由妇女全权代表做出处理。

个案3-23:黄惠(化名),女,40岁,壮族,高中文化

(访谈时间:2012年7月28日;访谈地点:德保县上茂村上茂屯,受访者家中)

黄惠的丈夫在百色市里经营大米生意,孩子在县城读高中,如今老家就只有她和两位老人住了,丈夫每个月回来一两次。据她描述,回来也是第二天就走,因为生意上的事,很少有休息的时间。为了了解他们夫妻在处理家庭重大事件上的情况,笔者就孩子择校这件事情和女主人展开了访谈。

黄惠表示,由于丈夫长期不在家,专注于打理业务,家中很多事情都得她亲自去处理,有时候一些事情自己拿不定主意,在电话里和丈夫商量,偶尔因为意见不一致还会吵架,真伤脑筋。"前年孩子升高中,在选择哪个学校就读时,我打电话过去问他。我说孩子以后要读大学的,在县城上个好点的中学。丈夫也支持,他说他以前的同学是在县一中工作的,让我带孩子去学校报到、交学费。在这个事情上我们看法一致,孩子以后要考大学,不能像我们一样。虽然供孩子读书不容易,但是我们大人要坚持住。"

相对于以往,妇女们在行动上变得更加积极了,因为丈夫在家的时间里,家里的大事主要由丈夫作决定,她们也习惯了这种事情的处理方式,所以,妇女们往往处于"第二责任人"的位置上;男性劳动力外流后,留守在家的妇女在很多时候被推到了"第一责任人"的位置上,这种客观上的变化,促使她们要采取积极的行动,包括联系、沟通和协调,她们不再像以往那样等待丈夫去解决了。虽然丈夫的意见对重大事件的决定有很大作用,但不可否认的一点是,相对于以往,妇女们手中的发言权更多了。

二、男性劳动力外流与乡村生活的基本形态

少数民族地区农村富余劳动力大规模向城市转移早在20世纪90年代初就开始了,到了21世纪外出人员数量进一步加大,农村劳动力向城市转移所造成的一系列后果如留守老人、留守儿童和留守妇女等,才引起了社会各界的关注,同时也成为学术界讨论的热点问题。就上茂村的情况而言,随着男性劳动力外流,留守妇女的生存环境和生活情况确确实实发生了许多变化:一方面,由于作为一家之主的丈夫长期在外打工,一些以前应该由男人做的工作如今落到了妇女的肩膀上,对于妇女的个人能力提出了挑战;另一方面,由于村里男性劳动力外流,客观上给妇女们创造了各种展现她们智慧和能力的机会,她们得以在某些过去未曾涉及的领域进行尝试和努力。这样的结果,必然导致妇女社会地位的变化。下面主要就政治参与、家庭事务、职业与收入3个方面去考察:上茂村妇女地位有些什么样的变化,这些变化的幅度大小如何。

(一)男性劳动力外流并未改变乡村生活的基本形态

男性劳动力外流之前,由于男性的存在和其他一些客观原因,上茂村妇女的政治参与情况是非常零星的。随着男性劳动力向城市的转移,妇女们有了更多的机会参与公共事务的讨论和处理,妇女们的政治参与情况较之以前是有变化的。

1. 乡村公共事务

为了了解上茂村妇女最新的公共事务参与意识情况,通过多方面的努力,与她(他)们进行了联系、接触和访谈,详见表3-7。

表3-7 受访对象基本情况

访谈人数(人)	年龄结构	文化水平
8	20~30岁	大专、高中、初中
8	30~40岁	高中、初中、小学
8	40~50岁	初中、小学
6	50~60岁	初中、小学

第三章 少数民族"留守妇女"与社会主义新农村建设

个案3-24：赵丽华（化名），女，28岁，壮族，高中文化
（访谈时间：2012年7月24日；访谈地点：德保县上茂村上茂屯，受访者家中）

赵丽华可以说是上茂村年轻一代妇女的代表。她上过高中，毕业之后就和村里的几个年轻人去广东打工。24岁那年，她结了婚，如今有了1个孩子，已经半年多没有去广东了。笔者很容易就和她攀谈了起来：

笔者：现在很多事情都和过去不一样了，公务员、人大代表中都有不少是女性成员。你觉得呢？

赵：是呀，以前上学的时候，政治老师说这叫民主。

笔者：最近这些年上茂村委也搞选举、投票、提意见，你有参加过吗？

赵：参加过，我还投了票呢，感觉挺新鲜的，呵呵。

笔者：其实你可以考虑竞选妇联主任呀，为村里的事务提意见。

赵：没想过。以前我向他们反映过意见呀，不知道有没有用。后来我想，只要多赚点钱，让老人和小孩儿生活过得好一点，那样就足够了。

对于"当遇到重大的公共事务时，如土地分配、修桥铺路、公共设施建设等，你作为上茂村的一分子，有发言权吗"这样的话题，当地妇女表现出欲言又止的神情，她们的回答类似于"说是说了，可是没什么用""一直以来都是男人管的事，我只是看看""主要是看他们，我偶尔说两句而已"；从中我们可以体会到，政治参与这种事情不是一朝一夕就能改过来的，即便是在经济获得高速发展、物质财富极大丰富的今天，如果没有制度和环境等软实力的支持，民主政治和人文精神层面的东西要获得进步相对而言是比较难的。单单就上茂村妇女而言，这个群体的政治参与意识仍然很薄弱。从更大范围上来分析，我国广大农村的群众，无论男性还是女性，其参政意识都不高。当问到"您认为是否有必要征求妇女的意见"时，妇女们的态度可以说是相对统一的，"当然应该问一问我们的心情""有时候我也想说上一些话""不能单单由男的管，也要有我们女人"等，从更深层的内心来讲，妇女们是有意愿和利益想表达的，可是，由于制度、现实和历史方面的种种原因，妨碍了她们的意愿表达，很多时候她们事实上成为政治面前的"沉默者"。

2. 基础教育

参政意愿是精神层面的东西，参政能力则是反映妇女们自身素质的一个硬件指标。根据对上茂村妇女的考察发现,她们的参政能力较之以往有了提高和进步。从国家层面上来讲,随着九年义务教育的普及,大多新时代出生的女性都可以得到基本的受教育机会,相对于老一辈女性群体而言,她们的文化水平有了明显的提高。

上茂村老一辈女性文盲率很高,上过小学的都很少,上过高中或中专以上的更是难见(或者说没有);而20世纪80年代以后出生的女性中,受教育水平有了很大提高。在受访者中,小学文化水平占19%,初中或中专占28%,高中占35%,大专或高职占14%,大学本科以上占4%(见图3-13);受教育水平的提高决定了上茂村妇女自身素质的提高,这种素质反映在参政能力上,就是在理解农村政策上比以前更到位了。义务教育的普及,在很大程度上降低了农村的文盲率,使受教育的人能够掌握一定的理论和知识,消除女性的自卑感,让她们能够对外界的信息做出较快的反应,这无疑有利于她们参政能力的培养和提高。更进一步分析,参政能力的提高,也不仅仅是通过教育就能达到的,还必须在实践中锻炼,这种能力才可以稳定和巩固,相对而言,这更加难以实现,只有极少数亲身参加过村内事务管理的幸运的女性,才能真正代表上茂村妇女的参政力量。

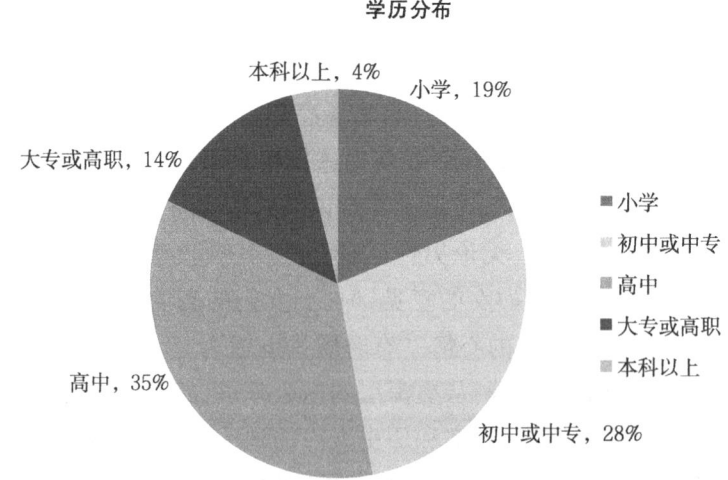

图3-13 上茂村"80后"妇女学历分布情况❶

---

❶ 笔者调查样本统计数据。

3. 社会管理

妇女参政从意识形态走向实践,是一种质的飞跃。在相当长的时期里,上茂村党支部和村民委员会都是"清一色"的男性班子,近十几年来,随着农村的发展和妇女自身素质的提高,村里的组织班子开始出现妇女的身影(见图3-14)。

图3-14　上茂村民委员会

女性村干部的出现,既是时代进步的体现,也是性别平等的彰显,更是上茂村妇女社会地位变化的有力证明。虽然说村委会班子还是以男性为主,女性成员似乎只是代表性的个别现象,但是这只能说明任何事物的发展都是从无到有,从小到大的发展历程。特别是随着男性劳动力的外流,上茂村很多公共事务不得不由女性群体去参与,虽然她们的丈夫在外打工寄回来的钱仍然是家里的经济支柱,但不可否认妇女们有了对时间和村务更大范围的话语权,哪怕这种权利只是潜在的。

个案3-25:陆艳桃(化名),女,壮族,54岁,初中文化
(**访谈时间:2012年7月28日;访谈地点:德保县上茂村上茂屯,受访者家中**)

陆艳桃曾经担任过上茂村妇联主任,笔者与她见面时,明显感觉到她有一种不同于普通上茂村妇女的精气神。陆主任待人热情,做事有条有理,落落大方,当女干部时养成的作风还保留至今。她的丈夫会砌房子,经常到县城或者市里务工,看得出收入在村里算不错的;陆主任主要时间是在家里,处理家务事,偶尔去探望丈夫。

笔者:陆主任,您当妇女主任多长时间?

陆:当妇女主任当了3年时间,从2007年3月至2010年5月,虽然现在不当了,不过村里大伙都还一直叫我"陆主任",呵呵。

笔者:哦,看来大家挺支持您的。当时您主要的工作内容是什么?

陆:主要工作是维护村里妇女的权益,对生活困难的孤寡老人妇女进行必要的救济和帮助,组织和发动妇女参加村里的公共事务、活动。很多的,关注她们嘛。

笔者:那么,您觉得当时工作遇到有哪些困难呢?

陆:困难有,比如有时候大家对一些政策不理解,不够积极;有时候是来自家庭的一些因素;还有,村里收入比较少,没什么经费。

在笔者与陆主任的访谈中,陆主任总是有问必答,态度积极,让人不由得产生钦佩之情,其实妇女也能在公共事务中起到不可替代的作用。

另外,虽说上茂村妇女群体中有了代表自己的女性村干部,但女性干部在实际工作中还是受到来自多方面因素的制约,比如自身的能力和阅历、组织制度对女性干部的支持程度等。同时,妇女参政议政需要她们经历从家庭主妇到人民公仆的角色转变,需要她们从家庭琐事中解放出来,去一个不熟悉的领域担任不熟悉的工作,这对于她们来说,是一种长时间的考验。事实上,在笔者对担任过村干部的妇女的访谈中,她们谈道,由于之前自己一直都是处理自己的家务为主,担任村干部期间,她们常常感觉到来自各方面的压力,有时候甚至感到力不从心,因此,现在她们从村干部的岗位上退了下来,让自己恢复相对简单和悠闲的家庭生活。

(二)男性劳动力外流并未改变乡村治理模式

历史上,广大妇女受封建思想桎梏的约束,"君为臣纲,夫为妻纲"。事实上,宗族制度的统治下,壮族妇女在公共领域的地位比较低,在政治舞台上几乎没有她们存在的空间。中华人民共和国成立后,广大农民翻身做主,有了一定的人身自由和社会权利,社会地位较之封建时期有了提高。在广大农村,特别是在少数民族村落,妇女的社会地位有了怎样的发展?这需要我们进一步去考察和印证。

1. 土地归属权：仍以男性为主

在农村，土地是村民最基本、最主要的生产资料，也是宝贵的家庭财产。众所周知，我国实行土地公有制。在农村，土地公有制的基本形式就是集体所有制，即土地归集体所有。土地使用制度目前我国实行的是家庭联产承包责任制，即个人和家庭只对土地拥有使用权，而所有权属于集体。我国土地制度的特殊性，导致男女在土地归属权上存在很大的差异，妇女往往在这上面处于劣势，在中国广大农村、少数民族地区、边远地区尤甚。因此，促进男女性别平等不能不考虑土地归属权问题。在这次针对上茂村的调查中，在查阅了民政部门、村委会最近3年来妇女土地权归属纠纷案例的基础上，笔者总结出当前土地归属权的主要问题在于以下方面。

一是妇女结婚后土地归属权的缺失。在我国广大农村，普遍存在着这样一种习俗，"嫁出去的女儿，泼出去的水"，意思是很明显的，女儿出嫁了之后，就是别人家的了。这种习俗对广西等地的一些少数民族影响很大。这样的传统观念下，妇女在未出嫁时属于自己的那份土地，是不能随同她一起嫁过去的，也就是说，妇女在新居住地不能取得属于自己的承包土地。虽然在法律上，娘家的那份土地还是属于她的，但是由于千百年来的传统做法，新婚妇女不可能回娘家从事耕种，也不可能向娘家索要任何收益。这就相当于，结婚后，妇女对土地的使用权就丧失了。为了了解上茂村习俗中对待出嫁女性的态度，笔者在实地调查时，曾经与村里一些干部座谈。从这些谈话中，我们实实在在地体验到，现实是残酷的。有的村干部毫不遮掩地表示，虽然法律做了种种规定与限制，但传统观念告诉人们"嫁出去的女儿，泼出去的水"，只能按老祖宗的传统办事，而且千百年来都是这样过来的。因此，"男尊女卑"思想在当今，特别是广大农村，仍然在一定程度上阻碍妇女地位的提高。

二是妇女离婚或丧偶后土地归属权缺乏保障。土地资源具有不可移动性、不可再生性，因此妇女离婚后，很有可能失去对原有土地的使用权；另一种情况，如果妇女不幸丧偶，那么她对其丈夫土地的继承权也会遇到问题。由于传统的"从夫居""嫁鸡随鸡嫁狗随狗"的婚姻习俗，农村妇女结婚后必须离开生她养她的娘家，跟随丈夫、公公婆婆居住生活，但她们原来在娘家自耕的土地是无法转移的。此时，土地资产的不可移动性与妇女结婚出嫁的流动性就不可避免地产生了矛盾，也就是说，农村妇女在出嫁、离婚、丧偶时往往面临失去土地权益的危险。与以往相比，妇女的社会地位在逐步提高，但我们也应该清楚地看到,一些传统观念和因素还在阻碍着男女平等基本国策的落实。在土地归属权的问题上,现实种种做法是在侵犯着妇女的合法权益,挑战着宪法和法律的尊严,影响着社会的和谐和良性发展。我们在看到性别平等取得的成就的同时,也要看到它存在的问题,更要看到还有很多地方是可以进一步提高的。

2. 农村集体经济发展:妇女地位没有根本改变

"农村集体经济"不是什么新名词,目前这一领域的焦点问题是探讨集体经济发展的新模式。无论是在城市还是在农村,经济基础的重要性都是不言而喻的。对于广大农民来说,集体经济是促进增收和扩大就业的有效途径。在我国一些集体经济发达的地方,例如,浙江、温州和广东,农民是集体经济的所有者,同时也可以是集体企业的劳动者、生产者,是所有者和生产者的统一。对于农村妇女而言,在集体经济发展中能够扮演什么样的角色,是一个需要用历史眼光看待的问题。

根据我们所掌握的资料观察,越是在集体经济发达的地方,管理队伍的构成与素质越高,女性管理者的比重也越大。例如,在广西南宁市的一些城中村,村里的很大一部分经济来源靠出租集体土地、房屋或铺面,在管理和收租的整个运作过程中,女性管理者发挥着很大的作用。当然,在边远地区的上茂村没有如此强大的集体经济作后盾,其管理队伍无法与这些城中村相比。其中一个比较突出的问题,就是女性数量在管理队伍中的比重很低。譬如,上茂村现在党支部和村委会的成员一共有9人,其中女性只有1人,而且是职务相对不那么重要的妇联主任。在这样的男女比例下,当村里要在经济事务上作决策时,女性村民的声音就相对比较弱小。笔者考虑到,上茂村管理队伍中妇女成员比重小,在很大程度上是受千百年来"男尊女卑"传统的影响。那么,管理队伍中女性比例小,对妇女地位提升有哪些负面影响呢?其实,这种负面影响是显而易见的,总的来说,就是妇女在集体经济中的合法权益得不到维护。随着村里男性劳动力的外流,村里更多事务要依靠妇女去管理,这是一个很好的提升妇女地位的契机。诚然,提升地位的方法和途径是多种多样的,但增加妇女在集体经济管理队伍中的数量比例,无疑是一种操作简单、效果明显的途径选择。

所谓管理体制,它的内涵包括管理系统的结构和组成方式,它讲究的是在组织内部如何用快捷、有效的方式将各个部门结合成一个合理的系统,提高运作效率,以便组织目标的达到。其实它是适用于现代组织与企业的一个名词,在讨论相对落后的农村,管理体制更像是一种奢侈的行为。农村集体经济存在着诸多特有的问题,例如,集体资产历史因素复杂,产权不明确,没有合法登记等。这些由于历史、族权和地缘构成的原因,使得农村集体经济在管理上更多的是依靠族权或传统力量,与现代组织的经营管理相去甚远。集体资产的经营与管理,主要是由党委会和村委会负责,缺乏透明度、民主和有效监督,制约着集体经济的发展壮大。在实行村民自治的基础上,集体资产名义上是为每一位村民所有,实际上在传统力量和家长族权的影响下,集体资产很容易为少数人所掌握,决策失误、违规操作和资产流失就会时常发生。就目前上茂村而言,集体资产是有的,如林场和坡地。另外,上茂村周围水资源比较丰富,村里有人投资建立发电站,但那是私人投资的,不再属于村里集体所有。由此可见,传统的族长说了算的做法,削弱了农村集体经济发展的基础,有时也对妇女的合法权益构成了侵犯。笔者在实地采访时,某村干部也表示,关于如何处理村里集体资产的事情上,很多时候他们也只是"按老祖宗的规矩办";村里也默认和习惯了这种做法,这就是实实在在的现实,是村情。从中我们可以推断出,农村的旧的管理体制如果不能得到改变,妇女社会地位的提高就会减速,甚至原地踏步。

(三)男性劳动力外流并未根本改变乡村社区的功能

1. 社区的整合功能弱化

政治是经济的集中体现,在衡量妇女社会地位的诸多指标体系中,政治地位处于高层次,属于上层建筑。国内的许多学者做过相关研究,而研究结果表明,妇女的参政意识普遍薄弱。

个案3-26:刘大娘(化名),女,53岁,壮族,小学未毕业
(访谈时间:2012年7月20日;访谈地点:德保县上茂村上茂屯,受访者家中)

我是19岁那年嫁来这个村子的,在村子里生活已经有34年时间了,生有2个儿子,1个女儿。以前很长一段时间里,我们夫妻二人都是在村子里种田,没有其他的想法,因为那时候孩子还小,得随时有人照看。随着孩子们逐渐长大,我和丈夫才多点自由时间。1999年起,丈夫开始跟着隔壁村的建筑队到城里务工去了。在那之前,我和丈夫在村里过着面朝黄土背朝天的生活。至于改革开放以前,那是公社时代,吃大锅饭,跟生产队算"工分",一切听队长的。至于村里的事情,生产队里的事情,我从来不管,我一个女人家说话哪有什么分量呀。

可见,作为壮族聚居地的广西百色市德保县上茂村,妇女的参政意识更加不容乐观。当地妇女参政意识薄弱具体表现在两个方面:一是没有权利意识,权利观念淡薄。例如,在笔者对上茂村壮族妇女进行的实地访谈中,关于"你丈夫没有外出打工以前,你是否参加过村里的村委会选举或会议"这样的提问,70%以上的妇女回答"没参加过",甚至有35%的妇女回答"不知道村委会什么时候选举的"。[1]她们在做出这样的回答的时候,没有什么明显的感情表达和情绪外露,似乎这样的情况对于她们来说是司空见惯,习以为常的。

二是在行动上冷淡和被动。在对参加过村委会选举的妇女的进一步了解中,对于"是出于自愿参加还是被要求参加"的提问,大多数人给出这样的回答"举办会议的人叫去的""丈夫叫我去的""看见亲戚去了也跟着去瞧瞧"。由此可见,当地妇女在参加村里公共会议的态度上是冷淡的、被动的。究其原因,可能很复杂。这与长期以来中国妇女受封建社会思想(如男尊女卑、三从四德)的桎梏有莫大的关系。

个案3-27:岑四婶(化名),女,49岁,壮族,小学未毕业
(访谈时间:2012年7月21日;访谈地点:德保县上茂村上茂屯,受访者家中)

由于之前笔者跟四婶联系过,在道明了来意之后,岑四婶爽快地接受了访谈,但是她要求等她干完农活再开始。出于礼貌,笔者提前来到四婶家(一座两层的旧式小楼),等待四婶的出现。没过多久,岑四婶就回来了,她是从地里干完活直接过来的。寒暄了几句后,正式访谈就开始了。

笔者:四婶您好,村委会里有选举这个事情,您听说过吗?

四婶:听说过呀,我老伴还曾经鼓动我去参加呢,我去过1次,呵呵。

笔者:哦? 那,四婶,您有参加投票吗?

四婶:哪有,我去就是看看而已,我不懂这些,帮不上忙的,哈哈。

---

[1] 样本量:100;抽样方法:随机抽样。

笔者：我想请问您，您希望谁当村委会主任？

四婶：谁当就谁当咯，这个，以前是岑主任当，现在是李主任，都是熟人。

笔者：那你以后打算参加选举吗？你也去当当主任呀。

四婶：以后都老咯，我年纪越来越大了，嘿嘿。

如果说在参加村民选举这个事情上反映出了当地妇女参加公共事务的冷漠程度的话，在对村委会成员的看法上则反映出了其权利观念。当问及"以前你觉得谁当村委会干部比较好"，52%的受访者表示"谁当都一样""都差不多""不知道，反正不关我的事"等，只有10%左右的受访者表示她们有公开的支持者，或者她们心里有觉得合适的人选。这种情形表明，上茂村壮族妇女以前的权利观念很淡薄，她们没有以主人翁的态度来对待村里的公共事务。在男性劳动力没有外流以前，当地妇女参政意识薄弱和权利观念缺失，固然与历史原因有关，然而，这种局面的形成也与参政教育和宣传的不到位有着莫大的关系。一方面，历史上妇女社会地位的低下限制了她们参政的热情和可能，造就了妇女只顾关心家务事不关心公共事务的传统，认为政治参与理所当然的是男人的事情；另一方面，这种遗留下来的传统给她们参政带来了更多的障碍，束缚着妇女自身社会地位的提高，这是一种非良性的社会循环。

2. 社区社会生产功能多样化

改革开放刚刚起步的时候，经济还比较贫困，上茂村村民在家庭联产承包责任制的前提下，过着自给自足的田园生活，田里生产出来的农作物，一般都是作为全家人的口粮，很少拿去市场交易，就算偶有剩余，也是很零星地买卖（见表3-8）。随着当地经济的发展，客观上给上茂村村民提供了从事其他劳动的机会。

表3-8 2010年前后上茂村妇女各职业从业人员所占比例❶（100样本量）

职业类型	种植	养殖	摆摊、小生意	水电站
百分比(%)	73.80	65.00	19.00	6.00

---

❶ 笔者调查的样本统计。

由于上茂村离镇上的市场比较近,所以有一部分妇女在农闲之余,会到镇上去从事一些营利性的经营。例如,拿一些农副产品到市场上去卖、在镇上操作一个卖包子、卖粽子的小摊。如上面的表格显示,在上茂村上茂屯接受调查的100个对象中,有19个有过摆摊、操作小买卖的经历。她们所买卖的货品包括蔬菜、水果、豆类、禽蛋、面包、粽子等农副产品;妇女、家庭日用的梳子、镜子、发夹、打火机等生活用品。

这些生意虽说算不上大买卖,但与以往妇女们大门不出、二门不迈的生活方式比起来,可谓是有很大进步了。一是市场经济的理念已经被她们所熟悉和接受;二是这些营利性劳动开阔了她们的视野,让她们接受"再次社会化",也让社会更加了解她们的生存状况。另外,笔者还了解到,因为镇里办有水电站,极少数的妇女还能有机会到水电站从事正式的工作,这对于上茂村妇女群体来说,很是一件新鲜事。

随着农村的发展,特别是伴随农村妇女经济意识的苏醒,她们可以相对自由地选择从事农田以外的其他营利性劳动,上茂村妇女改变了以往那种只种庄稼,看天吃饭的被动局面,能够从事更多可获利劳动的她们,收入水平也发生了变化。在她们这群人当中,有点经济头脑和冒险精神的,在镇上经营点小本生意;对这些不感兴趣的,则可以在农闲时打点临时工,丰富自己的生活,补贴一下家用(见表3-9)。同时,在外打工的丈夫一般也按时间有规律地寄钱回家,这笔钱可以由妻子自由分配,或者由妻子存起来,等到需要用钱的时候,能够派上用场。

表3-9 2012年上茂村妇女各职业人均月收入❶

职业类型	种植	养殖	摆摊、小生意	水电站
月人均收入(元)	530	426	1100	1500

在实地考察中,由于收入关系到个人隐私权的问题,一些具体的数字不便于深究,但是,根据笔者的观察和对当地情况的了解,妇女们的实际收入要比她们愿意透露的要更多一些。另外,不可否认的一个事实是:虽然妇女们的职业以及收入都有了变化,但是,这些变化并未彻底改变乡村社区的基本功能。

---

❶ 笔者调查的样本统计。

第三章 少数民族"留守妇女"与社会主义新农村建设

三、男性缺场与妇女的社会参与

前面我们从各个层面、各个角度分析和考察了上茂村妇女们在地位变迁上取得的进步和改善,这些考察的结果告诉我们,这些改变和进步的幅度是不一样的,有些指标与男性劳动力外流前对比,虽说有变化,但变化的幅度非常小;有些指标对比存在着变化,而且变化的幅度是比较明显的。出现这种情况的原因是复杂的,当然任何事物的发展都要遵循一定的逻辑过程,有些事物的发展历程相对曲折一些,甚至会发生一些异变,这都是客观存在的事实。下面我们就3个主要的方面对男性劳动力外流前后上茂村的妇女地位变迁做一个小结。

(一)妇女参政从被动参与到主动参与

我国的法律规定凡是达到法定年龄的公民都有选举和被选举的权利,这种权利不因性别等其他方面而异。这就在法律上规定了男女的政治地位的平等性。上茂村作为壮族聚居地,妇女们这种权利理所当然也是受到法律保护的。然而,由于历史上长期以来从政的都是以男性为主,这种惯性一直延续至今,妇女们虽说也有从政的自由,但是在以男性为主导的政治场域,只可以说处于刚刚起步的阶段。

个案3-28:李支书(化名),男,49岁,壮族,高中文化
(访谈时间:2012年7月29日;访谈地点:德保县上茂村上茂屯,村委办公室)

为了了解男性村干部对妇女村干部的看法,笔者约访了上茂村的党支部书记——李支书。从本次实地调查的一开始,就得到李支书的大力支持,包括联系受访者、安排引路人、提供数据材料等,他所做的这一切,深深地让笔者感受到村委对本次研究的重视。在访谈的过程中,他也不止一次地提到,希望笔者能把上茂村取得的成果向外宣传宣传,把上茂村面临的问题向上反映反映,这样,也算为全体上茂村村民尽了一份力。

笔者:李支书,您好,您当支部书记多少年了?

李支书:从2010年开始,我当了3年多的村支书咯。作为上茂村的村干部,我的感受是,在农村基层工作真不容易,你这几天都在村里做调研,我想你对农村的艰辛也深有体会了,呵呵呵。

笔者:是的,这点我感受特别深。村干部的队伍里,有多少女性?

李支书:只有1个女性村干部,就是村里的妇女主任。

笔者:那您觉得女性村干部的数量够不够?

李支书:非常不够。村干部的队伍里,有些工作女性干部去做比较合适,比如说做妇女的思想工作,男性干部去显然不合适,毕竟女性干部比较细心嘛。

笔者:女性干部的工作能力给您留下什么样的印象?

李支书:但凡能担任村干部的妇女,思想觉悟和工作能力都是比较高的,有些我们男人做不来的事情,女性干部去做就能行。比如,前些年在宣传新型农村医疗合作保险政策的时候,一开始那个难,有的村民以为是骗人的。唉,后来让妇女主任挨家挨户去解释、去动员,老人和妇女们才慢慢接受。现在很多人都不用去说,自动地就要参加新农合。

笔者:从您的角度看,女性干部存在哪些不足的地方?

李支书:农村条件很艰苦,能做到这样已经很好了。要说不足,就是老一代妇女的受教育水平普遍不高,新一代女性学历水平有了较高提升,可是又不愿意做这个工作,她们年轻,比较愿意到城市去发展。

笔者:与男性村干部相比,女性村干部面临的困难是否更多一些?

李支书:是更多一些。她们同时又是孩子的母亲,家里的活也要她照顾。真心希望政府能给村里多一些支持,去改善她们的工作、生活条件。

在男性劳动力外流前,上茂村一个女性干部都没有,而在男性劳动力外流期间,上茂村有了妇女干部,这是一种从无到有的改变,从农村干部队伍内部来看,男性村干部对女性村干部都是尊重有加的,他们也明白妇女在处理公共事务中的不容易。

从表3-10可以看出,上茂村男性普通村民对女性村干部的评价是良好的,例如,76%的男性普通村民认为女性村干部有着较强的工作能力;60%的男性普通村民认为妇女村干部为上茂村做出了很大贡献。

表3-10　男性普通村民对女性村干部的评价[1]

问题	选项(5分制)				
	1分	2分	3分	4分	5分
您认为女性村干部能在多大程度上代表妇女的利益	0	10%	14%	66%	10%
您认为女性村干部工作能力如何	0	5%	10%	76%	9%
您对女性村干部的支持程度如何	1%	5%	12%	40%	42%
您愿意配合女性村干部开展村务工作吗	3%	7%	23%	50%	17%
您认为女性村干部对村里的贡献有多少	0	2%	30%	60%	8%

注：分值越高，代表对女性村干部的评价越高。

虽说妇女参与公共事务管理还存在着诸多挑战，这个领域内的事情对于她们来说还存在较大压力，但不可否认的是，女性村干部在基层农村的事务管理上，发挥着不可替代的作用，上茂村妇女也能为广大村民谋福利（见图3-15）。

图3-15　办公中的上茂村妇女主任

（二）从部分参与到全面参与

我们这里所说的平等，是事实的平等，而不仅仅是法律意义上的平等。在整个考察过程中，笔者发现极端的女权主义者是不存在的，上茂村妇女的

---

[1] 来源于笔者调查问卷的统计（部分）。

思想经历了一个由封闭到解放,由弱势到平等的发展过程。当然,封建社会的残留思想,比如"男尊女卑""重男轻女"等,在上茂村仍然有遗留的痕迹(其实这并不是上茂村独有,全国范围内都可能存在)。在男性劳动力外流后,妇女们在家庭事务决定和家庭收入分配权上都有了比较大的变化,这种改善就是夫妻地位趋于平等的有力说明。根据前面交代的样本,在上茂村关于性别平等的问卷调查情况如表3-11所示。

表3-11 针对上茂村性别平等情况的调查❶

序号	问　　题	选项		
		是	否	不答
1	妇女是否有选举权和被选举权	93%	0	7%
2	你家妇女(女儿)是否有财产继承权	81%	9%	10%
3	妇女是否能参加祭祖、祭天、祭神等大型宗族活动	85%	6%	9%
4	你家女童是否有同等受教育机会	90%	8%	2%
5	你家妇女是否参加家庭事件决策	90%	2%	8%

另外,在上茂村调查也没有发现严重的家庭暴力事件。性别地位趋于平等的一个良好现象就是,遇到矛盾问题时,夫妻双方可以理性地商量、沟通和解决。

(三)从无意识参与到有选择参与

在考察的这几个方面中,上茂村妇女经济地位的提高相对于政治、家庭地位而言是最明显的一个。从图3-16中可知从妇女对家庭经济的贡献在逐步增大,已经接近男性的贡献。妇女群体收入的变化主要体现在两个方面:一是收入的增加。这与最近10年来,国家对农村发展的重视,提高农民收入的政策有很大关系。她们收入的增加,不仅仅体现在数量上,更体现在占家庭总收入的比例上。二是收入来源的多样化。以往上茂村村民主要靠种田获得收成,其他渠道获得的收入几乎没有,随着经济形势的发展,如今妇女群体也可以通过种田以外的劳动获得收入,而且有时候这些收入比她们种田的收入要多,对于她们来说,自己的主业似乎不再是种田了(见表4-12)。

---

❶ 从笔者发放的100份调查问卷中统计。

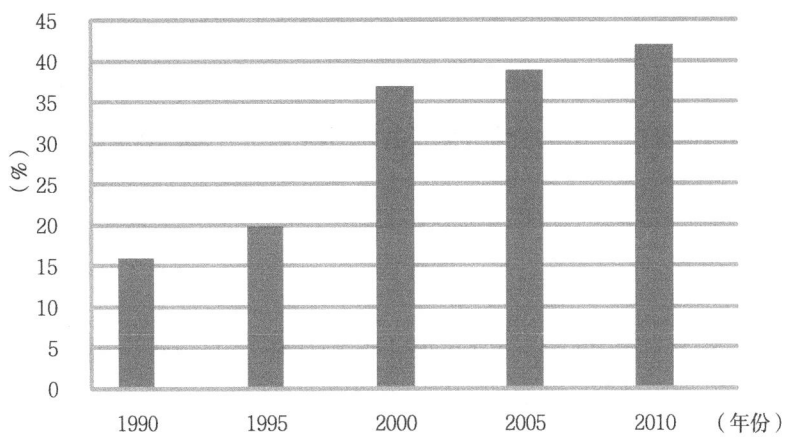

图 3-16 各年份上茂村妇女年收入占家庭年总收入的平均百分比❶

（横坐标为年份，纵坐标为妇女年收入占家庭总收入的平均百分比）

表 3-12　上茂村妇女各年份收入来源情况❷

年份	收入来源	
	农业、养殖业	非农业
1990	种水稻、甘蔗等，养鸡、鸭、猪	无
1995	种水稻、甘蔗等，养鸡、鸭、猪	无
2000	种水稻、蔬菜等，养家禽	打临时工
2005	种水稻、蔬菜等，养家禽	打临时工、摆摊做小买卖
2010	种水稻、蔬菜等，养家禽	摆摊、小个体户、水电厂职工

当然，丈夫在外打工获得的收入也许比她们要多，但是，留守妇女是以照顾家庭而牺牲个人时间为代价的。在丈夫长期在外的情况下，他们的家庭能够正常维持下去，主要是妇女们的功劳，这种贡献不是金钱所能够衡量的。事实表明，那些随丈夫一起外出打工的妇女们，她们获得的收入并不比丈夫差多少。经济独立是精神独立的支撑，随着妇女群体经济地位的提高，她们今后的社会地位必将得到更全面的提升，她们的精神也将更加自由，眼界也将会更加开阔。

---

❶ 根据德保县荣华乡政府提供数据统计。
❷ 根据德保县荣华乡政府提供数据、访谈资料统计。

第四章　少数民族地区妇女与村民自治

管理民主是社会主义新农村建设的重要内容,而村民自治则是妇女参与民主管理的主要途径。1993年,民政部下发的《关于开展村民自治示范活动的通知》中,首次提出"四个民主",使村民自治制度更加完善。"四个民主"主要内容是"民主选举、民主决策、民主管理、民主监督"。❶本章以广西马山县古寨瑶族乡古寨村这个瑶、壮两个民族杂居的村落为例,探讨少数民族妇女参与村民自治的现状与问题。

第一节　妇女参与村民自治的状况

一、古寨村的基本情况

广西马山县古寨村是广西少数民族地区普通村落的一个缩影。其中,壮族人口占90%,瑶族占10%,是壮族、瑶族的集聚地,经济发展比较落后。村委会成员中,男性4人,女性3人,男女比例基本协调,对于了解少数民族地区妇女参与村民自治很有帮助。马山县古寨村位于广西马山县的东部,在乡政府驻地附近,是一个行政村,四面环山,是典型的"九分石头一分地"的大石山区乡,是壮族、瑶族聚居的革命老区。该村距县城23千米,交通便利。2004年修通的乡级柏油马路——民族团结友谊路,全长20千米,直接受益人口达6万多人,与外界接触频繁,接收外界的思想比较多,十分有利于了解壮族、瑶族农村妇女在村民自治中的参与情况。因此,笔者选择广西马山县古寨村作为研究的个案村。

---

❶ 刘友田.村民自治——中国基层民主建设的实践与探索[M].北京:人民出版社,2010:49.

古寨村有22个自然屯,分别为板一、板二、街一、街二、桥头、新街、排鸦、上寨、提漏、弄落、古荒、古洋、上古拉、中古拉、拉角、下古拉、拉仇、古讲、排引、拉旧、提芽、提茂。截至2011年12月底,全村有5个私人诊所、1个村委办公楼、1个五保老人楼和1个村篮球场,22个自然屯已经通车、通电,21个自然屯饮水困难基本解决,有线电视、电话覆盖率达90%以上,80%农民已经盖起了楼房,建有沼气池395个。❶

(一)自然环境和资源

马山县古寨村属于喀斯特地貌,四面环山(见图4-1)。处于亚热带地区,属亚热带季风型气候,年平均气温在21.3℃左右,最高温度为38.9℃左右,最低温度为零下0.7℃左右。古寨村自然条件恶劣,经常出现冬春干旱、夏季洪涝的现象,给该地农业生产带来了诸多不便。该村的农业生产依靠天气,遇到干旱或者洪涝的月份,农作物减少、绝收。地下矿藏很丰富,有煤、锰、铁、铀、铜、金、水晶、滑石、大理石、高岭土、铀矿等。矿中还含有铝和黄、红色染料,但是都还没有被开采。❷

图4-1 四面环山的古寨村

(二)人口状况

截至2011年年底,该村有875户3724人,劳务输出人员1100人,村中劳动力为1973人,其中妇女劳动力1020人,男性劳动力953人。全村年人均收入为2350元,共有贫困户380户2185人,占全村人口59%;其中,扶贫户311户2003人,扶贫、低保户43户152人,低保户6户16人,五保户14户14人。古

---

❶ 根据马山县古寨村村主任提供的《古寨村简介》整理。
❷ 同❶.

寨村中,18岁以上具有本村农业户口的小学学历男性有130人,女性有270人;初中学历男性有360人,女性有400人;高中学历男性有150人,女性有90人;大专及以上男性有20人,女性有10人。全村通行壮话和西南官话。党员人数81人,其中男性党员72人,女性党员9人。男村民代表24人,女村民代表5人。全村壮族人口90%,瑶族人口10%。全村主要姓氏为潘、蓝、韦,还有部分姓氏为李、周、谭、曾、班、黄等。村里面的"入赘"现象比较普遍,大概有10%。❶

(三)经济状况

第一,种植业。截至2011年年底,全村耕地面积为2053亩,人均耕地面积0.6亩,全部是旱地。有林面积18343.05亩,山上经济作物面积2500亩。耕地主要种植玉米、黄豆、红薯、黑豆、莜麦菜、芥菜、菜花、包菜、白菜等。有一部分南瓜、红薯、黑豆等种植在半山坡上,其他均种植在平地上(见图4-2)。经济作物主要有金银花、竹子,村里面的金银花分为野生和种植两种,经济作物大部分都种植在山上。农户使用的肥料主要是农家肥、复合肥,农家肥主要是沼气肥和井肥。所使用耕地的主要工具为锄头、耙子,一般都是牛耕地。全年的具体农事安排(见表4-1)。

图4-2 古寨村土地比较紧缺,实行套种

---

❶ 根据马山县古寨村村主任提供的《古寨村简介》整理。

第四章 少数民族地区妇女与村民自治

表4-1 全年的具体农事安排（按农历计算）

月份 作物	正月	二月	三月	四月	五月	六月	七月	八月	九月	十月	十一月	十二月
玉米	—	种玉米，施农家肥	间苗、移苗、补苗	第一次中耕	第二次中耕	收获，整理土地	秋种玉米，施农家肥	间苗、移苗、补苗	第一次中耕	第二次中耕	收获，整理土地	收获，整理土地
黄豆	—	—	—	下种	下种，除草	除草	—	—	收获	收获	—	—
黑豆	—	—	—	—	—	—	下种，施农家肥	第一次中耕	第二次中耕	—	—	—

197

续表

月份 作物	正月	二月	三月	四月	五月	六月	七月	八月	九月	十月	十一月	十二月
莜麦菜	—	播种，施农家肥	除草，浇水，施农家肥	收获	收获	—	—	播种，施农家肥	除草，浇水，施农家肥	收获	收获	—
芥菜	—	—	—	—	—	—	播种，施农家肥	浇水，培土	—	收获	收获	—
菜花	—	—	—	—	播种，施农家肥	播种，施农家肥	浇水，培土	收获	播种，施农家肥	浇水，培土	收获	收获

续表

月份\作物	正月	二月	三月	四月	五月	六月	七月	八月	九月	十月	十一月	十二月
包菜	—	—	收获	收获	—	—	—	—	播种,施农家肥	浇水,培土	除草,培土	—
白菜	—	播种,施农家肥	浇水,培土,除草	浇水,培土,除草	收获	收获	播种,施农家肥	浇水,培土,除草	浇水,培土,除草	收获	收获	—
红薯	—	育苗	育苗	移植	移植	中耕	中耕	—	收获	收获	—	—
南瓜	—	种南瓜,施农家肥	种南瓜,施农家肥	培土,除草	采摘南瓜苗	采摘南瓜苗	收获	收获	—	—	—	—

截至2012年年底,该村金银花种植面积是100亩,一般种植在半山腰。野生金银花生长得比较分散,长在山顶上。很多村民去山上采野生的金银花

卖给收购、加工金银花的人。金银花收入占居民家庭平均收入的10%左右。古荒、排引等自然村利用石山荒地种植金银花。金银花耐旱、耐寒，土壤要求不严格，适应能力较强。一年采摘一次，大致时间为春末夏初的时候，生命期一般为10年。主要作用是作药材、泡茶，具有清热解毒的功效，畅销全国。竹子耐旱，土壤要求不严格，适应能力较强。主要用来编制竹筐、凉席、盖房子、磨碎喂猪等。❶

第二，畜牧业。截至2011年年底，全村养殖的主要是土鸡、杂交鸡、麻鸭、西洋鸭、猪、牛、狗等。有微型企业7家，都是养殖业。分别是家住街一的林某注册的养猪微型企业，养有130头猪，平均一年收入大概18万元。家住新街的海某（女）注册的养殖土鸡、猪的微型企业，养土鸡100只，猪56头，一年收益大概是88000元左右。家住街一的刘某注册的养猪微型企业，养有120头猪，平均年收益是15万元。家住上寨的冯某注册的养鸭、养猪微型企业，养有鸭子50只，猪70头，年平均收入10万元。家住新街的蓝某注册的养猪微型企业，养有猪90头，平均年收益12万元。家住弄拉屯的廖某注册的养猪微型企业，养有猪85头，平均年收益11万元。家住上古拉的鹿某注册的合作社，现已经有9人入股，联系的农户有29家，与两家大型饭店进行定期送货，从种植无污染的莜麦菜到现在已经扩大到十六七种，如金银花、黑豆、干菜等，并且也涉及养猪业，年平均收益13万元。

截至2011年年底，古寨村生猪价格为7~8元，一只小猪大概饲养4~5个月可以销售。土鸡大概养到4~5斤，一斤大概20元；普通鸡大概养到10~13斤，一斤大概10元；鸭大概养到8~9斤，一斤大概10元。❷

第三，手工业。全村的人大约有50%的家庭自己酿玉米酒、红薯酒，一般不卖，主要是自己饮用。一小部分家庭生产之后卖给本村的小卖部。红薯酒比玉米酒贵5毛至1元不等。生产米粉的，大概一斤价格为1.5元，每天依据销售量来决定生产多少，一般一次生产200斤左右，年收益10万元左右。有生产豆腐的，大概一天生产100斤，一斤卖1.5元左右，年收益大概5万元。❸

第四，商业。该村有个体工商户50~60户，大致有家具店、电器店、五金店、零售商品店、修车店、化肥店、农药店、衣服店、婴儿奶粉店、手机店、饲料

---

❶ 根据马山县古寨村村主任提供的《古寨村简介》整理。
❷ 同❶.
❸ 同❶.

店,等等。资金投入在5万~15万元不等。年平均收益为6万元。❶

(四)文化传统

壮族传统文化具有共性,同时壮族文化也具有开放性和多元性的特征。古寨村传统娱乐活动为唱山歌、打榔舞(见图4-3)。在宗教信仰方面,壮族属多神信仰,受道教影响比较深,祖先崇拜盛行,几乎家家户户家中都挂祖先的灵位。在丧葬习俗方面,他们认为,人死之后,灵魂是不灭的,只要好好供奉,就会保佑下一代。在传统节日中,除春节外,古寨村村民重视清明节、7月14日的中元节,几乎全家出动。在传统性别文化方面,家务劳动一般妇女主动承担,自己的丈夫在家务劳动中是"打下手";家庭的重大决策上虽然共同商量决定,但是最终的决定权一般还是男性;家庭经济收入主要是夫妻共同取得,男性偏高;在公共领域上,壮族男性参与的积极性要高于壮族妇女。古寨村中依然存在"男尊女卑"思想,大部分壮族农村妇女还是以家庭为重、以丈夫为重。

图4-3 老人在教小孩打榔舞

(五)村民自治发展概况❷

1978年改革开放之后,人民公社逐渐解体,村民自治慢慢地发展起来。而改革开放后最早建立村民自治组织的正是少数民族地区——壮族聚居的广西宜州屏南乡合寨村果作屯。当年人民公社解体后,公共事务处于无人管理的状态,社会矛盾不断增多。1980年2月,广西宜州合寨村果作屯队长韦

---

❶ 根据马山县古寨村村主任提供的《古寨村简介》整理。
❷ 同❶.

焕能建议在村里建立一个新的管理组织来解决社会矛盾,经过讨论建立了村民委员会。这是我国第一个村民自治组织。1982年我国修订颁布的《宪法》第一百一十一条,把"村民自治"写入《宪法》。1984年,广西马山县古寨瑶族乡成立了,1984年设立马山县古寨瑶族乡古寨村村民委员会。2011年9月古寨村村委会已经举行第6次换届选举。古寨村历届村主任分别是1984年上任的彭某、1999年上任的潘某、2002年上任的皮某、2005年上任的庞某、2008年上任的庞某、2011年上任的鹿某(女)。政府在村民自治中,逐步转变职能,变领导为指导、协助村委会工作。现在村的领导班子构成如下:主任鹿某(女,壮族)、副主任彭某(瑶族)、会计立某(女,壮族)、文书林某(瑶族)、妇女主任卢某(女,壮族)、治保主任雷某(壮族)、团委书记廖某(壮族)。

2012年我们在古寨村调查时,村党总支部成员分别为党总支部书记鹿某(女)、党总支部副书记朋某、宣传委员品某(女)、组织委员卢某(女)、纪检委员雷某。下设3个屯党支部,分别为古讲片、古寨片、古拉片,党委书记均为男性。现有党员81人,男性党员72人,女性党员9人。村民小组29个,由人民公社时期"生产队"一级改设而成,有板一、板二、街一、街二、桥头、新街、排鸦、上寨、提漏、弄落、荒一、荒二、洋一、洋二、上拉一、上拉二、中古拉、拉角、下拉一、下拉二、拉仇、讲一、讲二、讲三、引一、引二、拉旧、提芽、提茂,村民小组组长男24人、女5人(见图4-4)。

图4-4 广西马山县古寨村委会

随着男女平等基本国策的推广,少数民族地区农村妇女在村民自治中的参与程度有所提高。本次调查点——广西马山县古寨村,在村"两委"中,村委会领导班子有7人,其中壮族妇女有3人,村党总支部有5人,其中壮族妇女有3人,男女比例协调(见图4-5)。但是,这仅仅是个别壮族农村的现象,妇女表现比较积极。通过对收集到的资料进行分析,把壮族农村妇女纳入良性社会关系中进行思考,与壮族男性进行比较,农村妇女在村民自治中的参与还存在一定问题。

图4-5 古寨村委会在开会

二、壮族农村妇女参与村民自治取得的成效

(一)民主选举中的角色:参与选举并当选村干部

在乡以下的村民委员会问题上,即将原来的生产大队改为村民委员会,生产队改名为村民小组,基本没有实行宪法或者相关政策规定的"民主"改制,基本由乡政府委任,没有实行以民主选举为核心的自治,对村里事务实行干预,到1988年6月,《中华人民共和国村民委员会组织法》试行,明确把国家政权组织与村级组织作了区分,各个村才逐渐的实行民主自治。❶

民主选举是基层民主政治建设的核心内容,是村民自治的基础和前提。❷在我国现在的村民自治中,民主选举主要指村民委员会的选举,村民直接选举村委会。❸依据《村委会组织法》第十三条及其有关规定:年满18周岁

---

❶ 金太军.村庄治理与权力结构[M].广州:广东出版社,2008:62.

❷ 刘友田.村民自治——中国基层民主建设的实践与探索[M].北京:人民出版社,2010:52.

❸ 蒋华勤.村民自治研究[M].宁波:宁波出版社,2003:113.

的享有政治权利的村民都具有选举权与被选举权。❶

随着村民自治制度的不断完善,古寨村在村委会成员的选举中,打破了以前乡政府指定村委会成员的现象,民主选举更加趋于完善。社会性别主流化的推进,男女具有平等获得权利的机会,壮族农村妇女利用这个机会逐渐地在民主选举中扮演了自己的角色。

在古寨村,村"两委"男女比例协调。在村"两委"中,打破了"男尊女卑"的传统习俗。这些壮族农村妇女进入村"两委"之后,凭借着自己的能力为村里面做贡献。

个案4-1:鹿某,女,47岁,壮族,党员,高中文化,村主任、党总支部书记

1984年,我嫁到了上古拉屯,1994年,乡镇府推荐我当村妇代会主任,后来又推荐当会计,直到2005年,我被群众推选当上了村党总支部副书记、村委会副主任。村委会成员以前的时候都是乡镇府指定,一般都是指定男性,很少指定妇女,即使指定妇女,也被安排到不重要的岗位,不过现在已经好多了,都是村民选举产生。

我刚刚嫁过来的时候,我和老公利用水库优势搞养殖,并且老公有一手修理电器、汽车的技术,家庭经济比较不错,于是我就想着为村里面多做点贡献。1999年初春,我利用上级的一笔专门扶持农户发展养猪业的小额信贷资金,依靠这笔资金使当时80多户靠养猪的人摆脱了困境。到目前为止,我们村已经有300多户靠发展养猪业摆脱了贫困。2001年年初,我听说广西玉米研究所正在全区各地进行优质玉米良种示范推广试验,于是我托人到处打听并买回5千克种子在自家土地上试种。我当时跟老公商量之后,掏出了2000多元钱让8个农户去南宁学习培训技术,并每家试种1亩,结果这些农户试种的玉米亩产超出传统的1倍多,通过科学技术引导了农民走上了致富的路子。目前,全村农民连片种植的竹子、金银花、蔬菜以及种桑养蚕等10多个项目全部引进优良的种子和优秀的技术种植。2007年,为了带领村民致富,组织村民种无污染的天然荭麦菜,一开始没有人响应,我就带领我们家人一起种植,做示范。到2012年3月19日,正式注册为微型企业。此时,已经有9人入股,联系的农户有29家,与两家大型饭店进行定期送货,从种植无污染的荭

---

❶ 根据《中华人民共和国村民委员会组织法》(2010年修正版)整理分析得到。

麦菜到现在已经扩大到十六七个品种,如金银花、黑豆、干菜等,并且也涉及了养殖业。送货时,我先安排送贫困老人的,然后再送自家的。有时候,我的一些菜就烂在地里面。能够给贫困老人一些帮助,让他们在劳动力减弱的时候,还有一定的经济收入,我很高兴。

这个村子四面环山,以前许多自然村道路崎岖,没有干净的水喝,对此,群众反映最为强烈。我始终把这事放在心上,不断地向乡里反映争取上级帮助解决。截止到2012年5月,全村22个自然村已经通车、通电,21个自然村饮水困难基本解决。(编号1)

个案4-2:卢某,女,33岁,壮族,党员,中专文化,村妇联主任、党总支部组织委员

我今年跟老公结婚13年了,老公是入赘到我们家的,爸爸帮我们在本村盖了一座三层小楼。结婚之后,老公去广州打工,我跟着爸爸妈妈和弟弟生活。主要以家中制作米粉为生,妈妈是家中的"精神支柱"。2000年,妈妈突然去世,我们的家都快垮掉了,于是老公从广州回来,支撑起了这个家,但是我的精神一直处于低迷状态。

2005年的时候村干部在村里动员妇女积极参与到农村事务中来,我周围的妇女姐妹们有的说:"一天种田干家务累得不行哪有时间再揽这个事呀,再说干不好,别人不笑话啊。"当时我就想:"干得好不好,咱得试试才知道啊,正好调节下我的心情。"我回去和家里人商量。老公说:"你要是真想参加村里的领导班子,咱家里支持你。"家里人这一支持,我一股劲就参加了选举,后来就选上了妇女主任。能够成为村委会成员。这是我以前不敢想的,因为以前都是乡镇指定。我当选之后,配合村里的领导班子组织妇女工作,定期传达县里妇代会的通知,举办妇女生理健康、养殖、做饭的培训。渐渐地和村里的妇女们沟通越来越多了,有时工作也会遇到一些问题让我很烦恼,但看到自己也能为建设村子出上力,就很开心,慢慢地从悲伤中走出来了,就更想做好工作为村里的妇女发展多献点力。(编号2)

通过以上案例,我们发现,以前村委会领导班子的成员主要是乡镇党委政府指定,而且偏向男性。村民自治后村里的"两委"的组成人员要求必须有女性。无论壮族妇女抱着什么样的心态进入领导班子,在她们成了村领导班子成员之后,为村民多做一点贡献的思想是难能可贵的。壮族妇女具有独立、自主的价值观,在社会政治参与中对男性平等的追求与向往。她们用自己的实力,证明了壮族妇女可以和壮族男性一样参加村级公共事务管理。

对于古寨村壮族妇女在村"两委"中逐渐有了自己的身影,壮族男性有什么看法?笔者访谈了古寨村的力某,他说:"只要她们有这个能力,有精力就去做。能为村里面做贡献的,我就支持。现在也不是古代那么保守了,但是,我觉得这还是少数吧。"❶

关于这个问题笔者又访问了古寨村的令某,她说:"她们有能力去做,文化高。我不行,我没有那个能力,管不了村里面的事情,就算当了也没有人听。她们只要能为村子做点实事,无所谓谁当都可以。不过妇女有能力,真是值得骄傲的事情。"❷

对于她们这种从"家庭人"到"社会人"的转变,其他壮族男性和女性村民表示可以接受,只要有能力就可以去做,壮族妇女为这种转变而骄傲。壮族妇女社会地位的提高并得到人们的认可说明了她们用自己的行动,反对性别的偏见和歧视,追求公平、公正、平等。

还有一种就是壮族妇女具有选民资格,在3年一度的村委会选举中,投上自己宝贵的一票。根据编号1村民所说。在村民自治建立之初,村委会成员一般指定的都是男性,村民不参加竞选,随着社会运行的发展,村民自治制度的完善,民主社会的发展,社会性别主流化的推进,壮族农村妇女具有了选民资格。

由于广西马山县古寨村主要是在山区,经济发展落后,随着社会流动加大,很多壮族男性,一部分壮族妇女外出打工,但是她们还是本村的村民,所以她们有权参加选举。对于这部分壮族农村妇女,笔者访问了编号1的村民,她说:"我们在选举前,由村民选举委员会先确定哪些具有选民资格,对于具有选民资格,但是不在本村的壮族妇女,我们会请她写委托书,然后委托家人或者本村其他具有选民资格的人代为选举。"❸

随着社会的发展,男女平等观念的传播,壮族农村妇女在参加村民自治的民主选举中,地位逐渐提高,具有了选举权。在民主选举过程中,壮族妇女

---

❶ 访谈对象:力某,男,壮族,初中,村民代表,群众;访谈时间:2012年5月;访谈地点:受访者家中。
❷ 访谈对象:令某,女,壮族,初中,村民代表,群众;访谈时间:2012年5月;访谈地点:受访者家中。
❸ 访谈对象:鹿某,女,壮族,高中,村主任、党总支部书记;访谈时间:2012年5月;访谈地点:古寨村委会。

扮演了一定的角色。对于外出打工的是本村村民的壮族妇女,也可以委托家人或者其他人帮忙履行自己的选民资格。壮族农村妇女能有这样的变化,是男女平等国策的实践,体现了她们社会地位的提高,这也是村民自治不断完善的结果。

(二)民主决策中的角色:参与决策

社会是不断地运行的,村民自治制度也是在社会运行中不断地完善。古寨村在重大事情的决策上,逐渐打破了以往由乡镇政府作决定的惯例,村民开始自己对自己的事情进行决策,正如金太军所说,在村民自治建立之初,乡镇府对村里事务实行干预,随着性别主流化,壮族农村妇女也参加到了民主决策中来。

关于村民决策问题的转变,笔者访问了编号1的村民,她说:"以前的时候,村里面的决策权都在乡镇政府,现在乡镇政府逐渐地放权,我们村子可以关于自己的事情,自己作出决策,乡镇政府仅仅起到指导作用。"❶

民主决策是村民自治的中心环节。❷在民主决策中,主要包括:一是村民直接对本村重大事务决策的参与,主要是通过村民会议或村民代表会议;二是村民直接提出关于村民切身利益的意见,村委会依据民主的原则作出决策,处理日常事务。❸

《村委会组织法》规定,除了村委会成员选举、罢免之外,村民代表会议可代表村民会议进行重大决策。❹随着社会的发展,古寨村壮族妇女逐渐摆脱了"男尊女卑"的思想,参与到了村中重大事务的决策,在民主决策中,扮演了自己的角色,为村民自治做出了自己的贡献。

个案4-3:苹某,女,60岁,壮族,群众,初中文化,村民代表

我当村民代表大概有20年了,以前不叫村民代表,叫生产队队长,我就是生产队队长。那会儿村里搞家庭联产承包责任制,生产队就改成了村民小组,我就变成了村民代表。村里面作出重大决策时,由于各个屯比较分散,人

---

❶ 访谈对象:鹿某,女,壮族,高中,村主任、党总支部书记;访谈时间:2012年5月;访谈地点:古寨村委.

❷ 蒋华勤.村民自治研究[M].宁波:宁波出版社,2003:142.

❸ 任大鹏.新农村:管理民主[M].北京:中国农业大学出版社,2007:16.

❹ 根据《中华人民共和国村民委员会组织法》(2010年修正版)整理分析得到。

口比较多,村里不方便召开村民大会。一般是召开村民代表大会,就是全村的29个村民代表和村"两委"的领导班子成员的会议。因为我是村民代表,所以我也参加了,也主动反映过意见,而且也偶尔被采纳。记得2011年,有一次召开村民代表会议,讨论村里面道路建设问题,会上各个代表发表自己的意见,接着由村主任总结,最后以少数服从多数的原则通过该意见。在会议上,还是男性发言比较多,女代表也发言了,不过比较少。我当时也发言了,主要是希望先修我所在的屯的道路。不过会议最终决定先修道路最难走的提茂的公路。(编号4)

古寨村由于各个自然村比较分散,村里作出重大决策时,可以用村民代表会议代替村民会议,然后由村民代表向各个"屯"的村民传达重要决策,村民对此发表自己的意见。壮族妇女通过参加村民代表会议表达自己的意见,尽管可能是关系到自己或者本"屯"的利益,但是这相对于以前壮族农村妇女一直忙于家务或者生产活动时已经有所进步。

还有一种情况是古寨村村民可以直接提出关于村民切身利益的意见,村委会依据民主的原则做出决策,处理日常事务。

个案4-4:历某,女,45岁,壮族,群众,初中文化,村民

我在村市场经营已经6年了,老公在南宁打工,家里只有我、婆婆和我15岁的儿子,我平时跟婆婆来菜市场卖菜和大米,婆婆有肺炎,闻到刺激的味道,总是不舒服。这个市场卫生问题严重,每天都散发出一股难闻的味道,我还好说,就怕婆婆受不了。而且这个菜市场摊位摆放不合理,卖鸡肉、鸭肉、鱼等摊子的和我们这些卖大米、蔬菜的摊位交错在一起。对于这个问题,我向村领导反映过,村领导说:"我们会考虑的。"还好,最近村委会的人雇用专门打扫卫生的人来清理,市场终于干净了一点。(编号5)

笔者在访问过程中,发现壮族农村妇女对于村民自治及其民主决策的概念有些模糊不清,笔者进行解释后,才明白。尽管壮族农村妇女为了自己家庭的利益提出意见,但是她们在不自觉中参与了民主决策。

关于壮族农村妇女参与民主决策和妇女参与公共事务,男性村民有什么看法?古寨村的来某说:

现在妇女如果有时间,有文化,她们参加村里的决策,提出有关自己或者对本村有好处的意见,我还是支持的。但是我觉得现在很多妇女参与决策提出的意见都是关于自己屯的或者自己的利益的。❶(编号27)

随着社会性别主流化,村民自治制度的不断完善,壮族妇女在民主决策中扮演了一定的角色,决策参与程度比以前提高,可以表达自己心中所想的意见,壮族男性也对这种变化表示了认同。大部分壮族农村妇女参与决策主要为自己或者自己屯的利益着想,但是无论是出于什么目的或者结果怎么样,壮族农村妇女还是表达了自己的意见,说出了自己的想法,表达了自己关于村事务的意见。壮族妇女比以前更注重自己的权利,体现了壮族妇女对于男女享有平等权利的诉求。

(三)民主管理中的角色:发挥作用

随着村民自治制度在社会运行中不断完善,对于村子的管理,主要靠村民自己制定的"小宪法"来实行自我管理,打破了以前依靠乡镇政府管理无章可循的局面。编号1对笔者说:"我刚嫁到这个村的时候,这个村子刚刚实行村民自治,还不知道怎么管理,处于比较乱的状态,村民争水争电,林木被砍。现在好了,村民有章程来约束。"这说明1988年我国第一部《村民委员会组织法》试行后,村民委员会逐渐依法行使自治权力。

民主管理被比喻成"小宪法",实现自我管理、自我教育和自我服务。❷主要是参与制定和修改村规民约和《村民自治章程》;关于村里面怎么管理,村民可发表意见。村规民约一旦制定,以后一般不会有太大的变化,不会怎么进行修改。

古寨村壮族妇女凭借着自己的努力,参与到了"小宪法"的制定与修改中,在民主管理中扮演一定的角色。壮族妇女在"小宪法"的制定过程中,肯定会考虑到妇女的诉求,把妇女的切身利益放在其中,这体现了时代的进步和社会的进步,男女两性逐渐享有平等的社会地位。

---

❶ 访谈对象:来某,男,壮族,初中,群众,村民代表;访谈时间:2012年5月;访谈地点:受访者家中。

❷ 任大鹏. 新农村:管理民主[M]. 北京:中国农业大学出版社,2007:19.

个案4-5:浦某,女,64岁,壮族,群众,小学文化,村民代表

我从1996年到现在一直是村民代表。你说的民主管理,我是不懂,但是你说是关于村委会门外挂的那个牌子,我知道那是村里面的村规民约。这个制定大概有10年了吧,一直没有怎么修改。制定之前,村里的秩序很混乱,偷盗、抢东西的事情很多。没有办法,村主任根据上面的要求也开始制定村规民约。制定的时候我也参加了,我记得当时制定的时候,主要参加人员是村民代表和村领导班子,我对关于村规里面的偷牲畜的罚款金额发表了自己的意见,但是最后还是没有被采纳。发表意见的主要是男性,他们比较积极,争先恐后。最后由大家商议,按照少数服从多数的原则,通过了这个村规民约。制定之后的村规民约一开始是纸质版的,传给大家看。10年后,又召开村民代表会议,经大家讨论通过,修改了一些细节,把它挂到了村委会外面和街道的各个显著位置。村规民约刚刚订立那会儿,村民还不怎么遵守,有的经常还是触犯。记得有一次,蓝治(化名)家丢了1头牛,蓝治找到了村主任,经过村里调查,发现是他的邻居偷的,于是对他的邻居按照村规的约定罚款30元。慢慢地,村里面的人逐渐地按照村规民约的规定办事了,村里的秩序逐渐地好起来了。(编号6)

随着社会性别主流化,男女平等观念的传播,古寨村壮族妇女在民主管理中扮演着自己角色,可以表达自己对村规民约的制定和修改意见,表明她们在民主管理中的参与程度比以前提高。管理村庄的村规民约的制定和修改,参加人员主要是村民代表、村"两委"以及村中比较有威望的老人。村规民约在村庄管理中具有一定的权威效益,壮族妇女对于村规民约里面的内容提出了自己的意见,虽然未必被采纳,但是壮族妇女还是主动表达了自己的意见,这足以体现壮族妇女对于平等权利的追求。

(四)民主监督中的角色:监督村委会工作

随着社会性别主流化的推进,男女平等享有监督权利,壮族农村妇女参与民主监督,扮演了一定的角色。民主监督是村民自治的重要保障。在民主监督中,村民有权监督村委会工作和行为,听取和审议村委会的工作报告,从而实现村民的知情权和评议权。

关于壮族农村妇女对于民主监督的参与变化,编号1的村民说:"以前的时候很少有村民监督村委会工作,以前的时候,在我的印象里,仅仅少数几个男性村民代表问过关于村里集体财产的事情,现在,也有妇女代表过问了。"❶

定期听取和审议村委会工作报告是民主监督的一种主要形式。古寨村壮族妇女具有监督村委会成员工作,听取审议村委会工作报告的权利,这个会议半年或者1年举行一次,参加人员主要是村民代表、村"两委"成员,会后,由村民代表把审议的结果传达给各个自然村的成员,由成员提出异议,如果没有异议,则这份报告通过。

个案4-6:路某,女,48岁,壮族,群众,初中文化,村民代表

我是7年前当上村民代表的,现在还是村民代表。对于你说的民主监督,我有点不懂,但是你说的定期听取审议村委会工作报告,我确实参加过。这个会议要求村民代表、村委会成员和党支部成员都要参加,村委会主任作出工作报告,一年或者半年举行一次。我记得2007年,有一次参加这个会议,听村主任进行村委会这半年来的工作汇报,对未来半年或者一年村子的发展做一下规划。会上大家讨论村里面的集体经济承包收入的用途。有的希望以后分给每个人,有的希望以后拿来修路等。我也发表了我个人的意见,希望拿来修路。最后,由少数服从多数的原则村委会采纳了我的建议,然后各个村民代表回去再传达给各个村民小组的村民,来对村委会成员的工作和行为进行监督与评议,我们小组村民也没有啥意见,只有几个男性青年问了问。(编号7)

古寨村壮族妇女村民代表可以定期参加听取和审议村委会工作报告,表明壮族农村妇女具有了民主监督权。如果发现损害村里利益或者自己自然村利益的事情,她们可以直接代表自己的小组表达自己的想法。在听取和审议村委会工作报告时,壮族妇女村民代表发表自己的意见,而且这些意见有时候还会被采纳,这是两性平等的体现,社会性别主流化的体现。壮族农村妇女能够逐渐地认识到自己有监督村委会的权利,不像以前那样认为村委会成员都是"官",想做什么就是什么,说什么就是什么,跟自己没有什么关系,自己也没有权利去监督他们。

---

❶ 访谈对象:鹿某,女,壮族,高中,村主任、党总支部书记;访谈时间:2012年5月;访谈地点:古寨村委会。

还有一种情况是村委会做出的一些事情,如果损害了村民的利益,该村妇女就有人直接去找村委会成员反映,村委会根据民主表决,作出调整。

个案4-7:章某,女,38岁,壮族,群众,初中文化,村民

我家是在菜市场旁边开超市的。记得前年,村委会对菜市场进行整治,不知道怎么整治的,那些卖鸡、卖猪的都摆到我们这几家开店的门口了,每天都是臭气熏天,顾客越来越少,跟那些卖鸡、卖猪的说,他们说他们也没有办法。最后,只能找到了村委,村委针对这种情况,说可能是他们没有考虑周全,最后把这些卖鸡、卖猪的单独放在了菜市场的某个角落。(编号8)

其实,壮族农村妇女并不一定了解民主监督的概念,但是确实发挥了一定的监督作用。无论壮族农村妇女出于什么目的参加民主监督,但是,她们都在民主监督中扮演了一定的角色,这表明壮族农村妇女权利意识的觉醒和男女平等观念对壮族农村妇女的影响,在民主监督中的参与程度有所提高。

中国经历了2000多年的封建社会,汉武帝采用董仲舒的建议"独尊儒术",儒家思想一直是封建社会的正统思想,女子"三从四德"盛行。从秦汉时期开始,整个岭南地区就成为中国的一部分,深受汉文化的影响。中华人民共和国成立以后,"男女都一样""妇女能顶半边天"的口号在中国传开,妇女地位有了很大提高。1995年9月联合国第四次世界妇女大会在北京召开,把男女平等作为我国的一项基本国策,表明国家在政策上开始重视妇女的地位。随着政策的推进,在广西马山县古寨村,一部分壮族农村妇女凭借自身的勤劳与智慧,逐渐的参与到村民自治中,在村民自治中发挥了一定的作用,在民主选举中逐渐具有了选举权与被选举权;在民主决策中,逐渐具有了重大决策的参与权;在民主管理中,参与"小宪法"的制定与修改;在民主监督中,逐渐具有了监督村委会的权利,这一研究结果与第三期中国妇女社会地位调查(广西状况)主要的调查结果:女性参与决策和管理的程度有所提高相吻合。马克思指出:"社会的进步可以用女性(丑的也包括在内)的社会地位来精确地衡量。"[1]从中华人民共和国成立到现在,取得了许多重大成就,证

---

[1] 中共中央马克思恩格斯列宁斯大林著作编译局.马克思恩格斯选集:第4卷[M].北京:人民出版社,2012:162.

明中国社会是在不断地向前发展的,壮族农村妇女在村民自治中扮演着一定的角色,政治地位得到了提高。

三、壮族农村妇女参与村民自治存在的问题

古寨村壮族农村妇女在村级治理工作中有了自己的身影,发挥了一定的作用,为村民自治做出了一定的贡献,体现了性别主流化在农村的传播有一定的成效。社会性别主流化主要是将社会中的男女两性作为平等的人给以尊重,反对任何性别的偏见和歧视,体现公平、公正、平等的社会价值观,体现男女的权利和机会平等。但是,随着社会性别主流化的推进,如果把壮族农村妇女纳入两性社会关系中,与壮族农村男性进行比较,壮族农村妇女参与村民自治还存在着一定的问题,与社会性别主流化的要求还存在较大差距。

(一)参与意识淡薄,参与能力差

大部分壮族农村妇女参与意识薄弱,参与能力差。在古寨村,对于村级治理工作的热情和政治意义的了解,仅仅集中在村领导班子、村民代表、党员和一小部分比较积极的壮族农村妇女身上。壮族农村妇女参与民主选举还处于被动状态,村民选举委员会拿着流动票箱,让她们选,她们才会选,如果不让她们选,她们不会主动去选。

个案4-8:潘红某,女,28岁,壮族,群众,初中文化,村民

以前我们家光种地的时候,等到村里选举,也会和周围邻居说到就到,寻思着选谁。后来我家开了商店,一天的心思都投在这商店上了,老公十天半个月出去进货,我俩也没啥时间关注村里选举的事了。去年选举时,俺们村的村民代表拿着流动票箱让村民投票,我还想着要不让我选我就不选了,反正也没时间。后来流动票箱拿到我这儿,我也不太懂怎么选,村民代表给解释了怎么选,我也就跟着怎么选了。(编号9)

采访中,关于壮族男性外出打工,壮族妇女帮忙选举的情况的叙述:

个案4-9:普某,女,40岁,壮族,群众,小学文化,村民

我在家种地,有时去小卖店打打工,老公在广东打工,家里只有我和一个

13岁的儿子。对于村民选举,我们不怎么重视选举,选举好像还不如一些重大的节日受重视呢。逢年过节啥的,外出打工的能回来就回来,图个节日气氛。可等选举的时候你再看吧,要是没人通知,在外头的也就不选了;要是有人通知,打工的忙于活计,谁还大老远的花那么多路费跑回来参加这个选举。我老公一般不会回来,叫我帮忙代替选举,我也不会打电话,问问老公选哪个,老公对这些人又不了解,难道叫我打电话一个个的给老公介绍啊,我可没有那个时间哦。(编号10)

参加选举是需要成本的。村民委员会选举的时候,一些在外打工的村民会考虑这个成本,一般不会回来,而是委托他们的妻子代理投票,受委托的妇女一般不会主动打电话问问选谁。对于外出务工的村民而言,选举远远没有春节、清明节、7月14日中元节那么重要,不值得花时间和路费回来参加。

在村级事务管理上,表现为不少壮族妇女不怎么关心村级事务。

个案4-10:海某,女,26岁,壮族,群众,高中文化,村民

我不怎么关心村里面的那些事,我感觉我好像跟村里脱节似的,像村里面选举、作出什么决策、监督之类的事情,我根本不怎么参加,也不知道具体细节。村里面的事情,如果有人通知我,我就知道,如果没有人通知我,我也不会刻意去问。我想直接去"外面"的世界,不想局限在村里面。(编号11)

相反,壮族男性参与村民自治,表现的态度却比较积极,参与能力比壮族妇女强。

个案4-11:平江某,男,46岁,壮族,群众,初中文化,村民

我对于村里面的事情还是关心的,尽管我也比较忙,因为村里面好了,我们村民才能致富。如果村里面要我们去参加村民小组会议,我还是比较积极地参加的。对于村委会选举的程序,我都知道。(编号28)

个案4-12:雷某,男,38岁,壮族,群众,初中文化,村民

村里面有什么消息,都是"组长"(村民代表)去参加,回来之后,一般召开村民小组会议,来传达村里面的消息,我有时间都会去。在村民小组会议中,

40~50岁的男性参加的比较多。(编号29)

把壮族农村妇女纳入良性社会关系中进行思考,与壮族农村男性进行比较,发现壮族农村妇女参与村民自治意识淡薄,参与能力较差。壮族农村男性相对于妇女还是比较积极地关心村里的事务。在对广西马山县古寨村壮族农村妇女参与村民自治的研究中,妇女的参与程度有所提高。但是把壮族农村妇女纳入良性社会关系中考察,还是存在着妇女参与能力差的问题,这也间接地说明了推进社会性别主流化在少数民族地区农村存在着"软肋"。

(二)民主权利意识不足

社会性别主流化强调男女平等,意味着将社会中的男女两性作为平等的人给以尊重,妇女们具有独立、自主人格、尊严,享有权利的平等。随着性别主流化的推进,壮族农村妇女在村民自治中有了自己的身影,对于自己的民主权利意识逐渐觉醒,但是与壮族男性比较,对于自己权利的认识还是不如壮族男性。

个案4-13:花某,女,35岁,壮族,群众,初中文化,村民

我以前问过村领导很多次关于山上的公益林补助,为什么别的"屯"有补助,我们"屯"没有。村领导说,我们"屯"没有挨着公益林,所以没有。我自己心里很不舒服,谁知道村领导说的是"真的"还是"假的"。反映了,也没有人理。但是,也没有办法,人家是"官",我是"民",能怎么办。(编号12)

个案4-14:黎某,女,33岁,壮族,群众,初中文化,村民

对于村里面的事情,我不怎么关心,我关心也没有什么用,反映给村领导,没人搭理我,我没有那个权利,一般都是"组长"和村领导的事情。(编号13)

对于生态公益林补助出现的疑问,壮族农村妇女一般不去反映,认为村委会成员是领导,应由他们去反映。有些壮族农村妇女反映问题之后,没有得到解决,就不继续追问原因,而是保持沉默,认为自己没有权利。这种观念的存在,严重影响妇女参与村民自治的积极性。

壮族男性在村民自治中的权利意识,相对于壮族妇女要强一些。一位壮

族男性说：

> 在选举的时候，如果有其他人，没有我，我当然要问问，为什么没有我？我觉得这是我应该有的权利。[1]（编号30）

壮族男性在选举村民委员会成员时，如果别人参加自己没有参加，会问一下为什么，这表示对自己权利的争取。一个壮族男性表示：

> 村里面发生什么事情，我是比较关心的，毕竟我是这个村的村民，如果村领导作出啥决策，我不知道的话，那怎么能行，如果不合乎大家的利益，我还是要求反映呢，现在都要求为人民服务嘛。我每天晚上经常看新闻的，关心国家大事。看看有什么惠农政策什么的。[2]（编号31）

壮族农村妇女对于权利的认知不如壮族男性。对于村级事务的管理，如果触犯到壮族妇女的权利，她们只能说没有办法，把村委会成员当作"官"，自己当作"民"，这是一种封建思想的残余。壮族男性在村民自治的参与中扮演的角色要比妇女在村民自治的参与中扮演的角色要积极。相比之下，壮族男性就会问为什么会这样安排管理，这种体现了男女在权利意识方面的性别不平等现象。

(三)"四个民主"参与程度较低

妇女的政治参与是衡量一个国家民主进程的重要指标。召开村民会议，要集中到18岁以上的1/2以上的村民，或者集中2/3本村户代表参加，所作的决定应该达到出席人员的1/2同意。[3]《村委会组织法》规定，除了村委会成员选举、罢免之外，村民代表会议可代表村民会议进行重大决策。[4]古寨村由于自然村比较分散，路比较远，村民平时比较忙，召开村民会议很困难，所以，该村是由村民推举出村民代表来参加村民代表会议，开完之后，各个村民代表把开会内容以召开村民小组会议的形式来传达给各个"屯"的村民，村民具有

---

[1] 访谈对象：男，壮族，群众，初中文化，村民；访谈时间：2012年6月；访谈地点：受访者家中。
[2] 访谈对象：男，壮族，群众，初中文化，村民；访谈时间：2012年5月；访谈地点：受访者家中。
[3] 任大鹏. 新农村：管理民主[M]. 北京：中国农业大学出版社，2007：17.
[4] 根据《中华人民共和国村民委员会组织法》(2010年修正版)整理分析得到。

发表意见的权利,如果在村民小组会议中,这个意见被大部分人认同,村民代表把意见反映给村委会,由村委会召开村民代表会议或者村委会会议来决定。所以,调查的时候,把召开村民小组会议对于"四个民主"的讨论,也算村民参加"四个民主"。

通过对调查问卷进行整理分析,发现壮族农村妇女参加过民主选举的人数是48人,占所调查妇女的80%;参加民主决策的人数是20人,占所调查妇女的33.33%;参加民主管理的人数是10人,占所调查妇女的16.67%;参加民主监督的人数是21人,占所调查妇女的35%。

壮族农村男性参加民主选举的人数是57人,占所调查男性的95%;参加民主决策的人数是32人,占所调查男性的53.33%;参加民主管理的人数是18人,占所调查男性的30%;参加民主监督的人数是35人,占所调查男性的58.33%。

为了进一步确认,笔者访问了编号1村民,她说:"对于村里面的事情,还是男性比较关心一点,选举的时候比较积极的投票,问问村里财务状况,反映一下哪个'屯'的路该修理了等。"

在现代社会中,男女平等观念逐渐渗透到人们的心里,把壮族农村妇女参与"四个民主"纳入良性社会关系中,与男性相比较,发现壮族农村女性对"四个民主"的参与程度不如壮族的男性。第三期中国妇女社会地位调查中,全国平均83.6%的农村女性近5年来参与了村委会选举,广西壮族农村妇女参加民主选举的低于全国平均水平,这可能与该地区处于中国西南边远地区和当地传统性别观念比较浓厚等有关。

(四)壮族妇女村民代表和中共党员数量过少

《村委会组织法》规定,除了村委会成员选举、罢免之外,村民代表会议可代表村民会议进行重大决策。因此,村民代表是联系村民与村委会的桥梁。而且,通过对调查和访谈进行分析发现,对村里面的事情比较关心和了解,扮演着重要角色的主要是村"两委"、党员、村民代表。古寨村有村民代表29人,男性村民代表24人,妇女村民代表5人。其中壮族男性村民代表22人,壮族妇女村民代表4人,壮族男性村民代表是妇女代表的5倍多。

为了了解村民代表怎么产生,男女代表对这种失衡问题有什么看法,村民代表鲁某的想法具有一定的代表性。他说:

我们村的村民代表一般是由以前的生产队的"队长"变来的,一般"队长"就是本村的村民代表,有几个自然村由于比较大,所以分了几个村民小组。村民代表3年一选,由村民小组的村民投票选举产生,但是,一般村民都会选择原村民代表。如果有些村民也想当代表,村民可以申请,参加竞选,由村民选举产生。不过,我们村的村民申请村民代表的人很少,而且一般为男性,女性几乎没有来申请的。如果原来的村民代表不想干了,一般可以推荐一人,由村民投票是否可以当选。但是所推荐的人一般都是男性,可能由于男性说话比较有分量吧。村民代表谁当都没有关系的,谁有能力谁做。现在妇女地位提高了,我的年龄比较大。以前的时候,我们村的妇女对于公共事务都不怎么参加,现在有的都当"领导"了(村委会成员)。不过我觉得还是男性代表说话比较有分量,他们知道的事情比妇女多。❶(编号32)

笔者接着又访问了一位妇女村民代表冷某,她说:

真是没有办法的事情,我的村民代表是从"生产队队长"变过来的,那时候,搞合作社,我就是干活积极,最后就叫我当"队长"了,现在搞村民自治,我就被推荐为村民代表,我的年龄大了,想退了,但是,很少有人愿意干,就算女的选上了,她们也不会去做,男的表现还比较积极一点。我觉得男性代表说话比较有分量,妇女说话有些村民不听。❷(编号14)

古寨村壮族妇女村民代表一般是由以前的生产队队长转化而来,3年一选举,想要当村民代表的人,可以去参加竞选,参加竞选的话,一般村民会选择男性。壮族妇女村民代表数量不如男性,这体现了男女在享有机会和权利上的不平等。

壮族妇女代表对壮族男性代表持肯定态度,认为壮族男性说话有分量,知识面广。古寨村各个屯比较分散,很多村民难以聚集在一起,通常是用村民代表会议代替村民大会。对村里事情比较关心和了解,扮演着重要角色的

---

❶访谈对象:鲁某,男,壮族,初中,村民代表,群众;访谈时间:2012年6月;访谈地点:受访者家中。

❷访谈对象:冷某,女,壮族,初中,村民代表,群众;访谈时间:2012年6月;访谈地点:受访者家中。

主要是村"两委"、党员和村民代表。妇女代表在村级治理工作中,就起了很关键的作用,在联系村民与村委会之间扮演了相当重要的角色,是村民参加村民自治的"桥梁"。妇女代表过少,在村委会决策中很难反映壮族妇女的诉求,调动其他壮族妇女参与村民自治的积极性。

古寨村中男性中共党员72人,女性中共党员仅9人。党员的思想教育水平、为社会主义做贡献的觉悟都比较高,对于村里面的事务参与性比较积极,在村民自治中扮演着重要的角色,能够积极响应上级的号召,起着先锋模范的作用。村里有什么事情,中共党员总是积极参加,表达自己对于村子治理的意见。同时,他们的思想比较先进,关于村民切身利益的事情,他们会发表自己的看法。古寨村壮族妇女党员比较少,不利于妇女参加村级事务,也不利于调动其他妇女参与村民自治的积极性。村领导班子的3位壮族妇女,均为中共党员。相对于壮族男性中共党员来说,壮族妇女中共党员是少之又少。壮族农村男女党员数量相差悬殊。

一位壮族女村民说:"对于我们小组里面有什么会议或者村里面的什么会议,我公公婆婆都比较积极地去参加。因为他们是党员,他们觉得是党员很光荣,他们以前都是比较积极地去申请入党,我对于入党无所谓,不过还是入了党比较好些,但是,我没有我公公婆婆那么积极地申请入党。我公公婆婆对于村里有什么重大事情,都是比较关心的,他们都会积极表达自己的意见,为村里尽一份力。"❶(编号15)

一位壮族男村民说:"因为自己是党员,对于村里面的什么事情,比较关心。组长召集我们开什么会议,我还是比较积极的,尽量去,如果村里面作出什么重大决策或者关系到群众利益的事情,我还是比较积极发言的。"❷(编号33)

为了了解村民对于入党问题的态度和村民对村中妇女党员数量偏少的看法,笔者访问了萝某。

---

❶ 访谈对象:覃某,女,壮族,群众,高中文化,村民;访谈时间:2012年5月;访谈地点:受访者家中。
❷ 访谈对象:和某,男,壮族,党员,高中文化,村民;访谈时间:2012年5月;访谈地点:受访者家中。

她说:"我都不知道在哪里入党。村里也没有人找我,叫我入党。就算我想入党,也不知道在哪里入,况且没有什么补贴,我也不会去主动打听怎么入党。我家开了一个五金店,每天我都看店,也没有时间去问,还是把自己的生活过好比较实在。感觉是不是党员没有什么关系。我觉得妇女党员偏少,这是正常现象吧。我们村一般都是男党员,很少有女党员。"❶(编号16)

壮族妇女对于入党问题的态度是无所谓,对于村里妇女党员数量偏少认为是正常现象。妇女对于这种情况保持默认,并不会去主动争取入党和按照党的标准来要求自己,影响了农村发展妇女党员。

笔者关于这个问题又访问了龙某。

他说:"我觉得还是入党好点吧。入了党,总是感觉自己在村里面有点威望,说什么有点底气。响应国家号召嘛。但是,现在也没有人找我,叫我入党。我还是努力提高自己吧,争取达到党员的标准,然后尽量去找找村委会,看看能不能入党。现在都男女平等了,如果村里面妇女党员过少,要大力发展女党员,这样好开展妇女工作嘛。"❷(编号34)

壮族男性对于入党的态度就表现得相对积极,争取提高自己,早日入党,对于村里妇女党员数量偏少认为要发展妇女党员,让妇女党员在村民自治中扮演自己的角色,方便开展妇女工作。

对于村里如何发展党员,古寨村的团支书廖某说:"我们发展党员优先考虑村民代表,随后再考虑表现比较好、思想一直向党组织靠拢的人。每年大概有3~5个名额。"❸

村级事务管理党员比较积极,壮族妇女对于入党积极性不高,对于村里的公共事务关心程度不够。壮族男性和壮族妇女村民虽然都没有村委主动

---

❶ 访谈对象:萝某,女,壮族,群众,初中文化,村民;访谈时间:2012年5月;访谈地点:受访者家中。

❷ 访谈对象:龙某,男,壮族,群众,高中文化,村民;访谈时间:2012年5月;访谈地点:受访者家中。

❸ 访谈对象:廖某,男,壮族,党员,大专,村团支书;访谈时间:2012年5月;访谈地点:受访者家中。

找他们,要求他们入党,但是壮族男性在想入党方面比壮族妇女积极,积极向党组织靠拢,努力争取提高自己,达到入党的标准。对于妇女党员偏少的问题,壮族男性表现得思想比较开放,认为应该增加妇女党员。但是壮族一些妇女在申请入党方面比较漠视,认为妇女党员偏少是正常现象,没有什么看法。壮族妇女的这种态度,对于村发展妇女党员很不利。壮族农村妇女对于自己成为党员的机会并没有去追求,这可能与当地传统的性别文化有关。

韩小兵在《中国农村少数民族妇女参与基层决策和管理的法律思考》中,提到了我国某些地区农村少数民族妇女参加各党派的人员不够普遍。❶在我们的调查对象中,党员仅占3.4%,村里无人参加其他党派。马山县古寨村壮族妇女党员占党员总数的8.6%。这种状况说明农村地区的传统思想比较浓厚。

虽然壮族农村妇女在村民自治中的参与程度有所提高,但是壮族农村妇女参与村民自治无论是参与意识还是参与行为都不算积极。这说明在少数民族地区农村妇女在村级治理中的作用依然相当有限,依然是农村政治社会生活中的"弱势群体"。这与第三期中国妇女社会地位调查报告的结果是一致的,说明这是一个比较普遍的问题。

第二节 壮族农村妇女参与村民自治存在问题的成因

一、受教育程度偏低

在现代社会中,学校教育程度对人们的政治思想和政治行为有直接的、重要的影响。文化水平高低还直接影响人和外界的交往,影响人们对各项法律的权利与义务的了解以及对社会事务的管理能力。就少数民族地区而言,受学校教育程度低在客观上难以使少数民族农村妇女参与民主管理和决策。社会性别主流化将社会中的男女两性作为平等的人给以尊重,平等享有教育的权利,反对任何男女不平等现象。

根据前面所述,古寨村村民中18岁以上的男性和女性村民的学历统计,

---

❶ 韩小兵.中国农村少数民族妇女参与基层决策和管理的法律思考[J]. 黑龙江民族丛刊,2005(6).

壮族、瑶族农村妇女的教育水平与男性相比,小学、初中的人数明显比男性多,而高中、大学学历却低于男性,这一调查结果与第三期中国妇女社会地位调查(广西状况)发现的问题:农村女性接受高中以上教育的状况有待提高是相吻合的。

与男性相比较,女性的学历偏低,影响了妇女参与村民自治的热情,参与村民自治的权利难以得到社会的认同导致农村妇女参与村民自治的能力差,"四个民主"参与程度低。

由于文化水平低,壮族妇女参加小组会议,一般不怎么发言,认为自己没有能力,不知道说什么,怕说错话,被别人笑话。壮族妇女文化水平偏低,影响了壮族妇女参与村民自治的自信心。她们提出的意见一般也很少被采纳。一个参加过村民小组会议的壮族妇女这样说:

我去年参加过村民小组会议,对于会议的内容我一般是不说话,文化水平低,没有能力,不知道应该说些什么,怕说错话,被别人笑话,提出的意见也没有人听,我也没有能力提出什么好意见。❶(编号16)

还有一种情况就是由于文化水平偏低,壮族妇女不愿意去竞选村委会成员或者村民代表,为村级事务管理服务。因为学历低在选举的时候没有人选,就算当选自己说话也没有人听。

一位壮族妇女说:"我不想参加到村委会或者村民代表的竞选中,因为我文化水平低,没有人选我,也没有能力,对村里的事情,啥都不了解。自己说话,村里面的人也不会听,我觉得起码高中以上的人才有能力做。"❷(编号17)

壮族男性和女性在相同学历的情况下,壮族男性的自信心大于壮族女性。一位壮族男性对笔者说:"村里面有什么事情,我还是会问问的,毕竟这是关于自己村里面的事情嘛,我觉得我还是有能力参与村里面的工作的。"❸(编号36)

---

❶访谈对象:萝某,女,壮族,群众,初中,村民;访谈时间:2012年5月;访谈地点:受访者家中。
❷访谈对象:成某,女,壮族,群众,初中,村民;访谈时间:2012年6月;访谈地点:受访者家中。
❸访谈对象:平某,男,壮族,群众,初中,村民;访谈时间:2012年6月;访谈地点:受访者家中。

另一位男性村民说:"肯定要关心村里面的事情啊,村里面有什么重大决定,可能会关系到我的利益问题哦,我每次都会去。我觉得我自己还是有一定能力的吧。"❶(编号 37)

虽然经过几十年的发展,少数民族地区的妇女受教育程度依然比较低,参与村民自治时,发表自己的意见很少有人听,严重影响她们参与村民自治的热情。同时,壮族女性与壮族男性学历相当时,男性参与村民自治的积极性较高。如编号 16 和编号 17 所说,由于壮族农村妇女文化水平偏低,她们在参加村委会领导班子或者村民代表竞选时,没有人愿意选择她们,或者她们发表关于治理村庄的意见时,没有人听。少数民族妇女受教育程度低成为制约农村少数民族妇女参与村民自治的重要因素之一。

二、传统性别观念的影响

古寨村传统的社会性别观念主要是:在家务劳动中,古寨村妇女一般主动承担,自己的丈夫在家务劳动中是"打下手";在家庭的重大决策上,一般都是妇女与丈夫共同商量决定,但是最终的决定权一般还是男性;在农业劳动上,如果丈夫没有外出打工,一般都是夫妻共同进行农业生产;在家庭经济收入方面,一般都是来自夫妻共同收入,而男性的经济收入相对高一些;在工作领域,妇女在一定程度上打破传统的性别角色,主动参与到社会劳动中,为家庭经济收入增添一份力量;在公共领域,少部分壮族妇女表现出一定的积极性,主动参与到村民自治中来,但是还有大部分壮族妇女由于一些原因等,没有主动参与公共领域事务。古寨村壮族入赘现象比较普遍,这些男性在入赘之后,逐渐被本村承认,参加村里的事务。虽然社会性别主流化在农村逐渐推进,但是,古寨村中依然存在"男尊女卑"思想,大部分壮族农村妇女还是认为她们应以家庭为中心、以丈夫为重,对村里的公共事务参与的热情不高。

我觉得妇女没有必要去做"官"吧。如果有能力去做,也没有必要去做太大的"官"吧。妇女应该顾家,要把自己的老公照顾好,首先要考虑的还是自己的家庭,然后再考虑村里面的事情。❷(编号 12)

---

❶ 访谈对象:官某,男,壮族,群众,初中,村民;访谈时间:2012 年 6 月;访谈地点:受访者家中。
❷ 访谈对象:花某,女,壮族,群众,村民;访谈时间:2012 年 5 月;访谈地点:受访者家中。

我觉得还是老公、孩子比较重要。村里面事务,我感觉和我没有多大关系,不想参加,就算参加也不会去发表点什么意见,万一说错话,被别人笑话。❶(编号13)

我整天这么忙,哪有时间参与村里面的工作。我老公是开修车厂的,他根本没时间顾家。他晚上下班回来,吃完饭又要去学校打篮球。哎呀,家务、地里全是我一个人在做,我还是先把家庭弄好再说吧。❷(编号18)

我这么忙,哪有时间去参加。我还是以家庭为重,对于村里的事情,有时间就去参加,没有时间就算了。反正我也提不出什么建议,脑子全是想着我的家庭,家好了,才行嘛。❸(编号19)

传统性别观念在一定程度上,阻碍了妇女去主动参与到本村的村民自治中来,把妇女束缚在家庭、劳动中。第四次世界妇女大会,社会性别主流化口号的提出,男女平等基本国策的确立,但在少数民族地区这种愿望远未实现。古寨村仅仅一小部分壮族妇女打破了传统性别观念,追求男女平等,积极主动参加村民自治,但是,大部分壮族妇女的传统思想比较浓厚,做事情以丈夫、家庭为中心,对公共事务热情不高、关心不够。

三、家庭经济水平的制约

政治必须以经济为基础,没有社会生产力的发展就没有妇女平等的社会地位,也不会有妇女政治参与的权利。❹编号2的村民跟笔者提道:"一般家庭经济好的妇女,比较愿意在村委会中工作。"家庭经济的不平等影响了一部分壮族农村妇女参加村民自治的积极性。

古寨村自然条件恶劣,2011年全村人均纯收入仅为2350元,经济发展相

---

❶ 访谈对象:古某,女,壮族,群众,初中,村民;访谈时间:2012年6月;访谈地点:受访者家中。

❷ 访谈对象:连某,女,壮族,群众,初中,村民;访谈时间:2012年5月;访谈地点:受访者家中。

❸ 访谈对象:没某,女,壮族,群众,小学,村民;访谈时间:2012年5月;访谈地点:受访者家中。

❹ 张彬,蒋枝宏.妇女参政不足的原因及对策[J].湖南行政学院学报,2007(5).

第四章　少数民族地区妇女与村民自治

对落后,家庭经济贫困的占一大部分。壮族妇女首先要考虑自己的温饱问题,如果家庭经济不好,一般没有妇女愿意去参与村民自治。一位叫没某的妇女说:"忙着挣钱嘞,哪有时间去理村里面的事情,除非有一些事情,触犯到我家利益了,让我少拿钱了,否则,我一般不会去理村里面的事情。"❶(编号19)

壮族妇女在自己家庭经济不好的情况下,不愿意参与村民自治,她们在选举村委会成员时,也主要看谁的家庭经济好,希望可以带动自己致富。

一位叫良某的妇女坦诚地说:"我选村领导的时候,如果有妇女的话,我主要看我跟她熟不熟,家里的经济条件怎么样,家里面在村里有没有一定的威望。如果谁家庭经济好的,我一般会选她,主要是因为我觉得她家经济富裕,也希望她能够带领我们一起富裕。如果要是男性的话,首先我也会看我跟他熟不熟,在村里有没有威望等吧。如果在男性和妇女家庭经济条件一样的情况下,我肯定会选择男性啊,毕竟男性说话有点分量嘛。我们家生活水平一般,处于本村的中下层吧,我肯定不会去参加村委了,连自己的生活都没有满足,哪有那个闲情去忙其他的,还是挣钱吧,等我有了钱,再想其他的。"❷(编号20)

在女性与男性家庭经济条件一样的情况下,在选举村民代表或者村委会成员时,村民还是比较倾向于选择男性。她们认为男性说话有分量,办事让人放心。这几个妇女的话具有很强的代表性。

要让我选村民代表或者村领导的话,我一般会选40岁以下的,家庭经济较好的,学历高点的。在男的和妇女条件一样的情况下,我会选择男性,因为男性办事,我放心,而且他们说话有分量。我家经济条件不是很好,在村里说话也没有什么分量,管村里面的事情也没有人听。❸(编号21)

---

❶ 访谈对象:没某,女,壮族,群众,小学,村民;访谈时间:2012年6月;访谈地点:受访者家中。

❷ 访谈对象:良某,女,壮族,群众,初中,村民;访谈时间:2012年5月;访谈地点:受访者家中。

❸ 访谈对象:,良某,女,壮族,群众,小学,村民;访谈时间:2012年5月;访谈地点:受访者家中。

我选择村干部,主要是看他们有没有能力,家庭经济条件怎么样,如果家庭经济条件好的话,有能力,我一般会选择。记得2011年,我投票选择村委会成员,我选了3个妇女,4个男性,那3个妇女家庭经济条件很好,在村里算是中上等。那4个壮族男性,在村中的经济处于一般水平吧。但是,由于他们做了好几届了,所以我选择了他们。❶(编号38)

如果叫我选择妇女的话,我主要还是看她家庭经济条件,如果她家经济条件好,我会选择;如果不好,我是不会选的。❷(编号39)

通过这几个个案,我们不难看出,家庭经济水平也是制约壮族妇女参与的一个重要因素。妇女在没有物质基础的情况下,是不会去考虑更多的其他事情的。村民在选举村委会领导班子时,如果有妇女候选人,会看重候选人的家庭经济实力,认为她家经济富裕,也希望她能够带领她们一起富裕。在壮族妇女与壮族男性家庭经济条件相似时,她们还是会选择壮族男性。妇女在家庭经济不好的情况下,参与村民自治,说话没有分量,不能很好地表达自己的意愿。为了进一步确认,笔者访问了编号1的村民,她说:"我老公有一门修理电器、汽车的手艺,开了一个修理厂,家中还养猪,我开了一个合作社,家庭经济在村中还算富裕,有能力帮助村民就帮助点。"❸笔者针对这个问题,又访问了编号2的村民,她说:"我家是开米粉厂的,家庭经济条件还算可以。"❹这正好与张凤华在《农村妇女在村委会选举中的参与意识分析》中提到家庭经济条件与农村妇女的政治效能感、政治信任感呈正相关相吻合。❺这也验证了马克斯·韦伯提出三位一体的分层模式理论假设,同时,证明了任何民主都要以经济作为基础的历史唯物史观。

---

❶访谈对象:皮华某,男,壮族,群众,初中,村民代表;访谈时间:2012年6月;访谈地点:受访者家中。
❷访谈对象:张某,男,壮族,群众,高中,村民;访谈时间:2012年5月;访谈地点:受访者家中。
❸访谈对象:鹿某,女,壮族,党员,高中,村主任;访谈时间:2012年5月;访谈地点:古寨村村委会。
❹访谈对象:卢某,女,壮族,党员,中专,妇联主任;访谈时间:2012年5月;访谈地点:受访者家中。
❺张凤华.农村妇女在村委会选举中的参与意识分析[J].华中师范大学学报,2002(6):120.

四、多重角色的影响

角色冲突理论认为,由于多种社会地位和角色集于一个人身上,社会角色对他提出不同角色要求,从而使他难以担任,就会产生角色冲突。壮族农村妇女是比较勤劳的,除了担负生育及哺乳的责任外,很早的时候就承担起了大量家务和田里的农活,也有许多壮族妇女在离家比较近的地方工作或者和老公一起外出打工等。壮族妇女比较勤劳,总是"忙里忙外"。壮族妇女多重角色集于一身,使她难以担任,就会产生角色冲突。解决承担多重角色造成的紧张,就要把精力放在最重要的角色上。

个案4-15:连某,女,30岁,壮族,群众,初中文化,村民

我初中毕业之后就去广东的餐饮公司打工了,对于我们村的事情,我是一点儿都不管,觉得自己好像把主要精力都放在了工作上面,对于自己的角色很清楚,就是要好好地工作。那段时间,我过得真的很开心,什么都不想,经常跟我的同事们在下班之后,出去玩。在去公园的路上,我认识了我现在的老公,他是在广州的汽车修理厂工作。我们结婚之后,一起回到了他的老家(古寨村)。我把户口也迁了过来。结婚之后,自己真的很忙啊,早上要去喂猪、做饭,然后去附近的工厂做活,中午还要回来做饭,下午接着去上班,晚上回来还得做饭,做完晚饭还要下地干活。我觉得自己好累啊!自己好像忙不过来。

等我的儿子出生之后,我觉得自己更加累了,那时候,也正好我们家加入了村里面的合作社。我从早忙到晚,早上大概6点起床,看看我的小孩在睡觉,我就赶紧用大概40分钟的时间去做早餐、喂猪,然后就去地里面摘菜,整理成捆。每天早上大概8点,就有合作社的车子来我家拉菜。在这2个小时中,我还得不定时去看看小孩是否醒了。大概8点钟,我就去叫我小孩起床,喂他吃饭,然后带着小孩去地里,我一边除草,一边看着他。大概11点钟,回家做中午饭、午休。大概下午2点钟,趁孩子睡觉,我就马上起来洗衣服、喂猪。等他醒了,接着带着他去地里面干活。大概下午5点钟,我回家做晚饭、喂猪。我前天才去量体重,我比结婚前减少了大约20斤。我一天真的很累,哪有时间关心村里面有什么事情。(编号18)

---

[1] 郑杭生.社会学概论新修:第三版[M].北京:中国人民大学出版社,2003:157-158.

笔者在对编号18的村民进行访问时,她在洗菜,而她的老公刚刚忙完修理汽车的工作在上网。❶笔者对他进行了访问,他说:"我每天早上大概7点半起床,吃完早餐,大概8点开始修理汽车,中午12点吧,吃完中午饭,然后休息下,上一会儿网,到大概下午1点半,我就又要去修理汽车,一直做到下午5点半吧,之后就去村篮球场带着儿子打打篮球什么的,大概6点半吧,回家吃饭。"❷(编号41)

个案4-16:没某,女,42岁,壮族,群众,小学文化,村民

老公是附近的建筑工人,我自己租了个小店卖饰品,一忙就忙一天,没办法,为了生计。老公一般下班之后有时间,参加村民小组会议都是我老公去,我哪有时间去参加,更没有时间来关心村里的什么事情。(编号19)

通过对以上个案进行分析,我们发现壮族农村妇女的一天与男性的一天具有很大的不同,壮族农村男性一天的主要工作是上班,妇女的工作看似简单,却很烦琐、很累,扮演着多重角色,集生育、养孩子、家务劳动、农业劳动和村级管理多种角色于一身,在时间和体力有限的情况下,壮族农村妇女难以全部顾及(见图4-6)。由于古寨村传统性别思想依然比较浓厚,她们必然会轻村级管理,重生育、家务和农活,这恰恰与角色冲突理论相吻合,这也与第三期中国妇女社会地位调查(广西状况)的结果相吻合:女性家务劳动负担较重。

图4-6 妇女在田间一边劳动、一边看小孩

---

❶注:编号18家中开了一个汽车修理厂。
❷访谈对象:田某,男,壮族,群众,初中,村民;访谈时间:2012年5月;访谈地点:受访者家中。

五、政策法规宣传推广不到位

社会设置受到环境的制约,即指决定其他一切社会设置的基本特征的根本性设置。[1]1998年实施的《村委会组织法》是村民自治的精髓内容,村民参与村级治理工作的基础,是"民主选举"的基础,是民主决策、民主管理、民主监督的依据,使村民自治迈上一个新的台阶。2010年修改后的《村委会组织法》正式实施,使"四个民主"更完善和更有可实施性。《村委会组织法》决定了村民参与村民自治的情况,如果壮族农村妇女对于参与村民自治的政策法规不了解,那么会影响她们参与村民自治的程度。

对于基层民主方面的法律,由于该村壮族农村妇女的教育、时间等问题,对其了解不是很深。由于基层领导并没有去向村民宣传与推广保护妇女权利的基层民主方面的法律或者宣传不到位,少数民族农村妇女不知道地方政府正在为在政治基层参与上制定专门的规章、制度。这使得该村壮族农村妇女不知道村民自治的具体概念,参与村民自治是自己的民主权利。遇到事情之后,不知道怎么表达自己的权利,行使自己的民主权利,不知道运用法律武器来保护自己的合法权利。

一位壮族妇女这样说道:"我不了解你们所讲的《村委会组织法》,不知道自己可以参与村庄的管理。"[2](编号12)

对政治的了解和关心程度,是参加政治活动的基础。古寨村壮族农村妇女对于《村委会组织法》不是很了解,使得她们参与村民自治出现困难,参与程度低,这也恰恰说明了社会设置受到设置环境的制约。

六、村妇女组织的作用没有充分发挥

妇联是党和政府联系妇女的桥梁与纽带,是国家政权的重要支柱,它的基本职能是代表妇女和维护妇女权益。[3]古寨村妇女组织有时候也举办活动,但是她们把重心放在了生理健康、计划生育和养殖技术的培训上,并没有对妇女进行政治参与的相关培训,没有激发和提高壮族农村妇女参与的意识与能力。

---

[1] 郑杭生.社会学概论新修:第三版[M].北京:中国人民大学出版社,2003:263.
[2] 访谈对象:花某,女,壮族,群众,村民;访谈时间:2012年5月;访谈地点:受访者家中。
[3] 2008年10月31日中国妇女第十次全国代表大会通过的《中华全国妇女联合会章程》。

我每年都会去县里面开两三次会,传达县里面的重要指示。有时候,还去南宁开会。会议的内容一般都是关于妇女计划生育,妇女技能培训,还有就是下达国家对妇女的新政策,传达国家的妇女权利保护法,普及家庭教育知识,妇女文艺活动等,没有涉及妇女参加村民自治的内容。我回来之后会找村妇代会委员和妇女代表,传达会议精神。然后妇女代表在所管辖的区域召开妇女会议,传达会议关于会议精神。

关于妇女计划生育,我们在村公开栏中都有的。我们村每年也举办个关于妇女技能的培训,主要是种植、做饭之类的培训。记得有一次,我们举办关于培训妇女做饭的活动。为了调动广大妇女的积极性,我们妇代会决定,只要来参加培训的人,每人给10元钱。记得那一次,来了不少妇女。我们妇代会也经常组织大家开展妇女文艺活动,把妇女聚集起来在村广场进行跳舞等比赛活动,丰富妇女的生活。我们妇联还调节家庭矛盾纠纷。❶(编号2)

通过以上个案不难发现,古寨村妇联组织的妇女工作主要集中在技能培训、文艺活动、妇女计划生育、调节家庭纠纷等方面,在丰富妇女业余生活的工作中确实发挥着积极的引导作用。该村妇女对于村妇联的工作也会做出积极响应:

我们村举办什么文艺活动,如果我没有什么事情,我都会去参加的,缓解压力。❷(编号12)

我听过农业技术培训。❸(编号13)

通过以上个案,我们发现古寨村妇女组织的妇女工作并没有涉及妇女参与村民自治的内容,而且妇联组织培训也只是农业技术、烹饪方面的技能,对唤起妇女参与村民自治的积极性作用不大。妇联组织没有充分发挥自己的作用,调动壮族农村妇女参与村民自治的积极性(见图4-7和图4-8)。

---

❶ 访谈对象:卢某,女,壮族,党员,中专,村妇联主任;访谈时间:2012年5月;访谈地点:受访者家中。
❷ 访谈对象:花某,女,壮族,群众,初中,村民;访谈时间:2012年6月;访谈地点:受访者家中。
❸ 访谈对象:黎某,女,壮族,群众,初中,村民;访谈时间:2012年5月;访谈地点:受访者家中。

第四章　少数民族地区妇女与村民自治

图4-7　接受过农业技术培训的妇女在田间劳动

图4-8　古寨村计划生育公开栏

就广西马山县古寨村而言,影响壮族农村妇女参与村民自治的原因,除了文化水平偏低、政策宣传推广不到位、家庭经济水平的制约、村级妇联组织的作用没有充分发挥外,主要是受到民族地区传统性别文化、壮族农村妇女多重角色的影响。1995年9月联合国第四次世界妇女大会在北京召开,把男女平等作为我国的一项基本国策,国家开始注重妇女的地位,但是这么多年的实践,少数民族地区妇女在村民自治中的参与程度依然不高,这很可能与少数民族农村地区妇女受到地区传统性别文化的影响、教育水平低等有关。

第三节　壮族农村妇女参与村民自治存在问题的影响

壮族农村妇女参与村民自治取得了一些成效,但是,把壮族农村妇女纳入两性社会关系中,与壮族农村男性相比较,还存在问题,这些问题产生了一些影响,提出了促进壮族农村妇女参与村民自治措施的必要性。

一、制约妇女行使民主权利

男女平等是中国的基本国策,是社会性别主流化的最终目的。将保障妇女实现发展的权利放到突出的位置,让妇女拥有更充分的发展权利、机会和资源,才能实现真正意义上的男女平等。村民自治是村民自我管理、自我教育、自我服务和自主处理本村的公共事务,促进农村社会的良性运行和全面发展,强调村民群众的普遍平等,给予了包括农村妇女在内的所有村民平等的参与权利。

《村委会组织法》是村民实现村民自治的法律基础,在古寨村中,壮族农村妇女对于《村委会组织法》不了解,制约了壮族农村妇女表达自己的民主权利,她们面对村里的一些问题时,只是向村委反映,如果村委不解决,也没有去进一步追问原因,进一步积极地表达自己的权利,参与村民自治的能力差,大多处于被动状态。由于各个屯之间比较分散,路比较远,村民平时比较忙,因此村民代表就成了联系村委与村民之间的"桥梁",在反映村民诉求方面发挥了重要的作用,壮族妇女村民代表过少,不利于反映妇女的诉求。共产党员起着先锋模范作用,参与村民自治比较积极,古寨村壮族妇女中共党员过少,在一定程度上也影响了壮族妇女参与村民自治的热情,使她们对村民自治不了解,遇到问题不知道怎么表达自己的诉求。

壮族农村妇女参与能力差,使得她们在参与基层民主上很难得到社会的认同,从而使她们不知道怎么行使自己的民主权利。

我参加村民小组会议,一般不表达意见,表达了也很少有人听。❶(编号16)

还有一种情况是壮族农村妇女缺乏权利意识,不知道怎么维护自己的权益,向村委提出切身利益的意见,事情没有得到解决,妇女只是表示气愤,有的时候只是私下议论,不知道参与村民自治是自己的权利,妨碍了妇女表达民主的权利。

---

❶ 访谈对象:萝某,女,壮族,群众,初中,村民;访谈时间:2012年5月;访谈地点:受访者家中。

个案4-17：关某,女,42岁,壮族,群众,小学,村民

关于我们屯前面的围墙,现在都要塌了,很危险,我跟村领导说了很多次了,村领导说会一点点解决,到现在也没有解决,我很气愤,但我能说什么？也不知道怎么办,人家是"官",我是"民"。(编号22)

个案4-18：加某,女,26岁,壮族,群众,高中,村民

我们屯前面的河没水、很臭,希望他们能够帮我们解决一下。我跟他们说了几次,他们都不怎么爱理我,我也就不说了,人家是领导,怎么有时间理我们？我们屯的人,只是私下议论议论。(编号23)

另外,壮族妇女党员和村民代表过少,影响了妇女参与村民自治的热情,不利于妇女表达诉求和民主权利的行使。

通过以上个案我们发现,壮族农村妇女依然对于村里的一些事情,不表达自己的意见,或者只是反映,如果村委没有解决,她们只是自己表示气愤,不会去问及原因。有些壮族农村妇女不知道怎么表达自己的权利,遇到事情只是私下议论,认为村委会成员是领导,没有时间理她们的事情。民主权利意识欠缺使她们不知道这是自己的权利,不利于壮族农村妇女表达自己应有的民主权利。随着村民自治制度的不断完善,大部分壮族农村妇女在村民自治中的参与角色还处于一个边缘的位置。

随着男女平等基本国策和社会性别主流化的不断推进,要把保障壮族农村妇女实现发展的权利放到突出的位置,让妇女拥有更充分的发展权利、机会,鼓励壮族妇女与男性共同合作参与村民自治,从而实现真正意义上的男女平等参与村民自治。

二、增加地方事务管理的难度

在事情的发展中,我们要掌握适度原则,预防事情向不良的方向发展。如果很多壮族农村妇女的民主权利得不到表达,或者一些事情得不到很好的解决,她们就会积攒很多的怨气,不配合村领导班子的工作,这将不利于地方事务的管理。

壮族妇女参与村民自治能力差,权利意识淡薄,不会走正常的法律渠道,如果自己的利益被触犯,不懂得表达自己的权利,可能会积攒很多怨气,如果超过这个度,壮族农村妇女可能会扮演一个阻碍地方事务管理的角色。

个案4-19:林启某,女,40岁,壮族,群众,小学,村民

村里面有些比较富裕的人还能得到补贴,我和村委会很少打交道,我家也很困难却没有自己家的补贴,我心里很不舒服,但是没有办法。村里叫交什么钱,到时找到我们家,我就是不交,看他们拿我怎么办。(编号24)

个案4-20:木某,女,45岁,壮族,群众,初中,村民

村里面的公益林补助,据说县里面都发了十几年了,我们屯的人一分都没有拿到,问村领导为什么没有我们的,他们说什么GPS导航,公益林没有涉及我们屯,所以没有我们的钱,怎么可能呢?最近村里面收养老保险钱,我就是不交。(编号25)

为了进一步验证到底怎么样的事情妨碍村委会管理地方事务,笔者访问了本村的治保主任。

他说:"村里面还是比较和平的,没有什么打架、斗殴事件发生,都是一些小事情。关于村里公共事务的管理上,比如要交新型农村养老保险、医疗保险,有些村民不愿意交,我们这些村干部要经常跑到他们家去做工作。家里面有男性还是比较好说话,就怕一些妇女,收钱的事情就是不交。"❶(编号40)

古寨村整体上一片祥和,村民自己忙自己的事情。但是由于壮族农村妇女参与村民自治能力差,自己的权利不知道怎么表达,村内部会产生矛盾。这些矛盾主要是妇女不配合村委会工作,如不交保险费等,增加了地方事务管理的难度。

为了更深一层地了解哪些事情妨碍村委会管理地方事务,笔者又访问了古寨瑶族乡党委副书记。

他说:"古寨村在村委会成员的领导下,做什么事情还是比较积极的。没有什么重大的治安案件发生。在治安方面做得非常不错。但是也有一些村

---

❶ 访谈对象:雷某,男,壮族,高中,党员,村治保主任;访谈时间:2012年6月;访谈地点:受访者家中。

民,一般是妇女来乡政府反映,他们村里面关于修水沟、修路、补助不公平等事情。现在村是村民自治,乡政府也没有权利去直接干涉村里面的事情。只能是找他们村委会协调。过段时间,我们去追踪调查,有些事情还是没有解决,主要是因为这个地方经济条件有限。这可能使一些村民积攒不满情绪,不配合村委会工作。记得有一次,我正好下村看看村委会成员收取农村基本养老保险情况。我跟村委会成员来到古寨村一个村民家中,丈夫外出打工,只有妻子和她的12岁的儿子在家中。她说什么也不肯交养老保险金。她说她家这么穷,连补助都不得,还跟她要钱,她就是不交。"❶(编号42)

这说明这位妇女并没有完全理解养老保险政策,不知道交养老保险金是国家给农民的福利保障,当然也说明在少数民族地区农村中的政策宣传还需要更深入、细致地开展。由于对政策的不理解,把政府给的福利以为是政府的摊派,由此对干部、对政府产生怨气,不利于农村和谐社会的建设,增加了地方事务管理的难度。

可见,妇女参与能力的不足甚至会积攒怨气,不配合村委的工作,使得村级管理工作难以展开。而且,具有连带效应,如果一家不配合,群众误以为这种事情违背了自己的利益,可能很多家都会不配合村委会的工作。村民自治,主要是村民自己管理自己,壮族农村妇女认为这些村级事务都是村领导的事情,跟自己没有关系,遇到不符合自己利益的事情,就会产生怨气,逐渐地积攒,如果得不到合理的宣泄,就会增加地方事务管理的难度。

三、阻碍农村政治文明的建设

中国共产党第十六次全国代表大会中提出"政治文明"的概念,这是我国生产力发生深刻变革、生产关系不断发展之后,对上层建筑领域发展提出的必然性要求,是人类社会政治生活的进步状态和政治发展取得的成果。政治文明包括政治制度和政治观念两个层面。中国共产党第十七次全国代表大会明确指出,积极发展以村民自治为核心内容的民主政治,建设农村社会主义政治文明,对于全面建设小康社会,基本实现现代化具有非常重要的意义。

---

❶ 访谈对象:罗全某,男,壮族,大专,党员,乡党委副书记;访谈时间:2012年5月;访谈地点:乡政府。

推动农村妇女了解和实践村民自治关系到中国基层民主建设的未来。把社会性别视角纳入中国基层民主建设，才能扎实推动两性平等参与村民自治。农村妇女政治参与不但是衡量男女平等以及社会进步的重要指标，而且也有利于推动农村社会的政治民主建设。[1]

马山县古寨村壮族农村妇女对于村民自治"四个民主"的参与程度低，不如壮族农村男性表现积极，不利于推动农村社会的政治文明建设。同时，对于政治民主建设，共产党员起了带头作用，积极性比较高，但是该村党员中妇女较少，仅仅只有9人，其中壮族妇女8人，壮族妇女中共产党员在农村的政治文明建设中扮演的角色比较弱势。村民代表在联系村委和村民中起关键作用，参加村级事务管理中表现比较积极。在古寨村中，壮族男性村民代表数量明显偏高，不利于和谐农村的建设和农村政治文明建设。

对于马山县古寨村中壮族妇女缺乏权利意识，"四个民主"的参与程度不如壮族男性，党员、村民代表壮族妇女偏少等问题，不利于农村政治民主的建设。把性别视角纳入壮族农村妇女参与村民自治中来，推动农村妇女与壮族男性平等参与村民自治，是关系到我国基层民主的未来。性别和谐是和谐社会的建设基础，参与村民自治性别不和谐，严重影响了我国农村和谐社会的建设，进而妨碍我国农村政治文明建设。

1995年，男女平等基本国策的确立，中国政府更加注重妇女的地位，男女平等思想更进一步深入人心。但是，中国政府这么多年的实践，社会性别主流化还存在一些问题。通过笔者对广西马山县的深入调查，发现壮族农村妇女参与村民自治存在问题，这些问题产生了一定的社会影响，主要是制约妇女表达民主权利、增加地方事务管理的难度、阻碍农村政治文明建设，说明社会性别主流化不是一蹴而就的，还需要长期艰苦的努力。因此，要不遗余力地提出对策，促进村级少数民族聚集地区农村妇女在村级治理工作中的地位。

---

[1] 2004年8月，在北京举办的民政部首发的《农村妇女参与村委会选举手册》首发仪式上。

第五章　少数民族地区农村妇女的闲暇生活

伴随着工业化、城市化的不断推进,社会生产效率大幅度提升,一定程度上将人从繁重的工作压力和机械的工作方式中解放出来,人们拥有的闲暇时间开始增多,加之社会分工的细化和物质生活的稳定,人们追求更高层次闲暇生活质量的主观需求和客观条件也日益凸显、不断充实。随着经济社会的发展和义务教育的普及,农村妇女无论是在闲暇态度意愿还是闲暇行为方式都潜移默化地发生着改变。闲暇既是民族平等、男女平等享受的权利资源,又是当下农村文化建设的重要内容。本章尝试以广西扶绥县东罗镇厚寨村为个案,探讨农村妇女闲暇生活现状与发展、社会性别视角中农村妇女个体化全面发展,农村文化建设城乡统筹发展对壮族地区农村妇女闲暇时间与空间、闲暇生活质量、类型、群体差异、影响因素、突出问题与解决对策等的影响。

从农村妇女闲暇的角度来看,既然闲暇生活是一种必需且平等的发展权利,那么在中国讨论闲暇问题就难以回避扎根深、影响广的城乡差距这一客观事实,同时基于中国农村普遍存在的"男主外,女主内"和重男轻女等传统思想及西部少数民族地区经济较为落后、文化较为复杂多样的现状,以此为依据来研究我国少数民族人口最多的壮族妇女,讨论在壮族地区农村妇女的闲暇生活水平与闲暇生活质量。而问题的关键恰恰在于,处于二元社会结构中相对弱势地位的农村妇女群体,其闲暇生活一直得不到重视。因为在一个工业化程度不高和生活水平偏低的社会里,温饱是首要解决的问题,需要在生产劳动中耗费大量时间,闲暇时间只能减少,全家一起享受生活乐趣的机会也会大大减少。事实上,中国农村自中华人民共和国成立以来始终处于由传统迈向现代的状态之中,在这一过程中,农业的生产效率得到提高、农村的家庭结构得到缩减、农民的生活场域得到扩张、妇女的社会地位得到改善,进而农村妇女的可支配闲暇时间总量增多、闲暇生活方式的选择渐趋多元化,因而关于农村妇女闲暇生活的研究也变得越来越迫切。

从社会性别女性全面发展的角度来看,闲暇是一种男女两性均应该平等拥有并享受的权利和资源,女性能自主地支配闲暇时间,个性化地享受闲暇生活,在某种程度上是女性个体化发展的表现。随着农业技术的推广和农村家庭经济结构的调整,农村妇女从事农业生产的压力减轻,空闲时间明显增多,但农妇闲暇生活问题却受到若有若无的排斥与回避。从农村文化建设的角度来看,基本物质生活的保障与改善刺激了对精神文化需求的增加,但特殊历史背景导致的城乡二元壁垒在一定程度上限制了农村地区文化建设赖以生存的物质基础,特别是西部少数民族聚居地区文化建设更是面临资源匮乏的困境。而农村妇女的闲暇活动是否更多集中在"看电视""闲聊"等消遣型的闲暇形式上,有可能限制了农村文化健康发展,如何更好地改善妇女闲暇生活,从而促进乡风文明,是社会主义新农村建设的重要内容。

第一节 厚寨村妇女闲暇生活基本状况

一、田野调查点简介

(一)环境

东罗镇位于扶绥县西南部,东邻东门镇,南连柳桥镇,西接江州区,北靠渠黎、渠旧两镇,距首府南宁市116千米,距崇左市48千米,离县城48千米,横穿境内的521县道南端5千米处与322国道交接,镇政府所在地西北部距南友高速公路渠旧岜美出道口11千米,北部距南凭铁路仅14千米,区位优势较明显。东罗是扶绥县西南部工业重镇,原本有一条铁路通达东罗,现已经拆除。现在已经实现村村通公路,进镇道路已修建成宽4.3米的水泥路。8个村委已经通硬化道路,只有渠坎村还未实现通硬化道路。现有的镇区汽车站规模太小,规划建设一个新汽车站,形成交通服务中心,用地面积为1.4公顷,同时配套有停车场以及加油站等设施。镇区道路线形不畅,道路狭窄、道路路面及排水条件差。路网规划主要以东西向的镇区主街为依托,另规划南面一条旅游景观游览公路以及北面一条过境公路,形成"六横三纵"的主次干路网结构。全镇总面积215.5平方千米,耕地面积10万亩,其中水田1.1万亩,畬地8.9万亩。镇内拥有库容为3.23亿立方米的崇左市最大的水库——客兰水库。❶本章所选取的调查点为东罗镇其中一个自然村——厚寨村。厚寨村距离东罗镇13千米,距离扶绥县城38千米。主要地形为丘陵田地,耕地多,平均每户有5亩耕地,无水田,缺乏灌溉条件,无水源。村民主要种植玉米、花生、甘蔗。厚寨村于2013年9月17日完成"村村通"工程,交通较为便利。厚寨村的渠吃屯、厚寨屯分别位于扶绥县城西南方向与西北方向,距离县城约50千米,通往外界出屯路多为泥路,交通较为不便。但已经开始实施道路硬化,相信日后交通可得到改善。

(二)人口

东罗镇辖9个村委会50个自然屯和一个东罗矿区。全镇总人口4.1万人,壮族人口占总人口的94%,其中农业人口2.1万人,矿区人口1.6万人,集镇人口1.2万人,农业劳动力1.23万人。扶绥被誉为"中国长寿之乡"。2014年厚寨村年龄80岁以上老人有10人以上,90岁以上有3人以上。厚寨村人口为2668人,壮族人口占总人口的90%,渠吃屯人口为480人,共136户,壮族人口占总人口100%;厚寨屯人口526人,共151户,壮族人口占总人口100%。其中厚寨村女性为1200人,厚寨屯女性为230人,渠吃屯女性为200人。长年居住在村子的妇女年龄多为40岁以上,年轻女性多外出打工。

(三)经济发展

20世纪90年代是东罗镇城镇建设突飞猛进的一个时间段,然而由于设计的局限性,很多建筑已经满足不了现在的生活和交易需求,现在仍留有棚户房,正积极进行矿区大棚改造。原有市场已满足不了现在的交易需求,规划总投资1亿元的东罗镇商贸城也已开工建设。农业产业发展迅速。农业主要有甘蔗、剑麻种植,生猪生产,畜牧水产,蔬菜瓜果种植等,年产值超过2亿元。其中甘蔗是农村经济第一支柱产业,至2009年,全镇甘蔗种植面积达到13.9万亩,近几年甘蔗年均产量52万吨以上。全镇剑麻种植面积已达1万亩,正完善剑麻产业链。大力发展网箱养鱼,鼓励群众兴办养猪场等养殖基地,畜牧业获得快速发展。大力发展经济效益佳的速生林木,全镇"速丰桉"种植面积达到了5700亩。工业方面,主要有煤炭开采、镍铁冶炼、页岩砖生产、剑麻加工等,年产值超过3亿元。以煤炭采掘业和镍铁冶炼为"龙头",带动水泥建材、剑麻加工等行业的发展。第三产业,以房地产开发和棚户区改

---

❶ 广西扶绥县人民政府门户网站:http://www.fusui.gov.cn/web/2010-12/204.htm。

造带动集镇发展,农村农贸市场活跃、交通运输发展迅速、各项服务业得到较快发展。充分利用厚寨、东斗丰富的煤炭、页岩砖等资源,在厚寨—东斗建设建材工业园区。有山圩剑麻工业园、福园剑麻工业园两个剑麻加工园区。充分利用丰富的铁矿资源,建立一个东罗工业园。而隶属东罗镇的厚寨村现经济来源较为简单,主要为种植甘蔗、玉米、西瓜等,外出打工劳务收入不多。全村收入主要来源为种植甘蔗。全村共有440亩甘蔗地,收割时节全体村民互相帮忙收割,也有人请越南帮工,因位靠越南,方便入境,而越南工钱相对较低(每屯大概100元工钱)。收割结束,由政府组织统一收购,除去工钱、化肥等基本成本,每户平均每年依靠种植甘蔗可收入2万元,经济收入较为可观,全村共有汽车10余辆,拖拉机10余辆。本村男性外出打工人数相对较少,收入多为家庭共同收入,男性女性皆为主要劳动力。

(四)文化设施与文化活动

厚寨村文化设施较为简陋,活动场地缺乏,虽然每个屯政府都配备音响设备,但已年久失修。笔者所在调查点厚寨屯、渠吃屯音响设备为2004年镇政府统一配置,也已经无法使用,村民现在大多使用自家设备进行文艺活动。体育活动设施也较简单,渠吃屯只有一片屯长家门口的空地作为球场和一个残旧的篮球筐可供体育活动。虽然文化设施较为落后,但并不影响当地农村女性唱歌、跳舞的热情。壮族最盛大的节日"三月三",村里年老的妇女都聚集一起,唱山歌,与厚寨村相邻的几个自然村也前来对唱,亲戚间相互走动。虽然现在深受汉民族传统文化的影响,但处于壮族地区厚寨村村民仍自发把每年的五月初至六月初六的某一天定为"壮族山歌节",家家户户热闹非凡,村民互相邀约杀鸡待客。上年纪的妇女们前往不同的屯进行山歌对唱比赛。而随着时代发展和汉文化的影响,村里年轻一代女性已不流行"山歌对唱",但壮家女性的能歌善舞仍未抹去,她们跳起了城里流行的广场舞,并学会自行在网上下载视频,集中统一学习。渠吃屯在吴月田带领下由16名村妇组成的凤伶舞蹈队,在浙江卫视第六季"中国梦想秀"的舞台上表演具有家乡特色的甘蔗舞,用精彩的舞蹈和感人的故事打动了现场观众与评委,获得了圆梦资金,且吴月田也因善良的品格、质朴的高尚情操打动人心,得到了广大民众的高票认可,成为壮乡儿女的道德楷模,荣获由中共广西壮族自治区委员会宣传部指导、广西日报传媒集团和自治区文明办联合主办的2014广西公民楷模新闻人物评选的"2014广西公民楷模新闻人物"称号(见图5-1和图5-2)。这体现了壮族地区农村妇女虽然忙于劳作和家务,但仍保持着原有的勤劳质朴、善良乐观、热爱生活的良好品质。

图5-1　厚寨村壮族妇女登上浙江卫视"中国梦想秀"舞台

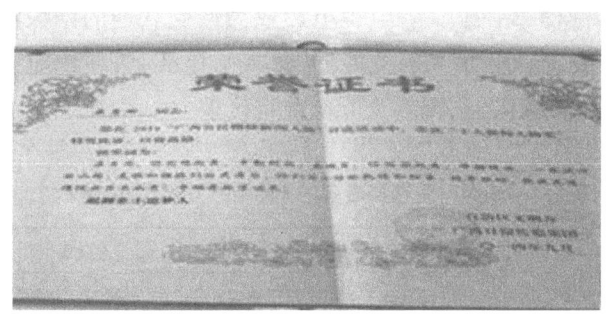

图5-2　厚寨村舞蹈队队长吴月田的获奖证书

二、厚寨村妇女闲暇生活基本状况

(一)厚寨村妇女闲暇生活的基本内容与形式

关于闲暇定义分类,一般归类为时间、活动、存在方式、心态。从闲暇活动视角出发,闲暇活动是指人们在满足工作和需要以外的时间里,所进行的自由支配的各项活动。本书主要从壮族妇女闲暇生活主要内容、组织形式及活动的主要陪伴者这3个方面对壮族地区妇女闲暇生活基本情况进行综合性的探讨。

1. 厚寨村妇女闲暇生活的主要类型及内容

王雅琳认为,从活动状态的角度上划分,闲暇生活主要内容可分为从事积极型活动(如从事文化、体育等具有内容的活动)和消极型活动(如闭目养神或闲待着,什么都不做的活动)。前者对满足人们的精神的、社会的、心理的需求有更大的价值,但也不能说在任何情况下后者都是没有意义的,在体力和精力消耗过大的情况下可以起到养精蓄锐的作用;从对自我及社会发展提升的角度来看,分为文明型活动(促进个人及社会全面发展的活动)和"不文明"型活动(对个人、社会发展不利的活动)。❶根据实地调查情况,本章把壮族地区妇女闲暇活动划分为消遣娱乐型、社会交往型、学习提高型、休闲闲待型这4种类型。壮族地区农村妇女主要闲暇活动类型为消遣娱乐型和社会交往型。其消遣娱乐主要内容为看电视和看电影,社会交往主要内容为串门闲聊和唱歌跳舞。如表5-1所示,看电视成了壮族地区农村妇女闲暇时选择最多的闲暇活动,有42.2%的妇女把看电视电影列为自己闲暇时间选择最多的闲暇活动排行榜第一位。看电视电影成为最受欢迎的闲暇活动的主要原因得益于它所要求人们掌握的技能低,进入门槛低,方便快捷,简单易操作,需要共同参与人数无限制,需要人际交往程度弱。

表5-1 闲暇时间选择最多的3种闲暇方式(排序前3名)

闲暇活动类型	第一位(%)	第二位(%)	第三位(%)	合计(%)
在家里/串门闲聊	16.7	17.8	16.7	51.2
打牌打麻将	1.1	2.2	3.3	6.6
学习技术/参加培训班	0.0	1.1	1.1	2.2
看电视电影	42.2	32.2	13.3	87.7
无事休息闲坐	13.3	15.6	18.9	47.8
阅读书报杂志	3.3	5.6	4.4	13.3
上网	3.3	8.9	10.0	22.2
唱歌跳舞	14.4	13.3	18.9	46.6
外出逛街赶集	4.4	1.1	7.8	13.3

---

❶ 王雅琳.闲暇社会学[M].哈尔滨:黑龙江出版社,1992:86.

续表

闲暇活动类型	第一位(%)	第二位(%)	第三位(%)	合计(%)
探亲访友/旅游	1.1	2.2	5.6	8.9

根据表5-2可知,妇女在选择看电视节目类型上主要倾向于以娱乐打发时间为主的综艺节目、电视剧这两种类型,但有利于自我增值的农业科技知识、文化教育也占23.3%,说明当前壮族地区农村妇女在乡村地域限制里通过电视等媒介开始接触更多的农业科技、文化教育知识,有意识提高自己。

表5-2　最喜欢选择收看的电视节目类型

类型	频数	百分比(%)
综艺节目	20	22.2
电视剧	31	34.4
新闻时事政治	6	6.8
法律知识	4	4.4
体育节目	5	5.6
农业科技	12	13.3
经济信息	3	3.3
文化教育	9	10.0

在家里或串门去邻居家闲谈也是壮族地区农村妇女闲暇生活一个较为普遍的休闲方式,有41.2%的被访者把在家里聊天或者串门闲聊列为自己参与频率最高的闲暇活动前3名。如表5-3所示,妇女们聊天的话题大多为"邻里新鲜事""各家生活琐事""子女教育问题""闲谈,无具体内容"。

表5-3　闲谈时最经常谈论的话题

话题	频数	百分比(%)
邻里新鲜事	24	26.8
各家生活琐事	13	14.4
村子里大事	8	8.9
国家重要事件	2	2.2

续表

话题	频数	百分比(%)
务农生产信息	4	4.4
闲谈,无具体内容	18	20.0
子女教育问题	21	23.3

可见串门闲谈是壮族地区农村妇女一种微观层面的社会交往方式,它有利于妇女摆脱农活的枯燥乏味与邻里间关系的维持。但闲谈的话题主要受制于妇女的文化水平、个人见识、角色限制、环境等因素。子女教育问题成为当前妇女闲谈的频率较高话题,访谈调查中发现,壮族地区农村妇女对子女的教育关注度极高,虽然壮族地区农村妇女文化水平普遍较低,但对于孩子教育问题十分重视。在访谈中得知我们是广西大学的老师和研究生时,村民对我们投来羡慕的目光,希望他们的孩子向我们看齐,将来也能够接受良好的教育。

在壮族地区农村妇女还有一个非常重要的闲暇活动是唱歌跳舞。在调查中我们发现,壮族地区农村妇女在社会交往个人与组织之间的融入情况中,山歌对唱活动成为最重要的一个载体。壮族地区农村妇女较少参与集中拜神祭祀等民间社会交往活动。根据表5-4得知,参与求神拜佛、祭祀等活动频率,调查者中有43.4%选择从不参与,42.2%选择偶尔参与,只有14.4%选择经常参与。

表5-4 闲暇时参加求神拜佛、祭祀等活动频率

变量	频数	百分比(%)
经常参与	13	14.4
偶尔参与	38	42.2
从不参与	39	43.4

这主要是由于壮族地区历史原因及风俗习惯造成的,因为壮族地区受封建礼教束缚较少,妇女较热衷于参与社交活动,未婚甚至是已婚女子均有社交自由,她们自由选择去赶歌圩,与男子对唱山歌。而唱山歌是壮族人民生活中不可缺少的内容,举凡叙事传言、喜庆祝福、交朋结友、择偶婚配等,都离

不开山歌。刘锡蕃在《岭表纪蛮》中说壮人"无论男女,皆以唱歌为其人生观上之主要问题,人之不能唱歌,在社会上即枯寂寡欢,即缺乏恋爱求偶之可能性,即不能通今博古,而为一蠢然如豕之顽民"。在壮族地区流传着"歌仙"刘三姐的传说。如今在柳州仍有一首民谣:"柳州有个鱼峰山,山下有个小龙潭;终年四季歌不断,都是三姐亲口传。"传说中的"歌仙"刘三姐是女性而不是男性,体现了女性在山歌传承过程中的重要地位。厚寨村每年都会在民间自发举办"歌圩节",推选村里一个"歌圩头"为领导,"歌圩头"主要职责是确定"歌圩节"举办时间,协助村民分配参赛队伍,一般情况下每4个人为一对,两男两女,"歌圩头"是村民推选产生,3年为一届。"歌圩头"每年所选择的日子都不一样,2013年为农历七月初七,全村的妇女基本都会参加,但能实际参与"山歌对唱"的妇女已经不多,太多为65岁以上的老年人。年轻的妇女已经不懂得唱山歌,但是秉承了壮家人艺术天赋,开始流行跳广场舞。屯里和村子都有舞蹈队,农闲时年轻妇女晚上都会在空旷的地方,自编自学广场舞作为她们闲暇生活的主要活动方式。参加"歌圩节""广场舞比赛"是壮族地区农村妇女参与社会交往的一个重要载体,同时唱山歌和跳广场舞更是她们日常生活情感表达的一种方式和自我提升的一个途径。它们在壮族地区农村妇女闲暇生活及文化思想、个人发展中占据重要的位置。但当前山歌的发展也面临着较大困境。在调查中我们发现,在村中山歌传唱的主体主要为上年纪的老人,大多中年妇女只能唱简单几句或者喜欢听但不会唱,而年轻一代已有一半表示不会唱甚至没兴趣、听不懂。杨春林在研究广西山歌时曾谈及山歌面临失传原因:"由于在生活方式上的转变,人们在劳动中不需要通过唱歌的形式来进行交流,同时随着我国城镇化的加快,广西壮族地区作为边远贫苦山区,外出年轻人被迫外出务工同时接受了在外面新的思想,逐渐疏远民族传统文化,而山歌作为一种传统的形式逐渐被抛弃。同时随着普通话广泛普及,而广西壮族这样的一种以方言为主的唱歌方式遭受了危机,很多年轻人不懂壮话更不会唱壮语山歌了。目前来说,广西壮族山歌面对的最大的挑战就是后继无人,很多会唱山歌的老一辈正在慢慢老去,而在年轻人中却缺少唱山歌的继承者"。❶

---

❶ 杨春林.广西山歌的特点及传承研究分析[J].华中师范大学学报,2014(4).

2. 壮族地区农村妇女闲暇生活的组织形式

壮族地区农村妇女认为村庄开展集体活动次数较少,根据表5-5显示,有1/2的被调查者选择较少开展,选择经常开展的只有2.2%。

表5-5 村子开展集体活动的频繁程度

变量	频数	百分比(%)
从未开展	20	22.2
较少开展	48	53.3
一般	13	14.4
偶尔开展	7	7.8
经常开展	2	2.2

笔者在村里调研期间,恰逢扶绥县城举办文艺晚会,村子里亦有10余名妇女前去参加演出(见图5-3)。虽然报酬微不足道,路途遥远,但厚寨村妇女乐此不疲,积极参加。因为村里举办的集体活动较少,生活水平提高,闲暇时间在逐渐增多,村妇亦追求闲暇生活内容多样化,渴望提高精神文化生活及参与农村文化活动。而目前农村开展集体活动多数仍是村民自发组织,政府组织较少。表5-6数据表明,村委会组织集体活动仅占8.9%,县乡镇政府组织占6.7%,宗族组织占16.7%,可见集体活动开展主要是由村民自发组织的。

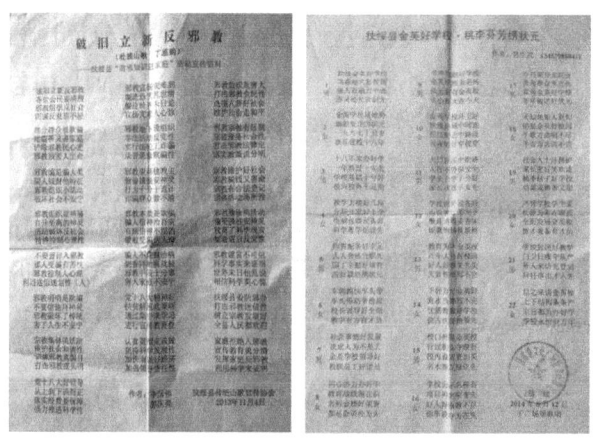

图5-3 厚寨村村民原创山歌歌词

表5-6 村里集体活动组织者情况

组织者	频数	百分比(%)
县乡镇政府组织	6	6.7
村委会组织	8	8.9
宗族组织	15	16.7
村民自发组织	58	64.4
其他组织	3	3.3

据调查,近几年来,村民闲暇意识提高,对集体活动参与积极性显著提高,可村委会、县乡镇由于资金和农村文化建设意识的局限性导致组织集体活动次数较少,形式单一,主要为放电影、篮球比赛,无法满足村妇们日益增长的闲暇需求。

3．厚寨村妇女闲暇生活的陪伴者

根据表5-7显示,壮族地区农村妇女闲暇时陪伴对象主要为邻居,高达27.8%,其次是亲人,最少的则为同学,和朋友加在一起共占12.2%。

表5-7 闲暇时最主要陪伴的对象

对象	频数	百分比(%)
配偶	14	15.6
父母	12	13.3
孩子	15	16.7
邻居	25	27.8
亲戚	11	12.2
朋友	7	7.8
同学	4	4.4
自己,无别人	2	2.2

个案 5-1：农民，女，35 岁，2014 年 7 月 27 日 19:10~19:55

闲的时候一般都是跟家里人在一起吧，我要带小孩子啊，也去不了远的地方，要不就是到别人家里去聊聊天，要不就带小孩回我娘家，反正不出村子，都是在周围转。没有结婚之前我跟我几个工友啊，我们一起在广东打工认识，关系很好啊，我还去过她们家玩呢。有一个家也是广西的，是桂林那边的，她说她那里风景很美就邀请我去玩了。我第一次出去旅游，就是去桂林啊，很美丽啊，风景。反正我们同一批进厂的那几个经常玩。现在生孩子回了村子我们也有联系，但是只能打电话，我们一聊可以聊很久，感觉还是跟她们电话里说得多吧，可是不能经常见面。小孩还小出门不方便啊，小孩这么小到处跑人家也说不好，何况现在没钱啊，还是要多赚钱啊。希望等孩子长大，有钱了就好一点吧。

根据调查数据显示及个案访谈不难看出，厚寨村妇女闲暇生活交往对象仍然保持着"血源性""地缘性"的"差序格局"结构基础。"差序格局"是费孝通先生在研究中国乡村结构时提出的，揭示了中国社会的人际关系形成乡土社会的概念。费孝通在《乡土中国生育制度》中写道"我们的格局……好像把一块石头丢在水面上所发生的一圈圈推出去的波纹。每个人都是他社会影响所推出去的圈子的中心。被圈子的波纹所推及的就发生联系。每个人在某一时间某一地点所动用的圈子是不一定相同的"。❶这个"差序格局"就像是石子扔进水中所形成的一圈圈外推的波纹。每个人是圈子的中心，每一圈都是远近亲疏不同的社会关系。每个人都有他自己为中心的社会关系圈层，并且每个人形成的社会关系圈层都不同。❷

虽然改革开放后，我国社会结构发生巨大的改变，农民开始离开土地走向更多元化的生产劳动，但是壮族地区农村妇女受婚姻和生育关系的制约，仍然无法打破"血源性"与"地缘性"为主导的乡村社会人际交往格局，即使年轻时也曾走出村庄，在闲暇生活中渴望交往对象更广，但面对来自生活、婚姻、生育三方压力时不得不选择回归到原本狭小的"村庄社会"交

---

❶ 费孝通.乡土中国生育制度[M].北京:北京大学出版社,1998:26.
❷ 谢建社,牛喜霞.乡土中国"差序格局"新趋势[J].江西师范大学学报,2004(1).

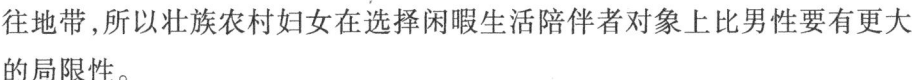

往地带,所以壮族农村妇女在选择闲暇生活陪伴者对象上比男性要有更大的局限性。

(二)厚寨村妇女闲暇生活时间分布情况

闲暇时间是指除去人们生产工作必需时间及生理需要、料理家务时间外的可以自由支配的时间,是进行闲暇生活基本前提与必要条件。在我国,早期研究闲暇问题侧重于研究城镇居民的闲暇时间分配问题。如王雅琳在《城市休闲——上海、天津、哈尔滨城市居民时间分配的考察》(2003)一书中,对20世纪90年代的上海、天津、哈尔滨三大城市居民在周末的时间分配和闲暇状况大量抽样调查的基础上进行深入研究,反映了中国城市居民休闲生活变化的轨迹以及新出现的社会问题。我们此次调查显示,壮族地区农村妇女闲暇生活时间分布并不像城市居民那样具有规律性,无固定工作日和休息日之分,时间总量长,质量却不高,存在较明显季节性差异;闲暇时间具有不可掌控性且受多方因素的制约。

1. 厚寨村妇女生活时间总量

此次研究把每日时间分为4个模块,分别为:从事劳动维持生计的生产劳动时间,照顾老人、小孩,洗衣、做饭等料理家庭内务时间,满足自己生理需要时间和除去上述时间外可自由支配的闲暇时间。在本章中,生产劳动时间指的是调查者为了维持生计或创造剩余价值所需时间,如调查者以谋生为目的种植甘蔗、花生、玉米等经济作物,外出务工等花费时间,生产劳动时间在人们日常生活中占据最重要的地位。根据图5-4显示,壮族地区农村妇女用于生产劳动的时间为每天6.8小时,413分钟,占全天时间的28.3%。可见,虽然生产工具越来越先进,极大地节约了农民生产劳动时间,但壮族地区农村妇女生产劳动时间仍然较长,根据访谈得知,大部分女性都是与男性一同劳作,习惯了以"面朝黄土背朝天"为主旋律的生活。总体而言,从所需生产劳动时间上看男女无性别差异,男性村民与女性村民平均每天生产劳动时间总量基本一致,生产劳动压力较大,时间较长。

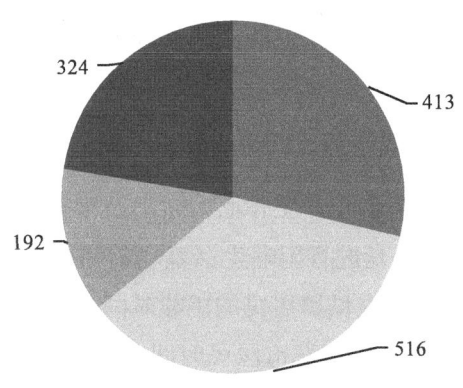

■生产劳动时间　■生理时间　■家务时间　■闲暇时间

图5-4　厚寨村妇女每天生活时间总量分配(单位:分钟)

个案5-2:屯长,男,48岁,2014年7月27日14:00~15:20

老婆每天都是和我一起去种地,我们早早就起来干活了,太阳刚刚出来我老婆就起来了,一般都是她叫醒我。简单吃个早饭就要干活了,要不中午太阳太大啊,我们村子基本都是这样,两公婆一起出去干农活,没有说谁做多一点谁做少一点,我们一起出去种地,一起回来,都习惯这样了。

家务劳动其目的是满足自己和家庭成员的物质生活与日常生活需要。比如,日常生活中的洗衣做饭、照看家人、清洁打扫、买菜等。家务劳动是自我服务性质的劳动,也是人们生活结构中不可缺少的活动。壮族地区农村妇女用于家务劳动的时间为3.2小时,共192分钟,占一天时间的13.3%。在问卷调查中显示(见表5-8),当询问"家中家务劳动主要承担者"回答"自己"高达61.1%,回答"丈夫"只有4.4%。随即问道(见表5-9)"您丈夫是否经常做家务?"回答"经常"占31.1%,回答"有时"占41.1%,回答"偶尔"占17.8%,回答"从不"占10.0%。再问及(见表5-10)"您每天做家务的时间?"被访者中8.9%选择"很长",18.9%选择"较长",36.7%选择"一般",25.6%选择"比较短",10.0%选择"很短"。

表5-8 家中家务劳动主要承担者

变量	频数	百分比(%)
自己	55	61.1
丈夫	4	4.4
公公	2	2.2
婆婆	14	15.6
自己的爸爸	3	3.3
自己的妈妈	8	8.9
子女或其他家庭成员	4	4.4

表5-9 您丈夫是否经常做家务

变量	频数	百分比(%)
经常	28	31.1
有时	37	41.1
偶尔	16	17.8
从不	9	10.0

表5-10 您每天做家务的时间

变量	频数	百分比(%)
很长	8	8.9
较长	17	18.9
一般	33	36.7
比较短	23	25.6
很短	8	10.0

个案5-3：农民,男,48岁,2014年7月27日16:00~16:25

一般都是我老婆做家务,但有时候我也做,没有什么区分的。有时候我妈妈过来和我们住,她也做饭啊。其实,现在家务活都没太多要做的,我们农村人都很简单的,就是做个菜、煮个饭、洗个碗什么的。我也经常做,不过我们家养有十几只鸡和6只鸭,主要是我老婆喂,有时我女儿也喂。

可见,壮族地区农村妇女虽然仍是家务主要承担者,但是丈夫也参与协助,男女家庭地位较平等。传统社会"男人不入厨房"现象在壮族地区表现程度不深。这从另一个侧面说明壮族地区妇女家庭地位与男性是平等的。这不仅是与社会发展、科技创新、农民生活水平提高、先进生产工具和小家电使农村妇女用于生产和家务时间减少有关,更与壮族地区的传统文化有着密切关系。壮族社会是一个女性文化比较突出的社会,在壮族传统文化中,深深地打上了女性的烙印。这种打上文化烙印的女性,影响着壮族社会成员的日常生活。在壮族最本原的文化里,女性的地位是至高无上的,壮族民间一直把女性当作民族繁衍的灵魂。在壮文中,"妇女"一词叫作"mehmbwr",意思是"伟大的母亲"或"伟大的女性"。"mehmbwr"是壮族对女性发自内心的崇敬。❶正因为有着特殊的民族女性文化背景,壮族农村妇女社会地位与家庭地位是较高的,导致从事劳动强度较大、生产劳动所需时间与家务所需时间总量与男性无明显的性别差异。

根据图5-5显示,壮族地区厚寨村农村妇女用于生理所必须时间为平均每天8.6小时,共516分钟,占一天时间的35.8%,是全天时间构成比例最大的部分。这占全天生活时间比例最大的部分在壮族地区厚寨村农村妇女支配情况是,其中用于吃饭、个人卫生和其他生活必需时间分别为1.4小时、0.7小时和0.3小时。所支出时间最多的是睡眠时间6.2个小时,占全部生理时间的72.1%。

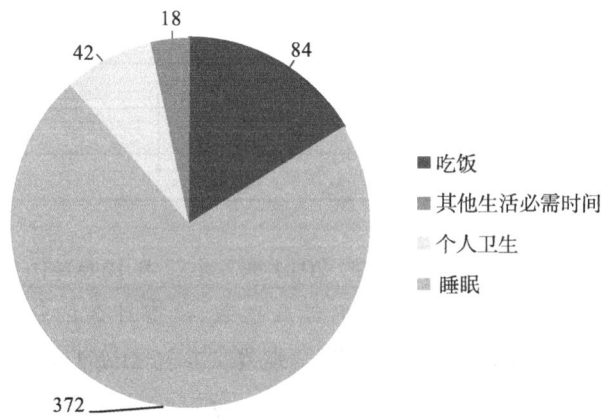

图5-5 厚寨村妇女生理时间结构(单位:分钟)

---

❶ 邵志忠.传统文化背景下壮族女性研究[J].广西民族研究,2002(4).

根据笔者观察,在厚寨村妇女还保留着"日出而作,日落而息"的作息习惯。大部分妇女早晨5点起床,6点半左右开始干农活,有70%以上的妇女在农闲时有午休的习惯。农闲时晚餐时间较早,下午4点半便开始做饭,7点之前就吃完晚饭。但农忙时节基本无午休时间,晚餐时间推迟到7点甚至8点,一般11点左右开始睡眠。可见壮族妇女生理时间总量与配置上具有十分明显的季节性与不稳定性。妇女生理时间所必须支出时间包括用餐、睡眠都是随着农业劳动需要的变动而变化,农闲与农忙差别十分明显。在时间自我安排上具有不可控制性与模糊性。在农忙时,午餐基本由早上备着携带往田里,在太阳最猛烈无法劳作时简单且快速地用午餐,晚餐则需天完全黑才回家准备。如遇下雨,无法劳作才可提早回家准备晚餐,无法控制自我用餐与休息时间。农闲时节(农闲时节为每年无须种、收甘蔗的4~10月),壮族地区妇女个人生理需要时间会出现大幅度增大。

个案5-4:农民,女,45岁,2014年7月28日10:15~11:20

收甘蔗的时候最忙,我们现在请人都忙不过来,哪里还有时间干其他,连吃饭都是在地里哦,很晚才回到家。一回到家我赶紧做饭,吃了就睡了。第二天起很早的啊,要赶在太阳出来之前就做,不然太阳太猛也做不了。收了甘蔗之后,就没事了,现在孩子大了又出去读书哦,就剩我跟我老公,都没有什么事情做,我们又没有文化,不会看书看报,看电视多了也累。我养一些鸡,一般中午喂完鸡就去睡觉了,没有农活做的时候都是这样。

2. 厚寨村妇女闲暇时间与分配特点

厚寨村调查点农妇闲暇生活时间一天总量为5.4个小时,共324分钟,占全天时间的22.5%。与生产劳动的时间相比,比例是2.7∶3.4,比高冬梅在博白县调查客家妇女闲暇时间一天283.95分钟,高出40.05分钟,比刘菡在河南省调查农民闲暇时间一天303.83分钟,多出了20.17分钟,比田翠琴与齐心在河北省调查农民闲暇时间一天305.80分钟,多出18.20分钟,显然当前壮族地区农村妇女一天的闲暇生活时间较多。但正如田翠琴与齐心所说"以上调查所得到的闲暇生活时间表示的是除去生产劳动时间、生理必需时间和家务劳动时间得到的闲暇生活的最大可自由支配时间,而真正的闲暇时间应当是不包括不作为的闲置时间,是在自由可支配的时间内,自由选择并从事具有补偿和享受功能的活动,才是真正意义上的闲暇"。❶壮族地区农村妇女闲暇生活时间是如何支配的呢？会不会有季节性波动呢？详见表5-11。

表5-11 厚寨村女性农闲/农忙日均闲暇时间支出(单位:分钟)

支出类型	农闲时节	农忙时节	均值
家里/串门闲聊	130	10	70
打牌打麻将	12	0	6
学习技术、参加培训班	0	0	0
看电视电影	240	20	130
无事休息闲坐	70	10	40
阅读书报杂志	14	2	8
上网	27	3	30
唱歌跳舞	60	4	32
外出逛街赶集	28	0	14
探亲访友/旅游	18	0	9

其中占用每天闲暇时间最多的是看电视电影,农闲时高达每天4小时,但农闲和农忙有较大区别,农忙为每天0.3小时,均值是各项闲暇时间之首,分别占全天闲暇时间的40.1%。经访谈得知,妇女看电视电影时间点较集中,为下午2点后和晚上7点起,农闲时一般看电视电影不间断时间超过2个小时,是闲暇时间支出最大的部分。其次为串门闲聊与休息无事闲坐,农闲时分别为每天130分钟和每天70分钟,农忙时10分钟。其余打麻将打牌、外出逛街赶集、探亲访友,不论农闲与农忙日均不到30分钟,阅读书报杂志均值只有8分钟,而学习技术、参加培训班等活动则为0。

根据上述分析可知厚寨村妇女闲暇生活时间分配有三大特点。

第一,闲暇时间总量较长,分配具有明显时节性。厚寨村妇女闲暇时间总量高于田翠琴研究北方农村地区妇女闲暇时间总量61.59分钟,占全天时间也高出3.6%。❷时间分配时节性是指壮族地区的农忙时节和农闲时节,有

---

❶ 齐心,田翠琴.中国北方农民的生活时间配置[J].江苏行政学院学报,2003.

❷ 田琴翠.农村妇女发展与闲暇时间性别不平等研究[J].妇女研究论丛,2004(5).

1/2以上的妇女农闲时间高达7个月。由于调查点家庭主要收入为种植甘蔗,所以本书所指农忙时间主要为每年收割甘蔗的11月到来年2月,种植甘蔗是从12月到来年3月,农闲时间则为4~10月,有些家庭4月和8月还需要种、收花生。闲暇时间的支配受时节影响较大,具有明显时节性。

第二,闲暇时间支出方向集中,促进个人提高发展的时间利用水平低。从闲暇时间支配结构可以看出,壮族地区农村妇女闲暇时间支出主要集中在"看电视电影""串门闲聊""无事休息闲坐"等,提高型活动时间支配较少,闲暇时间分配规律。

第三,闲暇时间具有不可掌控性,与生产劳动时间、家务劳动时间的关联度大。厚寨村妇女闲暇时间不是可由自己自由操控,闲暇时间受各方面因素的制约,但与生产劳动时间、家务劳动时间的关联度最大。厚寨村妇女所获取的闲暇时间绝大部分是由生产劳动时间和家务劳动时间消耗后所剩余产生的,生产劳动时间与家务劳动时间直接影响闲暇时间的长短。

(三)厚寨村妇女闲暇生活的活动场所及主要设施

闲暇空间是指在进行闲暇生活时所处的位置与情境。本书研究壮族地区农村妇女闲暇生活的空间问题,主要从闲暇活动场所及活动设施两方面进行探讨。假设将闲暇空间简单分成户内与户外,根据图5-6显示,壮族地区农村妇女闲暇生活的活动场所主要集中在户内空间且主要以家为单位,而在公共场所仅占13%。

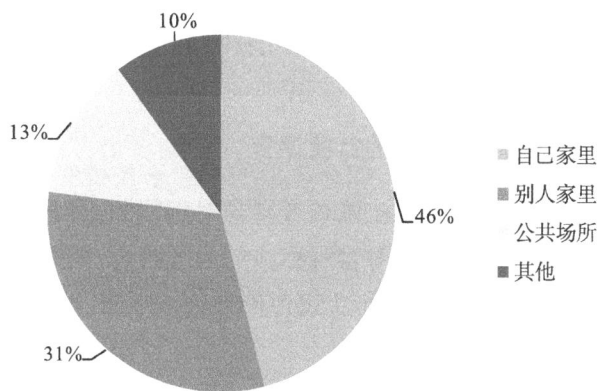

图5-6 厚寨村妇女闲暇活动主要场所

不难发现,壮族地区农村妇女闲暇生活活动场所具有封闭性,主要集中在以家为单位的活动范围,这易造成闲暇活动的单一性和局限性。这除了与农村生活"乡土性""血缘性"有关外,又与闲暇活动设施有着密不可分的联系。在问卷访问中当问及"哪些因素影响您参与闲暇活动"时,大部分妇女把"缺少闲暇活动设施"列为主要原因之一。我们所选取的调查点厚寨村的厚寨屯与渠吃屯里都没有类似于图书室之类专门提供读书看报的场地,进行体育活动的场所只有半个残旧的篮球场。壮族地区农村妇女天性热衷歌舞,但用于唱歌跳舞的舞台、戏台,皆为屯长家门口或某个村民家门前的空地,政府配备的音响设施已年久失修,阻碍了妇女个人闲暇特长发展以及非物质文化遗产的传承。可见闲暇生活场所与设施的缺乏亦是导致壮族地区农村妇女闲暇空间局限性与闲暇活动单一性的原因(见图5-7)。

图5-7 登上浙江卫视"中国梦想秀"舞台的壮族妇女在渠吃屯的"舞台"练舞❶

(四)厚寨村妇女闲暇生活的自我评价

对闲暇生活的研究离不开被调查者自身对闲暇的主观体会和评价。以下主要围绕壮族地区农村妇女对客观存在的闲暇内容、闲暇时间及场所、闲暇价值3个方面的自身感受所进行主观评价来进一步探讨壮族地区农村妇女闲暇生活状况。

---

❶ 图片来源:《南国早报》记者 邹财麟摄,http://www.gxnews.com.cn/staticpages/20131221/new-gx52b4c92f-9269017.shtml.

1. 对闲暇内容的自我评价

在考察壮族地区农村妇女对闲暇生活自我评价时,我们将引用满意度均值来探讨农妇对闲暇生活中开展活动内容以及闲暇时间总量、闲暇活动场所的满意程度。主要是依据问卷调查结果中各个选项分别给予评分,其中"很不满意"给予1分,"不太满意"给予2分,"一般"给予3分,"比较满意"给予4分,"很满意"给予5分,计算其均值。均值越高,满意度就越高。通过表5-12可以看出,壮族地区农村妇女对于闲暇时间开展活动的满意度均值是2.57分,处于"不太满意"2分与"一般"3分之间。深入访问时发现,大部分的农妇认为闲暇活动内容不外乎就是看电视、闲聊等形式,重复性较高,易感到乏味。总体而言,壮族地区农村妇女对闲暇内容自我评价为"不太满意"与"一般"之间,普遍渴望闲暇生活内容更为丰富化。

表5-12 对于开展活动内容/闲暇时间总量/闲暇活动场所的满意程度

—	很不满意	不太满意	一般	比较满意	很满意	均值
开展活动内容	21.1	27.8	32.2	10.0	8.9	2.57
闲暇时间总量	14.4	31.1	28.9	17.8	7.8	2.74
闲暇活动场所	78.9	12.2	5.6	2.2	1.1	1.1

2. 对闲暇时间及场所的自我评价

研究厚寨村妇女对闲暇时间评价,先从被调查者自身感觉闲暇时间总量是否充足着手。根据表5-12可知,认为闲暇时间较少的壮族地区妇女高达31.1%,对闲暇时间总量满意度均值是2.74分,处于"不太满意"2分与"一般"3分之间。显然,壮族地区农村妇女主观感受普遍认为闲暇时间较少,希望增加闲暇时间。而客观上,根据我们的调查,壮族地区农村妇女闲暇时间总量为324分钟,高于许多地区农民闲暇时间总量,且当问及"与过去五年相比,您觉得闲暇时间的变化如何?"高达70%被调查者选择了比过去增加了许多。闲暇时间总量客观上是充足的,但为何被调查者仍感觉闲暇时间较少?当我们进一步调查访问得知,壮族地区农村妇女对闲暇时间意识较高,期望值较高,但对闲暇活动却没有正确规划,对闲暇目的与价值也较为模糊。当问及"您觉得闲暇时间少的主要原因是什么?"有1/2以上被调查者认为时间利用效率低,只有少部分被调查者觉得是工作或者家务、生理时间占用时间太长导致。由此可进一步确定,壮族地区农村妇女对闲暇时间价值认识较浅,对闲暇时间普遍利用效率低。

相比于闲暇内容与闲暇时间,闲暇活动场所的自我评价是最差的。根据表5-12可知,壮族地区农村妇女对闲暇生活设施满意度均值只有1.1分,表明农妇对闲暇设施是非常不满的。

通过调查得知,壮族地区农村妇女对闲暇场所满意度低,主要原因是当前村里现存的闲暇活动场所与设施严重短缺,书报则只是在村委会办公室有零星几本,这已严重影响壮族地区农村妇女闲暇生活质量。

3. 对闲暇价值的自我评价

中国农村妇女传统的闲暇价值观念认为闲暇是"不爱工作""懒惰"的代名词,不应提倡去追求,更有甚者觉得闲暇是可耻的。当前随着壮族地区农村妇女生活水平的提高和闲暇观念的提升,在调查中面对工作与闲暇哪个更重要的问题时,有14.4%农妇认为工作比闲暇重要,有38.8%农妇认为闲暇与工作同样重要,而有35.6%认同闲暇比工作重要,11.1%的农妇认为无所谓。显然,当前壮族地区农村妇女闲暇价值观念发生了变化,闲暇不再是"不爱工作""懒惰"的代名词,与传统中国农村妇女闲暇价值观念不同,"闲暇与工作同样重要"是目前壮族地区农村妇女的闲暇价值观念取向。

个案5-5:农民,女,38岁,2014年7月28日 11:30~12:40

我觉得闲暇很重要,因为你想想看,我们赚钱为了什么咯,还不是为了过日子。人没有休息没有玩不行的,只会赚钱,有什么意思啊。我就是这样想的啊,等我有钱了,我送我孩子去南宁上学了,我就享受享受,去北京看看。我有个表姐嫁去北京了,我还没有去过北京啊,看到她拍的照片很漂亮啊,我想去看看。现在没钱去不了啊,孩子还读书,现在最多就去县城里跳跳舞,也开心。我们上个月刚刚去扶绥跳舞,政府叫我们去的,虽然没给钱,奖品就是毛巾、香皂,可是就算自己出钱我也去,既可以跳舞又可以去县城逛逛。

通过厚寨村这个个案,我们可以看到,壮族地区农村妇女闲暇活动的突出特点:①闲暇的类型主要以消遣娱乐型与社会交往型为主,学习提高型较少。而消遣娱乐选择的主要内容为看电视和看电影,在选择看电视节目类型上倾向于消遣娱乐打发时间为主的电视剧、综艺节目这两种类型,闲暇时间选择上网的妇女人数也有所增加,不可忽略上网、看电视成为当前壮族地区农村妇女学习农业科技知识、文化教育的便捷而重要途径。社会交往主要内容为串门聊天和唱歌跳舞,串门聊天的内容主要是妇女们大多聊经常聊的如"邻里新鲜事""各家生活琐事""子女教育问题""村子里大事""闲谈,没有具体内容"等。其中子女教育问题成为当前妇女闲谈的频率较高话题,可见农妇对孩子教育问题已经相当重视,而唱山歌这一民族传统活动正面临后继无人的危机。虽然每年村民都会自发举办山歌对唱比赛,但参赛的却都是上年纪的农妇,随着城镇化的不断推进以及网络的发展,壮族地区年青一代的农村妇女已像城里的妇女每天晚上跳起了流行的广场舞。②闲暇生活陪伴者以"血源性""地缘性"的"差序格局"社会关系网络结构基础为主,闲暇交往的对象主要是从事务农工作的邻居、配偶、亲戚等。闲暇生活活动场所具有封闭性,主要集中在以家为单位的活动范围,造成闲暇活动的单一性和局限性。③闲暇时间总量较长,但受时节影响较大,具有明显时节性。闲暇时间支出方向集中,促进个人提高发展的时间利用水平低。闲暇时间具有不可掌控性,壮族地区农村妇女所获取的闲暇时间绝大部分是由生产劳动时间和家务劳动时间消耗后所剩余产生的。生产劳动时间与家务劳动时间直接影响闲暇时间的长短。④在对闲暇内容、闲暇时间与闲暇场所、闲暇价值3个维度自我评价中,对闲暇场所自我评价最低,究其原因是村里现存的闲暇活动场所与设施严重短缺,远远不能满足于妇女日益增长的闲暇需求,严重影响了壮族地区农村妇女闲暇生活质量提高,限制了农妇个人素质发展,阻碍了新农村文化建设。

第二节 厚寨村妇女闲暇生活方式的变迁与群体差异比较

为了更深入了解少数民族地区妇女的闲暇生活,此节从群体差异性的视角以及时间上纵向比较,把改革开放作为时间区分点,对比改革开放前后壮族地区农村妇女闲暇生活方式变迁状况,再由群体差异性角度横向分析,比较不同群体的壮族地区农村妇女闲暇生活状况是否具有差异性。

一、厚寨村妇女闲暇生活方式的历史变迁

(一)改革开放前厚寨村妇女闲暇生活的客观内容

1978年以前中国农村几乎没有"闲暇生活"这个概念,少数民族地区也不例外。壮族地区村民生活就好比在《乡土中国》中费孝通所描述的情境:村民年复一年、日复一日,几乎所有生活都紧紧围绕着土地展开。查阅《扶绥县志》可知,扶绥壮族人口主要聚居在扶南、岜盆、渠旧、柳桥、东门、东罗和中东等10个乡、镇以及部分村屯。这些地区村民居住在"干栏"、平房。"干栏"也叫葛栏、高栏、麻栏。上层住人,下层圈养牲畜或堆放杂物。山区和丘陵的壮乡多住"干栏"。基础设施较差,生活极为简朴,家中摆设一般为高脚八仙桌,摆茶具,八仙桌两边有靠背椅。富裕人家有沙发、茶几,有的还有电视机、收录机。虽然生活设施简陋,但壮族地区妇女仍是热爱歌舞。改革开放前,青年男女通过歌圩谈情说爱,觅得情侣,获得父母同意,即可结为夫妻。而新娘出嫁前几日,亦必须唱"哭嫁歌",有"十姐妹"做伴。歌词内容大致是,哭诉被迫嫁给别人当牛马,赞颂父母养育之恩,诉说对兄弟姐妹难舍之情,咒骂媒人狡猾欺骗及不称心的新郎等,一直哭唱到上轿离别。改革开放前,壮族地区农村妇女主要时间为生产,闲暇时间只有春节、三月三歌节、"四月八"等节日时间。闲暇内容在节假日也比平常丰富,春节有时会请戏班,唱采茶,施公戏,放烟花,妇女会争先恐后手拿火把去河边接"新水",洒在谷子牛粪上。把红条贴在鸡舍上、果树枝上,祈求来年五谷丰登、六畜兴旺。三月三歌节仍是壮族地区妇女最喜欢的日子,可以换上漂亮衣服,到歌圩和男青年对歌。❶

(二)后寨村妇女对改革开放前的闲暇生活的主观认知

个案5-6:小学教师,女,72岁,2014年7月28日15:00~16:10

以前我们哪里懂什么叫闲暇,没有这个意识。那个时候就是种田,想着不挨饿就好了,哪里想其他休息什么的,主要就是为了填饱肚子。我家有7个兄弟姐妹要吃饭,我是大姐,每天不是帮父母种田、喂猪、喂鸡,就是烧柴做饭,照顾弟弟妹妹。唯一的生活可能就是,歌圩节能出去对对歌这样了。哪里有像现在生活这么好,想对歌就出去对歌,都不用想这么多种地啊、找

---

❶ 扶绥县志编纂委员会.扶绥县志[M]. 南宁:广西人民出版社,1989:440-450.

吃的啊。

个案5-7：农民，女，63岁，2014年7月28日 19：10~20：00

我们那个年代是生产的，反正我记得是到处宣传劳动最光荣。我也不知道这么多，反正那时候大家都一样，就是种地啊，种花生啊，种甘蔗啊，养猪啊，养鸡啊。也没有人叫说你要想什么，你要想出去耍，休息，就是懒啊。懒人是嫁不出去的啊，婆家嫌弃懒的人啊。我们都是很勤快，没有太多想法的。过年过节休息啊，其实也想出去玩，但是不知道玩什么，平时就是集中在一个地方大家聊聊天，或者到歌圩节就去对对歌。哪里像现在的年轻人，都不会对歌了啊，生活太丰富啦。想玩什么都有，我外孙女在南宁读书，叫上我到南宁，带我去唱歌，说她们南宁有什么KTV，说我爱唱什么时候都可以唱，不用等歌圩节的，还有很好的话筒啊，我外孙女每个月都跟同学去唱啊。不过她们都不会山歌咯，我外孙女连壮话都不会讲了，只是会听。

在访谈中得知，改革开放以前壮族地区农村妇女闲暇生活趋向一致性，闲暇时间少，内容单调且乏味，缺乏闲暇意识。认为"闲暇就是偷懒，是可耻的"等保守价值观念。究其原因是改革开放前农村生活、经济落后的局限性和"乡土社会"观念的保守性。

二、改革开放后厚寨农村妇女闲暇生活方式变迁趋势

改革开放后，随着壮族地区农民生活水平提高，农民闲暇生活态度及方式开始发生变化。闲暇生活意识得到提高，闲暇活动形式趋于多样化，闲暇时间增多及闲暇空间更为开放化。

（一）闲暇活动形式多样化

改革开放前，壮族地区农村妇女闲暇活动形式主要集中于闲聊、自己在家待着、唱山歌这3种形式。呈现中国传统乡村生活单调性的典型特征。随着社会的发展，在调查中我们发现，当前壮族地区农村妇女闲暇生活相对改革开放前趋于多样化，看电视、闲聊等是主要活动方式，看书看报、农村文体娱乐活动增多，妇女除了传统节日的山歌对唱外，每年还联合其他村落自发组织山歌对唱比赛，村里妇女不论年龄大小都积极参与。有些家庭条件较好

者每年还在壮家节日"三月三"前往县城观看歌舞文艺活动。笔者调查期间,恰逢农闲,大多数妇女晚饭后聚集在屯长家门口跳起城里流行的广场舞。由村里会上网的妇女下载视频后,年轻妇女先对照视频学习模仿,再教会村里其他年纪较大的妇女,农闲的夜晚皆可以在屯长家门口欣赏壮族地区农村妇女们曼妙的舞姿。但总的来说,壮族地区农村妇女闲暇活动大体上是消遣娱乐型和自己在家休闲型并存。

(二)闲暇活动时间增多与场地设施的开放性

闲暇时间是进行闲暇生活基本前提与必要条件。改革开放前壮族地区农村妇女基本没有属于自己的闲暇时间,日出而作,日落而息,耕田为食,凿井而饮,是当时妇女生活的真实写照。随着社会生产水平的提高,壮族地区农村妇女的闲暇时间显著增多。但时节性十分明显,闲暇时间支出方向集中,促进个人提高发展时间利用水平低。闲暇时间具有不可掌控性,与生产劳动时间、家务劳动时间的关联度大。总体来说,壮族地区农村妇女闲暇时间增多,是农村社会经济发展的一个侧面表现,同时亦使农村妇女的闲暇生活观念及方式得到改变。

改革开放以前,壮族地区农村妇女生活如费孝通先生所言"乡土社会的生活是富于地方性的。地方性是指他们活动范围是有地域上的限制,在区域间接触少,生活隔离,各自保持着孤立的社会圈子"。[1]改革开放后,农村经济得到发展,伴随着闲暇内容多样化及闲暇时间增长,妇女们已经不满足于在家里看电视、村里聊天,有些妇女会在春节、"三月三"等佳节自主前往县城参加文艺活动。但此次调查得知,虽然相比改革开放,壮族地区农村妇女活动场所、设施有所增加,但与妇女对场地及设施的需求仍不对等。根据问卷统计,当前壮族地区农村妇女闲暇生活的活动场所集中在以"家"为单位的,高达44%,而在公共场所的仅为13%。可见闲暇生活场所与设施是缺乏的,壮族地区农村妇女闲暇空间仍是具有"乡土封闭性",但这种"乡土封闭性"已从主观存在变为客观条件的制约。

(三)闲暇意识增强

中国农村在改革开放以前,"三十亩地一头牛,老婆孩子热炕头"是绝大部分男性农民最为美好的期待。妇女亦是全天劳作或者操持家务,闲暇意识

---

[1] 费孝通.乡土中国[M].北京:生活·读书·新知三联书店,1985:4.

几乎为零,认为闲暇与"不工作偷懒"对等,是可耻的。闲暇体验与劳动并存(一边工作一边唱歌,一边闲聊一边做家务)或是被动的闲暇,当农闲时,劳动力剩余时,只能被迫闲暇。而当前壮族地区农村妇女的闲暇意识得到极大地提高,由被动闲暇变为主动闲暇,闲暇亦不再是"不工作偷懒"的可耻行为,而变成与工作一样重要的生活体验。在调查中发现,高达38.8%农妇认为闲暇与工作同样重要,而有35.6%农妇认同闲暇比工作重要,显然看出壮族地区农村妇女闲暇观念的改变,闲暇意识的提高,闲暇生活已变为壮族地区农村妇女生活的重要部分。

三、厚寨村妇女闲暇生活的群体差异

从差异性视角,从不同收入情况、不同婚育状况、不同职业经历讨论壮族地区农村妇女闲暇生活时间、闲暇生活意识与效果、闲暇生活方式的差异。生活方式的差异性历来是生活方式研究的重要视角,西方学者对生活方式的界定始终是围绕对象的"差异性"发展的。❶

(一)不同收入状况群体的闲暇生活差异

在调查中,我们亦可以听到被调查者感叹道"有钱人闲暇时间就多,没有钱的要去挣钱,哪里有时间谈论闲暇"类似的观点。但是事实上,是不是收入高的妇女闲暇时间比收入低的妇女多呢?在调查研究中,我们按照壮族地区人均收入高低,把壮族地区妇女人均月收入500元及以下(低收入人群)、501~1000元(中低收入人群)、1001~1500元(中等收入人群)、1500~2000元(中高收入人群)、2000元以上(高收入人群)5个收入群体。根据表5-13可知壮族地区农村妇女闲暇生活时间一天总量5.4个小时,共324分钟。其中低收入人群闲暇生活时间总量为5.7个小时,共342分钟,比均值高出0.3个小时,高收入人群闲暇生活时间总量为5.4个小时,即324分钟,与均值持平。

表5-13 不同收入状况群体与闲暇时间总量比较(单位:分钟)

收入群体	人均一天的闲暇生活时间总量
低收入人群	342

---

❶ 高丙中.西方生活方式研究的理论发展叙略[J].社会学研究,1998(3).

续表

收入群体	人均一天的闲暇生活时间总量
中低收入人群	318
中等收入人群	300
中高收入人群	336
高收入人群	324

可见,不同收入群体壮族地区农村妇女闲暇时间总量无明显差异,且收入高低与闲暇时间总量无显著关系。壮族地区农村妇女普遍质疑的"有钱人闲暇时间就比低收入多"是不成立的。壮族地区农村妇女收入水平与闲暇时间总量并不是正相关,并不存在"有钱人闲暇时间总量多""没有钱的人就没有闲暇时间"的现象。但在进一步的调查中发现,在闲暇时间分配中,我们发现了不同收入状况群体的闲暇生活方式的差异。壮族地区农村妇女收入越高,闲暇时间分配到从事积极学习提高型活动的时间就越多,从事消极活动休息闲待型时间就越少。其中500元及以下(低收入人群)平均每天花在阅读书报杂志的时间为2分钟,而平均每天花在无事休息闲坐的时间为60分钟,占其闲暇时间的17.5%;1001~1500元(中等收入人群)平均每天花在阅读书报杂志的时间为2分钟,占其闲暇时间的0.67%,平均每天花在无事休息闲坐的时间为35分钟,占其闲暇时间的11.7%;而2000元以上(高收入人群)平均每天花在阅读书报杂志的时间为26分钟,占其闲暇时间的8.02%,平均每天花在无事休息闲坐的时间为25分钟,仅占其闲暇时间的7.7%,详见表5-14。由此得知,虽然壮族地区农村妇女收入越高,闲暇时间总量不一定越多,但收入越高,闲暇时间分配到积极学习提高型活动的时间就越多,分配到消极休息闲待型活动的时间就越少。即收入越高闲暇时间利用率就越高。

表5-14 不同收入状况群体参与不同闲暇生活类型的时间总量(单位:分钟)

—	阅读书报杂志的时间	占闲暇时间百分比(%)	无事休息闲坐的时间	占闲暇时间百分比(%)
低收入人群	2	0.58	60	17.5
中低收入人群	2	0.63	45	14.1
中等收入人群	2	0.67	35	11.7

续表

	阅读书报杂志的时间	占闲暇时间百分比(%)	无事休息闲坐的时间	占闲暇时间百分比(%)
中高收入人群	8	2.38	35	10.4
高收入人群	26	8.02	25	7.7

(二)不同婚育状况群体的闲暇生活差异

在深入调查壮族妇女闲暇生活效果时,我们发现不同婚育状况仍是影响闲暇生活差异的一个重要变量。为了考察婚育状况与休闲的关系,我们按6种婚育状况来考察,即未婚;已婚无子女;已婚,第一个子女未成年;已婚,第一个子女已成年;丧偶;离婚。问卷中问及对自己闲暇生活有何感受时,选择"闲暇时感到无事可做,很无聊"选项的多为未婚者,占64.4%,而选择"闲暇时感到可做的事很多,很愉快"的是已婚,且第一个孩子已成年的妇女,占68.9%,离婚、未婚、丧偶者为最低,分别占12.2%、12.2%和17.8%,详见表5-15。由此可见,闲暇生活状况主观评价与婚姻关系存在较显著关系,已婚者比未婚者闲暇生活的自我评价更高一些。

表5-15 不同婚育状况群体对闲暇生活感受的差异(单位:%)

	闲暇生活感受		
	闲暇时感到无事可做,很无聊	闲暇时感到可做的事很多,很愉快	感觉闲暇生活基本满足
未婚	64.4	12.2	12.4
已婚无子女	24.5	23.3	42.2
已婚,第一个子女未成年	48.9	21..1	20.0
已婚,第一个子女已成年	10.0	68.9	11.1
丧偶	51.1	17.8	21.1
离婚	58.9	12.2	18.9

当问及总体上对自己的闲暇生活满意度如何时,不同婚育状况群体满意

均值差别较大,详见表5-16。已婚,第一个子女已经成年的壮族地区农村妇女对闲暇生活满意度均值最高,为4.1,属于比较满意与很满意之间。其次是已婚无子女和未婚。已婚,第一个子女未成年的壮族妇女对闲暇生活满意度均值为1.5,处于很不满意与不太满意之间。由此我们可以看出,不同婚育状况群体在壮族地区农村妇女闲暇生活体验上占据了重要的地位,养育子女压力越小,壮族地区农村妇女闲暇生活满意度就越高。

表5-16 不同婚育状况群体对自己闲暇生活满意度(单位:%)

	满意度					—
—	很不满意	不太满意	一般	比较满意	很满意	均值
已婚无子女	12.2	14.4	16.7	24.5	32.2	3.5
已婚,第一个子女未成年	76.7	6.7	7.8	5.6	3.3	1.5
已婚,第一个子女已成年	4.4	8.9	14.4	22.2	50.0	4.1
丧偶	24.4	21.1	11.1	25.6	17.8	2.9
离婚	30.0	18.9	24.5	16.7	10.0	2.5
未婚	8.9	17.8	42.2	16.7	14.4	3.1

(三)不同职业经历群体的闲暇生活差异

壮族地区农村妇女的职业大部分都是农民,职业上没有明显的分化。但在调查中我们发现,非农经历亦是影响壮族地区农村妇女闲暇生活差异的重要因素。我们把是否有过非农经历细分为6种,(其中如果都有过,以距离最远、所待时间最长的为其选项)。分别为有过本乡镇其他村居委会非农工作经历,有2人;有过本县其他乡镇非农工作经历,有3人;有过其他县级市区非农工作经历,有9人;有过外省非农工作经历,15人;有过国外(境外)非农工作经历,有0人;没有过外出务工经历,有61人。在问卷调查中,当问及"闲暇时候你最主要的陪伴者是谁?"时,选择"同学""朋友"选项的被访者中,90%来自有过外出务工经历的,其中有过其他县级市区非农工作经历的占22.2%,有过外省非农工作经历的占66.7%;显然可见,有过外出工作经历且选择外出地点比本村经济越发达的壮族地区农村妇女在选择闲暇生活陪伴者上更易打破"血源性""地缘性"的"差序格局"社交基础,社会关系网络更为异质化。

从闲暇意识来看,有过非农外出工作经历的壮族地区农村妇女的闲暇意识比没有过非农外出工作经历的妇女要高,且外出从事非农工作时间越长,所工作地点比村子的经济水平越发达,闲暇意识就越高。当问及"工作与闲暇哪个更重要?"时,有过外省非农工作经历的被调查者中60%选择"闲暇比工作重要",选择"工作比闲暇更重要的"选择者中的71.4%为没有过任何外出非农工作经历。

个案5-8:农民,女,24岁,在珠海打工6年,2007年7月29日9:20~10:10

其实我刚刚回到农村的时候很不习惯,我读完初中就去广东打工,虽然就是在酒店帮人家洗碗,一天工作14个小时,一个月只有2天休息,很辛苦,但是,我们一群打工认识的姐妹一到休息时间就可以出去玩,不像在村子大家就是想着怎么种地,很少有人讨论说出去玩的。村里人觉得出去玩是浪费钱、浪费时间吧,我也不知道。现在我回到家是准备帮家里面收收甘蔗,等收完甘蔗我还是想出去。打工的朋友也劝我带我老公出去,可是我又怕有了孩子后没有人带孩子,还是想着生了孩子再出去吧。

个案5-9:农民,33,女,无外出打工经历,2014年7月29日10:35~11:00

工作当然比闲暇重要的。我没有什么这种(闲暇生活)想法吧,就是想趁年轻有力气多挣钱,多种点甘蔗,留点钱给孩子读书,我最想送我孩子去扶绥读书啊,就是希望孩子好好读书,跟老公就老老实实多种点甘蔗,我们打算卖了这批甘蔗就加建一下房子,想多赚点钱,不想其他。

可见,壮族地区农村妇女闲暇意识仍是受一定的"非农工作经历"的影响。不同的生活与职业经历,接触的人与物的变化,造就视野更加开阔,使她们对闲暇认同感越高,需求越高。因而,不同职业人群的闲暇生活在意识、方式、时间、分布和场所是存在差异的。

从时间的纵向层面来探讨壮族地区农村妇女闲暇生活方式变迁状况发现,改革开放后随着壮族地区农村城镇化不断推进,农妇闲暇生活观念及生活方式开始发生显著变化。壮族地区农村妇女闲暇生活观念由落后保守性转变为逐渐开放,闲暇生活方式由"完全一致性"逐步转向"不完全一致性",由"消极型"逐步转变为"积极型"。从群体差异横向层面上讨论壮族地区农村妇女闲暇生活时间、闲暇生活意识与效果、闲暇生活方式的差异性可发现,妇女的收入水平与妇女闲暇时间利用率呈正相关关系。壮族地区农村妇女收入越高,闲暇时间分配到积极学习提高型活动时间越多,分配到消极休息闲待型活动时间越少,闲暇时间利用率越高。不同婚育状况也是影响农妇闲暇生活差异的一个重要变量,其中子女抚养压力对闲暇生活效果影响最显著。调查中发现,已婚,第一个子女已成年与已婚无子女的农妇闲暇生活满意度最高;相反,已婚,第一个子女未成年的农妇闲暇生活满意度最低。可见,养育子女压力越小,壮族地区农村妇女闲暇生活满意度就越高。笔者所在调查点农村妇女的职业大部分都是农民,从职业层面上探讨对闲暇生活影响没有发现明显相关关系。但在深入调查中我们发现是否曾有过非农工作经历亦是影响壮族地区农村妇女闲暇生活差异的重要组成部分。无论从闲暇意识来看,还是从闲暇生活空间与内容上来看,有过非农外出工作经历的壮族地区农村妇女的闲暇意识比没有过非农外出工作经历的妇女要高,且外出从事非农工作时间越长,所工作地点比村子的经济水平越发达,闲暇意识就越高,闲暇生活空间越开放化,掌握闲暇技能越多,闲暇内容越丰富化。

第三节　厚寨村妇女闲暇生活状况影响因素分析

本节我们主要从客观与主观两个层面对壮族地区农村妇女闲暇生活状况影响因素进行进一步探讨。

一、影响妇女闲暇生活的客观因素

从客观角度上分析,家庭人口结构与经济负担、社会文化环境与社会预期、农村文化组织发育程度是影响壮族地区农村妇女闲暇生活的重要客观因素,是农妇提高闲暇生活质量的基础。

(一)家庭人口结构与经济负担

1. 家庭劳动人口抚养比

厚寨村妇女家庭人口抚养比直接影响其闲暇生活状况。在2014年的抽样问卷调查中得知壮族地区农村妇女家庭常住人口(吃、住均在一家的家庭成员)有3口及以下占21.1%,4~6口占48.9%,7~10口占23.3%,10口及以上占6.7%,详见图5-8。家庭有无劳动能力需抚养(含未成年子女、老人、丧失劳动能力亲属)有1个及以下的占11.1%,有2个的占25.6%,有3个的占34.4%,有3个以上的占28.9%,详见图5-9。

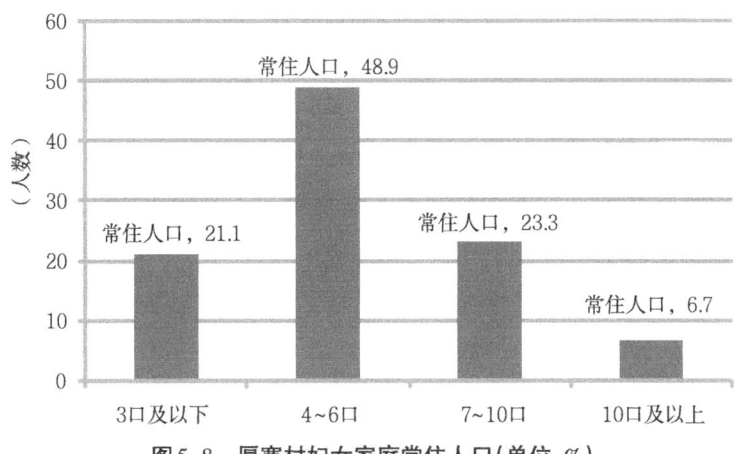

图5-8 厚寨村妇女家庭常住人口(单位:%)

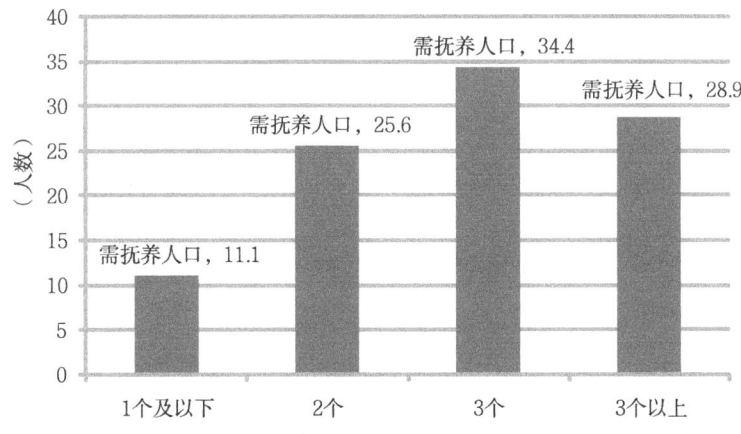

图5-9 厚寨村妇女家庭需要抚养人口与休闲的关系(单位:%)

对比图5-8、图5-9可见，厚寨村妇女家庭人口抚养比较高，几乎1/2的被调查者家庭人口为4~6个人，而家中无劳动能力需要抚养、赡养的人口3个与3个以上的高达63.3%，表明农村妇女家庭需要照顾未成年子女和无劳动能力的老人负担较大，导致农妇生产时间与家务时间增多，闲暇时间减少，是影响闲暇生活质量的因素之一。

2. 家庭经济收入支出状况

家庭经济收入支出状况是决定壮族地区农村妇女闲暇生活质量的前提条件。2013年家庭年收入调查中发现，只有2.2%家庭年收入在2000元以下，而家庭年收入在10001~50000元，占被调查者的45.6%，家庭年收入在50000元以上，也有7.8%的人。家庭收支状况良好，家庭收入大于支出家庭有38.8%，收支相抵有46.6%，支出大于收入仅占14.6%。但家庭收入不稳定，收入来源较单一。厚寨村村民家庭收入来源主要以种植甘蔗为主，而甘蔗具有季节性，价格又根据时节糖价浮动而变化。所以调查中经常听到妇女谈论甘蔗收成问题，大部分妇女表示她们闲暇活动时间主要分布在甘蔗种植与收成后，要想尽情享受农闲的闲暇生活，首先还是把甘蔗卖出好价钱，有了比较高的收入，她们才能够开心地玩。

(二)社会文化环境与社会预期

壮族地区村妇所受社会文化环境影响与其所居住的自然环境关系是密不可分的。壮族地区自然环境相对恶劣，以山区为主，尤其是广西西部石山居多，适宜居住、耕种的田地较为稀少。正是因为这艰苦的自然条件造就了壮族妇女不畏艰苦、勤劳能干的特质。加之历史原因，壮族地区战乱不断，男性需外出抗战，妇女被迫成为家庭主要劳动力。所以，从古到今壮族妇女给人的印象既有像传统男性一样坚毅与吃苦耐劳美好品德，是干农活养家糊口的能手，同时兼有中国传统女性照顾老人小孩、勤俭持家的美德。民国时期刘锡番在《岭表纪蛮》中就说："凡耕耘、烹饪、纺织、贸易、养育、负担诸事，女子皆能任之，故其立家庭同为经济重要人物，有时并能赡养男子。"❶正是由于壮族地区受历史文化、社会环境等因素影响造就出壮族妇女勤劳能干、吃苦耐劳深入人心的形象，以至于对壮族地区女性享受权利和承担的责任社会预期较大。我们在调查中亦发现，村中妇女一般为家里的"操持者"，可与男性

---

❶ 刘锡番.岭表纪蛮:影印本[M].上海:上海书店,1989:41.

共同担任家庭"主心骨"的位置,但也必须承包家里所有的家务活动并且与男性一样外出务农,承担较大的社会责任、家庭责任。因历史、文化原因导致家庭权利与责任过大,支配过多的生产时间、家务时间使壮族地区农村妇女个人闲暇时间与活动受制,自我发展的意愿亦会受农村社会历史期望及文化氛围所牵绊。

影响厚寨村妇女闲暇活动除经济负担和社会预期之外,农村文化组织发育程度也是不可忽视的因素。农村闲暇活动组织化程度低和农村闲暇设施配置缺乏成为影响壮族地区农村妇女闲暇活动的主要制约因素。

随着农村经济和农村文化现代化的不断发展,闲暇生活作为文化的基础和农民生活的重要组成部分,壮族地区农村妇女的闲暇生活需求不断提高。厚寨村闲暇活动组织化程度低,远远不能满足于妇女日益增长的闲暇需求。调查表明,村委会组织集体活动仅占8.9%,县乡镇组织占6.7%,村民自发组织达到64.6%,可见集体活动开展主要仍是以村民自发组织为主。

个案5-10:农民,女,48岁,2014年7月29日13:30~14:20

有时候我们想举办些什么活动,都是我们自己弄的,村委很少办了,我们想它(村委会)办啊,可是没有办法的,说没有钱。我们村打篮球很厉害的啊,之前想举办篮球比赛,办了1年就没有了,唱山歌是我们壮家传统的啊,可是都是我们自己推荐"歌圩头"出来组织,都不像以前集体办得了。现在大家生活都好过了,都想村子多组织活动给我们参加啊,像我们自己跳舞跳到"中国梦想秀"哇,之后就有人来报道啊,上报纸了啊,又上电视,好多人叫我们去隔壁村跳,去县城跳,我们还去了一次南宁,反正我觉得挺好玩的。要不现在孩子也长大了,家里就剩下几亩甘蔗,时间多了也不知道去哪里,就有时去看看人家打麻将或者看看电视。

显然可见,厚寨村闲暇活动组织化程度越低,农村妇女闲暇生活内容越单一和盲目。不仅影响了农妇闲暇生活质量的提高,还影响了妇女身心健康,阻碍了农村现代化发展进程。

(三)农村闲暇设施配置情况

中国有句古话"巧妇难为无米之炊",用于形容壮族地区农妇们恰如其分。众所周知,壮族女性天性热爱唱歌跳舞,每年节日保留着"唱山歌"的传统,这几年壮家妇女还跳起了城里流行的广场舞,笔者所调查的渠吃屯16名妇女自编自跳的"甘蔗舞"登上浙江卫视"中国梦想秀"的舞台,获得资助15万元,帮助村里修起了盼望已久的通往村外的水泥路,令当地干部群众刮目相看。但她们每天练习的舞台只是队长家门口用于晒花生的一片空地。在访谈中,她们谈及改善闲暇生活最大的期望是屯里能有一个真正的舞台和一台完好的音响设备。同时在问卷调查中发现,询问到"总体而言,最影响您参与闲暇活动的3种主要因素"时,高达34.4%的被调查者选择缺少闲暇活动设施为第一限制因素,分别有22.2%、28.9%的被调查者认为是第二影响因素、第三影响因素。合计把经济条件不允许列入影响因素前3名的被访者有38.9%,合计把缺少闲暇活动技能列入影响因素前3名的被调查者占40.2%。而认为浪费时间,宁愿去赚钱和家人不支持是前3名影响闲暇生活的被调查者仅占16.8%和9.9%。从而不难看出,当前壮族妇女认为影响闲暇生活最大的因素已不再是经济因素或闲暇意识,而是短缺的闲暇活动设施,详见表5-17。

表5-17 影响您参与闲暇活动的3种主要因素(单位:%)

类别	第一影响因素	第二影响因素	第三影响因素	合计
缺少闲暇活动设施	34.4	22.2	28.9	85.5
活动内容单一	17.8	20.0	18.9	56.7
经济条件不允许	12.2	10.0	16.7	38.9
没有合适同伴	7.8	8.9	10.0	26.7
空闲时间不够	7.8	10.0	7.8	25.6
浪费时间,宁愿去赚钱	5.6	6.7	4.5	16.8
缺少闲暇活动技能	11.2	17.8	11.2	30.2
家人不支持	3.3	4.4	2.2	9.9

壮族地区农村闲暇设施普遍十分简陋,我们所选取的调查点厚寨村的厚寨屯与渠吃屯里都没有专门的书报阅读室,没有放电影的室内放映室,都是在空地上露天放电影,也没有属于自己的农村大戏台,只有个残旧的篮球场。闲暇公共设施的缺乏极大地缩小了壮族地区农村妇女闲暇生活的活动空间,阻碍了壮族地区农村妇女闲暇生活内容丰富化发展,限制了农妇个人素质与能力的提高。

二、影响妇女闲暇生活的主观因素

经济负担、社会预期、闲暇组织发育程度等客观因素是制约壮族地区农村妇女闲暇生活的客观条件,生活满意度、自我发展意愿和自身素质等主观因素也对壮族地区农村妇女提高闲暇生活质量起着重要作用。

(一)农村妇女生活满意度及自我发展意愿

农村妇女对生活的主观态度和对自身发展的设想都会在主观上决定她们的闲暇生活意识。而闲暇意识是闲暇生活的重要组成部分。

1. 农村妇女的社会角色

随着市场经济的快速发展与现代生产效率的提高,农民的日常生活也发生了改变。但在农村男性始终占据着重要地位,男性始终是村里受教育、学习劳动生产技能及外出打工的主要构成。在帮助农民提高生活水平及生活质量时,往往受中国传统价值观念影响,对农村妇女个体差异性的忽视,造成农村妇女闲暇意识、闲暇时间、闲暇活动亦可能会受到社会性别结构的限制。在问卷调查中,从壮族地区妇女关于社会性别的各种说法的态度(见表5-18)中可以看出,在社会性别上,壮族地区农村妇女在社会性别观点上,还是倾向于男性比女性存在更明显优势,是"社会主心骨",但也有一部分壮族地区农村妇女开始意识到女性应当自立自强,追求自我提升,虽在家务劳动与婚育观念中追求男女平等,但在家庭角色扮演中"男主外,女主内"的观念仍显著。所以在社会性别观念的影响下,壮族地区农村妇女价值观念是矛盾的,闲暇观念亦是受制约的。

表5-18 壮族地区妇女关于社会性别的各种说法态度(单位:%)

一	完全同意	比较同意	无所谓	比较不同意	完全不同意
在社会性别上,男人以事业为重,女人以家庭为重	17.8	30.0	14.4	10.0	27.8
在家庭责任分配上,夫妻应该均等分摊家务	43.3	16.7	22.2	11.1	6.7
嫁得好比什么都重要	21.2	24.4	12.2	31.1	22.2
女性天性就不如男性	15.6	36.7	4.4	25.6	17.7
生男孩比生女儿好	5.6	13.3	34.4	16.7	30.0

2. 农村妇女的生活幸福感及对个人发展的期望

在问卷调查中发现,有14.4%壮族地区农村妇女感觉当前生活非常幸福,有40.0%觉得自己现在比较幸福,觉得自己很不幸福只占6.7%,详见表5-19。

表5-19 壮族地区农村妇女当前生活幸福感(单位:%)

满意度				
非常幸福	比较幸福	一般	不太幸福	很不幸福
14.4	40.0	25.6	13.3	6.7

可见,壮族地区农村妇女生活幸福感比较高,但在访谈中询问到"当前生活中让她感到幸福的来源"时,大部分妇女认为是家人平安、家庭和谐最让她们觉得幸福,只有不到10%的妇女认为幸福感来源于自身发展或业余生活。访谈中谈及"对未来生活的期望",被调查者答案主要集中在首位是儿女的健康成长,事业有成,其次是家庭经济收入增加,伴侣、父母健康开心,很少考虑到自身的发展。

个案5-11:农民,女,40岁,2014年7月29日18:00~18:35

对自己有什么期望啊,好像也没有,不知道有什么期望好。我们都没有读过多少书的,不像你们是大学生,很厉害。我们就是在农村一辈子啊,哪里有什么期望,不过我希望我孩子能读书啊,像你们一样啊,读到大学,不要像我读到初中就不读了。孩子能读书,不用回来干农活这么辛苦,找到一份工作,我就很满足了。

显然,壮族地区农村妇女生活幸福感主要来源于家庭,闲暇生活亦是围绕着"家"进行,闲暇生活时间是建立在家庭生活之上,而个人闲暇生活质量的提高也是以个人家庭生活幸福指数为基础。壮族地区农村妇女对自身个人发展期望较低,访谈中时常听到"村妇哪里敢想这些""我们农村妇女想也没用""想也不知道怎么做,就不想"等话语。缺乏对自我价值正确认识及对个人发展的追求,影响了壮族妇女闲暇生活质量的提高。

(二)农村妇女个体因素

壮族地区农村妇女自身文化水平、消费观念和社会关系网络等方面也是影响妇女闲暇生活的不可忽视的因素。

1. 农村妇女文化水平

本次研究的调查对象是从厚寨村5个自然村屯中(厚寨屯、弄刀屯、楞封屯、渠吃屯、渠宁屯)选取2个屯共430名年满18岁妇女,按照分层年龄配额抽样,抽取100名妇女作为调查样本。在有效样本90名妇女中发现被访人数文化水平比较低,大多数为初中文化,高中以上较少。其中小学及以下有30人,占被调查者的33.3%;初中文化44人,占被调查者的48.8%;高中/中专/技校/有14人,占被调查者的15.5%;大专的2人,占被调查者的2.2%。显然,壮族地区农村妇女文化水平普遍较低,小学与初中文化较多,普遍受农村教育条件落后和"女子无才便是德"的传统思想影响。由于自身文化水平的限制,在闲暇生活方式选择上受阻,追求积极学习提高型闲暇活动受牵绊,无法顺利享受阅读书报的乐趣。在调查中可知,"缺少闲暇技能"被调查者认为是制约壮族妇女闲暇生活的重要因素。

2. 闲暇消费观念

闲暇消费是指在除去人们生产工作必需时间及生理需要时间、料理家务时间外的可以自由支配的时间里进行有支付能力的消费。当一个社会总体上达到了"小康"阶段的时候,休闲就不仅仅是单纯的时间消遣了,而开始变成了一种消费活动。随着壮族地区农村妇女生活水平日益提高,由解决温饱型转变为小康型,那么农妇们传统的消费观念是否发生重大转变呢？闲暇消费观念是否得到认可呢？调查发现,壮族地区农村妇女过去一年的消费主要在2000元以上4000元以下,主要集中在饮食支出、教育支出、看病买药、生活用品等方面,其中年均闲暇消费占年总消费不到1/10,主要集中于娱乐用品消费,如购买电视机、DVD机、音响等,文化娱乐所需交通费如外出参加山歌对唱、跳舞等车费,书报杂志消费。同时,影响壮族地区农村妇女闲暇消费因素主要为受中国农民传统消费观念影响,闲暇消费意识淡薄,中国农民传统消费观念崇尚节俭/谨慎。目前,传统消费文化在我国农村仍具有很强的保守性和延伸性。一项相关的调查显示,认为节俭是美德的高达84.7%,农村高于城市,老年段几乎百分之百,青年段也有71.6%的人赞成节俭为美德。❶

个案5-12：农民,女,55岁,2014年7月29日15:10~16:05

现在比以前有钱了啊,但是也不能乱花。我二女儿嫁去深圳了,叫我去深圳玩。我想去,但是觉得花费多。旅游是城市人的事啊,我们农村人哪敢想过？现在我想攒一点钱吧,以后生病什么的也要用,而且平时在农村也没有要花很多钱的地方。出去玩花钱多,住习惯这里不想出去,年纪大了也不方便出去。

可见,闲暇消费观念受传统农村消费文化影响较匮乏是影响闲暇消费能力的首要原因,但农村闲暇产品与公共文娱场所、设施等闲暇服务有限也是壮族地区闲暇消费能力较低的重要原因,而壮族地区农村妇女闲暇生活方式和闲暇质量与闲暇消费状况紧密相关,闲暇消费是闲暇生活质量提高的前提和关键。

---

❶ 王乐忠.中国消费文化探析[J].东岳论丛,1997(1).

3. 农村妇女社会关系网络

从社会网络理论上来看,若把农村妇女置入社会网络结构之中,可看出"乡土社会结构"对其自身发展的制约性,可见农妇个体能动性的重要性。社会网络理论即是分析社会结构在与关系个人互动中如何相互改变,以社会关系、关系内涵、关系强度、社会网络结构、个人结构位置等因素以及信任、情感支持、资源取得、信息传播、人际影响等诸多中介变量分析社会行动的成因与过程。根据调查我们可得知壮族地区农村妇女深受农村社会"差序格局"影响,其闲暇时陪伴对象主要为同是从事农业工作的邻居、亲戚、配偶、子女,社交网络极其简单,主要是以"血源性""地缘性"为主的社会关系网络结构。农村妇女社会关系网络同质化,不仅限制了农妇个体全面发展与闲暇生活质量提高,还阻碍了我国城镇化建设的不断推进和农村现代化发展步伐。

总之,通过厚寨村的分析,壮族地区妇女休闲生活的影响因素呈现出的特点可以归纳为:第一,从客观层面上经过对壮族地区农村妇女闲暇生活状况影响因素的讨论后得知,家庭人口结构与经济负担、社会环境与社会预期、农村文化组织发育程度是影响壮族地区农村妇女闲暇生活重要客观因素,是农妇提高闲暇生活质量的基础。当前壮族地区农村文化组织发育程度较弱,农村闲暇设施缺失成为限制壮族地区农村妇女闲暇生活质量提高的重要原因。第二,从主观层面上分析得知,农村妇女生活满意度及自我发展意愿和农村妇女文化水平、闲暇消费观念、农村妇女社会关系网络同质性等主观因素也同时对壮族地区农村妇女提高闲暇生活质量发挥着根本作用。壮族妇女文化水平主要为初中文化,文化程度偏低导致壮族妇女过少参与学习提高型闲暇活动,调查中发现"缺少闲暇技能"被认为是制约壮族妇女闲暇生活的重要因素。同时,由于缺乏正确引导和文化教育,壮族地区农村妇女对自身个人发展期望较低,缺乏正确的自我认识。时常抱怨"我又没有文化,没有什么用的,什么都做不了""我们就是农村妇女,除了种地什么都不会"对自我产生否定的消极认知,但对孩子教育期望较大,把对未来生活的憧憬完全寄托在孩子身上,严重影响壮族妇女个体全面发展以及闲暇生活质量的提高。壮族地区农村妇女闲暇消费能力偏低,其主要原因除了闲暇消费观念深受传统农村消费文化影响较匮乏之外,还存在农村闲暇产品与公共文娱场所、设施等闲暇服务有限等原因。

第四节　促进壮族地区农村妇女闲暇活动的健康发展

在社会主义新农村文化建设、全面建设小康社会的宏观背景下,本节将立足于提高壮族地区农村妇女闲暇生活质量、社会性别妇女个体发展及农村文化发展角度,针对妇女闲暇活动中的突出问题,探讨为改善少数民族地区农村妇女闲暇生活质量的制度、政策。

一、壮族地区农村妇女闲暇活动存在的突出问题

(一)闲暇时间利用率偏低

随着社会进步,虽然壮族地区农村妇女闲暇时间日益增多,但闲暇时间利用水平低。从闲暇时间支配结构可以看出,壮族地区农村妇女闲暇时间支出主要集中在闭目养神或闲待着等消极型活动上。从闲暇时间规划上来看,壮族地区农村妇女闲暇时间缺少掌控性,闲暇时间完全建立在生产劳动时间、家务劳动时间基础之上。生产劳动时间与家务劳动时间直接影响闲暇时间的长度及分配。正是由于闲暇时间分配不合理,有效闲暇时间利用率偏低,造成主观上壮族地区妇女们自我感觉闲暇时间不充足,对闲暇时间评价不高,但实际上壮族地区农村妇女闲暇时间总量均高出多地农民闲暇时间总量均值,不存在"闲暇时间不够用"问题,存在的突出问题应该是"不合理利用"。

(二)闲暇活动方式单一化且类型以消遣娱乐为主

根据以上的调查显示,壮族地区农村妇女受闲暇意识、闲暇设施、文化程度等因素影响,闲暇活动方式较单一,且主要为消遣娱乐型。其消遣娱乐主要内容为看电视,选择看电视节目类型上主要倾向于以娱乐打发时间为主的综艺节目、电视剧这两种类型。大部分农妇闲暇生活类型选择消遣娱乐目的是消磨时间,因为看电视所要求人们掌握的技能低,进入门槛低,方便便捷,简单易操作,需要共同参与人数无限制。壮族地区农村妇女参与学习提高型的闲暇活动较少,这从前面列举闲暇时最经常选择的闲暇活动和农闲/农忙日均闲暇时间支出表中清晰可见。没有一人把学习技能、参与培训班排序为参

与频率最高的闲暇活动,选择阅读书报也只有3.3%的人,农闲时支出时间有14分钟,农忙时仅有2分钟。相反,看电视成为参与频率最高的闲暇活动,高达42.2%的人把看电视列为最经常参与闲暇活动第一名,农闲时间每天支出达到了240分钟,农忙时间每天支出也有20分钟。显然,农村妇女闲暇生活方式的丰富性、积极性有待加强,需要政府部门加大对闲暇意识和闲暇方式的引导力度,达到通过闲暇活动能够促进妇女身心健康、提高自身能力,增强社会交往能力的目的。

(三)闲暇消费意识淡薄

受传统消费观念影响,壮族地区农村妇女闲暇消费意识淡薄。目前,传统消费文化在我国农村仍具有很强的保守性和延伸性。壮族地区农村妇女主要消费集中于家庭饮食支出、子女教育支出、老人看病买药、家中生活用品等方面,其中年均闲暇消费占年总消费不到1/10。对于购买书报、杂志、外出旅游等有益于身心健康、提高自身素质的消费较少。闲暇消费意识淡薄易造成壮族妇女思想上故步自封,不利于其生活质量的提高和自身的全面发展。

(四)闲暇空间封闭性及社会网络同质性

壮族地区农村妇女闲暇生活的活动场所主要集中在以"家"为单位,由调查得知,闲暇时选择主要场所"自己家里"和"别人家里"比例总和高达77%。而壮族地区农村妇女闲暇时陪伴对象主要为邻居,高达27.8%,其次是配偶、孩子,各占15.6%和16.7%,最少的则为同学和朋友,分别仅占4.4%和7.8%。显然,受农村生活"地缘性""血源性""差序格局"影响,壮族地区农村妇女闲暇生活活动空间具有封闭性,主要集中在以"家"为单位的活动范围,闲暇生活陪伴者仍然保持着"血源性"和"地缘性",社会网络同质性强。这造成闲暇活动的局限性,不利于壮族妇女自身能力的提高与新农村文化建设的发展。

(五)个人发展期望值较低

调查结果显示,壮族地区农村妇女最大期望主要取决于孩子、伴侣等家庭成员,对于自身发展期望普遍较低,访谈中时常听到"村妇哪里敢想这些""我们农村妇女想也没用""想也不知道怎么做,就不想"这些话语。壮族地区绝大部分农村妇女的典型特质是,生活的重心完全是家庭,没有很强烈的发展期望,甚至感觉很生疏、很迷茫,容易否定自己,有着强烈"出生在农村读书少就不应该有自我发展的期望,只能一辈子待在农村"的消极观念。

(六)闲暇活动组织化程度较弱

壮族地区农村闲暇活动组织化程度较弱,成为影响闲暇生活最为突出的问题。笔者所调研的扶绥县东罗镇厚寨村厚寨屯与渠吃屯受资金限制,闲暇活动组织化程度较弱,远远不能满足于妇女日益增长的闲暇需求。村委组织活动较少,壮家的传统节日"山歌对唱比赛"亦是村民自发组织。更为严重的是,闲暇设备严重缺乏,没有专门的书报阅读室,也没有电影放映室,都是在空地上露天放映,热爱唱歌跳舞的壮族农妇没有属于自己的戏台,进行体育活动的场所只有一个残旧的篮球场。壮族地区农村闲暇活动组织化程度低,严重影响了壮族地区农村妇女闲暇生活质量的提高,限制了农妇个人素质提高,迟滞了新农村文化建设。

二、促进壮族地区农村妇女闲暇活动健康发展的思考

(一)加强对农村妇女闲暇意识的教育和引导

随着社会的进步与农民生活水平的提高,农村妇女精神文化的需求也在不断增长。在农村文化建设发展进程中,政府需要重视农村妇女闲暇生活问题,把闲暇意识作为首要抓手,通过利用精神文化产品教育和引导农村妇女树立正确闲暇观念,同时坚决打击不利于农村妇女身心健康的活动,如赌博、迷信等,鼓励农村妇女参与促进个人发展提高型闲暇活动。国家新闻出版部门应当针对当前农村妇女闲暇生活中出现的问题及现象,出版符合农村妇女实际需求的刊物,并发放到各个基层,由基层政府组织妇女学习、阅读。提高农村妇女闲暇意识,树立正确人生观、价值观,消除传统性别文化观念对农村妇女发展的不利影响。从农村精神文明建设中,加强农村妇女闲暇意识引导,改善妇女闲暇生活,从而促进乡风文明,加快建设新型农村发展步伐。

(二)完善农村地区闲暇活动的组织机制

加强农村地区闲暇活动的组织机制成为当前农村文化建设的重要议题。健全农村地区闲暇活动的组织机制,主要表现为农村地区闲暇活动组织力度的加强和农村闲暇公共设施的建设。基层政府部门应当积极开展有益

于妇女身心健康的文体活动。村委会针对农村妇女兴趣爱好以及闲暇技能缺失和发展生产需要,可以在农闲时,举办文体活动培训、农业经营技能培训等系列活动或讲座。壮族地区基层政府应当大力扶持民间传统文化发展,"山歌对唱"为壮家妇女特色民族活动,应当加大组织力度发展山歌文化,动员年青一代学习山歌文化,在资金方面支持"唱山歌"等活动的开展,积极宣传、推广山歌文化。加大农村闲暇公共设施建设的投入,确保农妇闲暇生活顺利开展。做到村庄有自己的图书室、阅读室,有适合农妇阅读的书籍刊物,通过闲暇阅读使农村妇女拓宽知识面,提高农业职业技能。兴建农村戏台,满足壮族地区农村妇女发展唱歌跳舞特长的需要,丰富农妇精神文化生活,在闲暇中不断提高自身能力水平,发挥自身优势。

(三)帮助农村妇女接触体验城市生活

本次研究发现,农村妇女是否有过外出非农工作经历,对农妇个体的闲暇生活意识增强、闲暇生活质量提高、自我发展期望值升高、社交网络发展以及对农村整体现代化发展、城乡差距缩小发挥着极大作用。政府应当鼓励农妇出走"血源性""地缘性"的"乡土社会",扩大闲暇活动空间。例如,加强农村女性素质教育与职业教育,提高农村妇女外出就业的能力和机会。乡镇企业可在农村推广旅游活动,不仅是城市居民走进来"农家乐",亦可以是针对农村妇女提供符合农村妇女经济状况和精神需要的"城镇游"活动。增加农村妇女与城市居民、城市生活的接触,对提高农村妇女闲暇生活质量、促进自身全面发展起到根本性作用,为农村现代化发展、消除传统社会性别文化、加快城镇化进程提供支撑作用。

第六章 充分发挥妇女在新农村建设中的作用

妇女是社会主义新农村建设的重要力量,改革开放后少数民族地区农村社会的剧变,妇女的社会地位得到了一定提高,但是还存在不少制约妇女发展的因素。为了进一步提高妇女的社会地位,促进当地性别平等和谐,充分发挥妇女在新农村建设中的作用,需要社会和妇女自身共同努力。

第一节 突出村民在社会主义新农村建设中的主体地位

建设社会主义新农村,从根本上来说是亿万农民的事业,在推进社会主义新农村建设的进程中,如果不尊重和突出农民的主体地位,这项事业必然会失败。少数民族地区的社会主义新农村建设关键的问题是必须保证农民的主体地位,也是提高妇女在新农村建设中的地位的重要保障。本节从农民的视角出发,定位于少数民族地区的范围内,以广西宜州市石别镇土桥村横山屯为个案,通过横山屯的新农村建设的现状,与农民对新农村建设的理解及期望进行对比研究,并运用社会学理论对新农村建设的现状进行分析,对解决少数民族地区新农村建设中存在的突出问题提出了一些思考。

一、研究设计

(一)调查地点的选择

本研究以广西宜州市石别镇横山屯为调查地点。之所以选择横山屯作为本研究的调查地点,理由如下:第一,横山屯97.6%的村民为壮族,以种甘

第六章 充分发挥妇女在新农村建设中的作用

蔗、养蚕业为支柱产业,以种水果、水稻为辅的产业结构,单户单干的生产模式,在目前少数民族地区的生产模式中具有代表性;第二,横山屯是宜州市新农村建设的试点单位。

(二)研究内容

本研究属于描述性与应用性相结合的调查研究,重点考察农民特别是女性在新农村建设中的地位。

(三)分析单位及抽样方案

根据研究主题,本研究以普通农民、村干部、乡镇主管新农村建设的干部和县一级主管新农村建设的干部为研究单位。

本研究具体的抽样方案如下。

1. 普通农民样本

本研究对普通农民的抽样采用分层抽样的方法。因为本研究是从农民的角度出发,所以选取的样本也是以在家务农的农民为主。根据研究的特点,笔者把横山屯的总人口分为在家务农者、在外地打工者、在外地工作者、在校读书者、老人幼儿(老人:64岁以上;幼儿:未参加小学教育的)、兼业者(即在做农活同时兼打工、做买卖、运输等)六大类。根据此次普查,横山屯总人口499人,男性255人,女性244人。其中在校读书者97人,在外地打工者69人,在外地工作者33人,在家务农者209人,老人幼儿66人(老人36人、幼儿30人),兼业者25人。因为在校读书者、在外地打工者、在外地工作者长期不生活在横山屯,对横山屯的事务不了解;幼儿还不记事,这些都不在调查的范围内。因此符合本次调查的对象是在家务农者、老人和兼业者。本次调查将在家务农者209名农民、36名老人和25名兼业者中抽100份样本。由此得出,本次样本的总体是在家务农者、老人、兼业者的人数总和为270人,具体抽样方案如图6-1所示:

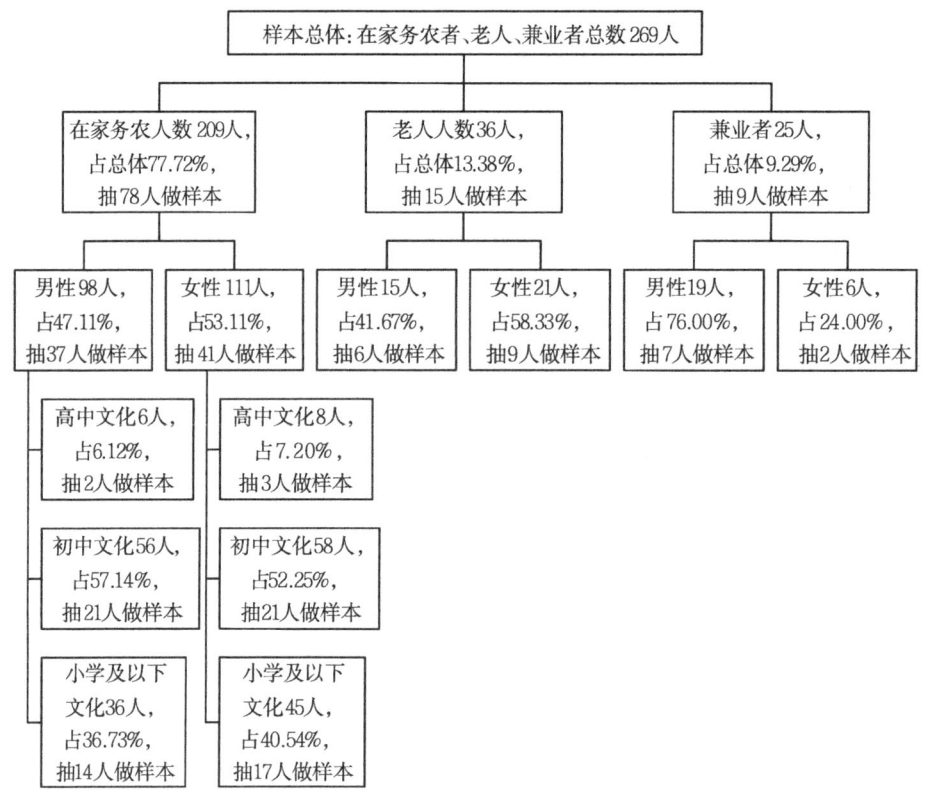

图6-1 样本抽取方案演示

注:由于老人和兼业者人数太少,便不再分文化程度层次的抽样。

2. 县、乡、村干部样本

主管横山屯新农村建设的县领导、镇领导、村委领导成为研究的访谈对象,本次研究的访谈对象为横山屯新农村建设的骨干领导5名,以及主管的县领导1名、镇领导1名。

(四)资料的收集与分析

1. 资料的收集

本研究的资料收集通过问卷调查与个案访谈来完成。问卷调查采用个别填答法。具体形式是按照抽到的村民的名单,入户指导被调查对象填答。

个案访谈对象分别是13名普通村民、横山屯新农村建设的骨干领导5

名,以及主管的县领导1名、镇领导1名。

2. 资料分析

对收集回来的问卷运用SPSS统计软件进行统计,运用社会统计学的方法与社会学理论进行分析。

二、调查点概况❶

(一)历史沿革

横山屯位于广西河池市代管的宜州市南部,距宜州市区20千米,距石别镇3千米。宜忻二级公路(宜州至忻城)沿村边而过,交通便利。横山屯村民是在20世纪30年代从邻县都安瑶族自治县搬迁过来的,是一个移民屯。1935年,创屯人兰芝华等9户人家相继从都安搬迁到横山开村建屯。中华人民共和国成立后,创屯人的兄弟姐妹也相继从邻县搬迁到横山屯定居,至20世纪60年代中期,横山屯的户数达47户,人口239人。1994年有两户搬入横山屯之后,横山屯的户数基本稳定下来。随着各个家族的不断发展与扩大,横山屯目前已有113户,总人口499人。

(二)经济特征

1935年建屯至20世纪80年代,横山屯的主要经济作物是黄豆、玉米、红薯、木薯、水稻等低产量经济作物,完全是自给自足的生产生活方式。20世纪80年代中期,宜州市石别糖厂在横山屯东面2千米处建成,后来在20世纪90年代初期,宜州市石别糖厂引进外资,与英国糖业集团合作,改制成为中英合资的博庆食品股份有限责任公司。从此,横山屯的农作结构发生本质变化,村民开始大面积开荒土地,大规模种植甘蔗。横山屯的经济生产模式由自给自足变为商品交换经济模式,20世纪90年代初期,横山屯开始发展桑蚕业。20世纪末至今,蚕业已发展成为横山屯的支柱产业之一。2007年横山屯桑园面积920亩,养蚕6750多张,产鲜茧315吨,产值441多万元。2007年,甘蔗面积达1250亩,原料甘蔗进厂6500多吨,产值180万元。❷今天,横山屯的农产

---

❶ 横山屯概况的资料主要由横山屯党小组组长韦显辉提供,以及对横山屯建屯元老唐忠明、韦伯彪等进行采访收集。

❷ 据横山屯2007年农业经济统计报告。

品结构是以甘蔗、桑蚕为主导,以水果、水稻等农作物为辅。到2007年年底统计,全屯年人均收入6500元。

(三)人口结构

横山屯总人口499人,男性255人,女性244人。在校读书者97人,在外地打工者69人,在外地工作者33人,在家务农者209人,老人幼儿66人(老人36人、幼儿30人),兼业者25人。全村以壮族为主,壮族占人口总数的97.6%。党员12名,团员33名。

1. 人口年龄结构

根据此次横山屯人口普查数据分析,如图6-2所示,横山屯的人口年龄分布符合正态分布,因为整个直方图的变动趋势和理论上的正态分布曲线相差不大。人口大量集中在15~60岁,20~40岁人数最多,15岁以下或60岁以上的人口偏少。普查数据显示,14岁以下少年儿童占全村总人口数的7.61%,64岁以上老人占全村总人口数的2.6%。"成年型人口中0~14岁人口占30%~40%,老年人口占5%~10%。"❶可能由于总体数据太小,横山屯的数据不符合成年型人口结构类型,但是横山屯的人口结构特征最接近成年型的人口结构特征。

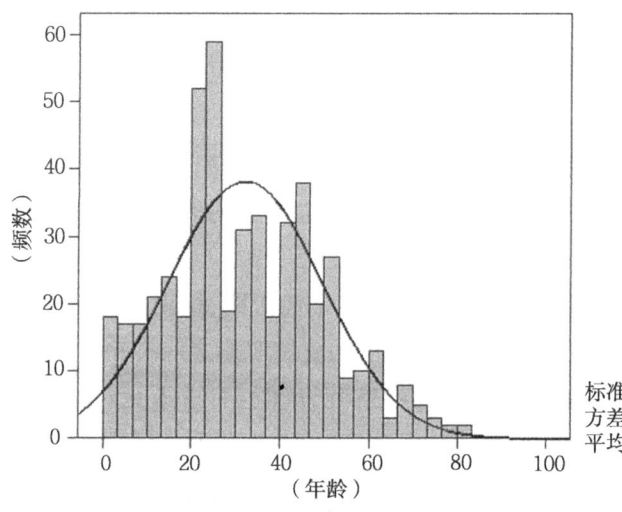

图6-2 横山屯年龄结构分布直方图

---

❶ 佟新.人口社会学:第3版[M].北京:北京大学出版社,2006:150.

2. 性别结构

普查数据显示,横山屯总人口499人,男性255人,女性244人,分别占总人口比例的51.10%和48.89%。男性与女性所占的比率相差不大,性别结构比较协调。

3. 村民的职业结构

根据研究的特点,把横山屯的总人口分为在家务农者、在外地打工者、在外地工作者、在校读书者和老人幼儿(老人:60岁以上;幼儿:未参加小学教育的)、兼业者六大类。在校读书者97人,在外地打工者69人,在外地工作者33人,在家务农者209人,老人幼儿66人(老人36人、幼儿30人),兼业者25人。

三、调查数据和访谈资料分析

本次调查一共发放问卷100份,其中有效问卷96份,表6-1中的数据显示,有效问卷的实际层次分布与抽样方案基本一致。

表6-1 本次调查有效问卷(单位:份)

性别	职业	文化程度				
		文盲	小学	初中或中专	高中	合计
男	兼业者	0	3	3	1	7
	在家务农	0	16	21	2	39
	老人	0	3	2	0	5
女	兼业者	0	0	1	1	2
	在家务农	0	11	21	3	35
	老人	2	6	0	0	8
	合计	2	39	48	7	96

横山屯依靠甘蔗业和桑蚕业的发展,农民生活水平显著提高,成为河池市小康文明村,后来又成为广西小康示范村。中共十六届五中全会正式提出社会主义新农村建设之后,横山屯成了广西首批社会主义新农村建设示范点。在这一年多的时间里,横山屯的新农村建设取得了一定的成绩,但是我

们认为农村建设的本质性问题并没有得到解决。

(一)绝大部分农民对新农村建设没有"话语权"

在本调查点我们发现,农民作为新农村建设的主体和最终受益者,绝大部分却丧失新农村建设的"话语权"。这里的新农村建设并不是按照大多数农民意愿来进行,忽略倾听广大农民的想法与真实愿望,农民被动参与新农村建设。横山屯的新农村建设活动基本上是按照宜州市新农村办公室的文件来进行的。即上面拨什么项目下来就做什么,本村并没有什么规划。据访谈,几个村干部就是带领农民实施上级拨下来的项目的工具,横山屯没有自己的新农村领导小组,也没能自主研究符合横山屯自己的新农村建设的方案,农民对新农村的概念与内容理解并不到位。下面是9个村民对"您认为什么是新农村?"的回答。

村民一:"新农村是榜样,村民要文明礼貌,生活水平要提高。"

村民二:"什么是社会主义新农村我不是很清楚,我希望做新农村,但是感觉我们村目前什么都没有做好,我们村没有什么明显变化。"

村民三:"就是上级对我们的扶贫,路修好,生活改善好。"

村民四:"不大懂,应该是修路、做房子、种水果。"

村民五:"社会主义新农村就是要改善农民的生活,环境卫生也要做得好,经济要搞上去,达到小康水平。"

村民六:"社会主义新农村就是好啊,各方面都好。"

村民七:"新农村是农民觉悟高,经济发展,人民生活好。"

村民八:"社会主义新农村具体是什么我不懂,大概应该是经济发展,住宿条件要改变,有公共娱乐场所,使群众生活质量要提高。"

村民九:"新农村是好的,是一个美好的前景。具体就是房屋整齐干净,道路方便。"

由于村民没有"话语权",对什么是新农村建设认识并不深刻。问卷统计数据如表6-2所示,5.2%的被调查者非常了解新农村的内容,26.0%的被调查者比较了解,39.6%的被调查者知道一点,29.2%的被调查者听说而已,具体不太清楚。

表6-2　村民对新农村建设的了解程度

了解程度	频数	百分比(%)	有效百分比(%)	累计百分比(%)
非常了解	5	5.2	5.2	5.2
比较了解	25	26.0	26.0	31.3
知道一点	38	39.6	39.6	70.8
听说而已,不太清楚	28	29.2	29.2	100.0
合计	96	100.0	100.0	—

可见,一部分农民不知道新农村建设是什么,一部分知道部分内容但认识并不全面。这种认识上的模糊,自然会影响到新农村建设的具体实施。

(二)新的生产发展模式还没有真正形成

随着我国农业市场化程度的进一步提高和农产品供求结构的不断变化,以家庭承包为经营单位的小农经济,造成农业经济的基本矛盾——千家万户小生产与千变万化市场的矛盾日益加剧:以家庭承包为经营单位的小农经济模式给生产发展带来了困难。要解决这个问题,就必须通过思想政治教育,更新农民观念,把个体农民联合起来,针对生产的组织化程度低的状况,促进农业产业化和科学种田水平,提升农产品的科技含量和竞争力,提高抵抗自然灾害和市场风险能力,使有限的土地资源效益最大化。在横山屯的问卷调查统计数据显示,74.7%的村民认为,在农业生产中遇到的主要困难是缺少资金投入,30.5%的农民认为劳动力不足,58.9%的农民认为缺少技术,24.2%的农民认为生产规模小。从表6-3的数据显示,农民认为在农业生产中遇到的主要困难是缺少资金投入、劳动力不足、缺少技术、生产规模小,这些困难都是以家庭承包为经营单位的小农经济难以解决的。以家庭承包为经营单位的小农经济,各农户也缺乏引进新型种养机械设备与技术的能力。

表6-3 农民在农业生产中遇到的主要困难

主要困难	回答		回答人数百分比(%)
	平均值	百分比(%)	
缺少资金投入	71	36.0	74.7
劳动力不足	29	14.7	30.5
缺少技术	56	28.4	58.9
农业基础设施差	12	6.1	12.6
销售困难	6	3.0	6.3
生产规模小	23	11.7	24.2
合计	197	100.0	207.2

在横山屯,家家户户都极力地扩大桑蚕规模。他们扩大规模的方式是扩大桑树种植面积,扩建蚕房,投入大量的人力与时间。在这种扩大桑蚕方式下,横山屯遇到了人力不足、资金不足和技术缺乏的问题。虽然,横山屯在进行新农村建设之后,也搞农业专业合作经济组织。如广西嘉联丝绸有限责任公司与横山屯建立合作经济组织,嘉联丝绸有限责任公司承担"商务部东桑西移工程"的项目。项目的内容是"建设桑园、养蚕大棚、小蚕共育室、推广方格蔟"。❶嘉联丝绸有限责任公司对横山屯的经济投入是:给村民免费发放桑苗,免费发放蚕房抽风机,给农民低价出售方格蔟。但是,笔者在访谈农民的过程中,却发现了一个问题。村民反映,方格蔟本来也应该是免费发放给农民的,但是嘉联丝绸有限责任公司却以0.5元(方格蔟的市场价格是0.8元)的价格出售给农民。2008年3月,宜州市新农村办公室领导到横山屯检查工作,嘉联丝绸有限责任公司给5户村民各100元钱,让这5户村民应付上级领导的检查,让其汇报桑苗、抽风机、方格蔟都是嘉联丝绸有限责任公司免费发放的。嘉联丝绸有限责任公司的这一做法使农业经济合作组织失去了原有的意义。

除了"商务部东桑西移工程"之外,横山屯还成立了"甘蔗协会"与"桑蚕协会"。当问及"甘蔗协会"与"桑蚕协会"的活动内容和作用的时候,横山屯党小组组长回答道:"这两个协会是市社会主义新农村办公室和镇主管领导要求建立的,它的活动内容其实也没有什么,只是在平时协会会长参加村里

---

❶ 方格蔟是用来给蚕圈丝专用的工具。

的重要会议。其实这两个协会在我们村的作用并不大,因为村民的思想意识不是很高,他们觉得没有这种协会也照样养蚕、种甘蔗。"

可见,生产的组织化在横山屯还没有真正发展起来,有人甚至还打着这个旗号来套取国家的补助资金。

其实,部分农民开始意识到以家庭承包为经营单位的小农经济模式的缺点,渴望转变农业生产模式,实现规模化、机械化经营。

笔者在问卷调查与访谈提纲中设置了一道问题:"如果我们村的农业生产执行企业公司管理的模式,农民以土地入股参与公司利润分红,由公司统一组织农业生产,您的意见是什么?"表6-4是被调查者的回答情况,16.7%的被调查者表示非常愿意执行,42.7%的被调查者表示愿意,15.6%的被调查者表示无所谓,20.8%的被调查者表示不愿意,非常不愿意的有4.2%的被调查者。结合访谈,选择不愿意或者非常不愿意执行这个模式的村民认为,执行公司管理之后,生产的主动权不在农民手中,农民参加农业生产的积极性就不高了,还是单户单干的好,这样自己做得多就得多,做得少就得少,与别人无关。主管横山屯的镇领导认为这个做法对横山屯来说是不现实的,从长远来说这是一个方向,但是横山屯的村民目前的小农意识还很浓厚,他们只希望小家庭作坊式,这样能体现他们的价值,做得多就收获多,多劳多得。如果要整合,对农民来说,好像又回到20世纪50年代的大公社了。横山屯村民小组组长也认为:"这个公司管理模式可能不能执行,我们村村民目前的思想还没有转变,他们更愿意自己做,自己做多少算多少,目前的方式村民也很满足,暂时还不想改变现在的生产方式。"

表6-4 对是否愿意进行企业管理模式的调查统计

—	频数	百分比(%)	有效百分比(%)	累计百分比(%)
非常愿意	16	16.7	16.7	16.7
愿意	41	42.7	42.7	59.4
无所谓	15	15.6	15.6	75.0
不愿意	20	20.8	20.8	95.8
非常不愿意	4	4.2	4.2	100.0
合计	96	100.0	100.0	—

选择非常愿意或愿意执行公司管理的村民则认为:"我很希望有公司来管理我们村,这也应该是将来的发展方向,目前我们村需要积极转变模式,如果不转变我们将会一辈子都从事传统的农业生产,永远都是那么辛苦。目前的生产模式很难提高我们的生活质量。首先,单户单干难以扩大规模,因为土地分成小块,不能搞机械化,都靠人工操作,而现在我们村年轻人都外出打工了,非常缺劳动力。其次,单户单干很难引进技术,我们现在养蚕靠的是常年积累的经验,但是像这两年,出现大规模蚕病死的现象,没有一个人能知道是什么原因,很多村民跑去问巫婆,我觉得是很愚昧的。最后,我觉得我们现在的生产模式让我感到很累,因为是单户单干,现在每家都扩大养蚕规模,人手不够,就要花全部的力气去完成农业生产,没有时间去参加各种技术培训,也没有时间去参加什么文娱活动,更没有时间去旅游了,别人看我们村家家都有了彩电、电冰箱、洗衣机、摩托车等,其实你们不懂我们有多累,有时觉得命都搭进去了。现在我们都有钱了,想改变一下生活的内容,不要做那么多农活了,太累了。"

笔者:建设社会主义新农村,您最想解决什么问题?

村民四:土地应该怎样合并得大一点,用机械化,由公司来管理我们村更好了。但是这个想法在我们村不现实,因为农民的思想还不开化,觉悟不高,但是希望将来一定要走那条路,要不然就搞不了机械化了。

村民六:最想解决的是生产生活方式方面,我们现在还是靠传统的农业生产方式,运用不了机械化,这样人很辛苦,几乎所有的精力都用在了农业生产,没有时间用于休闲娱乐活动,生活质量太低了。

笔者:你希望整合我们村现在的经济模式吗?即农业生产公司管理模式,农民以土地入股(村里的蚕业已经有一定的历史,现在各家各户都想扩大规模,但是由于人力、用地空间、科技水平等有限,无法实现产业模式整合)。

村民二:当然愿意,我们村现在虽然有钱,但是劳动非常辛苦,希望由公司来管理,改变现在的生产模式,给农民更多的空余时间享受生活,我们现在是把所有的精力都用于劳动,太辛苦了。

(三)横山屯新农村建设的内容主要还只是改善村容面貌

"生产发展、生活宽裕、乡风文明、村容整洁、管理民主",是党中央为新农村描画的美好图景。但是,在横山屯,除了生产发展较快、村容面貌有了较大改善外,乡风文明、管理民主、生活宽裕等方面还没有明显的进展。而且,一些人误以为村容面貌方面的改善,就是目前社会主义新农村建设的主要内容。在访谈中,横山屯村民小组组长介绍道,横山屯目前的新农村建设的主要内容有:村落道路硬化(即村落每个巷道的道路都铺水泥路)、安装自来水、灯光篮球场、房屋装修、修建公共厕所和垃圾焚烧池等。

尽管横山屯在新农村建设的过程中,建立了老年活动中心、文化站、阅览室、党员活动室、妇女活动室、计划生育协会、老年人协会等,但是缺乏实质性内容,也没有发挥应有的作用。笔者在访谈村民时,村民二的想法与感受很具有代表性,他说:"现在村里也有文化室和阅览室,但是里面有什么书我们也不懂,那里也没有经常开门。文化室的设立也只是做个样子,建立文化室、阅览室、妇女活动室、老年人活动中心等,也是为了应付上级领导的检查才建立的,其实对我们农民的提高一点作用都没有。"宜州市新农村建设办公室主任也说:"横山屯没有什么文化生活,村里面的文化室经常是关门的,文化室对农民根本不起什么作用。再一个是我发现横山屯有一个不好的现象,横山屯空余时间不应该打牌赌博,应该多看点书,提高自身的文化素质。"

(四)横山屯村民目前的思想观念与新农村要求还存在较大差距

从农民目前的思想、文化素质来看,横山屯农民还没有树立现代的思想观念。当地村民在家中遇到不顺利的事情时问神问鬼、歧视妇女、婚配看八字、盖房看风水的现象还比较普遍(见表6-5)。

表6-5 家里出事是否首先去问巫婆探寻原因

—	频数	百分比(%)	有效百分比(%)	累计百分比(%)
一定要去	26	27.1	27.1	27.1
一定不会去	20	20.8	20.8	17.9
看情况	50	52.1	52.1	100.0
合计	96	100.0	100.0	—

从表6-6可以看出,27.1%的被调查者认为家里出了大事一定要去问巫婆寻找原因,52.1%的被调查者表示要看情况而定,只有20.8%的被调查者认为出大事一定不会去问巫婆。这个数据表明,被调查者中,79.2%的人还迷信巫婆的神秘能力,横山屯村民对科学知识及事物变化的客观规律了解得很少,对生活中的一些事故归因于已故的祖宗。

表6-6 是否同意出门遇到女人是不吉利的征兆

—	频数	百分比(%)	有效百分比(%)	累计百分比(%)
非常赞同	10	10.4	10.4	10.4
赞同	38	39.6	39.6	50.0
没考虑过	18	18.8	18.8	68.8
不赞同	17	17.7	17.7	86.5
非常不赞同	13	13.5	13.5	100.0
合计	96	100.0	100.0	—

横山屯是壮民族传统的地区,日常禁忌多半是对女人的限制。比如,出门遇到女子是不吉利的征兆。特别是出门遇到女人在窗户梳头,办事将不顺利,人们往往打道回府,改日再办。从表6-6中的数据可以看出,10.4%的被调查者非常赞同出门遇到女人是不吉利的现象,39.6%的人表示赞同这一说法,18.8%的人没有考虑过这一观点,17.7%和13.5%的人表示不赞同和非常不赞同。下面是一位村民对"是否同意出门遇到女子是不吉利的征兆"的看法。

村民六:"绝对有这么回事,女人大年不能去人家家的,如果谁家大年初一早上被一个女人进来,今年肯定要很倒霉,做什么都不顺利,还有出门办事遇到女人也非常不吉利,办事100%失败。在我们生活中确实也是这样子,如果出门遇到女人,做什么都不顺利,特别是出门遇到女人梳头发啊,那是特别的倒霉,遇到了你赶紧回家改做别的事情。还有大年初一早上,哪家挨女孩子闯进家门啊,今年都没有搞头了。这个并不是重男轻女,其实在平时我们都比较照顾女人,但是老祖宗都这么流传下来这个观念,我们心里都很害怕出门遇到女人。"

第六章 充分发挥妇女在新农村建设中的作用

在横山屯,虽然男女可以自由恋爱,但是能否结婚必须看八字。这一理念在过去更为严重,但是从表6-7的数据显示,男女结婚必须八字相配的观念并没有根本的改变。非常同意的占5.2%,同意的占27.5%,没有考虑过此观点的占34.4%,不同意此观点的占14.6%,非常不同意的占8.3%。在访谈过程中,对于男女结婚必须八字相配的问题,大部分人都认为:"现在时代已经和过去的不同,都是男女先谈恋爱,最后准备结婚的时候才拿八字去算。算来结果刚好符合书上所说的话,双方父母都绝对赞成结婚了。如果不符合书上所说的,违背八字结婚,这些人婚后的生活会很艰难,夫妻讲不来,整天吵架,家里做什么都不成功。还有一些人发现八字不合,再加上父母的激烈反对,他们也不敢冒那么大的风险,就不结婚了。"由此看出,横山屯村民的心里很矛盾。在文明年代,他们已经倡导自由恋爱,但是,在传统的风俗禁忌面前,他们还是妥协了,他们不敢冒那么大的风险去反对这一观念。这只能说明一点,横山屯年青一代村民由于科学文化知识不足,还没有足够的底气去反对传统的观念,他们的思想观念处于想要解放但又不敢解放的矛盾状态。

表6-7 是否同意男女结婚必须八字相配

—	频数	百分比(%)	有效百分比(%)	累计百分比(%)
非常同意	5	5.2	5.2	5.2
同意	36	27.5	37.5	42.7
没考虑过	33	34.4	34.4	77.1
不同意	14	14.6	14.6	91.7
非常不同意	8	8.3	8.3	100.0
合计	96	100.0	100.0	—

村容整洁是社会主义新农村建设的一个重要内容,房屋统一规划是村容整洁的一个具体措施。但是,横山屯的房屋布局不是统一规划,每座房屋的坐落朝向都不一样,每座房屋都有自己的朝向。在横山屯,在建房子之前,必须请地理风水先生来详细勘测,由地理风水先生来确定房屋坐落的具体位置与朝向。从表6-8得出,19.8%的被调查者认为地理风水只是一种迷信的说法,根本不影响房屋的统一规划;44.8%的被调查者认为如果政府要求一定要重新规划的话,我们也愿意,也不顾风水的影响了,但是政府要出钱;35.4%的

被调查者认为地理风水很重要,坚决反对重新规划。由此看来,要在横山屯重新规划房屋,还是比较困难的。

表6-8 地理风水是否影响住房统一规划

—	频数	百分比(%)	有效百分比(%)	累计百分比(%)
地理风水不影响规划	19	19.8	19.8	19.8
政府要求规划的话也会同意	43	44.8	44.8	64.6
坚决不同意统一规划	34	35.4	35.4	100.0
合计	96	100.0	100.0	—

可见,横山屯许多传统思想至今根深蒂固、影响至深,许多思想与现代文明、新农村建设要求的"乡风文明"是格格不入的。

(五)农村基层民主制度不完善影响农民参与新农村建设的热情

民主管理是调动民众参与积极性的重要手段,新农村建设的重要内容之一就是"管理民主"。目前基层民主制度不完善是农民利益得不到有效保障和影响农民参与新农村建设积极性的主要原因之一。关于这一点,横山屯的农民对于以下几点反应是非常强烈的。

第一,财务公开的问题。财务不公开或公开得不规范是横山屯目前最突出的问题之一。村民反映上级对横山屯新农村建设的物资资助、开支、结余情况,农民都无从知道。由此,出现农民集体反抗,不再信任村领导,拒绝参加任何集体活动。

对于"我们村执行财务公开制度吗?"这一个问题,村民三是这样回答的:"我们村没有财务公开,根本不合理,现在上级拨多少钱下来进行新农村建设,用在哪些项目,还结余多少等问题我们都不懂,我们很不信服领导干部,现在又因为移民搬迁问题村里闹得太厉害,全村都不团结了。"

"对于我们村财务制度,你的看法是什么?"这一个问题,村民十一则说:"我们村很少做财务公开,村里有什么收入,用在哪个地方,我们都不清楚。村里强行扣留了我们的移民搬迁补贴,但是用在什么地方我们也不懂,我们一点也不服气,以后有什么活动就让那几个领导自己做就可以了。"

对于"建设新农村,您最想解决什么问题?"有几位农民是这样回答的:

村民二:村干部做事要明白一点,这样群众才能心服口服,现在村里面的群众建设新农村积极性下降,也是因为村干部做事不够明白,财务不能很好公开,群众对领导队伍不信任。

村民十:财务要公开,村干部做事要公平,不能私自扣农民的钱,做公益事业宁愿自己筹钱。

可见,财务不公开或公开不规范,侵犯了农民对村里公共财物的知情权,挫伤了农民的积极性,村民反应非常强烈,严重影响横山屯的新农村建设的开展。

对于"你参与新农村建设的积极性是怎样的,还有你觉得我们村整体村民参加新农村的积极性怎样?"这样一个问题,有2个村民是这样回答的:

村民四:积极性在刚开始是有的,但是现在全村都抵制新农村建设,村里只要有什么活动叫我们去我们都不去了。比如,刚开始的时候领导发动大家去沿路山上种桃树,我们都个个丢下家里的活,去参加种桃树,听说种桃树上面也有拨款的,但是我们也不懂是多少,也不知道用在什么地方了。现在山上的桃树没有人去管理都死光了,种桃美化村庄的事又不了了之了,很多事情都是有始无终。现在积极性不高也主要是移民搬迁补贴扣留问题,虽然村干部说钱在民政局,即使是民政局也没有资格拿我们百姓的钱,在没有同意的情况下,谁都没有资格动我们的财产。村里要做什么事要经过群众讨论,经过这些事之后,我们已经很不信任领导,现在只要筹钱做什么公共活动我们都不给,比如,今年村里筹钱修村里的土地庙,我们都拒绝参加,全村130多户只有十几户参加,修土地庙是全村的事情,按理说我们都要参加的,往年是全村都参加的。

村民十:建议村委会整理一下建设新农村以来的所有财务,给我们农民一个交代,我们现在都很不服气,只要他们整理好,我们的积极性就会再回到从前那样。

第二,村干部利用职务之便,谋取个人利益。

在中国的行政系统中,农村基层干部不是系统内的公务员,但他们的工作确实最烦琐,与农民联系是最密切的,上级的一切政策都依靠他们认真执行才得以实现,所以目前政府往往给他们一些生活补贴。横山屯村干部每月的补贴是19元钱,村主任和党小组组长每月的补贴是34元。工作任务烦琐而待遇低的矛盾,使村干部的积极性难以提高,服务意识也薄弱。横山屯的新农村建设领导干部队伍包括镇主管领导干部2名,横山屯党小组组长、村民小组组长以及横山屯4个小组组长,一共8名。主管横山屯的石别镇领导为2位大专毕业1年的年轻女孩,基层工作经验不足,发动农民参加社会主义新农村工作时显得很吃力。横山屯的村组领导最高文化水平是初中,他们自身对社会主义新农村政策的理解很模糊。而宜州市社会主义新农村办公室的领导不直接参与领导横山屯新农村建设,他们的任务是把上一级农业局下达的政策传达到横山屯领导,并管理社会主义新农村扶持物资。

由于村干部素质不高,制度不健全,缺乏有效监督手段,面对社会主义新农村的大量优惠政策和资金物质的扶持,使村干部容易产生利用职务之便,谋取个人利益的念头。

当前新农村建设往往以政府扶持一些项目的形式来进行。在横山屯,宜州市社会主义新农村办公室批给的两个扶持项目——政府拨6万元资金建立菌厂和蚕茧烤房。本来上级要求村干部发动村民入股,共同经营这两个项目。但是,村民没有发动起来,最后菌厂和蚕茧烤房变成几个村干部私人所有,农民对此意见很大。村民认为,这个菌厂和烤房的建设权利应该在村里公开招标,公平竞争,谁中标谁来建设,不应该是村干部直接拿去做,然后叫农民参加入股,这是很不公平的。另外,据村民反映,上级对新农村示范点农民提供低息贷款的优惠政策,目前只有几个村干部获得贷款的权利。而其他农民的贷款申请均遭到拒绝。村干部这种利用职务之便谋取个人利益的行为,遭到了大部分村民的强烈反对,也挫伤了农民参与新农村建设的积极性。例如,有2个村民就说:

村民四:目前的新农村建设蛮可以的,存在的主要问题是领导太偏个人(自私)了,集体观念少了点,村里领导干部只考虑他们自己的利益,上级有什么项目和政策下来,领导干部都是最先知道的,有好处的项目都是领导先拿去吃了,没有利益的项目他们才拿出来给群众做,比如烤房、菌厂、扶贫贷款等,只有他们几个领导得做,我们普通农民也想做啊,这些项目应该拿到村里公开招标,谁中谁就做。现在上面拨款下来扶助的几个大项目如烤房、菌厂、扶贫贷款等都是村里几个领导和领导家属在做,做什么都不经过群众讨论,管理不民主。再比如移民搬迁补贴的扣留问题,没有在群众讨论同意的情况下就强行扣留16%的费用,我们是同意扣留部分费用用于公益事业的,但是要农民同意才能扣的,而且用在哪些方面也要给农民公开的啊,但是目前什么公开都没有,现在村里存在的主要问题是管理不民主。

村民六:我们村的新农村建设现在只是刚开始而已,存在的主要问题是群众思想抵触得太厉害,领导干部做事不公平、不公开,财务也不公开,群众也不支持新农村了,现在的建设基本停顿下来了。新农村建设农民根本不知道具体要做什么,怎么做,似乎只有几个领导在做,我们都不懂。上面有好多的新农村建设拨款,但是有多少我们都不懂,还有移民搬迁补贴扣留费用现在用在哪里我们也不懂。烤房和菌厂我们普通农民也想做,但是现在都是几个领导得做,新农村扶贫贷款也是几个领导得贷,领导只考虑自己的利益,对村民一点不负责任。

由于村干部利用职务之便,谋取个人利益,所以造成了村干部与村民之间严重缺乏沟通,关系非常紧张,村民不知道村干部做什么事情,而村干部也不知道农民在想什么,发动群众参与新农村建设也就成了一句空话。

第三,没有发动村民协商达成有效的占地补偿办法。

在建设新农村的过程中,建设一些基础的公共设施难免会占用到农民的土地,横山屯在道路硬化、公共蚕粪池、垃圾焚烧池等公共基础设施建设时,占用了一些村民承包的土地。但是,当时被占用土地的农民却得不到任何补偿。村民小组组长介绍,他们曾在村民大会上议论过,建设新农村的过程中,占用到农民5分地或5分地以下的不给予任何赔偿,5分地以上的给予一定补偿,但是这个议论并没有形成一致意见和书面文件。土地是农民的命根子,在当前人地矛盾比较突出的情况下,无偿占用农民的耕地侵犯了他们的合法权利,既不公平,也不可能是一个持续的办法。因此,被占耕地的村民意见很大,后面想再实施的一些项目也因为无补偿而难以再得到土地来实施。

对此,在调查中我们问了当地的2位村干部,他们是这样回答的:

笔者：新农村建设在用地方面有什么困难吗？

领导七：有，非常多，因为新农村建设很多项目都会占用村民的土地，但是目前根本没有专门的资金赔偿，对于土地的解决只能是村民内部的协商调节，但是这个问题协商起来很困难。

笔者：你们班子在建设社会主义新农村的过程中，遇到哪些困难？

领导一：遇到的主要困难是修路占用到部分村民的土地、房子和围墙等，赔偿成了问题。对于问题的处理结果是村民协商处理，我们没有公共财产，没有经费，所以现在很多村民的土地都没有办法赔偿，农民意见也好大，他们甚至说以后建设什么都不给占用土地了，这样新农村还怎么搞？

横山屯的公共设施建设占用土地原先是通过与村民协商而无偿使用，这种方法不可能持续下去。土地赔偿问题不解决，新农村建设的一些项目也就无法再进行。表面上看这是土地利用标准和赔偿标准没有一个明确的规定，实际上也是基层民主制度不健全的反映。

正因为基层民主制度不健全，没有调动起村民的积极性，造成农民主体地位的丧失，加上传统观念的影响，当前横山屯村民的积极性很低，对新农村建设的热情已经消退。对此，政府和村干部却还没有认识到其症结之所在，他们把症结归结为横山屯村民的小农意识比较严重，而且思想观念落后。笔者曾经问宜州市新农村办公室主任这样一个问题："您认为横山屯目前的新农村建设存在的主要问题是什么？"他的回答是："横山屯的新农村建设存在的主要问题是农民的积极性减弱了，农民觉得做了水泥路之后就自我满足了。现在横山屯的村民是上级有钱拨下来就开展新农村建设活动，没有钱就不做，对此我非常生气。北山安宁屯的村民十分自觉，投给他们一分钱，他们会做五分的工，他们觉悟非常高。我们市领导几次去横山屯视察工作，都是几个村干部和乡干部在扫大路，群众发动不起来。群众已有抵触，新农村的工作非常难开展，如果横山屯的农民积极性和觉悟不提高，就要转移示范点给其他的村做。"在村干部的访谈中，他们也普遍认为横山屯的村民的思想觉悟较低，农民都认为新农村是公共的，搞不搞新农村照样和以前一样过日子。当笔者把市里的社会主义新农村办公室领导的想法转告横山屯党小组组长时，他说："转移就转移吧，我们村的村民思想素质和觉悟太低，心胸狭窄，我们领导也感到很累，如果农民只想做自己家的事就自己做吧，不搞新农村也无所谓了。"

四、提高农民在新农村建设中的地位的思考

综上所述,横山屯新农村建设存在诸多问题,但是关键的问题在于农民主体地位的丧失,而农民主体地位的丧失最重要的原因就在于基层民主制度的不健全,农民缺乏参与的保障机制。针对当前新农村建设出现的主要问题,我们提出以下思考。

第一,各级政府在指导新农村建设中切实尊重农民的主体地位。一定要广泛宣传,充分征求和尊重绝大多数农民的意愿,使新农村建设变成全体农民的自觉行为,政府不要越俎代庖,更不要只听几个村干部的意见就当作农民的意见,要充分调动和保持广大农民参与热情。新农村建设的规划、步骤、各个环节都应让农民知晓,听取农民的意见,而不能把"新农村"概念化、类型化,不能把政府和领导的"新农村"强加给农民。

第二,进一步健全农村基层民主制度特别是完善村民自治机制,大力推动村务公开、民主议事和民主理财等民主决策、民主管理、民主监督制度,保障农民依法行使民主权利。

第三,努力培养和增强农民权利意识,建立农民利益表达的有效机制。我国长期的二元社会地位造成农民主体地位缺失和权利利益体验不足,因此,培养农民的权利意识是农民权利保护和确立农民主体地位的重要环节。在努力培养和增强农民权利意识的同时,应建立有效的农民利益表达机制,畅通农民利益表达的渠道,使各级政府能够听到农民的利益诉求,缓和干群矛盾,促进社会和谐和新农村建设的发展。

第二节 促进农村妇女参与村民自治

妇女的政治参与程度是妇女社会地位和妇女在社会事务中是否发挥作用的重要标志,也是衡量社会进步的尺度之一。提高妇女社会地位,发扬妇女的自尊、自信、自立、自强,做有道德、有理想、有文化、有纪律的新时代妇女。男女平等是我国妇女发展的重要目标,是衡量社会文明进步的重要尺度,是实现人的自由全面发展的前提,只有在解放和发展生产力的基础上,坚

持以人为本、统筹兼顾,妇女发展与经济社会同步发展,与男性同步发展,才能真正实现男女平等。

根据马山县古寨村壮族妇女参与村民自治的情况,通过对壮族农村妇女参与村民自治存在问题的成因进行分析,提出促进壮族农村妇女参与村民自治的措施,调动壮族农村妇女参与村民自治的积极性和主动性。

一、提高妇女文化知识和民主权利意识

"处于文盲状态之中,不懂国家法律、制度,自然站在政治之外。"❶文化素质较低,对于政治权利获取得比较困难,很难理解村民自治的内容和国家为保护村民权利而颁布的《村委会组织法》。在现代社会中,文化程度越高,政治参与能力与工作能力提高越轻松。❷

马山县古寨村的妇女文化水平相对偏低,应该提高壮族妇女教育水平。妇女的文化水平偏低,影响了壮族农村妇女参与村民自治的激情,导致"四个民主"参与程度低。相对于壮族男性而言,古寨村的壮族农村妇女的教育水平普遍偏低。提高壮族妇女的教育水平,增加壮族女性高学历数量,使壮族农村妇女充分了解现代的社会是知识和民主法治的时代。组织本村中学历较低的妇女定期参加基础知识教育,提高妇女文化知识。当妇女的文化知识丰富后,才能改变本村传统偏见,使她们具有参与村级管理工作的前提条件,才能提高壮族妇女参与村民自治的能力,使村民对于妇女参与村级管理工作信服。古寨村村"两委"成员学历均是高中或者中专以上。

袁涓文在《贵州少数民族农村妇女参与村民自治研究——以黔南地区长顺县凯佐乡为例》中也提到,提高农村妇女教育文化水平是提高妇女参与的措施之一,在对妇女进行农用技术培训的同时,融入基础法律知识,宣传村民自治。但是并没有涉及提高妇女文化基础知识方面。根据对古寨村的调研,我们发现影响壮族农村妇女参与的一个重要因素首先是文化基础知识薄弱。

马山县古寨村的妇女对于自己的民主权利意识淡薄,对村里重大事情决策或者关系到自己切身利益的事情,向村领导反映之后,如果村领导没有解决,很多壮族妇女都不去进一步了解事情进展和争取,不知道这是自己的权

---

❶ 中共中央马克思恩格斯列宁斯大林著作编译局. 列宁全集:第42卷[M]. 北京:人民出版社,1987:235.

❷ 林聚任. 社会性别多角度透视[M]. 广州:羊城晚报出版社,2003:119.

利,只知道自己是"民",再争取也没有用,或者只是找人私底下说说而已。增强壮族农村妇女的权利意识,提高马山县古寨村壮族妇女对"四个民主"的参与,古寨村的妇女知道参与"四个民主"是自己的权利后,她们将有很高的热情投入其中。这也真正符合社会性别主流化的要求,男女具有平等的机会与权利。

二、注重家庭支持

婚姻家庭是人类社会生活的重要组成部分,家庭婚姻社会学区别于其他学科在于,社会学的研究有一个基本假设,婚姻家庭作为连接个人和社会运行的中介,对社会运行起着非常重要的作用。❶家庭是生活的实体,可以划分为核心家庭、主干家庭、联合家庭。随着社会的发展,家庭日益从主干家庭和联合家庭转向核心家庭。❷根据调查,广西马山县古寨村家庭主要是核心家庭和主干家庭。在研究促进古寨村壮族农村妇女参与村民自治的措施上,从社会学意义上考虑,壮族农村妇女参与村民自治的程度与家庭支持是密不可分的。

壮族农村妇女竞选村委会成员,在村委会中为村民服务,如果没有家人的支持,她们就不能安心地做好自己工作,很好地为村子服务。

1994年,我加入村委会,由于我家条件还算不错,我有的时候就拿出家里的钱去帮助村里有困难的家庭或者修建村篮球场等,老公还算支持。直到2005年,我被推选为村委会副主任,工作量重了,老公居然反对了,主要是因为家里有年迈的家公,孩子外出打工,老公要忙自己的厂子,家公无人照顾。但是我觉得村里更需要我,我跟老公讲了很久,老公最后支持我做副主任。我觉得如果当初没有老公的同意和支持,我可能做不到现在。❸(编号1)

我做村妇女主任,老公比较支持,有时候还帮我提一些意见,记得有一次,组织妇女进行农业技术培训,怎么才能召集更多的妇女来参加,老公给我

---

❶ 郑杭生.社会学概论新修:第三版[M].北京:中国人民大学出版社,2003:166.
❷ 同❶ 170–172.
❸ 访谈对象:鹿某,女,壮族,党员,高中,村主任;访谈时间:2012年5月;访谈地点:古寨村村委会。

提出了好几条方案。❶(编号2)

村民代表是联系村民和村委会的"桥梁",壮族妇女竞选村民代表,为村子服务,也需要家人的支持。

村民代表的事情不是很多,可以做自己的生意,增加家庭收入,我的家人还是没有意见的。❷(编号7)

还有一种就是壮族妇女针对关于自己个人利益或者村民利益的事情,主动找村委表达自己的意见(这也是村民参加村民自治的一种形式),也需要家人的支持。

村领导治理这个村子的时候,对我家的利益有什么损害的,我会去找村领导反映的,但是,我还是得和家人商量商量的,如果家人不同意,我就不去,最重要的还是我老公的意见。❸(编号8)

壮族农村男性对壮族农村妇女参加村民自治也表示支持。

我是开诊所的,1年下来,经济收入还是可以的,不需要老婆忙着挣太多的钱,如果她有能力还是支持她竞选村委会领导班子的。❹(编号27)

如果我老婆有能力就叫她去做(村委会成员或者村民代表)。❺(编号31)

家庭和谐是婚姻维系、发展的基础。农村妇女参与村民自治,如果家人不支持,很可能造成家庭争吵,最后有可能使婚姻破裂。以前学者研究提出的对策主要集中到政策建设、加大扶贫力度等,对于要有家庭成员的支持建

---

❶ 访谈对象:卢某,女,壮族,党员,中专,村妇联主任;访谈时间:2012年5月;访谈地点:古寨村村委会。
❷ 访谈对象:路某,女,壮族,群众,初中,村民;访谈时间:2012年5月;访谈地点:访谈者家中。
❸ 访谈对象:章某,女,壮族,群众,初中,村民;访谈时间:2012年5月;访谈地点:访谈者家中。
❹ 访谈对象:来某,男,壮族,群众,初中,村民;访谈时间:2012年5月;访谈地点:访谈者家中。
❺ 访谈对象:彭某林,男,壮族,群众,初中,村民;访谈时间:2012年5月;访谈地点:访谈者家中。

议少有人提出。家庭成员的支持,尤其是老公的支持对于妇女参与村民自治的作用不容忽视,可以让妇女集中精力为村里办事情。马山县古寨村村委会领导班子之所以能够女性多,这个与家庭成员支持密不可分。因此,要提高壮族农村妇女参与村民自治,家庭成员要积极鼓励有理想、有文化、有能力的妇女参与到村民自治中来,积极树立在公共事务中男女平等的思想,让妇女为村级管理工作尽一份心意。社会是由很多家庭组合而成,如果每个家庭都支持有理想、有文化、有能力的妇女参与到村民自治中来,社会就会在政治参与中出现男女平等的氛围,有利于推动先进的社会性别文化在农村的传播,营造有利于壮族妇女参与村民自治的环境。

三、发挥村级妇联组织的作用

妇联组织与妇女有着天然的联系,它是党和政府密切联系广大妇女的"桥梁"。妇联组织为中国特色社会主义政治建设做贡献的重要表现是通过激发妇女的民主参与意识,加强妇女参与公共事务的能力和水平。基层妇联组织在联系妇女的过程中,把重心放在生理健康、计划生育、养殖技术的培训上,并没有对妇女进行民主权利和政治参与的培训,没有激发和提高壮族农村妇女参与的意识与能力。因此,基层妇联组织要注重对农村妇女进行民主参与意识的教育和提高管理村级公共事务的能力。

古寨村村级村妇联组织有村妇女主任1名、村妇代会委员4名,每个村民小组有1名妇女代表。平时妇女代表来召开会议,把会议精神传达给各个村民小组妇女,会议一年一次或者两次,主要是关于妇女的生理健康、计划生育的问题。平时,村级妇联也组织一些培训,主要内容是关于妇女生产、养殖、种植、做饭等技术培训。该村级妇联组织并没有召开和传达过关于增强妇女民主政治参与意识的会议,也没有进行过关于提高妇女参与到村民自治中的能力的培训。因此,在推动妇女参与村民自治的过程中扮演了重要的角色。要提高壮族农村妇女的参与度,就要充分注重村级妇联组织的作用,营造有利于壮族农村妇女参与村民自治的客观环境。

四、增加壮族妇女村民代表和中共党员的数量

随着社会性别主流化推进,村民自治制度的不断完善,古寨村现有村民

代表29人,男性村民代表24人,妇女村民代表5人。其中壮族妇女村民代表4人,壮族男性村民代表22人。与壮族男性相比较,妇女村民代表过少。根据《中华人民共和国村民委员会组织法》(2010年修正版)规定在村民委员会中,妇女村民代表应当占村民代表会议的组成人员的1/3,所以应该增加古寨村妇女村民代表的数量,以符合社会性别主流化的要求。否则在村委会决策中很难反映壮族妇女的诉求,调动其他壮族妇女参与村民自治的积极性。

中共党员的思想教育水平高,为社会主义做贡献的觉悟比较高,能够积极响应中央的号召,对于村级治理工作比较积极,起着先锋模范的作用。古寨村中男性党员72人,女性党员9人。其中壮族男性党员69人,壮族女性党员8人。壮族女性党员过少,不利于壮族妇女参加村级事务,也不利于调动其他妇女参与村民自治的积极性。所以,县党委要给各个村庄每年多发展一些党员的数量,村里在发展党员时,要充分考虑男女平等,注重妇女党员的发展。增加党员和村民代表的数量,形成社会性别平等的良好氛围,改善壮族妇女参与村民自治的客观环境。

五、加大政策法规的宣传推广

中国是法治国家,法律在法治国家有着最高的权威,是保障公民权利的有力武器,法律在保护妇女权利方面同样起着重要作用。市民对法律的了解程度是参加政治活动的基础。

壮族妇女对《村委会组织法》的了解程度不如壮族男性,不利于男女平等参与村民自治。根据古寨村壮族妇女参与村民自治中存在的有关法律知识不足的问题,要充分发挥基层政府、政协、党组织的监督以及各个团体、人民群众和媒体等的作用,加大宣传保护妇女参与村民自治法律的内容和妇女参与村民自治对妇女自身的发展带来的好处以及对社会做出贡献的巨大意义。建立针对少数民族农村妇女参与村级事务的相关法律的宣传和推广机制,有利于相关法律政策执行的环境因素,形成有利于少数民族农村妇女参与村民自治的良好社会环境,保障少数民族农村妇女真正地参与到村民自治中来。

六、加强对该地区的扶贫力度

亨廷顿指出,政治参与的提高相伴随的是发展水平的提高,经济越发达的社会,赋予政治参与越高的价值。❶调查表明,妇女参与村民自治的积极性和主动性与家庭经济状况程度变化成正比,家庭经济水平又受到地区经济的影响比较大。❷

古寨村的四面环山,自然条件恶劣,经常出现冬春干旱和夏季洪涝的现象,经济落后。2011年,被列为广西壮族自治区"十二五"整村推进扶贫开发的贫困村(2011—2015年)。该村的壮族农村妇女为生计而没有更多的时间与精力去参与村级管理的工作。大部分壮族农村妇女最关心的还是家庭经济收入问题,只有当自己的家庭经济富裕了,她们才可能更积极地参加村民自治。因此,提高广大妇女参与村民自治的重要措施是发展农村经济,增加妇女家庭收入。根据马山县古寨村的具体情况,采取的扶贫措施是:第一,加强政府扶贫力度,对村民进行实用技术等方面的培训,促进就业,鼓励村民利用自己特长进行小额贷款,培养村民自我发展能力;第二,充分发挥妇联的作用,对妇女进行技术培训,鼓励妇女进行创业,提高农村妇女的经济地位;第三,村委会要充分利用地区优势,发展旅游,带动村民致富。

第三节 改善妇女发展环境提高少数民族地区妇女素质

一、政府与社会要积极创造条件,改善妇女发展环境

从社会层面来说,要进一步提高少数民族地区妇女的社会地位,可以从以下几方面着手。

第一,充分发挥本地资源优势,促进妇女就业。如澫尾村地处我国沿海沿边地区,占据了重要的地理位置,自然条件优越,拥有丰富的海产品资源和旅游资源,京族文化源远流长,蕴藏着丰富的文化资源。因此,应该从当地实际出发,充分发挥资源优势,走一条既符合当地实际情况又能带动经济发展

---

❶ 亨廷顿,纳尔逊. 难以抉择——发展中国家的政治参与[M]. 北京:华夏出版社,1989:174.

❷ 向常春. 民主与自主:农村妇女民主参与制的因素分析[J]. 社会主义研究,2003(4).

的特色产业之路。虽然改革开放后京族妇女的就业机会增多了,经济收入也得到了提高,但是有些工作的季节性较强,如海蜇捕捞和摆太阳伞等,导致她们的收入并不稳定,而且在资源的开发利用过程中存在过度开发行为,导致海产品资源减少。有村民反映,目前有一些人用机械来挖深海的沙虫,破坏了海洋的原生态,这将导致沙虫绝迹。很多妇女都说现在挖螺、挖沙虫没有以前收获那么多了,长此下去必定会影响她们的收入水平。如果能利用北部湾大开发的良好契机,充分发挥资源优势发展特色产业,不仅能为妇女提供稳定的就业,还能推动当地经济发展。就是在古寨村这样的大石山区,也可以利用良好的生态环境生产绿色食品增加农民收入。如在马山县古寨瑶族乡古寨村调查,我们了解到陆荣艳不仅自己努力致富,还千方百计带领乡亲们致富。1999年初春,陆荣艳得知上头有一笔小额信贷资金专门扶持农户发展养猪业,多方疏通后,当年她便与100多个贫困农户签订了养猪合同,使全村80多个贫困农户依靠这笔资金发展养猪业走出了困境。2001年年初,陆荣艳与广西玉米研究所取得联系,自己掏出2000多元钱带领村里8位农民到南宁学习培训。同年8月,又请中科院及外国专家一行12人光临古寨村,举办了一场别开生面的"农民自选作物品种交流会"。在她的带领下,全村在农作物品种上进行了全面改良,玉米品种由单一化向多元化改进,种植农户由原来的8户发展到700多户,玉米总产量打破了历史新高。2008年以来,为增加收入,陆荣艳带领村民充分利用房前屋后的荒土山地种植无公害蔬菜,不施放任何人工化肥,不喷洒任何农药,不搭棚,阳光充足,全部用农家肥种植。看到这些蔬菜味道好的优势,她带领村民成立了无公害蔬菜种植小组,采取以分散种植和集中经营管理的方法进一步扩大种植和销售规模。随着陆荣艳组织群众种植规模越来越大,管理得越来越规范时,她又多方联系,邀请南宁市的饭店老板来到古寨对她们种植的无公害蔬菜进行实地考察。通过人工化肥与农药检测,品尝蔬菜,饭店老板觉得很满意,当场和这个小组签订合同,月初饭店打订金到这个小组的财务账上,每一两天陆荣艳组织小组成员给对方发货到南宁,形成伙伴关系,长期合作。这些种植农户单靠往南宁这家饭店供应蔬菜平均每户每个月能有三四百元的收入,进一步增加了这个小组农民的家庭收入,瑶山的无公害蔬菜从此走进了南宁,增加了村民的增收渠道。又如,近年来我们考察了德保县都安乡的壮族妇女农彩霞利用当地优势发展特色水果,也带领乡亲们走上了致富之路。她2006年开始承包6

亩地种植美国脐橙。2008年,农彩霞种植的美国脐橙开始挂果,又香又甜的脐橙为她带来了初步的收益。2009年,她又加大投入,新增种植了5亩红心橙。通过艰苦创业,农彩霞掌握了果苗嫁接、防虫防害、果木栽培等技术,每年收入逾8万元。这些成绩得到了当地党委、政府的重视和肯定,乡党委、政府多次授予她荣誉称号,并作为典型在全乡范围加以推介。2011年,农彩霞以推进"优果工程"为契机,结合乡党委建立"党建带妇建"的发展模式,发动同村的唐秀菜、陈小花等23位妇女创办了都安乡"果满坡巾帼创业园",以此辐射带动全乡妇女种植柑橙类水果,扩大再生产。农彩霞的做法得到了乡党委、政府的支持,并积极为其争取到县农业局、扶贫办、开发办、科技局、妇联等有关部门的扶持资金120万元,用于果场的道路修建、地头水柜、坡梯改造等基础设施建设。她以"千万农民培训工程"为载体,以"水果产销协会"和"果满坡巾帼创业园"为主阵地,充分利用"农家课堂""农村党员大培训",对果农开展多层次、多形式柑橙栽培技术培训。目前,果满坡果场水果面积达1500亩,其中挂果面积610亩,坡改梯面积794亩,主要种植品种有脐橙、血橙、红心橙等。果场成为都安妇女创业增收的新亮点,也成为德保县妇女种植柑橙类水果产业的重要示范基地。❶

第二,制定落实优惠政策,扶持妇女创业。创业是少数民族地区妇女参与经济活动、获取经济收入的重要途径,经济贸易和旅游业的兴起带动了漓尾村的创业氛围,但是在创业者中以男性居多,调查发现,女性创业除了受到家庭分工限制外,还存在资金和能力方面的问题。因此需要制定和落实针对少数民族边境地区妇女创业的优惠政策,通过有效的途径为其提供资金支持,如小额信贷。广西于1996年起开展农村妇女小额信贷扶贫工作,它是妇联组织统筹推进城乡妇女发展的重要举措,如今已成为城乡妇女脱贫致富的"发动机"。据广西区妇联干部陈礼贤介绍,2005年,广西百色市乐业县甘田镇夏福村龙梭屯妇女宋倩青通过小额信贷借贷款1万元,当年种桑28亩,养蚕48张,收入上万元;马山县农民蓝艳娥于2003年通过小额信贷办起了养殖场,1年后存栏肉鸡1000多只,山羊30多头,总价值达到4万多元。但是在调查中发现,受访妇女中绝大多数农村妇女不知道这一政策,有些妇女虽然有创业的想法,但缺乏资金。因此需要制定落实优惠政策,扶持妇女创业。

第三,加强法制建设,推进妇女参政议政。我国并不缺乏关于妇女参政

---

❶ 罗霞.记德保都安乡都安村团支部书记农彩霞[N].右江日报,2014.

议政的法律、法规,但是有些法律、法规缺乏具体的可操作性,而且实施过程中受到多种因素的影响,在一些农村基层地区难以落实。如东兴市于1996年10月颁布实施了《东兴市妇女发展规划(1996~2000年)》(以下简称《东兴规划》),有效推进了当地妇女事业的发展,但2002年发布的《东兴市妇女发展规划终期监测评估报告》指出,在实施《东兴规划》过程中存在各部门协调力度和培养选拔女干部工作力度不够等问题,建议今后"继续加强面向妇女干部的以提高参政议政能力为主要内容的培训"。❶如今经过了10年的发展,澫尾村京族妇女在参政议政方面仍存在比例较低、意识薄弱、能力不足、渠道不畅等问题。因此,必须完善相关的法律、法规,加大宣传力度,提高各项法律法规的教育普及率,建立、健全妇女干部培养选拔的实施、监督和评估机制,引导和激励妇女参政议政。妇女是社会主义新农村建设的重要力量,推进妇女参政议政还要确保妇女的"话语权",即建设什么样的新农村、怎样建设等都应该让妇女有充分表达自己意愿和意见的机会,而不只是被动地参与。

第四,加强教育培训,不断提高妇女的素质能力。目前,少数民族地区妇女的整体文化水平还不高,素质能力离现代社会的要求还有一定距离,在一定程度上制约了她们的发展。提高妇女的素质能力,不只是提高其职业技能,还包括文化道德、政治素养、心理素质、法制观念、主体意识等方面的素质能力。职业技能的提高有助于妇女在经济活动中增强自身的竞争力,提高经济收入和物质生活水平;文化道德和主体意识等方面素质的提高,却关系着妇女自身和整个农村社区的长远可持续发展。因此,必须整合和利用现有的各种教育培训资源,如成人学校、经济协会、农家书屋等,结合本村实际情况,在广泛征求妇女意见的前提下,构建多渠道、多层次、多种类的妇女教育培训新格局,吸引妇女更多地参与教育培训。

第五,积极开展文体活动,促进妇女身心健康。随着社会的发展和生活水平的提高,少数民族地区妇女的闲暇时间越来越多、娱乐方式越来越丰富,这是促进妇女身心健康、促进农村精神文明建设的迫切需求。一些地方的妇女也积极行动起来,开展了积极健康的文娱活动,取得了良好的效果。前面所举的扶绥县的案例就是典型。在马山县古寨村,致富带头人陆荣艳同时也是当地农村传承和弘扬传统文化的带头人。早在1978年,该村就成立了农民

---

❶ 广西壮族自治区妇女儿童工作委员会.《广西妇女发展规划(1996~2000年)》《广西壮族自治区儿童发展"八五"计划、十年规划》终期监测评估报告汇编[M].南宁:接力出版社,2002:171.

业余文艺队。1998年,陆荣艳与该村9名妇女自发成立"女子文艺队",自编自演群众喜闻乐见的文艺节目。为充分挖掘民间艺术,丰富群众业余文化生活,在古寨乡党委、政府的积极倡导和大力支持下,2006年2月15日,她们创办剧团,陆荣艳任团长。她们表演的节目主要是群众喜闻乐见的表演唱、快板、小品等。所有的节目都是由农民自编自演,主题是围绕农村"三个文明"建设,歌颂国家的好政策和反映家乡巨变等内容。她们表演的节目通俗易懂,既给农民业余文化生活带来欢乐,又宣传了国家的大政方针以及新农村建设过程中涌现出来的新人新事。因此,古寨村农民剧团在马山县已家喻户晓,成为丰富全县群众文化生活的一支重要力量。为了剧团发展的资金问题,陆荣艳不仅自己捐款数千元,还向乡信用社贷了1万多元作为启动资金,为剧团添置了音响、服装。剧团成立的消息在瑶乡传开后,干部群众纷纷为剧团捐款捐物。该乡加显村加显屯退休老师蓝常青将家中珍藏的春堂捐给剧团;古今村东竹屯的蓝日科也捐出了自家春堂,使剧团春堂达到了5个。为了使剧团的节目更具当地民族特色,陆荣艳又和几位编剧人员走村串寨,探寻当地壮族瑶寨民俗文化。把当地传统"打榔"经过改造提升,打造成精品节目。多次请县文化馆老师指导,从动作、舞美设计、灯光设计、背景设计等环节逐一完善。在县文化馆退休干部零锡耿的指导下,团员们一遍又一遍地练习,功夫不负有心人,一曲《瑶家打榔喜婚嫁》走进农家,走出山门,在2006年南宁市"农村欢乐演出年"业余文艺团队会演中闪亮登场,过关斩将,在总决赛中一举夺冠。2006年,古寨村农民剧团被评为南宁市优秀村(屯)文艺队。2006年5月13日晚被邀请到中国农业大学进行慰问演出,让首都高校师生们大饱眼福。

第六,充分发挥基层妇女组织的作用,积极营造男女平等的舆论环境。妇联是在中国共产党领导下全国各族各界妇女为争取进一步解放而联合起来的社会群众团体,一直以来我国各级妇联在争取和维护妇女儿童权益,促进男女平等方面发挥了重要作用。如广西中越边境壮族聚居的宁明县近年来充分发挥妇女组织的作用,在边境地区经济发展、禁毒防艾、互爱互助等方面发挥重要作用,有效地提高了妇女的地位。其中爱店镇的一群妇女,她们依托靠"边"的优势,做起了边贸生意,逐渐富裕起来。她们从2009年在宁明县妇联的支持下,在爱店社区设立了"妇女之家",平日里"妇女之家"的成员们关心社区姐妹,哪家闹矛盾,她们就去耐心地做好调解工作;谁家在生意上碰到了难处,大家就给予帮助。"妇女之家"已逐渐成为深受广大妇女信赖和热爱的温暖之家,为当地广大妇女撑起了一个温暖的精神家园。少数民族地区的基层妇女组织积极促进妇女的发展的事例数不胜数,特别是在计划生育工作方面做出了很多努力,受到村民的大力赞扬。但是,目前还有很多妇女对"妇联"这个概念认识不清,有些只是从电视上听说过妇联,不知道妇联是做什么的,有些甚至听都没听过,遇到问题也没想过向妇联寻求帮助。因此,需要通过各种途径加大宣传,让妇女组织深入人心,增强其在农村中的影响力,发挥基层妇女组织在促进农村妇女发展、维护妇女权益方面的作用,积极营造尊重女性、男女平等的舆论氛围。

二、妇女应转变观念,努力提高自身素质

首先,京族妇女要解放思想,转变观念。受传统文化价值观念和性别角色定位的影响,"男主外,女主内"的思想在一些少数民族地区妇女脑海中根深蒂固。她们认为男人在外工作挣钱,做家务、看孩子这些都是女人天经地义的责任,有些妇女甚至觉得男人做家务的话就不像男人了,这样的思想观念导致她们把大量的时间和精力放在家务劳动上,即使参加经济活动也是作为男人的辅助,缺乏参与政治生活和文化活动的时间与精力。对于村里组织的一些活动,妇女也不愿意参加。潵尾村村党支部书记就说:"我们村会不定期地有妇检,是上面组织,村委会召集的,但是由于观念上不太理解和接受,很多妇女认为身体没有什么毛病就不来做妇检,所以参加的人不多。"❶观念是行动的先导,只有妇女自身转变思想观念,树立主体意识和正确的性别观念,才能实现长远的发展,这比一切法律和行政的手段都要行之有效。尤其是受过良好教育的女性,更应该提高社会性别主流化意识,积极推进社会性别主流化。

其次,积极利用现有教育资源,提升自身素质能力。素质能力是影响妇女发展的重要因素,而素质能力的提升离不开教育,除了村委要积极举办适合妇女参加的教育培训外,妇女自身也应该提高参与的积极性。在条件有限的情况下,应该充分利用现有的教育资源,如村里举办的一些技术培训、"农家书屋"等,都可以加以利用。除了书籍、报纸等纸质媒介外,随着科学技术

---

❶ 访谈对象:潵尾村村党支部书记,男;访谈时间:2012年6月4日;访谈地点:潵尾村村委会。

的发展和生活水平的提高,少数民族地区现在都普及了电视,一些条件好的家庭还用上了比较先进的平板液晶电视、音响设备、计算机等,装上了宽带网络,因此妇女还可以充分利用现代科技媒体来进行学习。在闲暇之余多通过电视、计算机了解社会热点新闻、科学知识、法律常识等,有助于提高自身的素质和能力。

最后,培养文明健康的生活方式。改革开放带来了新的生计方式和生活方式,随着开放程度的深化,也带来了一些不良的风气,如赌博、六合彩等的兴起,极大地影响了一些少数民族地区的精神文明风貌。妇女作为社会主义新农村建设的重要力量,应该坚决抵制不良的生活方式,自觉培养文明健康的生活方式。如妇女自发学习广场舞,就是一种健康的生活方式,它能够带动形成一股全民健身的热潮。

参考文献

埃什尔曼,1991.家庭导论[M].北京:中国社会科学出版社.
巴特勒,2009.性别麻烦:女性主义与身份的颠覆[M].宋素凤,译.上海:上海三联书店.
白薇,王庆仁,郑玉琴,1996.中国少数民族妇女问题研究[M].北京:中央民族大学出版社.
宝森,2005.中国妇女与农村发展[M].南京:江苏人民出版社.
波伏娃,1998.第二性[M].陶铁柱,译.北京:中国书籍出版社.
杜芳琴,王政,2004.中国历史中的妇女与性别[M].天津:天津人民出版社.
费孝通,1998.乡土中国 生育制度[M].北京:北京大学出版社.
伏六明,2009.女性休闲行为研究[M].长沙:湖南大学出版社
高小贤,江波,王国红,2002.社会性别与发展在中国:回顾与展望[M].西安:陕西人民出版社.
古德,1986.家庭[M].北京:社会科学文献出版社.
广西壮族自治区妇女联合会,2008.辉煌的篇章:广西妇女工作掠影[M].南宁:广西人民出版社.
广西壮族自治区妇女联合会,2008.美好家园筑和谐[M].南宁:广西人民出版社.
广西壮族自治区妇女联合会,2008.探索的足迹:广西妇女理论研究回顾[M].南宁:广西人民出版社.
国家统计局人口和社会科技统计司,2004.中国社会的女人和男人——事实和数据[M].北京:中国统计出版社.
胡传荣,2003.经济发展地位与妇女地位的变迁:经济发展程度不同的国家之间的比较[M].上海:上海外语教育出版社.
胡克斯,2001.女权主义理论——从边缘到中心[M].晓征,平林,译.南京:江苏人民出版社.

蒋美华,2008.20世纪中国女性角色变迁[M].天津:天津人民出版社.

蒋萌萌,2013.当代大学生就业意识的调查与分析[D].南京:南京信息工程大学.

蒋永萍,2006.社会转型中的中国妇女社会地位[M].北京:中国妇女出版社.

克里斯蒂娃,2010.中国妇女[M].上海:同济大学出版社.

李树茁,姜全保,费尔德曼,2006.性别歧视与人口发展[M].北京:社会科学文献出版社.

李银河,2003.女性权力的崛起[M].北京:文化艺术出版社.

李银河,2005.两性关系[M].上海:华东师范大学出版社.

李银河,2005.女性主义[M].济南:山东人民出版社.

李银河,2007.性别问题[M].青岛:青岛出版社.

李英桃,2003.社会性别视角下的国际政治[M].上海:上海人民出版社.

李泳集,1996.性别与文化:客家妇女研究的新视野[M].广州:广东人民出版社.

林聚任,2003.社会性别的多角度透视[M].广州:羊城晚报出版社.

刘建中,孙中欣,邱晓露,2010.社会性别概论[M].上海:复旦大学出版社.

刘爽,2009.中国的出生性别比与性别偏好现象、原因及后果[M].北京:社会科学文献出版社.

刘友田,2010.村民自治——中国基层民主建设的实践与探索[M].北京:人民出版社.

刘中一,2009.村庄里的中国——一个华北乡村的婚姻、家庭、生育与性[M].太原:山西人民出版社.

罗丽莎,2006.另类的现代性——改革开放时代中国性别化的渴望[M].南京:江苏人民出版社.

马奇,密斯,穆霍帕德亚,2004.社会性别分析框架指南[M].社会性别意识资源小组,译.北京:社会科学文献出版社.

麦可拉肯,艾晓明,柯倩婷,2007.女性主义理论读本[M].桂林:广西师范大学出版社.

米利勒,1999.性的政治[M].钟良民,译.北京:社会科学文献出版社.

奈斯比特,艾柏登,1991.女性大趋势[M].陈广,译.长春:吉林人民出版社.

潘允康,2002.社会变迁中的家庭[M].天津:天津社会科学院出版社.

苏红,2004.多重视角下的社会性别观[M].上海:上海大学出版社.

孙淑敏,2005.农民的择偶形态——对西北赵村的实证研究[M].北京:社会科学文献出版社.

谭琳,陈卫民,2001.女性与家庭:社会性别视角的分析[M].南宁:广西民族出版社.

田翠琴,齐心,2005.农民闲暇[M].北京:社会科学文献出版社.

佟新,2005.社会性别研究导论:两性不平等的社会机制分析[M].北京:北京大学出版社.

王布衣,2008.震惊世界的广西农民:广西农民的创举与中国村民自治[M].南宁:广西人民出版社.

王凤华,贺江平,2006.社会性别文化的历史与未来[M].北京:中国社会科学出版社.

王裙,2007.阅读高等教育:基于女性主义认识论的视角[M].天津:天津人民出版社.

王周生,2004.关于性别的追问[M].上海:学林出版社.

沃斯通特拉夫特,2006.女权辩护:关于政治和道德问题的批评[M].陶鑫,译.北京:中央编译出版社.

沃斯通特拉夫特,穆勒,2011.女权辩护妇女的屈从地位[M].王蓁,汪溪,译.北京:商务印书馆.

徐勇,1997.中国农村村民自治[M].武汉:华中师范大学出版社.

薛宁兰,2008.社会性别与妇女权力[M].北京:社会科学文献出版社.

张淑香,2012.社会性别意识下的女硕士生就业问题研究[D].青岛:青岛大学.

张湘涛,2009.中国农村基层民主政治的探索与实践[M].长沙:湖南人民出版社.

郑玉顺,2006.中国农村少数民族妇女权益保障法律制度研究[M].北京:民族出版社.

郑玉顺,等,2001.21世纪妇女发展国际研讨会论文集[C].北京:中央民族大学出版社.

郑玉顺,等,2002.女性与社会发展:第二届妇女发展国际研讨会论文集[C].北京:中央民族大学出版社.

中国妇女社会地位调查课题组,1993.中国妇女社会地位概观[M].北京:中国妇女出版社.

中国社会科学院妇女研究中心,2004.转型社会中的中国妇女[M].北京:中国社会科学出版社.

朱爱岚,2010.中国北方村落的社会性别与权力[M].南京:江苏人民出版社.

朱炳祥,2007.村民自治与宗族关系研究[M].武汉:武汉大学出版社.

祝平燕,周天枢,宋岩,2007.女性学导论[M].武汉:武汉大学出版社.

DUMAZEDIER J,1967.Toward a society of leisure[M].New York:The Free Press.

GODBEY GOFFREY,1985.Leisure in your life:an exploration, state college[M]. PA:Venture Publishing.

KELLY J R,1982.Leisure englewood cliffs[M].NJ:Prentice Hall Press.

MIHALYI CSIKSZENT,1990.Flow: the psychology of optimal experience [M]. New York: Harper Row.

WOLFGANG J MOMMSEN,1992.The political and social theory of max weber:collected essays[M].Chicago: University of Chicago Press.

附录一 广西高校女生的社会性别意识研究
——以广西大学为例

摘　要

男女平等是人类社会发展追求的重要目标,所以当今有关社会性别意识、社会性别主流化、促进男女两性的和谐发展已成为当代人们最关心的问题之一。但是目前我国男女两性在社会发展中的地位不一,表现在女性在政治、就业和婚姻家庭等方面的地位与男性相比还是处于较低的弱势地位,这不利于两性的平等和谐发展。本文结合相关的社会性别理论,从社会性别意识的角度出发,研究高校女生在相关的参政意识、就业意识、婚育权意识方面是否也与现实社会所反映的一样薄弱,男女生的社会性别意识是否也有显著的差异,女生自身的不同特征的因素对其社会性别意识是否有显著影响等。

本研究采用定量的研究方法,以广西大学的学生为调查对象,研究发现,女生在参政方面的意识比较薄弱,对待政治的态度没有那么积极,参政期望也不是很高,参与意愿不强烈。在就业意识中,就业准备意识不强,比较喜欢稳定的工作,倾向选择中小城市发展,就业心态不乐观。在婚姻自主权和生育权方面缺乏自主意识,但是在家务事务的决定权、家庭经济权的管理和家庭劳务分工模式的选择上倾向于夫妻双方一起决策一起承担,说明女生有追求男女平等的家庭地位意识。在顾家和事业的权衡中,大部分的女生倾向于选择家庭和事业同时兼顾的意识。女生和男生在社会性别意识方面确实存在不同程度的差异;总的来说,男生的参政意识、就业意识要比女生更强,但是在婚育权意识方面,男生除了婚姻自主性意识比女生强之外,在对家庭经济权的掌控、家务分工模式的选择、生育权等方面的意识比女生更传统,因为女性除了婚姻自主权和生育权的自主性不强之外,都比较倾向于男女平等的家庭地位的意识。男生和女生在事业与家庭的选择偏向中有差异。男生比女生更偏向于"男主外,女主内"的分工模式。通过对女性社会性别意识的回归分析发现,总的来说,女生的年龄、专业、成长环境、政治面貌、学生干部身份、父母的职业、父母的教育程度和政治面貌都在不同程度地对女生的社会性别意识产生一定的影响。

本研究发现,女生的社会性别意识薄弱的原因主要是受传统社会性别分工和传统性别观念的影响,而女生薄弱的社会性别意识会影响到她们的参政、就业行为,导致女性在婚姻家庭中的地位低下,在社会中较薄弱的参政现状和就业现状,进一步造成了男女地位不平等的事实。所以要改变男女地位不平等的格局,必须对女生的社会性别意识进行培养和教育。

关键词:高校女生;社会性别意识;参政意识;就业意识;婚育权意识

1 导 论

1.1 研究的背景和意义

1.1.1 研究的背景

当今有关性别或社会性别的话题随着女性主义的兴盛而流行,因后现代主义的影响而时髦。男女平等是人类社会发展追求的重要目标,所以男女的社会性别问题已成为当代最关心的社会问题之一。时至今日,联合国召开了四次世界妇女大会,其倡导男女平等意识的影响是启蒙的也是巨大的。"平等、发展与和平"的理念,得到了世界各国政府的广泛关注和积极响应,使男女平等发展成为不可阻挡的世界潮流。近年来,随着我国高校的扩招,国内高校大学生特别是在校女大学生数量逐年增加。高校在校女生无疑是我国女性中最有活力,最有思想,最有智慧,最有潜质的部分之一。所以她们的社会性别意识也日益引起社会的关注。高校女生的社会性别意识关系到她们自身未来的平等参与和发展,而且还将影响到全国的妇女的发展,更关系到社会性别主流化能否得到普及。

自人类社会发展以来,男性和女性就共同创造着社会的文明。然而由于生理差别与社会分工的不同,两性关系的天平发生了倾斜,进而步入了父权制社会;在父权制社会中,以男性为主体、女性为附属体的性别不平等被制度化了;所以男尊女卑、男主女从、男外女内就成了社会的主流和定势。但是"性别"表示一种特定的关系,其意义不仅仅是区别男性与女性两类群体的生物属性。然而历史已经在两性之间造成了巨大的社会差异和深层观念差异,今天我们仍然能够处处感受到的所谓"性别的力量"。有关"男女平等"的得失,尽管同处在一个时代、一种社会条件下,高校男女生双方却可能有完全不同的体验。高校男女生双方的社会性别意识是否也存在着不同的体验,这也是值得思考的一个问题。

笔者在不长的学术生涯中,对女性问题产生了浓厚的兴趣,特别是查阅了相关文献后,就特别想做以女性为主题的研究,在导师的指导下,确定了论文的研究方向。那么目前高校女生的社会性别意识是怎么样的?男生和女生的社会性别意识是否存在差异?存在哪些差异呢?有什么因素影响着她们的社会性别意识?这些都是值得讨论的问题。

1.1.2 研究的意义

1. 理论意义

自20世纪六七十年代以来,女性运动和女性研究从西方社会开始勃兴。联合国世界妇女大会是推动世界妇女事业发展的重要平台。1995年第四次世界妇女大会之后,社会性别主流化作为世界公认的实现社会性别平等的有效战略,如今已遍及全世界,女性的地位有了极大提高,人们的社会性别意识也有了改变。但国内社会性别研究的理论发展深度尚有不足。很多有关社会性别研究的理论都是直接翻译国外的相关理论并借鉴而来的。而且国内对社会性别的研究理论大部分都是从宏观视角出发,很少从微观的角度来探讨社会性别问题。因此,本文期望通过这项研究,对推进社会性别理论的本土化具有一定的积极作用;其次,对社会性别的研究、社会性别意识研究等方面的微观理论阐释贡献一分力量;最后,本文通过高校女生的社会性别意识问题的原因分析,验证社会性别理论中所说的社会文化因素是性别不平等产生的根源。

2. 实践意义

高校女生是未来社会女性的精英,即将面临继续社会化的各种社会生活,包括政治参与、就业、婚姻家庭和生育问题,而她们的社会性别意识是她们主导这些行为的前提和基础。她们的社会性别意识的强弱与深浅,不仅影响她们对政治参与、就业、婚育权问题及事业和家庭的倾向选择行为,而且对其一生的发展产生重要影响。因此,有必要对高校女生的社会性别意识进行研究,进行一个现状的描述,发现其存在的问题。然后针对问题进行高校教育政策的调整,促进高校女性的社会性别意识的主流化。只有在高等教育过程中,推动正确的社会性别意识在高校教育的传播,配合当代提出的"社会性别主流化"战略的实施;基于社会性别意识来探讨现代高校女生的教育和培养,并更好地把性别意识渗透到高校女生培养过程之中是十分必要的。这样才能最终实现社会性别平等的社会主义和谐社会,也有利于在全社会倡导平等、公正的社会性别意识,具有较强的现实意义。

1.2 文献综述

有关社会性别的问题已成为当代人们最关心的社会问题之一。西方发达国家对女权主义的研究形成了比较成熟的思想。1976年,美国人类学家格·如本首先提出了"社会性别"的概念,并强调社会性别与生理性别不同,社会性别是"后天"对"先天"的影响,并指出法律、社会制度和价值观等对女性的歧视并由此带来的对女性经济、政治和文化上的压迫。此后"社会性别"逐渐成了西方学术研究发展中的一个重要分析范畴。

1.2.1 国外对社会性别的研究综述

1968年美国心理分析学家安奥克利(Ann Oakley)出版了《生理性别与社会性别》(*Sex and Gender*)一书,生理性别和社会性别才分别用Sex和Gender两个词来表示。1972年性学家约翰·马尼(John Money)和安克·艾哈德(Anke Ehrhardt)进一步阐释了生理性别与社会性别的区别,认为二者的区别在于前者是生理的,后者是心理的和社会的。社会性别一词随后在西方被人们普遍使用起来,社会性别理论逐步被人们广泛接受。在西方学界,对女性的社会性别研究主要集中在家庭、经济生活、思想观念、社会规范、法律、宗教、政治生活、教育、文化、性等方面。

本文重点综述国外文献对女性参政、就业、婚姻与家庭等方面的研究内容。①女性参政方面。国外女性政治参与的研究主要集中在探讨女性参政的现状与模式,总结推进女性参政的措施等方面。西方学界从社会性别的角度,揭示出由于传统的社会性别分工,由于传统性别文化的制约和影响,造成了女性在参政方面的薄弱基础,同时肯定了女性参政的价值和作用。

女性只有积极参政,才能从客观上有利于提高女性的社会地位。②女性就业方面。西方国家对女性就业的研究源于经济学分析。但是经济学无法解答女性就业中的一些深层次的问题,社会性别的视角在一定程度上弥补了经济学研究的不足。社会性别理论反对"生物决定论",从制度的背景和文化观念方面阐释男女两性在劳动力市场中的差异。同时表明是工业化促进了妇女的就业,工作的女性对当代家庭生活的各方面产生了影响,工作的女性朝着社会与家庭的平等迈步。③国外针对婚姻家庭问题的正式研究起源于19世纪中期。19世纪中叶,社会学学科形成,直接促进了对婚姻家庭研究的科学化,社会学的创始人孔德曾分析过家庭对社会的意义。西方从社会性别的角度探讨了女性婚姻家庭问题,其中有关家庭不平等问题引起了人们的广泛关注。揭示女性在婚姻家庭中的地位低于男性,如婚姻家庭对性和生育的控制,作为无酬工作的家务劳动,以及妇女受伤害的若干形式(如家庭暴力)等。

总的来说,西方从社会性别的视角,揭示由于传统的社会性别分工和传统性别文化的制约导致了女性在参政方面的薄弱、就业方面的不足以及在婚姻家庭中的地位低下,并表明女性和男性应该有平等的权利参政、就业以及享有平等的家庭地位;同时提出了改变男女两性平等发展的措施等。主要研究的文献有:西蒙娜·德·波伏娃《第二性》(中国书籍出版社,1998);卡伦·霍尔奈《女性心理学》(上海文艺出版社,2002);费尔德曼《性别歧视与人口发展》(社会科学文献出版社,2006);凯特·米利勒《性的政治》(社会科学文献出版社,1999);约翰·奈斯比特、帕特里夏·艾柏登《女性大趋势》(新华出版社,1993);W.古德《家庭》(社会科学文献出版社,2005);贝蒂·弗里丹《女性的奥秘》(四川人民出版社,1963)。

1.2.2 国内对社会性别问题的研究

中国的社会性别研究起步较晚。20世纪80年代之前,并不存在着现实意义上的独立的性别问题研究领域。到20世纪80年代中期,随着中国改革开放和社会的发展,特别是1995年世界第四次妇女大会在中国召开,更是推波助澜,掀起了社会性别问题的研究热潮。近段时期以来,学术界对社会性别的研究更多集中在实践层面,主要侧重在以下几个方面。

①女性参政问题。主要研究的内容包括我国女性参政比例较低的现状、薄弱的参政行为的原因分析,并提出政策性的建议。薛宁兰《社会性别与妇女权利》(社会科学文献出版社,2008);李英桃《社会性别视角下的国际政治》(上海人民出版社,2003);张媛媛《社会性别视角下我国女性参政权研究》(暨南大学硕士论文,2011);刘志玲《社会性别视角下妇女参政的研究》(安徽师范大学硕士论文,2007);周荣《社会性别视角下的农村女性政治参与问题研究——基于洪湖市 L 镇的实证调查》(华中农业大学硕士论文,2010)。这些研究大部分都指出我国女性参政现状不如意的表现主要在:全国人民代表大会女性代表比例徘徊不前;女性从政的层次较低;女性参政的结构不合理等。并提出了促进女性参政的相关法律措施等建议。研究中发现男性对政治的关注程度远远高于女性。认为造成该现象的主要原因是受传统观念和文化的影响。②女性就业问题。主要研究女性是否应该就业;女性的就业存在什么问题;为什么会存在这些就业问题;并提出如何解决女性就业问题。主要研究成果有:韩贺南、张健《女性学导论》(教育科学出版社,2005);李银河《女性权力的崛起》(文化艺术出版社,2003);刘建中、孙中欣、邱晓露《社会性别概论》(复旦大学出版社,2010);祝平燕、周天枢、宋岩《女性学导论》(武汉大学出版社,2007);杜芳琴、王政《社会性别》第一辑和第二辑(天津人民出版社,2004);王亚男、李薇、李永华《社会性别视角下的女大学生就业问题研究》(黑龙江教育学院学报,2010年第11期);张婧群《女大学生就业问题的社会性别分析》(长春师范大学硕士论文,2012);周敏《中国参政、就业政策中的性别平等问题研究》(吉林大学硕士论文,2011)。这些研究大都指出了我国女性就业所面临的问题,大部分女性相对男性而言就业层次较低、男女两性的收入差距大、劳动力市场入口有性别歧视等问题。女性就业有边缘化和不公平倾向。③女性与婚姻家庭问题。主要讨论男女家庭分工的角色差异;男女抚育子女的角色差异;性别差异所产生的家庭矛盾与冲突。谭琳、陈卫民《女性与家庭:社会性别视角的分析》(广西民族出版社,2001);李银河《女性权力的崛起》(文化艺术出版社,2003);李银河《两性关系》(华东师范大学出版社,2005);林聚任《社会性别的多角度透视》(羊城晚报出版社,2003);刘建中、孙中欣、邱晓露《社会性别概论》(复旦大学出版社,2010);曾淑萍《社会性别视角下妇女婚姻家庭地位研究——以

湖南省为例》(中南大学硕士论文,2012)。这些研究指出,家庭中的性别角色分工是决定家庭关系和女性地位的基础,性别角色分工虽然与生理因素有直接关系,但起决定作用的,不是生理因素,它是社会文化及社会观念塑造的结果。传统的社会性别分工导致了女性在家庭和社会中的从属地位,是性别不平等的根源。并提出实现家庭中性别平等的对策建议,呼吁国家法律与政府政策要树立社会性别意识。研究还得出家务分工仍存在隐性不平等,权力结构依旧倾向男权化的结论。

1.2.3 国内对女大学生的社会性别意识的研究

综观国内有关社会性别研究的文献发现,我国学术界对社会性别意识的研究较少。上述对社会性别问题的研究,大都指出了大部分女性所面临的很多参政问题、就业问题、婚姻家庭地位问题等都是受到传统社会性别观念以及外在环境因素等影响而体现出的男女社会地位不平等。实则也指出了我国女性社会性别意识的现状还是处在传统的社会性别观念。那么大学生的社会性别意识是否也是这样？国内对大学生的社会性别意识的研究起步较晚,主要的研究成果有:黄菊香《社会性别意识视角下的女大学生发展分析》(中国成人教育,2009年第7期);杨琳《中国当代女性发展与社会性别意识》(社会广角,2008年第3期);袁妙彧《社会性别视角下大学生就业意识的性别差异——以武汉地区高校为例》(湖北经济学院学报,2011年第3期);马斯琴《社会性别意识下女大学生平等就业问题的思考》(内蒙古师范大学学报,2010年第11期);李亚军、徐彦彬《参与式大学生社会性别意识——对贵州师范大学2004届毕业生的调查》(贵州师范大学学报,2005年第11期);潘雨《社会性别视角下大学生生育观研究——以四川大学为例》(西南大学硕士论文,2010);尺彤《女大学生社会性别观念研究》(中华女子学院学报(社会科学版),2001年第8期);李育红《高校知识女性社会性别意识现状调查与对策思考》(中华女子学院学报,2003年第4期);肖玉清《社会性别意识偏差对当今女大学生的影响》(校园心理,2012年第6期);万琼华《当代女大学生的社会性别意识探析》(邵阳学院学报)社会科学版,2002年第1期);董长弟《当代女研究生社会性别意识研究》(山东省团校学报,2009年第3期);李雄文《浅析社会性别意识影响下当代女大学生就业观念误区及对策探讨》(新西部,2008

年第22期);薛金莲《关于女大学生社会性别意识问题的思考》(晋中师范高等专科学校学报,2003年第9期);张淑香《社会性别意识下的女硕士生就业问题研究》(青岛大学硕士论文,2012);蒋萌萌《当代大学生就业意识的调查与分析》(南京信息工程大学硕士论文,2013);张建奇《关于大学生就业意识、能力准备与就业满意度之间关系的研究》(河南社会科学,2001年第7期);郭晶梅《当代大学生婚育观教育引导模式及其解构》(法制与经济,2011年第3期)。

这些研究成果主要包括:①女生参政观。主要研究大学生参政观念的总体特征,得出的结论大多数是:大学生还存在着传统的性别观念,女性对政治的敏感度低于男性,很多女生的参政意愿不强。男女生的参政意识存在性别差异;并从传统社会性别观念分析原因及提出对策建议。②女生就业观。主要研究女生的就业观念现状,得出的结论大多数是:很多女生受传统性别观念的影响,所以她们的就业自主性较弱,就业心态比较消极,很多女生的就业观没有超越社会对女性角色的传统认同,甚至是固守社会传统设定的角色。并提出要就社会性别意识纳入社会决策主流,创造平等的就业环境。同时建议从决策层、管理层层面上提高社会性别意识的自觉性。③女性婚姻家庭观。研究发现很多女生比较认同传统的社会性别分工,即"男外女内",很多女性认为女人应该以家庭为重,相夫教子是本分。但是也有一部分女生在家务分工中渴望男性主动分担家务,体现出了一定的社会性别意识。并从传统的性别观念和性别分工视角分析女生的这种婚姻家庭观意识。

这些文章大都从社会性别的角度来研究女性的社会性别意识是怎么样的,为什么会这样?从综述中可以总结出,研究社会性别意识是参政意识、就业意识、婚姻家庭意识和事业与家庭的权衡意识等方面的综合研究。研究女生的社会性别意识状况,主要表现在参政观、就业观、婚姻家庭观、事业与家庭的倾向选择性等方面的意识状况。研究发现,很多女生的社会性别意识在各个方面强弱程度不一,也还有很多女性仍然没有摆脱传统性别观念的影响,总体来说很多女性的社会性别意识较薄弱、自我正确的性别角色定位模糊。

1.2.4 述评

通过以上国内外学者对社会性别和社会性别意识的研究可以发现,社会性别的研究主要包括参政、就业、婚姻家庭等领域。相对应的社会性别意识就是对这些领域的观念的研究。目前对社会性别的研究较多,而对社会性别意识的研究较少,而且较为浅显。具体而言,主要存在以下不足。

(1)有关社会性别意识的研究没有形成系统和完善的指标体系。在上述有关女生社会性别意识的研究中发现,目前我国学术界对社会性别意识的研究所用的指标体系显然没有那么系统和完善,指标体系各执一词,尚未形成统一方案。本研究志在细分社会性别意识的指标体系,所用的指标体系更能细化和深入社会性别意识的研究。

(2)在当今社会转型中,有关女性的社会性别意识是否也在发生变化?有何变化?这些都是需要通过研究去发现的。而以往关于女性社会性别意识的研究所依据的数据比较陈旧,难以说明当代高校女生的社会性别意识现状以及变化。

(3)比较研究尚有待深入,性别比较、不同地域间的比较研究目前尚未开展或显得薄弱。已有研究大多数是对女生的社会性别意识进行单性别的分析,缺少性别间的比较。从对女大学生的社会性别意识的研究综述可知,只有极少数的研究是从性别差异来研究社会性别意识的。要想完整地研究女生的社会性别意识,应该把女生和男生的社会性别意识连接在一起认识和分析,把男生作为一个比较变量介入,以突出女生在社会性别意识方面的强弱变化。寻求两性共同发展,建构性别和谐的社会。为此本文把男生的社会性别意识和女生的做一个比较分析,以找出两性在社会性别意识方面存在的差异。

(4)缺乏从女生自身的基本情况出发找出女生的社会性别意识差异方面的研究。已有的研究大部分都是对女生的社会性别意识做一个整体特征的描述,得出结论是大多数女生的社会性别意识薄弱,但也存在一部分女生有先进的社会性别意识,但是已有的研究并没有寻找出这部分女生和大部分女生的不同特征。即没有从女生自身的基本条件,如年龄、受教育程度、专业、家庭背景、政治面貌等因素是否对女生的社会性别意识有一定的影响作用。所以,本文从女生自身的基本情况出发去寻找不同特征女生的社会性别意识是否一样,这些基本因素对女生的社会性别意识是否有影响。

1.3 研究的创新点和不足

1.3.1 研究的创新点

本文的创新之处主要有以下两点。

(1)研究对象的创新。在国内,关于社会性别意识方面的研究对象很少涉及当代欠发达地区,这方面的研究成果不多见。本文以当代欠发达地区的广西高校女生为研究对象,具有一定新意。而且本文和男生的社会性别意识作比较,从而更加了解女生的社会性别意识的变化。当代欠发达地区的高校女生是该地区未来社会女性的精英群体,研究她们的社会性别意识现状对推进欠发达地区的社会性别主流化具有一定的现实意义。

(2)研究内容的创新。以往关于女性社会性别意识问题的研究多数是集中在参政、就业、家庭或生育权等单一方面的研究。而本文从参政意识、就业意识、婚育权意识、家庭与事业两者之间的权衡问题4个方面加以论述,拓宽了女性社会性别意识的研究范围。

1.3.2 研究的不足

第一,数据具有一定的局限性。首先,本文样本具有一定的局限性。本研究的调查对象是广西大学在校生,所以样本量是由广西大学在校生组成,所收集到的是广西大学学生的数据资料。但是广西大学是属于欠发达地区的高校,尽管数据能很好地体现广西高校学生社会性别意识的特征,也能体现欠发达地区高校女生的社会性别意识状况,但是不能体现发达地区高校女生的社会性别意识状况。中国属于地区发展极不均衡的国家,因而本文数据结果只能代表欠发达地区的状况,不能简单地推广至全国范围。其次,问卷具有一定的局限性。本文在设计问卷时,没有结合SPSS软件的相关知识,因此问卷设计的问题和答案影响到后面数据的整理与分析,导致有些指标不能做Logistic回归分析,不能完整的分析女生的基本情况对其婚育权意识是否有所影响,这是很遗憾的地方。

第二,指标量化及赋值的局限性。由于社会性别意识的研究起步较晚,国内学术界对社会性别意识的研究甚少等原因,目前各研究者对衡量社会性别意识的指标量化体系还没有形成统一方案。所以为了更方便、直观地体现当前广西高校女生的社会性别意识现状,本研究根据笔者自身对社会性别意识所包含的主要核心概念以及前人研究的理解建立了相应的概念操作化及指标赋值体系,其概念操作化的合理性有待考证。

2 研究设计

2.1 主要概念的界定和核心概念的操作化

2.1.1 社会性别

联合国第四次世界妇女大会之后,社会性别作为一种视角和分析工具在中国迅速传播,并成为中国女性研究和妇女学的主要内容。关于社会性别的概念有一些解释,具体如下:《社会性别与发展培训手册》指出"社会性别"是相对于"生理性别""自然性别"而提出的,是指由社会形成的男性或女性的群体特征、角色、活动及责任,是社会对两性及两性关系的期待、要求和评价。❶坎迪达·马奇等在《社会性别分析框架指南》中认为:"社会性别是指基于男女生理差别之上的、实际存在的社会性差异和社会性关系,由社会形成的男性或女性的群体特征、角色、活动及责任。"❷这两个概念综合起来本质是一样的。综合来说,社会性别是指男女两性在社会文化的建构下形成的性别特征和差异,以及属于男性或女性的群体特征和行为方式。

2.1.2 社会性别意识

综合学术界的研究,目前对社会性别意识的概念还没有统一的界定。社会性别意识主要有几种界定,本书结合研究需要,比较认同以下这3种:李慧

---

❶ 联合国开发署驻华代表处.社会性别与发展培训手册,2001.

❷ 马奇,史密斯,穆霍帕德亚.社会性别分析框架指南[M].社会性别意识资源小组,译.北京:社会科学文献出版社,2004:17.

英认为:"社会性别意识是指从社会、政治、经济等多方面的角度,对两性进行性别分析和规划。"❶李国华认为:"社会性别意识是人类对两性在社会中的关系、地位、价值、权利、责任、使命的一种认识和评价。即从两性关系的角度去观察社会、了解社会,去寻找男女两性的位置和价值。"❷张淑香在她的硕士论文中认为:社会性别意识把女性和男性都看作是社会的主体,要求转变女性的从属地位、男尊女卑、男强女弱的观念,她们的社会地位及需求不能被忽视。❸

在借鉴社会性别意识的界定概念以及前人研究成果的基础上,本书根据研究的实际情况,对社会性别意识作如下界定:社会性别意识是男女两性对其在社会、政治、经济、文化和环境中的角色定位的一种认识与评价。因此,高校女生的社会性别意识主要包含她们对于社会、政治、经济和文化的角色定位的认识与评价,具体可以包括她们对其在政治参与、就业、婚育观、事业和家庭的权衡方面的认识与评价,即她们的参政意识、就业意识、婚育权意识、事业和家庭的权衡意识。

2.1.3 参政意识

目前,学术界对参政意识的研究还不多,所以参政意识的概念界定也没有统一,主要界定如下。耿相魁把大学生参政意识的定义界定为:大学生在对国家的政治经济、社会文化、生活现状基本了解、认识的基础上,对影响政治活动的实际行为投入的感受、掌握以及对这些行为发挥作用的态度。❹胡肖华、谢忠华认为:参政意识就是参与政治活动和参加政治机构的一种思想、意图和利益的倾向性。❺蔡文眉、蒋未文认为:妇女参政意识是指妇女参与国家政治生活和行为的意愿,其主要内涵是获得选举权和被选举权的愿望

---

❶ 李慧英.将性别意识纳入决策主流的讨论[J].妇女研究论丛,1996.
❷ 李国华.人类性别意识的演变及趋势[J].中华女子学院学报,1999.
❸ 张淑香.社会性别意识下的女硕士生就业问题研究[D].青岛:青岛大学,2012.
❹ 耿相魁.当代大学生的参政意识及引导路径[J].福州党校学报,2011(2).
❺ 胡肖华,谢忠华.当代女大学生参政意识现状及重构——以湖南省三所高校的女大学生为例[J].辽宁行政学院学报,2010(4).

程度。❶

在借鉴前人研究成果的基础上,本书根据研究的实际情况,认为参政意识就是人们自身对政治的认识和所持的态度,表现为人们对自己在国家政治生活与政治活动中的关注程度和参与意愿程度。

2.1.4　就业意识

就业意识的概念界定也比较模糊,目前还没有比较成熟和统一的标准,但是大致的界定如下:张建奇认为大学生就业意识指的是大学生为顺利实现就业所做的观念准备。❷郑洁的硕士论文中认为就业意识可以理解为:人们所具有的与就业有关的观念倾向,它通常包括人们对自己现状的认识和对未来职业的期待与愿望。其结构要素包括就业准备、就业动机、就业意愿、就业价值观等。❸袁妙彧认为:"就业意识是带有一定就业目的和愿望的心理活动,是大学生对就业所持的认识、评价、情感和态度等心理成分的总和,是大学生所具有的与就业有关的观念倾向,在很大程度上制约着大学生的就业态度和就业方式。"❹

综上所述,可以把大学生的就业意识概括为:大学生对就业的认识、意向与态度,要素包括就业的认识、准备、动机、评价、意愿和价值观等。本书根据实际研究,认为高校女生的就业意识主要包括就业准备状况、就业期望、就业动机及对女性就业的心态等方面。

2.1.5　婚育权意识

目前,学术界对婚育权意识的研究几乎没有,比较多的是婚姻择偶观或者婚姻家庭观念的研究,所以婚育权意识借鉴的是比较相近的婚育观概念界

---

❶ 蔡文眉,蒋未文.评说妇女参政意识[J].妇女学苑,1993.

❷ 张建奇.关于大学生就业意识、能力准备与就业满意度之间关系的研究[J].河南社会科学,2001,9(4).

❸ 郑洁.当代女大学生就业意识的调查与研究——以重庆市高校的女大学生为例[D].上海:华东师范大学,2004,9.

❹ 袁妙彧.社会性别视角下大学生就业意识的性别差异——以武汉地区高校为例[J].湖北经济学院学报,2011.

定。主要界定如下:郭晶梅认为所谓婚育观,是指在一定经济基础上形成的,一个社会以单个或多个民族组成的国家对诸如男女两性关系、婚姻和生育等问题有系统的基本看法和见解的总和。婚育观包括个体对恋爱、婚姻和生育问题总的看法与态度。❶刘仲冬认为对女性而言,对性及生育行为的控制权是性别地位的最佳指标。一个女人能否掌控自己的身体、有生养自己想要的孩子的自由,是否有权决定孩子的个数等都代表且反映女性的地位。❷李银河认为:女性在家庭中的地位表现在家庭大事的决定权、家庭经济的管理、男女两性的家务分工等方面。❸

综上所述,本研究把大学生的婚育权意识界定为:男女两性对其在婚姻家庭自主性和生育权方面的角色定位的认识与评价,主要表现包括人们对婚姻自主权、家庭事务决定权、家务分工模式和生育权等方面角色定位的认识和评价。

2.1.6 核心概念的操作化

根据学术界对社会性别、社会性别意识、参政意识、就业意识、婚育权意识和家庭与事业的权衡意识等的界定,本文结合上述核心概念的界定以及结合大学生的实际情况,可以把核心概念做如下的操作化。

(1)参政意识主要包括:①政治关注程度;②参政参与程度;③政治期望;④参政意愿。(2)就业意识主要包括:①就业准备;②就业期望;③就业动机;④就业心态。(3)婚育权意识主要包括:①婚姻自主权;②家庭事务决策权;③家庭经济权;④理想的家务分工模式;⑤生育自主权。(4)家庭与事业的权衡意识:①家庭重于事业;②家庭和事业同时重要。如图1所示。

---

❶ 郭晶梅.当代大学生婚育观教育引导模式及其解构[J].法制与经济,2011.

❷ 刘仲冬.女性医疗社会学[M].台北:女书文化,1998.

❸ 李银河.两性关系[M].上海:华东师范大学出版社,2005:171.

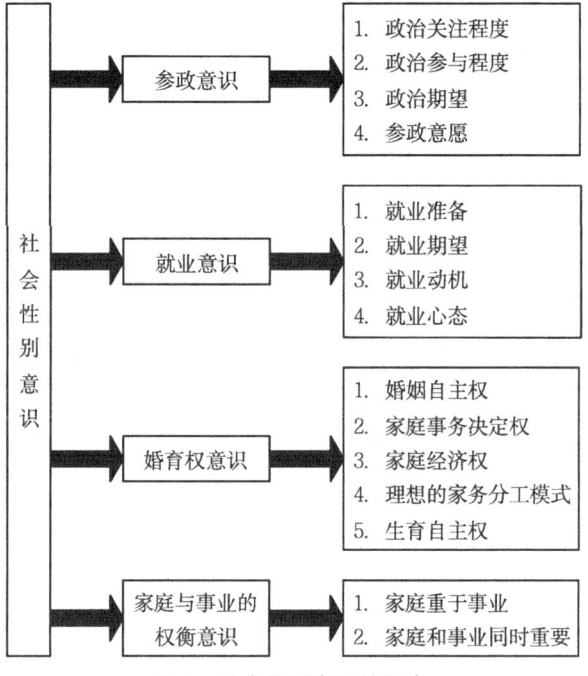

图1 社会性别意识的概念

2.2 理论视角和研究思路

2.2.1 理论视角

在任何社会情境中,如果要深入理解女性以及性别的主题,就必须对女性主义理论有所了解。世界范围内的社会性别理论的产生和发展都源于女性主义理论,都是为了消除性别歧视与偏见,希望改变女性在社会生活中的附属地位,努力争取女性在社会各方面的性别平等。关于女性主义理论研究有不同的派别,但最有影响的是下列一些观点。

①自由主义的女性主义观点。这派观点认为女性跟男性一样都应是自由和平等的人,女性也应该获得与男子平等的法律地位与社会地位,主张男女在政治、法律上应享有平等的权利。他们主要关注妇女的社会政治权利,但不重视妇女在家庭和生活方面的权利。代表作有玛丽·沃斯通特拉夫特的

《女权辩护》(1792)和约翰·斯图尔特·穆勒的《女性的屈从地位》。②激进的女性主义观点。该理论主要倾向于强调女性在生理上的特征,认为女性的生理特征,特别是生育能力是使其陷于较低地位的重要原因,并提出父权制理论,用以概括男权社会的压迫性质,并认为性别间的压迫形式超过了其他的压迫形式。并提出,男人与女人之间在行为和特质上的差异不是由生理因素决定的,而是由社会文化因素造成的。这一流派的代表人物有凯瑟琳·麦金农、凯特·艾莉特等。③马克思主义的女性主义观点。这种观点主张妇女解放的关键在于妇女参与劳动市场,参与阶级斗争,以实现自身的解放。④社会主义的女性主义观点。该理论的前提承认女性是弱势群体,并且认为女性所处的不利地位是由体制的不平等造成的。该理论很注意妇女在家务中所付出的无酬劳动,认为这是使妇女沦为二等公民的一个重大原因;它的目标之一是为妇女争取家务劳动的补偿和实现家务劳动社会化。其主要代表人物有米歇尔、倍尔等人。⑤后现代女性主义观点。该流派首先否定了传统女性主义的"男女平等"的概念,否定对以往两性概念的划分及批判所有有关两性关系的理论。它的目标是要消解现行的两性观念,解构所有以往有关两性关系的理论。它强调话语即权力,致力于创造妇女的话语。该流派的代表人物有威蒂格、胡克斯等。威蒂格尖锐地说,如果说女性主义还有一点逻辑的话,它必须为一个无性别的社会而努力。❶

综上所述,这些理论总的概括起来包括的内容是:一是承认男女不平等的事实,表现为性别地位不平等的现状;二是指出女性的生理特征特别是生育能力、家务劳动和社会制度是使女性地位低下的原因;三是寻求提高女性地位的改革和行动方案,指出女性只有通过参政、参与劳动市场及家务劳动的社会化才能提高女性的社会地位,也才有可能创造出无性别社会,即达到男女拥有平等的权利和地位。

在女性主义理论的基础上发展出了性别和谐理论,性别和谐理论主要论述两性在社会生活各个方面及家庭的性别关系,提倡在重视差异的基础上如何协调发展的问题。并指出应处理好以下几个问题:①承认两性的自然差异,并平等待之。男女两性生理上的差异并没有孰优孰劣的问题,只是由于劣文化的影响,才产生因女性在生理方面劣于男性,而后在心理、社会方面劣

---

❶ 麦可拉肯,等.女性主义理论读本[M].桂林:广西师范大学出版社,2007:191.

于男性的错误观念。②建立新型的家庭关系。在父权制的时代,男性在家庭中一般享有较高的权威,家庭两性关系是一种不平等的格局。而性别和谐理论是一种平等权的和谐模式,其倡导新型的夫妻关系。在这一模式中,夫妻双方享有共同商定家庭事务的决策权,男性与女性共同承担建设和服务家庭的责任。③创造新型的工作关系。在男女性和谐发展的社会中,不但男性寻求更高层次的发展,女性也渴望事业的成功。在完善健全的就业结构中,女性和男性一样,一起享有平等的就业权利,并且两性拥有平等的升迁机会。④建立新型的两性文化观。正确的文化观念是一种更高层次的需求,社会性别观念是社会行为的指南针,我们只有建立真正平等的两性性别观念,才能创造一个和谐的两性世界,建构一个可持续发展的和谐社会。

性别和谐理论是男女实现真正意义上的平等性别观念,也是本文的理论基础。它给予我们的启发是:①"谋求差异的平等"。社会性别追求的是男女两性事实上的平等而非形式上的平等,所以应该在考虑性别差异而不是性别对立的基础上求平等。如何实现真正意义上的平等,关键在于弥补女性因其不利地位而失去的平等,使发展条件不平等的女性得到与男性平等发展的机会。为了达到此目的,应该给予女性特殊照顾、特殊保护,生育保险势必实行社会统筹。②把女性问题和男性问题结合起来研究。就是说要把女性和男性、女性问题和男性问题联结在一起认识、分析,推动男女两性共同反思传统性别观念和规范,共同消除不合理的性别观念和性别分工,寻求两性共同发展,建构和谐的社会。在性别和谐理论的基础上和启示中,本书根据实际的研究状况,认为高校女生的社会性别意识有必要和男生的社会性别意识做一个比较研究,这样才能更全面的认识到女生的社会性别意识的整体状况以及和男生的社会性别意识存在怎么样的差异问题。

2.2.2 研究思路

所谓研究,就是认真地提出问题并以系统的方法去寻找答案的过程(风笑天,2005)。就本研究而言,想要解答的问题就是:当前广西高校女生的社会性别意识是怎么样的?她们的社会性别意识有什么特征?男女的社会性别意识是否存在很大的差异?哪些因素影响了她们的社会性别意识?本文引入了几个变量检验她们的社会性别意识是否因为这些变量而有所差异。

总之,本书要回答的研究问题是:广西高校女生的社会性别意识是"怎么样的",并解释为什么是这样的。并提出假设检验,根据问卷数据获得研究的结论。

2.3 研究内容和研究假设

2.3.1 研究内容

社会性别意识的研究是对参政意识、就业意识、婚育权意识、家庭和事业的权衡意识等方面的综合研究,单一方面的研究都不能体现出其完整的社会性别意识。所以本文的社会性别研究主要包括对广西大学女生的参政意识、就业意识、婚育权意识、家庭和事业的权衡意识的研究。主要描述调查对象的参政意识、就业意识、婚育权意识、家庭和事业的权衡意识的现状和特征状况;她们的参政意识、就业意识、婚育权意识、家庭与事业的权衡意识和男生相比是否有差异,有怎么样的差异,女生自身的因素对其社会性别意识是否有影响,是哪些因素有影响;并根据研究结论和女生的社会性别意识存在的问题进行讨论与原因分析。

2.3.2 研究假设

在文献综述部分研究表明现实社会中,男女两性在参政比例中确实有很大的差异;男女的就业层次、就业结构和就业的报酬待遇等也存在显著的差异;男女两性在婚姻家庭中的地位也不平等,女方要承担的家务劳动较男性多。从女大学生的社会性别意识的研究综述中发现,有部分研究结果表明性别对社会性别意识确实存在差异,例如袁妙彧的文章指出大学生的职业价值观存在性别差异。❶李亚军、徐彦彬在对大学生社会性别意识的研究中也指

---

❶ 袁妙彧.社会性别视角下大学生就业意识的性别差异——以武汉地区高校为例[J].湖北经济学院学报,2011(3).

出了性别对婚姻家庭方面的观念有差异。❶基于上述的基础,本书提出如下的假设。

假设一:性别对社会性别意识有显著差异。

(1)性别对参政意识有显著差异。

1	性别对政治关注程度有显著差异
2	性别对政治参与程度有显著差异
3	性别对政治期望有显著差异
4	性别对参政意愿有显著差异

(2)性别对就业意识有显著差异。

1	性别对就业准备有显著差异
2	性别对就业期望有显著差异
3	性别对就业动机有显著差异
4	性别对就业心态有显著差异

(3)性别对婚育权意识有显著差异。

1	性别对婚姻自主权有显著差异
2	性别对家庭事务决定权有显著差异
3	性别对家庭经济权有显著差异
4	性别对理想的家务分工模式有显著差异
5	性别对生育自主权有显著差异

(4)性别对家庭与事业的权衡意识有显著差异。

假设二:女生的年龄、民族、年级、专业、政治面貌、成长环境、学生干部身份、月生活费、父母职业、父母的教育程度和父母的政治面貌对女生的社会性别意识都有可能产生一定的影响,即这些因素对女生的社会性别意识有显著影响。

由于人在社会化的过程中,环境因素对人的社会性别意识有很大的影

---

❶ 李亚军,徐彦彬.参与式大学生社会性别意识——对贵州师范大学2004届毕业生的调查[J].贵州师范大学学报,2005(11).

响。而家庭人社会化的第一要素,父母的职业、受教育程度和政治面貌可能会对人的社会性别意识产生一定的影响,因此把学生的成长环境和父母的基本背景纳入有可能影响女生社会性别的因素中。学校是人社会化的第二大环境因素,受访者的年级和专业是和学校因素密切相关,所以纳入有可能会影响女生社会性别意识的因素。民族作为一个变量也纳入了有可能会影响女生社会性别意识的因素中,因为广西是少数民族聚集地,民族身份有可能在一定程度上对女生的社会性别意识产生影响。社会实践对人的社会化过程也起到了一定的作用,所以把是否是学生干部纳入有可能影响女生社会性别意识的因素中。年龄最能说明人的社会化的过程时间,年龄越大越能说明人的阅历和生活经验比较丰富,对社会性别意识也会有一定的影响,所以也纳入影响因素中。而学生目前还在学校学习,没有经济能力,但是每月的生活费在一定程度上代表了她们的经济水平,经济水平不同也会对女生的社会性别意识产生一定的影响,所以把月生活费纳入影响因素。由于是否是中共党员在中国具有重要的社会意义,入党和政治参与意识显然在本质上是紧密相联的,所以亦纳入影响因素中。

本文所涉及的自变量有:①年龄;②民族;③年级;④专业;⑤政治面貌;⑥成长环境;⑦是否担任过学生干部;⑧月生活费;⑨父母职业;⑩父母的教育程度;⑪父母的政治面貌。

涉及的因变量有。①参政意识:政治关注程度、政治参与程度、政治期望、参政意愿;②就业意识:就业准备、就业期望、就业动机、就业心态;③婚育权意识:婚姻自主权、家庭事务决定权、家庭经济权、理想的家务分工模式、生育自主权;④家庭与事业的权衡意识:家庭重于事业、家庭和事业同时重要。

所以根据上述内容,本文假设的主要内容有以下几点。

(1)11个自变量对女生的参政意识有显著影响。

1	女生的11个自变量对政治关注程度有显著影响
2	女生的11个自变量对政治参与程度有显著影响
3	女生的11个自变量对政治期望有显著影响
4	女生的11个自变量对参政意愿有显著影响

(2) 11个自变量对女生的就业意识有显著影响。

1	女生的11个自变量对就业准备有显著影响
2	女生的11个自变量对就业期望有显著影响
3	女生的11个自变量对就业动机有显著影响
4	女生的11个自变量对就业心态有显著影响

(3) 11个自变量对女生的婚育权意识有显著影响。

1	女生的11个自变量对婚姻自主权有显著影响
2	女生的11个自变量对家庭事务决定权有显著影响
3	女生的11个自变量对家庭经济权有显著影响
4	女生的11个自变量对理想的家务分工模式有显著影响
5	女生的11个自变量对生育自主权有显著影响

(4) 11个自变量对女生的家庭与事业的权衡意识有显著影响。

2.4 研究方法

2.4.1 调查对象的选取

本书的调查对象是广西大学在校生，包括本科生和研究生。因为博士研究生的人数较少，按照1%的比例抽样可能就抽中1~2个，在统计学上的意义不大，所以本书调查对象没有包括博士研究生。虽然本书是针对女生的社会性别意识状况做研究，但是有些方面的研究仍需要男生的社会性别意识状况作比较，所以本次抽样也包括男生。抽样方案：采用定额抽样的方法，因为定额抽样注重的是样本与总体在结构比例上的表面一致性，使样本中的成员在各特征方面的构成都尽量接近总体，所以本书采用了定额抽样方法。在本次抽样中，女生的样本量是136个人，男生的样本量是164个人。具体步骤：①按照1%的抽样比率先从每个年级抽样，得知每个年级应该抽取的人数。②然后再按照每个年级的样本量依据专业因素的1%比率抽样。本书根据广西大学的专业特征,把专业划分为工科、理科、文科和文体类4个类型。详细结果见表1~表4。

表1 广西大学在校本科生和研究生年级性别总数分布 (单位:人)

年级\性别	本2013	本2012	本2011	本2010	研2013	研2012	研2011	性别总数
男	3301	3445	3083	3520	1131	1097	858	16435
女	2420	2790	2515	2608	1231	1185	879	13628
年级总数	5721	6235	5598	6128	2362	2282	1737	30063
总数	23682				6381			30063

表2 1%比率抽样结果分布 (单位:人)

年级\性别	本2013	本2012	本2011	本2010	研2013	研2012	研2011	性别总数
男	33	34	31	35	11	11	9	164
女	24	28	25	26	12	12	9	136
年级总数	57	62	56	61	23	23	18	300
总数	236				64			300

表3 广西大学在校本科生和研究生专业年级性别分布 (单位:人)

年级、性别	专业	工科	理科	文科	文体类	总数
本2013	男	1341	1245	590	125	3301
	女	378	777	1149	116	2420
本2012	男	1402	1227	715	101	3445
	女	420	788	1433	139	2790
本2011	男	1421	1101	449	112	3083

续表

专业\年级、性别		工科	理科	文科	文体类	总数
研2011	男	319	319	220	0	858
	女	141	308	430	0	879
总数	男	6803	5769	3388	475	30063
	女	2303	3910	6852	563	

表4 按专业和年级1%比率抽样结果分布 （单位：人）

专业\年级、性别		工科	理科	文科	其他	总数
本2013	男	13	13	6	1	33
	女	4	8	11	1	24
本2012	男	14	12	7	1	34
	女	4	8	14	2	28
本2011	男	14	11	5	1	31
	女	4	8	12	1	25
本2010	男	16	12	6	1	35
	女	5	6	13	2	26
研2013	男	4	3	4	0	11
	女	2	3	7	0	12
研2012	男	4	3	4	0	11
	女	2	4	6	0	12
研2011	男	3	3	3	0	9
	女	2	3	4	0	9
总数	男	68	57	35	4	300
	女	23	40	67	6	

2.4.2 资料收集方法

此次调查资料的收集采用自填问卷的方式,"广西高校女生的社会性别意识状况调查问卷"由5个部分89道题组成。本次调查访谈有5个部分,以社会性别意识状况为主线。A部分是关于被调查对象本人的基本情况,包括年龄、民族、月生活费、年级、专业、成长环境、政治面貌、是否担任过学生干部、父母职业、父母的教育程度和父母的政治面貌等;B部分是关于个人的就业意识状况的问题,主要围绕就业准备状况、就业期望、就业动机和就业心态等方面;C部分是关于个人的参政意识现状,主要围绕包括政治关注程度和参与程度、政治期望及动机、参政意愿、对女性参政现状的看法等方面;D部分是关于婚育权意识状况,主要围绕婚姻家庭和生育方面的权利意识,包括婚姻自主权、家庭经济权、家庭事务决定权、理想的家务分工模式和生育自主权等方面;E部分是关于家庭与事业之间的权衡意识,主要围绕家庭与工作之间的偏重问题。

问卷发放和回收的具体办法是:根据定额抽样抽中的样本量人数发放问卷,通过纸质版和电子版的方式发放问卷,最后按约定时间把调查对象填答好的问卷回收。因此,问卷回收率达100%。经审核,女生有效问卷是133份,问卷有效回收率是97.8%;男生有效问卷是163份,问卷有效回收率是99.3%。

2.4.3 资料分析方法

本文将运用SPSS17.0对数据进行统计分析。包括对调查对象即主要针对女性基本情况的描述性统计,包括女生的年龄、民族、年级、专业、政治面貌、成长环境、学生干部身份、月生活费、父母职业、父母的教育程度和父母的政治面貌等。然后进行性别对社会性别意识的差异检验。最后把女生的基本情况即11个自变量和社会性别意识包括参政意识、就业意识、婚育权意识、家庭与事业的权衡意识等作影响回归分析,从而获得这些因素是否和广西高校女生的社会性别意识有显著影响的结论。

根据研究设计,得出本研究的论文框架如图2所示。

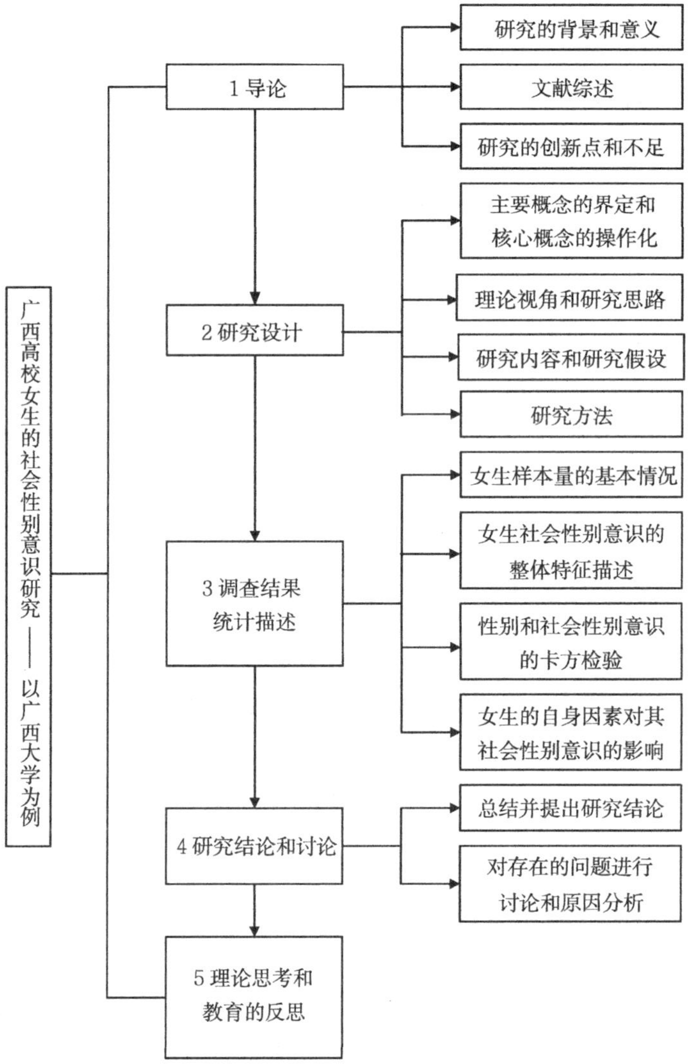
广西高校女生的社会性别意识研究——以广西大学为例
1 导论
研究的背景和意义
文献综述
研究的创新点和不足
2 研究设计
主要概念的界定和核心概念的操作化
理论视角和研究思路
研究内容和研究假设
研究方法
3 调查结果统计描述
女生样本量的基本情况
女生社会性别意识的整体特征描述
性别和社会性别意识的卡方检验
女生的自身因素对其社会性别意识的影响
4 研究结论和讨论
总结并提出研究结论
对存在的问题进行讨论和原因分析
5 理论思考和教育的反思

图2　论文框架

3 调查结果统计的描述

3.1 女生样本量的基本情况

本文涉及调查对象的基本个人情况,总共包括11个自变量,本文在对广西高校女生的社会性别意识特征进行分析之前,有必要对调查对象的基本情况进行描述,以说明样本的构成情况及其他相关特征。具体如下(见表5)。

年龄结构。由于本次研究的对象明确是广西高校女生,所以年龄集中在18~26岁的年龄段内。从样本上来看,在各个年龄段的有效百分比中最多的是20~21岁,有效百分比是33.1%,最少的是26岁及以上的,有效百分比为3.8%,年龄主要集中在18~23岁之间,所占比例为80.0%。

民族结构。少数民族的女生所占比例为40.0%,汉族女生所占比例为60.0%,整体来说还是汉族占的比例比较大。

年级结构。按照抽样方法进行了本次抽样,实际的样本和计划的样本量相差不大;大二女生所占的比例为21.1%,最多;最少的是研一和研二的女生,所占比例都为9.0%。

专业结构。首先,由于广西大学的文科女生多于其他的专业,因此,本次抽样的文科女生所占比例是最多的,有46.6%;其次是理科,所占比例为26.3%;工科的比例是24.8%;理科和工科所占比例比较均衡。

成长环境结构。首先,家在农村的女生所占的比例最大,有32.3%;其次是家在县城的,所占比例是27.1%。城市女生所占比例是23.3%,最少的是乡镇,所占比例是17.3%。

政治面貌结构。首先,女生是共青团员所占比例为57.9%,最大,超过了一半;女生是中共党员的比例为39.8%;其次,女生是群众的比例最少,只有1.5%。

学生干部结构。绝大部分的女生都做过学生干部,所占的比例是91.7%,而没有做过学生干部的女生比例只有8.3%。

父亲职业结构。从表5得知,本次样本量的女生,其父亲职业是农、林、牧、渔、水利业生产人员的所占比例是28.0%,为最高;其次是不便分类的其他从业人员所占比例为22.7%,父亲是国家机关事业单位人员所占的比例是17.4%,父亲是商业、服务业人员的比例为12.1%,其他的职业所占的比例比较少。

母亲职业结构。本次样本量的女生,其母亲职业不便分类的其他从业人员所占比例是28.6%,母亲职业是农、林、牧、渔、水利业生产人员的所占比例为27.8%,两者的比例比较均衡,这两者之和所占的比例超过了一半;母亲职业是商业、服务业人员的所占比例为18.0%,也是比较多的,其他的职业所占的比例比较少,也比较均衡。

父亲教育程度结构。从样本量的数据得知,女生父亲的教育程度大部分集中在初中和高中阶段,所占的比例分别是35.6%和34.1%;其次是具有专科和本科学历的,所占比例是18.2%;比例最少的是研究生及以上的,只有3.0%。

母亲教育程度结构。女生母亲的教育程度比例最高的是初中,达到31.6%,小学及以下和高中所占的比例差不多,分别是24.8%和26.3%,具有专科和本科学历的所占比例是17.3%;研究生及以上的没有人。

父亲政治面貌结构。女生父亲是群众的比例为最高,达到72.2%,是中共党员的比例有27.1%,是民主党派的比例最少,只有0.8%。

母亲政治面貌结构。女生母亲是群众的比例也是最高,达到88.0%,是中共党员的比例为11.3%,是民主党派的比例也是最少的,只有0.8%。

表5 性别样本的描述统计

—		频数	百分比(%)	有效百分比(%)	累计百分比(%)
年龄	18~19岁	26	19.5	20.0	20.0
	20~21岁	43	32.3	33.1	53.1
	22~23岁	35	26.3	26.9	80.0
	24~25岁	21	15.8	16.2	96.2
	26岁及以上	5	3.8	3.8	100.0
	合计	130	97.7	100.0	—

续表

		频数	百分比(%)	有效百分比(%)	累计百分比(%)
缺失	系统	3	2.3	—	—
合计		133	100.0	—	—
民族	少数民族	52	39.1	40.0	40.0
	汉族	78	58.6	60.0	100.0
	合计	130	97.7	100.0	—
缺失	系统	3	2.3	—	—
合计		133	100.0	—	—
年级	大一	20	15.0	15.0	15.0
	大二	28	21.1	21.1	36.1
	大三	24	18.0	18.0	54.1
	大四	23	17.3	17.3	71.4
	研一	12	9.0	9.0	80.5
	研二	12	9.0	9.0	89.5
	研三	14	10.5	10.5	100.0
	合计	133	100.0	100.0	—
专业	工科类	33	24.8	24.8	24.8
	理科类	35	26.3	26.3	51.1
	文科类	62	46.6	46.6	97.7
	文体类	3	2.3	2.3	100.0
	合计	133	100.0	100.0	—
成长环境	城市	31	23.3	23.3	23.3
	县城	36	27.1	27.1	50.4
	乡镇	23	17.3	17.3	67.7
	农村	43	32.3	32.3	100.0
	合计	133	100.0	100.0	—
政治面貌	共青团员	77	57.9	58.3	58.3
	中共党员	53	39.8	40.2	98.5
	群众	2	1.5	1.5	100.0
	合计	132	99.2	100.0	—
缺失	系统	1	0.8	—	—
合计		133	100.0	—	—

续表

		频数	百分比(%)	有效百分比(%)	累计百分比(%)
学生干部	是	122	91.7	91.7	91.7
	否	11	8.3	8.3	100.0
	合计	133	100.0	100.0	—
父亲职业	国家机关、党群组织、企业、事业单位负责人	23	17.3	17.4	17.4
	专业技术人员	9	6.8	6.8	24.2
	办事人员和有关人员	3	2.3	2.3	26.5
	商业、服务业人员	16	12.0	12.1	38.6
	农、林、牧、渔、水利业生产人员	37	27.8	28.0	66.7
	生产、运输设备操作人员及有关人员	14	10.5	10.6	77.3
	不便分类的其他从业人员	30	22.6	22.7	100.0
	合计	132	99.2	100.0	—
缺失	系统	1	0.8	—	—
合计		133	100.0	—	—

续表

—		频数	百分比(%)	有效百分比(%)	累计百分比(%)
母亲职业	国家机关、党群组织、企业、事业单位负责人	9	6.8	6.8	6.8
	专业技术人员	5	3.8	3.8	10.5
	办事人员和有关人员	13	9.8	9.8	20.3
	商业、服务业人员	24	18.0	18.0	38.3
	农、林、牧、渔、水利业生产人员	37	27.8	27.8	66.2
	生产、运输设备操作人员及有关人员	7	5.3	5.3	71.4
	不便分类的其他从业人员	38	28.6	28.6	100.0
	合计	133	100.0	100.0	—
父亲教育程度	小学及以下	12	9.0	9.1	9.1
	初中	47	35.3	35.6	44.7
	高中、中专、技校	45	33.8	34.1	78.8
	专科、本科	24	18.0	18.2	97.0
	研究生以上	4	3.0	3.0	100.0
	合计	132	99.2	100.0	—
缺失	系统	1	0.8	—	—

续表

一		频数	百分比(%)	有效百分比(%)	累计百分比(%)
	合计	133	100.0	—	—
母亲受教育程度	小学及以下	33	24.8	24.8	24.8
	初中	42	31.6	31.6	56.4
	高中、中专、技校	35	26.3	26.3	82.7
	专科、本科	23	17.3	17.3	100.0
	合计	133	100.0	100.0	—
父亲政治面貌	民主党派	1	0.8	0.8	0.8
	共产党员	36	27.1	27.1	27.8
	群众	96	72.2	72.2	100.0
	合计	133	100.0	100.0	—
母亲政治面貌	民主党派	1	0.8	0.8	0.8
	共产党员	15	11.3	11.3	12.0
	群众	117	88.0	88.0	100.0
	合计	133	100.0	100.0	—

3.2 女生的参政意识现状

3.2.1 女生参政意识的一般特征

本文参政意识所用的测量指标主要有：政治关注程度、政治参与程度、政治期望、参政意愿。根据大学生的实际，本文选择的具体指标都和大学生身份比较符合。下面主要描述广西大学女生参政意识的频数统计结果。

(1)在政治关注程度方面，从表6可以得知，女生样本量中，经常关注和比较关注国家政治事项所占的比例分别是9.8%和31.6%，偶尔关注所占的比例最大，达到49.6%，而不关注的最少，只有9.0%的比例。说明广西大学的女生对政治的关注度一般，偶尔关注和不关注的态度所占比例都超过了一半。

(2)在政治程度参与方面,从表6可以看出,女生样本量有19.5%的女生从未参与过政治问题的讨论或评论;很少参与的比例最高,达到了69.2%;而经常参与的女生比例最少,只有11.3%的比例。

(3)在政治期望方面,从表6可以得知,样本量中,只有1.5%的女生认为自己的政治期望很高,所占比例是最低的;13.1%的女生认为比较高,而有35.4%的女生认为自己的参政期望一般,有33.1%的女生认为她们的政治期望不高,有16.9%的女生认为自己几乎没有政治期望;有很高和比较高的政治期望的女生所占的比例只有14.6%。

(4)在参政意愿方面,从表6显示的数据来看,有10.5%的女生表示,如果有机会,一定会选择参加有关政治的工作或活动;而持有可能态度的女生所占的比例最高,达到了63.9%的比例;不确定的比例是16.5%,而明确表态一定不会的女生所占的比例是9.0%。由此可知,一定会参政和一定不会参政的比例比较均衡,也是比较少的比例,而可能性和不确定的态度的比例比较高。

小结:总体来说,女生的政治关注程度比较高,但是在政治参与程度方面不是很积极,政治期望也不高,参政意愿也不是很强烈。

表6 女生的参政意识的频数统计结果

您是否关注国家政治事项					
—		频数	百分比(%)	有效百分比(%)	累计积百分比(%)
有效	经常关注	13	9.8	9.8	9.8
	比较关注	42	31.6	31.6	41.4
	偶尔关注	66	49.6	49.6	91.0
	不关注	12	9.0	9.0	100.0
	合计	133	100.0	100.0	

您是否参与过政治问题的讨论或评论					
—		频率数	百分比(%)	有效百分比(%)	累计积百分比(%)
有效	从未参与	26	19.5	19.5	19.5
	很少参与	92	69.2	69.2	88.7
	经常参与	15	11.3	11.3	100.0
	合计	133	100.0	100.0	—

续表

您觉得您的政治期望值有多高

—		频率	百分比(%)	有效百分比(%)	累计积百分比(%)
有效	很高	2	1.5	1.5	1.5
	比较高	17	12.8	13.1	14.6
	一般	46	34.6	35.4	50.0
	不高	43	32.3	33.1	83.1
	几乎没有	22	16.5	16.9	100.0
	合计	130	97.7	100.0	—
缺失	系统	3	2.3	—	—
合计		133	100.0	—	—

如果有机会,您会选择参加有关政治的工作或活动吗

—		频率	百分比(%)	有效百分比(%)	累计积百分比(%)
有效	一定会	14	10.5	10.5	10.5
	视情况、可能会	85	63.9	63.9	74.4
	不确定	22	16.5	16.5	91.0
	一定不会	12	9.0	9.0	100.0
	合计	133	100.0	100.0	—

3.2.2 女生的参政意识与男生的差异

想要完整地了解女生的参政意识现状,必须和男生的参政意识作比较,才能比较完整地知道女生的参政意识到底是否真的薄弱。下面将性别对参政意识作交叉制表分析和卡方检验,才能知道性别对参政意识是否有差异。

(1)性别与政治关注程度的差异检验。从表7得到,男生经常关注政治的比例要大大超过女生的比例,达到了14.2%,而女生只有4.4%的比例;男生比较关注政治的比例也超过了女生;但是持有不关注态度的男生要比女生少;卡方检验显示了性别对政治关注程度有很明显的差异,即说明了男生的政治关注程度要明显高于女生。

(2)性别与政治参与程度的差异检验。从表7数据可以看到,男生和女生中从未参与政治讨论的比例是一样的,所占比例都是8.8%;而持有很少参与态度的男生占有的比例是36.9%,女生所占的比例是31.2%,男生略多于女生一些;而经常参与的行为中,男生比女生稍微多一些;进行卡方检验可以得知,性别对政治参与程度没有明显的差异,也就是说男女在政治参与程度方面的比例差不多。

(3)性别与政治期望的差异检验。由表7数据得知,男生对政治期望很高的比例有2.7%,而女生只有0.7%;对政治期望比较高的男生比例有11.3%,而女生只有5.8%。从很高和比较高的比例之和来看,男生对政治期望明显高于女生很多。从卡方检验的结果来看,更加证明了性别对政治期望有差异,男生要比女生高一些。

(4)性别与参政意愿的差异检验。从表7的数据显示,有12.5%的男生表示如果有机会一定会选择参加有关政治的工作或活动,而只有4.7%的女生表示一定会,男生略多于女生持有很肯定的参政意愿;男生持有可能会的参政意愿的比例是30.5%,略高于女生的28.8%。而卡方检验证明了性别对参政意愿有显著的差异,即男生的参政意愿要高于女生。

小结:女生和男生除了在政治参与程度上没有差异外,在政治关注程度、政治期望和参政意愿上都和男生有显著的差异,总体来看,女生的参政意识要比男生的薄弱。

表7 性别与参政意识的交叉制表和卡方检验结果

性别*您是否关注国家政治事项 交叉制表($n=295$)							
			您是否关注国家政治事项				合计
			经常关注	比较关注	偶尔关注	不关注	
性别	男	计数	42	56	54	10	162
		总数的%	14.2%	19.0%	18.3%	3.4%	54.9%
	女	计数	13	42	66	12	133
		总数的%	4.4%	14.2%	22.4%	4.1%	45.1%
合计		计数	55	98	120	22	295
		总数的%	18.6%	33.2%	40.7%	7.5%	100.0%
χ^2			15.976***(Sig.=0.001)				

续表

			您是否参与过政治问题的讨论或评论				合计
			从未参与	很少参与	经常参与	其他	
性别	男	计数	26	109	23	4	162
		总数的%	8.8%	36.9%	7.8%	1.4%	54.9%
	女	计数	26	92	15	0	133
		总数的%	8.8%	31.2%	5.1%	0%	45.1%
合计		计数	52	201	38	4	295
		总数的%	17.6%	68.1%	12.9%	1.4%	100.0%
χ^2			4.323(Sig.=0.230)				

性别*您是否参与过政治问题的讨论或评论 交叉制表($n=295$)

性别*您觉得您的政治期望值有多高 交叉制表($n=291$)

			您觉得您的政治期望值有多高						合计
			很高	比较高	一般	不高	几乎没有	不知道	
性别	男	计数	8	33	56	44	15	5	161
		总数的%	2.7%	11.3%	19.2%	15.1%	5.2%	1.7%	55.3%
	女	计数	2	17	46	43	22	0	130
		总数的%	0.7%	5.8%	15.8%	14.8%	7.6%	0%	44.7%
合计		计数	10	50	102	87	37	5	291
		总数的%	3.4%	17.2%	35.1%	29.9%	12.7%	1.7%	100.0%
χ^2			12.880*(Sig.=0.025)						

性别*如果有机会,您会选择参加有关政治的工作或活动吗 交叉制表($n=295$)

			如果有机会,您会选择参加有关政治的工作或活动吗				合计
			一定会	视情况、可能会	不确定	一定不会	
性别	男	计数	37	90	28	7	162
		总数的%	12.5%	30.5%	9.5%	2.4%	54.9%
	女	计数	14	85	22	12	133
		总数的%	4.7%	28.8%	7.5%	4.1%	45.1%
合计χ		计数	51	175	50	19	295
		总数的%	17.3%	59.3%	16.9%	6.4%	100.0%
χ^2			9.795*(Sig.=0.025)				

注:"#"表示p<0.1;"*"表示p<0.05;"**"表示p<0.01;"***"表示p<0.001。

3.2.3 女生参政意识的影响因素描述

要想了解是什么因素影响了女生的参政意识,就必须把本文所提到的11个关于女生的基本情况的自变量和参政意识作Logistic回归分析。

1. 因变量的选取

从关于政治意识的研究中,本文概括出了参政意识所包含的4个方面的内容:政治关注程度、政治参与程度、政治期望和参政意愿。考虑到大学生的政治参与方式十分有限,因此本研究侧重选择比较符合大学生参政的具体指标为变量,来衡量广西大学女生的参政意识。具体的指标有以下几点。

(1)政治关注程度的具体指标是问卷中的问题"您是否关注国家政治事项?",把"经常关注"和"比较关注"归为一类,重新编码为"1",表示关注度比较高;把"偶尔关注"和"不关注"归为一类,重新编码为"0",表示关注度不高。

(2)政治参与程度的具体指标是问卷中的政治"您是否参与过政治问题的讨论或评论?"把"很少参与"和"经常参与"归为一类,重新编码为"1",表示有参加过;把"从未参与"和"其他"归为一类,重新编码为"0",表示没有参加过。

(3)政治期望的具体指标是问卷中的问题"您觉得您的政治期望值有多高?",把"很高""比较高"和"一般"归为一类,重新编码为"1",表示政治期望比较高;把"不高""几乎没有"和"不知道"归为一类,重新编码为"0",表示政治期望比较低。

(4)参政意愿的具体指标是问卷中的问题"如果有机会,您会选择参加有关政治的工作或活动吗?"把"一定会"和"视情况、可能会"归为一类,重新编码为"1",表示有参政意愿;把"不确定"和"一定不会"归为一类,重新编码为"0",表示没有参政意愿或参政意愿较低。所以就把参政意识具体的指标都分为了二分变量,进而可以做二元Logistic回归分析。

2. 自变量的选取

基于前面的综述和研究假设,本研究的自变量包括被访者年龄、民族、年级、专业、是否党员、是否学生干部、月生活费、成长环境、父母职业、父母的教育程度、父母是否党员等相关指标(见表8)。

表8　本研究所用各变量的统计描述分析

变量	样本量	平均值	标准差	说明
年龄	130	21.5	2.096	最小值18,最大值26
民族	130	0.6	0.492	0=少数民族,1=汉族
年级	133	0.29	0.453	0=本科生,1=研究生
专业	133	2.26	0.861	1=工科,2=理科,3=文科,4=其他
是否党员	132	0.4	0.492	0=非党员,1=党员
是否学生干部	133	1.08	2.376	1=是,2=否
月生活费	130	859.85	352.761	最小值200,最大值2000
成长环境	133	2.59	1.169	1=城市,2=县城,3=乡镇,4=农村
父亲职业	131	0.26	0.44	0=非机关事业类,1=机关事业类
母亲职业	128	0.22	0.415	0=非机关事业类,1=机关事业类
父亲教育程度	132	2.7	0.971	1=小学及以下,2=初中,3=高中、中专、技校,4=专科、本科,5=研究生及以上
母亲教育程度	133	2.36	1.04	同上
父亲是否党员	133	0.27	0.446	0=非党员,1=党员
母亲是否党员	133	0.11	0.318	0=非党员,1=党员
政治关注程度	133	0.41	0.494	0=没有关注,1=关注
政治参与程度	133	0.8	0.398	0=没有参与,1=参与
政治期望	130	0.5	0.502	0=没有期望,1=有期望
参政意愿	133	0.74	0.438	0=没有意愿,1=有意愿

在参政意识方面,广西女生的二元Logistic回归分析结果显示,在政治关注程度中,只有是否党员身份对政治关注程度有显著影响,结果说明了中共党员的身份对政治关注程度的可能性是非党员的4.8倍。在政治参与程度方面,有两个因素对政治参与有显著影响,第一是文科专业,文科专业对政治参与程度有显著影响,结果说明了文科的女生对政治参与的可能性是工科的6.5倍;第二是学生干部的身份对政治参与程度有显著影响,结果分析表明,学生干部的女生对政治参与的可能性是非学生干部的19.4倍。在表9中可以看出,在政治期望方面,只有党员身份对政治期望有显著影响,中共党员的政

治期望比较高和很高是非党员的 11.9 倍。最后参政意愿方面,结果显示,只有母亲政治面貌对女生的参政意愿有显著影响,母亲是中共党员的女生愿意参政的可能性是非党员母亲女生的 10.5 倍。结果分析表明,党员身份、专业、学生干部和母亲政治面貌对女生的参政意识有显著影响。

表9 广西高校女生参政意识的 Logistic 回归分析

自变量	政治关注程度			政治参与程度		
	B	Sig.	Exp (B)	B	Sig.	Exp (B)
年龄	−0.146	0.510	0.865	0.228	0.449	1.257
民族(参照类=少数民族)	−0.446	0.374	0.64	−0.523	0.425	0.592
年级(参照类=本科)	0.335	0.692	1.399	−1.209	0.309	0.299
专业(参照类=工科)	—	0.227	—	—	0.057	—
理科	0.946	0.173	2.576	1.275	0.133	3.577
文科	1.169	0.055	3.220	1.873*	0.018	6.510
其他	−0.178	0.908	0.837	−1.992	0.271	0.136
是否党员(参照类=非党员)	1.571**	0.010	4.813	1.105	0.207	3.018
成长环境(参照类=农村)	—	0.512	—	—	0.245	—
城市	1.048	0.226	2.851	2.418	0.084	11.218
县城	0.780	0.272	2.182	0.182	0.853	1.199
乡镇	0.905	0.202	2.472	−0.138	0.878	0.871
是否学生干部(参照类=否)	0.794	0.427	2.213	2.968*	0.012	19.45
月生活费	0.001	0.059	1.001	0.001	0.263	1.001
父亲职业(参照类=非机关事业类)	−0.602	0.507	0.548	−0.457	0.707	0.633
母亲职业(参照类=非机关事业类)	0.193	0.859	1.213	−0.911	0.468	0.402
父亲教育程度(参照类=小学及以下)	—	0.346	—	—	0.192	—
初中	0.402	0.653	1.495	−0.935	0.503	0.392

续表

—	政治关注程度			政治参与程度		
高中、中专、技校	0.337	0.726	1.401	-2.310	0.120	0.099
专科、本科	0.293	0.826	1.340	0.042	0.981	1.043
研究生及以上	3.551	0.074	34.852	-1.647	0.494	0.193
母亲教育程度（参照类=小学及以下）	—	0.555	—	—	0.829	—
初中	-0.983	0.165	0.374	-0.258	0.776	0.773
高中、中专、技校	-0.859	0.267	0.424	-0.975	0.363	0.377
专科、本科	-1.000	0.494	0.368	-0.836	0.623	0.434
父亲是否党员（参照类=非党员）	-1.151	0.106	0.316	1.181	0.225	3.258
母亲是否党员（参照类=非党员）	-0.642	0.534	0.526	-1.523	0.174	0.218
常量	-0.451	0.924	0.637	-6.329	0.346	0.002
平均值	119			119		

—	政治期望			政治意愿		
自变量	B	Sig.	Exp(B)	B	Sig.	Exp(B)
年龄	-0.337	0.136	0.714	0.065	0.818	1.067
民族(参照类=少数民族)	0.101	0.841	1.106	1.181	0.053	3.259
年级(参照类=本科)	-1.152	0.205	0.316	-0.684	0.512	0.504
专业(参照类=工科)	—	0.029	—		0.541	
理科	1.348	0.055	3.848	0.811	0.324	2.250
文科	-0.491	0.394	0.612	-0.228	0.744	0.796
文体类	1.060	0.520	2.887	19.314	0.999	2.520
是否党员（参照类=非党员）	2.481***	0.001	11.950	1.190	0.120	3.286
成长环境(参照类=农村)	—	0.178	—	—	0.160	—
城市	-0.136	0.873	0.873	0.973	0.356	2.645
县城	0.654	0.383	1.923	-0.016	0.984	0.984
乡镇	1.373	0.063	3.946	2.041	0.056	7.698

续表

—	政治关注程度			政治参与程度		
是否学生干部（参照类=否）	0.272	0.790	1.312	1.167	0.297	3.212
月生活费	0.000	0.608	1.000	0.000	0.843	1.000
父亲职业（参照类=非机关事业类）	−1.297	0.204	0.273	−0.248	0.795	0.780
母亲职业（参照类=非机关事业类）	0.613	0.593	1.847	−0.371	0.727	0.690
父亲教育程度（参照类=小学及以下）	—	0.593	—	—	0.395	—
初中	−0.639	0.494	0.528	−2.44	0.071	0.087
高中、中专、技校	0.314	0.753	1.368	−2.312	0.096	0.099
专科、本科	0.586	0.671	1.796	−2.059	0.214	0.128
研究生及以上	0.450	0.836	1.568	−3.418	0.114	0.033
母亲教育程度（参照类=小学及以下）	—	0.920	—	—	0.418	—
初中	−0.306	0.664	0.736	0.236	0.775	1.266
高中、中专、技校	−0.556	0.491	0.574	−1.109	0.246	0.330
专科、本科	−0.578	0.686	0.561	−0.544	0.728	0.580
父亲是否党员（参照类=非党员）	−0.916	0.233	0.400	−1.260	0.110	0.284
母亲是否党员（参照类=非党员）	1.724	0.081	5.604	2.353*	0.036	10.522
常量	6.831	0.172	925.996	0.172	0.978	1.188
平均值		116			119	

说明：(1)*$p<0.05$；**$p<0.01$；***$p<0.001$；(2)政治关注程度中，−2LL=125.774，Cox & Snell R Square=2.48%，Nagelkerke R Square =3.36%；(3)政治参与程度中，−2LL=87.124，Cox & Snell R Square=2.39%，Nagelkerke R Square=3.77%；(4)政治期望中，−2LL=122.825，Cox & Snell R Square=2.79%，Nagelkerke R Square =3.72%；(5)参政意愿中，−2LL=98.325，Cox & Snell R Square=2.47%，Nagelkerke R Square =3.37%。

3.3 女生的就业意识现状

3.3.1 女生就业意识的一般特征

本文的就业意识所用的测量指标主要有就业准备、就业期望、就业动机和就业心态。就业准备的测量,本文用了2个具体的指标,主要有是否做过职业生涯规划和关注就业信息;就业期望本文用了4个具体的指标,主要包括就职业地域的倾向、职业单位类型、职业性质和职业的薪酬等。根据大学生的实际情况,本文选择的具体指标都和大学生身份比较符合。下面主要描述广西大学女生的就业意识的频数统计结果。

(1)就业准备:由表10数据可知,有53.4%的女生没有做过职业生涯规划;有36.1%的女生做过职业生涯规划;甚至还有10.5%的女生表示都没有想过;是否做过职业生涯规划也是就业准备的一种形式,所以说只有少数女生为就业做过准备。在就业关注中,只有26.3%的女生经常关注就业信息;偶尔关注就业信息的女生所占的比例是最大的,达到了56.4%,超过了一半;很少关注的女生占12.8%的比例;没有关注过就业信息的女生所占的比例很少,只有4.5%。

表10 女生就业准备的频数统计结果

		频数	百分比(%)	有效百分比(%)	累计百分比(%)
有过职业生涯规划吗					
有效	没有想过	14	10.5	10.5	10.5
	想过,但是没有做	71	53.4	53.4	63.9
	做过	48	36.1	36.1	100.0
	合计	133	100.0	100.0	—
是否关注过就业信息					
		频数	百分比(%)	有效百分比(%)	累计百分比(%)
有效	经常	35	26.3	26.3	26.3
	偶尔	75	56.4	56.4	82.7

续表

	是否关注过就业信息				
—	—	频数	百分比(%)	有效百分比(%)	累计百分比(%)
有效	很少	17	12.8	12.8	95.5
	没有	6	4.5	4.5	100.0
	合计	133	100.0	100.0	—

(2)就业期望:从表11得知,在就业地域的选择上,有超过一半的女生选择中小城市,所占的比例是66.2%;有27.8%的女生选择了大城市的倾向;有倾向到国外就业的女生比较少,只有6.0%;问卷中还设计了县城和农村的选项,由于没有人选择,所以表中就没有显示出来,但是也表明了几乎没有女生或者有很少的女生会选择县城和农村作为她们的就业地域选择。在职业单位类型的选择中(见表12),想去事业单位的女生所占比例是最高的,达到了37.6%;其次是国有企业,所占比例是24.0%。想去党政机关、事业单位和国有企业的累计百分比是66.9%;而想去民营企业、社会团体和无单位/自雇/自办(合伙)企业的比例较少,也比较均衡。在职业性质的选择中(见表13),有28.6%的女生选择了稳定性作为她们职业性质的倾向,而且所占的比例是最高的;其次有18.0%的女生选择单位的前景作为她们的职业性质倾向;选择福利、能发挥能力和个性的女生所占的比例比较均衡,分别为11.3%和12.8%;也有一部分女生选择月薪作为她们的职业性质倾向,所占比例为10.5%;选择具有挑战性的职业性质的女生所占比例很少,只有2.3%。在毕业后的薪酬期望中(见表14),样本量的女生希望的月薪平均是4446.80元,选择5000元的人数比较多,最少的期望是2000元,最高的是20000元。

表11 就业地域的倾向频数统计结果

	在就业区域选择上,您会倾向选择				
—	—	频数	百分比(%)	有效百分比(%)	累计百分比(%)
有效	国外	8	6.0	6.0	6.0
	大城市	37	27.8	27.8	33.8
	中小城市	88	66.2	66.2	100.0
	合计	133	100.0	100.0	—

表12 职业单位类型的频数统计结果

您对职业单位的选择倾向是					
—	—	频数	百分比(%)	有效百分比(%)	累计百分比(%)
有效	党政机关	7	5.3	5.3	5.3
	事业单位	50	37.6	37.6	42.9
	国有企业	32	24.0	24.0	66.9
	民营企业	8	6.0	6.0	72.9
	外资企业	25	18.8	18.8	91.7
	社会团体	6	4.5	4.5	96.2
	无单位/自雇/自办(合伙)企业	5	3.8	3.8	100.0
	合计	133	100.0	100.0	—

表13 职业性质的频数统计结果

您选择职业的性质是					
—	—	频数	百分比(%)	有效百分比(%)	累计百分比(%)
有效	稳定性	38	28.6	28.6	28.6
	福利	15	11.3	11.3	39.8
	单位的前景	24	18.0	18.0	57.9
	月薪	14	10.5	10.5	68.4
	深造机会	11	8.3	8.3	76.7
	具有挑战性	3	2.3	2.3	78.9
	工作有趣	8	6.0	6.0	85.0
	轻松性	2	1.5	1.5	86.5
	能发挥能力和个性	17	12.8	12.8	99.2
	社会需要和贡献性	1	0.8	0.8	100.0
	合计	133	100.0	100.0	—

表14 薪酬期望的描述统计结果 （单位:元）

统计量			
您希望您毕业后的工作月薪大概是多少元			
平均值		有效	125
		缺失	8
均值			4464.800
众数			5000
标准差			2079.712
极小值			2000
极大值			20000

（3）就业动机:从表15可以看到,有31.1%的女生把实现自身价值作为就业的目的;有34.1%的女生把为生计需要作为就业的目的;而有35.6%的女生把为追求更高水平的物质享受作为就业的目的,所占的比例是最高的;而为社会做贡献和为提高社会地位作为就业动机的比例很少,分别为3.8%和6.1%。

表15 就业动机的频数统计结果

		就业动机频数（$n=132$）		
—	—	—	响应	个案百分比(%)
			平均值	百分比(%)	
就业动机	实现自身价值	41	18.6	31.1
	为生计需要	45	20.4	34.1
	为追求更高水平的物质享受	47	21.3	35.6
	为发展自己的兴趣爱好	21	9.5	15.9
	为社会做贡献	5	2.3	3.8
	为施展能力和完善人格	22	10.0	16.7
	为提高社会地位	8	3.6	6.1
	为建立家庭奠定基础	32	14.5	24.2
	总计	221	100.0	167.4

a. 值为1时制表的二分组。

(4)就业心态:从表16得知,很有信心面对激烈的就业竞争的女生所占的比例是最少的,只有3.8%;而较有信心的女生有31.6%;一般性和较无信心的女生所占的比例分别是48.1%和15.8%。说明有超过一半的女生对就业的心态不是很乐观。

表16 就业心态的频数统计结果

		频数	百分比(%)	有效百分比(%)	累计百分比(%)
—	—				
有效	很有信心	5	3.8	3.8	3.8
	较有信心	42	31.6	31.6	35.3
	一般性	64	48.1	48.1	83.5
	较无信心	21	15.8	15.8	99.2
	不知道	1	0.8	0.8	100.0
	合计	133	100.0	100.0	—

您对目前日趋激烈的就业竞争的心态是

小结:从数据可以看出,女生的就业准备不是很充足,做过职业生涯规划和经常关注就业信息的比较少。在就业期望中,很多女生比较倾向于中小城市,比较喜欢事业类的单位,也比较倾向于稳定的工作,对薪酬的平均期望是4500元左右。在就业动机中,选择追求更高水平的物质享受为就业目的的人数比较多。在就业心态方面,很多女生的就业心态不容乐观。

3.3.2 女生的就业意识与男生的差异

只有和男生的就业意识作一个比较,才能完整地了解女生的就业意识。下面将性别和就业意识作交叉制表分析和卡方检验,才能知道性别对就业意识是否有差异。

(1)性别与就业准备的差异检验。从表17可知,男生做过职业生涯规划的比例是18.2%,比女生多2.0%;没有做过职业生涯规划的男生所占比例是36.8%,女生为28.7%;从数据分布来看,男女对是否有过职业生涯规划的选择都差不多;而从卡方检验的结果来看,性别对职业生涯规划没有显著差异,说明男女对待职业生涯规划的态度都差不多。在关注就业信息方面,从表18得知,男生经常关注就业信息的比例是14.5%,女生为11.8%;偶尔关注就业信息的男生和女生比例都差不多,分别为28.7%和25.3%;很少关注和没有关注过的比例比较均衡,所占的比例也比较少;从卡方检验的结果来分析,性别对关注就业信息没有显著差异,说明了男女生在关注就业信息的程度上差异不大。

表17 性别与职业生涯规划的交叉制表和卡方检验结果

性别*有过职业生涯规划吗 交叉制表($n=296$)

			有过职业生涯规划吗			合计
			没有想过	想过,但是没有做	做过	
性别	男	计数	19	90	54	163
		总数的%	6.4%	30.4%	18.2%	55.1%
	女	计数	14	71	48	133
		总数的%	4.7%	24.0%	16.2%	44.9%
合计		计数	33	161	102	296
		总数的%	11.1%	54.4%	34.5%	100.0%
χ^2			0.315(Sig.=0.854)			

注:"#"表示$p<0.1$;"*"表示$p<0.05$;"**"表示$p<0.01$;"***"表示$p<0.001$。

表18 性别与就业关注的交叉制表和卡方检验结果

性别*是否关注过就业信息 交叉制表($n=296$)

			是否关注过就业信息				合计
			经常	偶尔	很少	没有	
性别	男	计数	43	85	26	9	163
		总数的%	14.5%	28.7%	8.8%	3.0%	55.1%
	女	计数	35	75	17	6	133
		总数的%	11.8%	25.3%	5.7%	2.0%	44.9%
合计		计数	78	160	43	15	296
		总数的%	26.4%	54.1%	14.5%	5.1%	100.0%
χ^2			0.898(Sig.=0.826)				

注:"#"表示$p<0.1$;"*"表示$p<0.05$;"**"表示$p<0.01$;"***"表示$p<0.001$。

(2)性别与就业期望的差异检验。在就业地域的选择中,从表19可知,男生选择大城市作为就业地域的倾向是28.6%,而女生只有12.6%,说明男生比女生倾向于到大城市就业;而把中小城市作为就业地域的选择倾向上,女生所占的比例是29.9%,男生是22.4%,说明女生更倾向于到中小城市就业;也有少数的男生选择到县城和农村就业。卡方检验结果表明了性别对就业地域的倾向有显著的差异,说明了男生和女生在就业地域的倾向上有所差别,男生更倾向于到大城市发展,而女生更乐意到中小城市发展。

在就业单位类型的选择中,从表20可知,男生选择党政机关作为职业单位类型的比例是6.1%,女生是2.4%,说明男生比女生更倾向于党政机关的工作类型;选择事业单位和国有企业作为职业单位类型的男生和女生所占的比例都差不多;而差异比较大的是民营企业的男生所占的比例比女生大,分别为8.4%和2.7%。从卡方检验的结果来看,性别对职业单位类型的选择有显著差异,说明了男生和女生在职业单位类型的选择上有所差别,其中男生选择党政机关和民营企业的比例都比女生要多。

在职业性质的选择中,从表21得知,男生把稳定性作为职业性质的比例有9.9%,女生有13.0%,女生略多于男生喜欢稳定的工作;选择有深造机会的男生所占比例是4.1%,女生是3.8%,两者的比例差不多;选择具有挑战性工作的男生有2.1%,女生只有1.0%,男生略多于女生倾向于找有挑战性的工作;选择能发挥能力和个性的男生和女生的比例分别为6.5%和5.8%,虽然比例差异不大,但是数据也说明了男生比女生更倾向于能发挥能力和个性的工作;在其他的选项中,两者的差异不大。卡方检验结果也表明了性别对职业性质的倾向没有显著的差异。

在薪酬期望中,从表22可知,对月薪的期望均值男生是5074.21元,女生为4464.80元,而对两个均值做独立样本T检验的结果表明男女生在薪酬期望上有差异,男生对薪酬期望要高于女生。

表19　性别与就业地域选择的交叉制表和卡方检验结果

性别*在就业区域选择上,您会倾向选择　交叉制表($n=294$)								
—	—	—	在就业区域选择上,您会倾向选择					合计
—	—	—	国外	大城市	中小城市	县城	农村	
性别	男	计数	5	84	66	3	3	161
		总数的%	1.7%	28.6%	22.4%	1.0%	1.0%	54.8%
	女	计数	8	37	88	0	0	133
		总数的%	2.7%	12.6%	29.9%	0%	0%	45.2%
合计		计数	13	121	154	3	3	294
		总数的%	4.4%	41.2%	52.4%	1.0%	1.0%	100.0%
χ^2			25.657***(Sig.=0.000)					

注:"#"表示$p<0.1$;"*"表示$p<0.05$;"**"表示$p<0.01$;"***"表示$p<0.001$。

表20　性别与职业单位类型选择的交叉制表和卡方检验结果

性别*您对职业单位的选择倾向是　交叉制表($n=296$)					
—	—	—	男	女	合计
单位类型	党政机关	计数	18	7	25
		总数的%	6.1%	2.4%	8.4%
	事业单位	计数	52	50	102
		总数的%	17.6%	16.9%	34.5%
	国有企业	计数	37	32	69
		总数的%	12.5%	10.8%	23.3%
	民营企业	计数	25	8	33
		总数的%	8.4%	2.7%	11.1%
	外资企业	计数	17	25	42
		总数的%	5.7%	8.4%	14.2%
	社会团体	计数	1	6	7
		总数的%	0.3%	2.0%	2.4%
	无单位/自雇/自办(合伙)企业	计数	11	5	16
		总数的%	3.7%	1.7%	5.4%

续表

性别*您对职业单位的选择倾向是 交叉制表（$n=296$）

			男	女	合计
单位类型	军队	计数	2	0	2
		总数的%	7.0%	0.0%	7.0%
合计		计数	163	133	296
		总数的%	55.1%	44.9%	100.0%
χ^2			20.515** （Sig.=0.005）		

注："#"表示$p<0.1$；"*"表示$p<0.05$；"**"表示$p<0.01$；"***"表示$p<0.001$。

表21 性别与职业性质选择的交叉制表和卡方检验结果

性别*您选择职业的性质是 交叉制表（$n=292$）

			性别		合计
			男	女	
职业性质	稳定性	计数	29	38	67
		总数的%	9.9%	13.0%	22.9%
	福利	计数	19	15	34
		总数的%	6.5%	5.1%	11.6%
	单位的前景	计数	29	24	53
		总数的%	9.9%	8.2%	18.2%
	月薪	计数	23	14	37
		总数的%	7.9%	4.8%	12.7%
	深造机会	计数	12	11	23
		总数的%	4.1%	3.8%	7.9%
	具有挑战性	计数	6	3	9
		总数的%	2.1%	1.0%	3.1%
	工作有趣	计数	11	8	19
		总数的%	3.8%	2.7%	6.5%
	轻松性	计数	5	2	7
		总数的%	1.7%	0.7%	2.4%
	能发挥能力和个性	计数	19	17	36
		总数的%	6.5%	5.8%	12.3%

续表

性别*您选择职业的性质是 交叉制表($n=292$)

			性别		合计
			男	女	
职业性质	社会需要和贡献性	计数	6	1	7
		总数的%	2.1%	0.3%	2.4%
合计		计数	159	133	292
		总数的%	54.5%	45.5%	100.0%
χ^2			8.579(Sig=0.477)		

注:"#"表示$p<0.1$;"*"表示$p<0.05$;"**"表示$p<0.01$;"***"表示$p<0.001$。

表22 性别与薪酬期望的T检验

组统计量					
	性别	平均值	均值(元)	标准差	均值的标准误
期望的月薪	男	159	5074.21	2068.088	164.010
	女	125	4464.80	2079.712	186.015

独立样本检验									
		方差方程的Levene检验		均值方程的T检验					
								差分的95%置信区间	
		F	Sig.	t	df	Sig.(双侧)	均值差值	标准误差值	下限	上限
期望的月薪	假设方差相等	2.052	0.153	2.459	282	0.015	609.414	247.827	121.588	1097.239
	假设方差不相等	—	—	2.457	265.709	0.015	609.414	247.994	121.131	1097.697

（3）性别与就业动机的差异检验。从表23得知，在就业动机中，男生选择实现自身价值的比例是18.3%，女生为13.9%，说明男生比女生更倾向于把实现自身价值作为就业的目的；选择为生计需要的男生所占的比例为20.0%，女生为15.3%，说明男生为生计需要而就业的目的多于女生；在其他的选项中，男女所占的比例均衡，差异不大。

表23　性别与就业动机的交叉制表

性别*就业动机　交叉制表295					
—	—	—	性别		总计
—	—	—	男	女	
就业动机[a]	实现自身价值	计数	54	41	95
		总计的%	18.3%	13.9%	32.2%
	为生计需要	计数	59	45	104
		总计的%	20.0%	15.3%	35.3%
	为追求更高水平的物质享受	计数	51	47	98
		总计的%	17.3%	15.9%	33.2%
	为发展自己的兴趣爱好	计数	21	21	42
		总计的%	7.1%	7.1%	14.2%
	为社会做贡献	计数	10	5	15
		总计的%	3.4%	1.7%	5.1%
	为施展能力和完善人格	计数	19	22	41
		总计的%	6.4%	7.5%	13.9%
	为提高社会地位	计数	4	8	12
		总计的%	1.4%	2.7%	4.1%
	为建立家庭奠定基础	计数	32	32	64
		总计的%	10.8%	10.8%	21.7%
总计		计数	163	132	295
		总计的%	55.3%	44.7%	100.0%
百分比和总计以响应者为基础					
a. 值为1时制表的二分组					

(4)性别与就业心态的差异检验。从表24可知,男生对就业很有信心的比例是5.4%,女生为1.7%,说明男生对就业很有信心的人数要多于女生;对就业较有信心的男生比例为17.9%,女生为14.2%,还是男生多于女生;而选择一般性的男生比例也多于女生;对就业较无信心的男生比女生要少,所占的比例只有4.1%,女生有7.1%。卡方检验结果说明性别对就业心态还是有显著差异的,表明男生比女生在就业心态上要好一些。

表24 性别与就业心态的交叉制表和卡方检验结果

性别*您对目前日趋激烈的就业竞争的心态是 交叉制表($n=296$)					
—	—	—	性别		合计
—	—	—	男	女	
就业心态	很有信心	计数	16	5	21
		总数的%	5.4%	1.7%	7.1%
	较有信心	计数	53	42	95
		总数的%	17.9%	14.2%	32.1%
	一般性	计数	75	64	139
		总数的%	25.3%	21.6%	47.0%
	较无信心	计数	12	21	33
		总数的%	4.1%	7.1%	11.1%
	很没信心	计数	4	0	4
		总数的%	1.4%	0%	1.4%
	不知道	计数	3	1	4
		总数的%	1.0%	0.3%	1.4%
合计		计数	163	133	296
		总数的%	55.1%	44.9%	100.0%
χ^2			12.448*(Sig.=0.029)		

注:"#"表示$p<0.1$;"*"表示$p<0.05$;"**"表示$p<0.01$;"***"表示$p<0.001$。

小结:总的来说,性别与就业意识确实存在差异,男女生在就业意识中除了就业准备没有显著差异外,其他方面的选择还是有差异的,男生的就业心态比女生乐观,就业薪酬的期望也高于女生,男生更倾向到大城市就业,而女生更倾向到中小城市发展,男生倾向于选择党政机关和民营企业的单位类型的比例高于女生。

3.3.3 女生就业意识的影响因素描述

1. 因变量的选取

(1)在就业准备的分析方面(见表25),本文选取了问卷中的两个问题"有过职业生涯规划吗?"和"是否关注过就业信息?"作为就业准备的因变量,把做过职业生涯规划的归为一类,重新编码为"1",表示做过职业生涯规划;把没有做过的归为一类,重新编码为"0"。把经常关注就业信息的归为一类,重新编码为"1",表示关注就业信息多。把"偶尔""很少"和"没有"的归为一类,重新编码为"0"。

(2)在就业心态的分析方面(见表26),本文选取了问卷中的"您对目前日趋激烈的就业竞争心态是?"作为就业心态的因变量,把选项的"很有信心"和"较有信心"归为一类,重新编码为"1",表示比较有信心;把"一般性""较无信心""很没有信心"和"不知道"归为一类,重新编码为"0",表示信心不足。

2. 自变量的选取:自变量的选取和参政意识的相同

从结果的数据显示来看,在职业生涯规划方面,专业对职业生涯规划有影响,数据结果说明了文科专业的女生在做职业生涯规划方面是工科专业女生的7.9倍;其他专业的女生包括艺术类和体育类的女生在做职业生涯规划方面是工科女生的52.6倍;除了专业因素的影响外,还有月生活费的影响,月生活费越高做职业规划的可能性低于月生活费较低的女生,大约低0.2%;即说明了月生活费越低做职业生涯规划的倾向大于月生活费越高的;最后还有父亲的教育程度对女生的职业生涯规划有影响,数据结果显示,父亲是专科和本科学历的女生做职业生涯规划可能性要低于父亲只有小学及以下学历的女生,大约低6.5%。

在就业关注方面的结果显示,专业因素、是否党员身份、成长环境、学生干部身份、母亲职业和父亲的政治面貌都对女生的就业关注有影响作用。其中,文体专业的女生对就业的关注的可能性是工科女生的124.7倍;中共党员女生对就业关注的可能性是非中共党员女生的6.4倍;成长环境是县城和乡

续表

镇的女生对就业关注的可能性是农村女生的10.8倍和10.5倍;是学生干部的女生对就业关注的可能性要低于非学生干部的女生,大约低5.5%;母亲职业是机关事业类单位的女生对就业关注的可能性低于母亲职业是非机关事业类单位的女生,发生比大约低99.8%;父亲是党员身份的女生对就业关注是其他父亲是非党员身份的女生的27.8倍,就业时父亲是党员身份的女生对就业关注越多。

表26数据结果显示,在就业心态方面,本文所选取的自变量对女生的就业心态没有任何的影响。

表25 就业准备的回归分析

自变量	职业规划			就业关注		
	B	Sig.	Exp (B)	B	Sig.	Exp (B)
年龄	−0.022	0.932	0.978	0.512	0.092	1.668
民族(参照类=少数民族)	1.133	0.052	3.105	0.092	0.889	1.097
年级(参照类=本科)	0.574	0.568	1.775	−1.489	0.197	0.226
专业(参照类=工科)	—	0.012	—	—	0.035	—
理科	0.304	0.697	1.356	−1.774	0.087	0.170
文科	2.07**	0.004	7.925	0.190	0.809	1.210
文体类	3.962*	0.049	52.588	4.826*	0.033	124.734
是否党员(参照类=非党员)	0.822	0.213	2.274	1.864*	0.033	6.449
成长环境(参照类=农村)	—	0.136	—	—	0.005	—
城市	1.412	0.211	4.102	−1.706	0.210	0.182
县城	0.559	0.502	1.749	2.387*	0.012	10.876
乡镇	−1.306	0.118	0.271	2.358**	0.009	10.568
是否学生干部(参照类=否)	22.396	0.998	5.420	−3.095*	0.032	0.045
月生活费	−0.002*	0.030	0.998	0	0.424	0.999
父亲职业(参照类=非机关事业类)	−1.181	0.293	0.307	−1.782	0.273	0.168
母亲职业(参照类=非机关事业类)	−0.945	0.380	0.389	−6.500*	0.023	0.002

续表

自变量	职业规划			就业关注		
	B	Sig.	Exp (B)	B	Sig.	Exp (B)
父亲教育程度（参照类=小学及以下）	—	0.248	—	—	0.365	—
初中	-0.680	0.545	0.507	1.923	0.147	6.842
高中、中专、技校	-1.672	0.150	0.188	1.523	0.280	4.586
专科、本科	-3.366*	0.045	0.035	-4.705	0.209	0.009
研究生及以上	-2.363	0.264	0.094	-19.823	0.999	0.000
母亲教育程度（参照类=小学及以下）	—	0.601	—	—	0.826	—
初中	0.395	0.594	1.485	0.288	0.734	1.333
高中、中专、技校	1.155	0.232	3.173	0.768	0.450	2.155
专科、本科	0.133	0.933	1.142	2.361	0.470	10.606
父亲是否党员（参照类=非党员）	1.423	0.129	4.151	3.326**	0.007	27.819
母亲是否党员（参照类=非党员）	0.981	0.365	2.666	5.061	0.088	157.714
常量	-22.110	0.998	0.000	-11.721	0.081	0.000
平均值	119	—	—	119	—	—

说明：(1) *$p<0.05$；**$p<0.01$；***$p<0.001$；(2) 职业规划中，$-2LL=102.993$，Cox & Snell R Square=3.51%，Nagelkerke R Square =4.83%；(3) 就业关注中，$-2LL=74.931$，Cox & Snell R Square=4.247%，7Nagelkerke R Square =6.11%。

表26 就业心态的回归分析

自变量	就业心态		
	B	Sig.	Exp(B)
年龄	0.037	0.860	1.038
民族(参照类=少数民族)	-0.065	0.893	0.937
年级(参照类=本科)	-0.581	0.486	0.559
专业(参照类=工科)	—	0.492	—

续表

自变量	就业心态		
	B	Sig.	Exp(B)
理科	−0.652	0.311	0.521
文科	−0.353	0.516	0.702
文体类	1.342	0.366	3.826
是否党员(参照类=非党员)	0.782	0.176	2.186
成长环境(参照类=农村)	—	0.596	—
城市	0.222	0.784	1.248
县城	−0.115	0.871	0.891
乡镇	0.749	0.255	2.114
是否学生干部(参照类=否)	0.489	0.601	1.631
月生活费	0.001	0.147	1.001
父亲职业(参照类=非机关事业类)	0.433	0.625	1.542
母亲职业(参照类=非机关事业类)	0.276	0.769	1.318
父亲教育程度(参照类=小学及以下)	—	0.413	—
初中	−0.784	0.347	0.456
高中、中专、技校	−0.858	0.344	0.424
专科、本科	0.073	0.954	1.076
研究生及以上	2.390	0.207	10.915
母亲教育程度(参照类=小学及以下)	—	0.219	—
初中	−0.279	0.677	0.756
高中、中专、技校	0.124	0.867	1.132
专科、本科	−2.522	0.088	0.080
父亲是否党员(参照类=非党员)	−0.793	0.244	0.453
母亲是否党员(参照类=非党员)	0.924	0.320	2.520
常量	−1.853	0.686	0.157
平均值	119		

说明:(1)*p<0.05;**p<0.01;***p<0.001;(2)就业心态中,−2LL=136.87,Cox & Snell R Square=1.38%,Nagelkerke R Square =1.9%。

3.4 女生的婚育权意识现状

3.4.1 女生婚育权意识的一般特征

本文的婚育权意识所用的测量指标主要有：婚姻自主权、家庭事务决定权、家庭经济权、理想的家务分工模式和生育自主权方面。本文用了两个具体的指标，本文用两个问题测量婚姻自主权意识，第一，直接问是否能对自己的婚姻做主；第二，有关"结婚是个人的选择，所以结婚不结婚都可以"观念的态度。在家庭经济权方面，本文也用两个问题做测量，第一是"家庭财务权由谁掌控比较合适？"；第二是"家庭财务的重大开支，由谁支配比较合适？"。在生育自主权方面，本文用两个问题测量，第一是"妻子在生孩子方面有主动权，与丈夫无关或与其他亲属无关"；第二是"男性和女性在生育决策(生不生小孩,生育多少等)上，谁占主导地位"。下面主要描述广西大学女生的婚育权意识的频数统计结果。

(1)婚姻自主权方面：从表27数据可知，对自己的婚姻能自己做主的女生所占比例是12.9%；大部分的女生都需要和家人商量后才能做决定的比例是80.3%；也有少数女生认为自己的婚姻由家人决定，所占的比例是3.8%。从表28可看出，有超过一半的女生比较赞成结婚是个人的选择，所以结不结婚都可以的观点；也有34.6%的女生比较反对这个观点，还有14.3%的女生无法做判断。

表27 婚姻自主权的频数统计结果

您觉得您的婚姻能自己做主吗					
—	—	频数	百分比(%)	有效百分比(%)	累计百分比(%)
有效	能自己做主,不需要和任何人商量	17	12.8	12.9	12.9
	同家人商量后自己决定的	106	79.7	80.3	93.2
	同家人商量后家人决定的	5	3.8	3.8	97.0
	不清楚	4	3.0	3.0	100.0
	合计	132	99.2	100.0	—

续表

您觉得您的婚姻能自己做主吗					
—	—	频数	百分比(%)	有效百分比(%)	累计百分比(%)
缺失	系统	1	0.8	—	—
合计		133	100.0		

表28 婚姻自主权意识

您赞成"结婚是个人的选择,所以结婚不结婚都可以"的观点吗					
		频数	百分比(%)	有效百分比(%)	累计百分比(%)
有效	赞成	31	23.3	23.3	23.3
	较赞成	37	27.8	27.8	51.1
	较反对	33	24.8	24.8	75.9
	反对	13	9.8	9.8	85.7
	讲不清	19	14.3	14.3	100.0
	合计	133	100.0	100.0	—

(2)家庭事务决定权方面:在家庭事务的决定上,选择夫妻共同决定的女生所占的比例是最高的,有75.0%的比例;其次有19.0%的女生认为谁对就听谁的;而单选丈夫或者妻子的比例都比较少,见表29。

表29 家庭事务定策权的频数统计结果

在家庭事务的决定上,您理想的模式是以谁的意见为主					
—	—	频数	百分比(%)	有效百分比(%)	累计百分比(%)
有效	丈夫	3	2.3	2.3	2.3
	妻子	5	3.8	3.8	6.1
	夫妻共同决定	99	74.4	75.0	81.1
	谁对就听谁的	25	18.8	19.0	100.0
	合计	132	99.2	100.0	—
缺失	系统	1	0.8	—	—
合计		133	100.0	—	—

(3)家庭经济权方面：在家庭财政权方面，有大部分的女生选择了夫妻共同决策，所占的比例是70.7%；其次是妻子做主，丈夫同意的选择，所占比例是17.3%；选择比较少的是妻子做主，只有3.0%的比例。在家庭财政的开支上，有82.7%的女生认为夫妻共同决策比较合适；有10.5%的女生认为由丈夫做主，妻子同意比较合适；也有6.8%的女生认为妻子做主，丈夫同意比较合适，但是这个所占的比例最低。见表30和表31。

表30　家庭财政权的频数统计结果

在家庭财政大权上，您觉得由谁掌控合适					
—	—	频数	百分比（%）	有效百分比（%）	累计百分比（%）
有效	妻子做主，丈夫同意	23	17.3	17.3	17.3
	丈夫做主，妻子同意	12	9.0	9.0	26.3
	夫妻共同决策	94	70.7	70.7	97.0
	妻子做主	4	3.0	3.0	100.0
	合计	133	100.0	100.0	—

表31　家庭财务权的频数统计结果

在家庭重大开支上，您觉得由谁支配比较合适					
—	—	频数	百分比（%）	有效百分比（%）	累计百分比（%）
有效	妻子做主，丈夫同意	9	6.8	6.8	6.8
	丈夫做主，妻子同意	14	10.5	10.5	17.3
	夫妻共同决策	110	82.7	82.7	100.0
	合计	133	100.0	100.0	—

(4)理想的家务分工模式方面：从表32可知，在理想的家务分工模式中，有超过一半的女生认为夫妻双方共同承担是她们理想的家务分工模式，所占的比例是68.7%；其次有18.3%的女生选择谁有时间谁承担的模式；也有少数女生觉得妻子承担大部分家务比较合适，所占的比例有3.1%。

表32 理想的家务分工模式的频数统计结果

您理想的家庭劳务分工模式是					
—	—	频率	百分比	有效百分比	累积百分比
有效	完全由丈夫承担	1	0.8	0.8	0.8
	丈夫承担大部分	12	9.0	9.2	9.9
	妻子承担大部分	4	3.0	3.1	13.0
	双方共同承担	90	67.7	68.7	81.7
	谁有空谁承担	24	18.0	18.3	100.0
	合计	131	98.5	100.0	—
缺失	系统	2	1.5	—	—
合计		133	100.0	—	—

(5)生育自主权方面：在生育权自主的决策方面，从表33可看出，只有3.8%的女生赞成生孩子只是自己的事，与其他人无关的观点，所占的比例很少；选择反对所占的比例是最多的，达到了63.2%；也有一部分女生选择较反对，比例是23.3%，也就是说有86.5%的女生是反对这个观点的；说明有很大部分女生对自己的生育自主权无法做主；仍有极少数的女生无法判断。对生育自主权的进一步测量中，从表34数据可知，有73.7%的女生认为在生育决策上，男性和女性占有同等地位，所占的比例是最大的；少数女生觉得是男性占有主导地位；也有少数女生持无所谓的态度，仍有6.0%的女生无法判断；但是有一部分女生认为是女性占主导地位，所占的比例是15.8%。

表33 生育自主权的频数统计结果(1)

您赞成"妻子在生孩子方面有主动权，与丈夫无关或与其他亲属无关"的观点吗					
—	—	频数	百分比(%)	有效百分比(%)	累积百分比(%)
有效	赞成	1	0.8	0.8	0.8
	较赞成	5	3.8	3.8	4.5
	较反对	31	23.3	23.3	27.8
	反对	84	63.2	63.2	91.0
	讲不清	12	9.0	9.0	100.0

续表

您赞成"妻子在生孩子方面有主动权,与丈夫无关或与其他亲属无关"的观点吗					
—	—	频数	百分比(%)	有效百分比(%)	累计百分比(%)
有效	合计	133	100.0	100.0	—

表34 生育权的频数统计结果(2)

您觉得男性和女性在生育决策(生不生小孩,生育多少等)上,谁占主导地位					
—	—	频数	百分比(%)	有效百分比(%)	累计百分比(%)
有效	男性	4	3.0	3.0	3.0
	女性	21	15.8	15.8	18.8
	同等地位	98	73.7	73.7	92.5
	无所谓	2	1.5	1.5	94.0
	讲不清	8	6.0	6.0	100.0
	合计	133	100.0	100.0	—

小结:总的来说,女生在婚姻自主权和生育自主权方面缺乏自主意识,但是在家庭事务决定权、家庭经济权和理想的家务分工模式的选择方面倾向于夫妻双方一起决策一起承担的。

3.4.2 女生的婚育权意识与男生的差异

(1)性别与婚姻自主权的差异检验:从表35可知,男生对婚姻能自己做主的比例是15.6%,女生只有5.8%,说明男生对婚姻的自主性要比女生强;需要和家人商量才能自己决定的男女比例分别是31.3%和36.1%,相差不大;而选择家人决定的男女比例分别为5.8%和1.7%,男生的比例多于女生,但是差异不大。从卡方检验的结果分析,性别对婚姻自主权方面有显著差异,其中,男生比女生更能自主决定自己的婚姻自主权。

表35 性别与婚姻自主权的交叉制表和卡方检验结果

性别*您觉得您的婚姻能自己做主吗 交叉制表(n=294)								
			您觉得您的婚姻能自己做主吗					
			能自己做主,不需要和任何人商量	同家人商量后自己决定的	同家人商量后家人决定的	父母包办	不清楚	合计
性别	男	计数	46	92	17	2	5	162
		总数的%	15.6%	31.3%	5.8%	0.7%	1.7%	55.1%
	女	计数	17	106	5	0	4	132
		总数的%	5.8%	36.1%	1.7%	0.0%	1.4%	44.9%
合计		计数	63	198	22	2	9	294
		总数的%	21.4%	67.3%	7.5%	0.7%	3.1%	100.0%
χ^2			20.144***(Sig.=0.000)					

注:"#"表示p<0.1;"*"表示p<0.05;"**"表示p<0.01;"***"表示p<0.001。

(2)性别与家庭事务决定权的差异检验(见表36):在家庭事务决定权方面,选择夫妻共同做决定的比例是最多的,总共所占的比例为71.2%,而男生和女生各自所占的比例分别为37.6%和33.6%,差异不大;男女在选择其他选项的比例差异也不是很明显,例如选择谁对就听谁的男女比例分别为10.8%和8.5%;选择妻子的男女比例分别是3.4%和1.7%,看不出有明显的差异。而从卡方检验的结果更能证明了性别对家庭事务决定权方面没有显著的差异,男女在这方面的意识都差不多。

表36 性别与家庭事务决定权的交叉制表和卡方检验结果

性别*在家庭事务的决定上,您理想的模式是以谁的意见为主 交叉制表($n=295$)							
—	—	—	在家庭事务的决定上,您理想的模式是以谁的意见为主				合计
—	—	—	丈夫	妻子	夫妻共同决定	谁对就听谁的	
性别	男	计数	10	10	111	32	163
		总数的%	3.4%	3.4%	37.6%	10.8%	55.3%
	女	计数	3	5	99	25	132
		总数的%	1.0%	1.7%	33.6%	8.5%	44.7%
合计		计数	13	15	210	57	295
		总数的%	4.4%	5.1%	71.2%	19.3%	100.0%
χ^2			3.765(Sig.=0.288)				

注:"#"表示p<0.1;"*"表示p<0.05;"**"表示p<0.01;"***"表示p<0.001。

(3)性别与家庭经济权的差异检验:在家庭财政权方面,选择夫妻共同决策的人数是最多的,所占的比例达到70.4%,而男女分别所占的比例为38.4%和32.0%,差异不大;其次选择丈夫做主,妻子同意的总比例为14.6%,男女比例分别为10.5%和4.1%,男生比女生多6.4%;在选择其他选项的男女比例差异不大。从卡方检验的结果可知,性别对家庭财政权方面有显著差异,特别是选择丈夫做主的男女差异比较大,也就说明了男生认为在家庭财政权方面比女生更有掌控权的观念比女生多。在家庭重大开支方面,选择夫妻共同决策的比例最大,达到72.0%,男女所占的比例分别为34.8%和37.2%;选择丈夫做主,妻子同意的男女比例分别为15.2%和4.7%;而选择妻子做主,丈夫同意的男女比例为2.7%和3.0%;其他的选择只有极少数。从卡方检验的结果来看,性别对家庭重大开支权方面有显著差异,特别是在选择丈夫做主,妻子同意中,男女的差异最大,也就是说男生认为在家庭重大开支方面比女生更有决定权。分别见表37和表38。

表37 性别与家庭经济权的交叉制表和卡方检验结果(1)

性别* 在家庭财政大权上,您觉得由谁掌控合适 交叉制表($n=294$)							
—	—	—	在家庭财政大权上,您觉得由谁掌控合适					合计
—	—	—	妻子做主,丈夫同意	丈夫做主,妻子同意	夫妻共同决定	妻子做主	丈夫做主	
性别	男	计数	14	31	113	1	2	161
		总数的%	4.8%	10.5%	38.4%	0.3%	0.7%	54.8%
	女	计数	23	12	94	4	0	133
		总数的%	7.8%	4.1%	32.0%	1.4%	0.0%	45.2%
合计		计数	37	43	207	5	2	294
		总数的%	12.6%	14.6%	70.4%	1.7%	0.7%	100.0%
χ^2			13.585** ($Sig.=0.009$)					

注:"#"表示$p<0.1$;"*"表示$p<0.05$;"**"表示$p<0.01$;"***"表示$p<0.001$。

表38 性别与家庭经济权的交叉之表和卡方检验结果(2)

性别*在家庭重大开支上,您觉得由谁支配比较合适 交叉制表($n=294$)							
—	—	—	在家庭重大开支上,您觉得由谁支配比较合适					合计
—	—	—	妻子做主,丈夫同意	丈夫做主,妻子同意	夫妻共同决定	妻子做主	丈夫做主	
性别	男	计数	8	45	103	6	1	163
		总数的%	2.7%	15.2%	34.8%	2.0%	0.3%	55.1%
	女	计数	9	14	110	0	0	133
		总数的%	3.0%	4.7%	37.2%	0.0%	0.0%	44.9%
合计		计数	17	59	213	6	1	296
		总数的%	5.7%	19.9%	72.0%	2.0%	.3%	100.0%
χ^2			20.750*** ($Sig.=0.000$)					

注:"#"表示$p<0.1$;"*"表示$p<0.05$;"**"表示$p<0.01$;"***"表示$p<0.001$。

(4)性别与理想的家务分工模式选择的差异检验:在理想的家务分工模式选择倾向中,选择双方共同承担的比例有57.9%,所占的比例最大,男女比例分别为26.9%和31.0%;其次选择比较多的是谁有时间谁承担选项,所占的比例是16.2%,男女比例分别为7.9%和8.3%,差异不大;选择比较多的还有妻子承担大部分家务模式的倾向,所占的比例有12.1%,其中,男女比例分别为9.7%和2.4%,差异还是比较大的,男生比女生多了7.3%。从卡方检验的结果分析,性别对理想的家务分工模式的倾向性有显著差异,其中,特别是妻子承担大部分家务模式中,男女差异比较显著,也说明了男生认为妻子应该承担大部分家务的意识比女生要多。见表39。

表39 性别与理想的家务分工模式的交叉制表和卡方检验结果

性别* 您理想的家庭劳务分工模式是 交叉制表($n=290$)								
—	—	—	您理想的家庭劳务分工模式是					—
—	—	—	完全由丈夫承担	完全由妻子承担	丈夫承担大部分	妻子承担大部分	双方共同承担	谁有空谁承担	合计
性别	男	计数	5	9	16	28	78	23	159
		总数的%	1.7%	3.1%	5.5%	9.7%	26.9%	7.9%	54.8%
	女	计数	1	0	9	7	90	24	131
		总数的%	0.3%	0.0%	3.1%	2.4%	31.0%	8.3%	45.2%
合计		计数	6	9	25	35	168	47	290
		总数的%	2.1%	3.1%	8.6%	12.1%	57.9%	16.2%	100.0%
χ^2			24.631***(Sig.=0.000)						

注:"#"表示p<0.1;"*"表示p<0.05;"**"表示P<0.01p;"***"表示p<0.001。

(5)性别与生育自主权的差异检验:在生育自主权方面,从表40可看出,持有反对态度所占的比例是最多的,达到了84.9%;男生和女生在反对态度中所占的比例分别为37.2%和28.4%;而选择赞成的男女比例一样,都是0.3%,

选择较赞成的男女比例分别为5.1%和1.7%。从卡方检验的结果来看,性别对女生的生育自主权方面的意识还是比较一致的,没有显著的差异;也就说明了男生和女生在女性的生育自主权不能自主的意识方面所占的比例还是大多数的。在生育自主权做进一步的测量中发现,选择男女在生育决策上有同等地位的人数最多,所占的比例达到65.5%;男女所占的比例分别为32.4%和33.1%,相互差异不是很大;选择女性在生育决策方面占有主导地位的比例是13.2%,男女比例分别为6.1%和7.1%,也就是说有一部分男生和女生认为女性在生育决策占主导地位;而选择男性占主导地位的比例有7.1%,男女比例分别为5.7%和1.4%,也就是说也有一部分男生和女生认为男性在生育决策上占有主导地位,而且男生持有这个意识的比例比女生多。从卡方检验的结果显示,性别对男性和女性生育自主权方面有显著差异,差异比较大的是男生持有男性在生育决策上占有主导地位意识的比例比女生多。见表40和表41。

表40 性别与生育自主权的交叉制表和卡方检验结果(1)

性别*您赞成"妻子在生孩子方面有主动权,与丈夫无关或与其他亲属无关"的观点吗
交叉制表($n=296$)

			您赞成"妻子在生孩子方面有主动权,与丈夫无关或与其他亲属无关"的观点吗					合计
			赞成	较赞成	较反对	反对	讲不清	
性别	男	计数	1	15	26	110	11	163
		总数的%	0.3%	5.1%	8.8%	37.2%	3.7%	55.1%
	女	计数	1	5	31	84	12	133
		总数的%	0.3%	1.7%	10.5%	28.4%	4.1%	44.9%
合计		计数	2	20	57	194	23	296
		总数的%	0.7%	6.8%	19.3%	65.5%	7.8%	100.0%
χ^2			5.988(Sig.=0.200)					

注:"#"表示$p<0.1$;"*"表示$p<0.05$;"**"表示$p<0.01$;"***"表示$p<0.001$。

表41 性别与生育自主权的交叉制表和卡方检验结果(2)

性别*您觉得男性和女性在生育决策(生不生小孩,生育多少等)上,谁占主导地位
交叉制表(n =296)

			您觉得男性和女性在生育决策(生不生小孩,生育多少等)上,谁占主导地位					合计
			男性	女性	同等地位	无所谓	讲不清	
性别	男	计数	17	18	96	12	20	163
		总数的%	5.7%	6.1%	32.4%	4.1%	6.8%	55.1%
	女	计数	4	21	98	2	8	133
		总数的%	1.4%	7.1%	33.1%	0.7%	2.7%	44.9%
合计		计数	21	39	194	14	28	296
		总数的%	7.1%	13.2%	65.5%	4.7%	9.5%	100.0%
χ^2			17.726*** (Sig.=0.001)					

注:"#"表示p<0.1;"*"表示p<0.05;"**"表示p<0.01;"***"表示p<0.001。

小结:总的来说,男生和女生在婚育权意识方面还是有所差异的,男生比女生的婚姻自主性更强;男生对家庭经济权掌控的倾向人数比女生多,男生更倾向于女性做更多的家务劳动,更倾向于在生育中占主导地位等。说明男生的婚育观念较女生更传统,因为女性除了在婚姻和生育权方面的自主性不强之外,都比较倾向于男女平等的家庭地位的意识。

3.4.3 女生婚育权意识的影响因素描述

1. 因变量的选取

本文用问卷中的"您赞成结婚是个人的选择,所以结婚不结婚都可以"的观点作为测量婚姻自主性的因变量,把"赞成"和"较赞成"归为一类,重新编码为"1",表示有婚姻自主性;把"较反对"和"反对"归为一类,重新编码为"0",表示没有婚姻自主性;把"讲不清"归为一类,视为系统缺失。

2. 自变量的选取：和上述的一致

从对婚姻自主性的回归分析结果发现，只有女生的学生干部身份对婚姻自主性产生显著影响，从表42数据显示可知，是学生干部或者曾经做过学生干部的女生对婚姻自主性是非学生干部的9.2倍。而其他的变量，比如家庭背景、专业、年级等因素都没有对婚姻自主性产生显著的影响。

表42 女生婚姻自主性的回归分析结果

自变量	婚姻自主性		
	B	Sig.	Exp (B)
年龄	−264	310	768
民族（参考类=少数民族）	−178	768	837
年级（参考类=本科）	778.000	0.438	2.177
专业（参考类=工科）	—	0.613	—
理科	0.853	0.294	2.348
文科	0.935	0.184	2.548
文体类	21.369	0.999	1.908E9
是否党员（参考类=非党员）	−0.982	0.214	0.375
成长环境（参考类=农村）	—	0.356	—
城市	−1.197	0.257	0.302
县城	−0.104	0.901	0.901
乡镇	0.763	0.352	2.145
是否学生干部（参考类=否）	2.226*	0.037	9.259
月生活费	0.000	0.641	1.000
父亲职业（参考类=非机关事业类）	—	0.793	—
企业类人员	0.904	0.458	2.471
商业、服务业类	−0.225	0.876	0.799
农业类人员、不便分类人员	−0.015	0.990	0.985
母亲职业（参考类=机关事业类）	—	0.465	—
企业类人员	−0.236	0.890	0.790
商业、服务业类	0.638	0.628	1.893
农类人员、不便分类人员	−1.317	0.321	0.268

续表

自变量	婚姻自主性		
	B	Sig.	Exp (B)
父亲教育程度(参考类=小学及以下)	—	0.926	—
初中	0.729	0.463	2.073
高中、中专、技校	0.739	0.501	2.093
专科、本科	−0.063	0.968	0.939
研究生及以上	21.239	0.999	1.675
母亲教育程度(参考类=小学及以下)	—	0.159	—
初中	−1.374	0.079	0.253
高中、中专、技校	−1.106	0.221	0.331
专科、本科	1.455	0.428	4.284
父亲是否党员(参考类=非党员)	0.409	0.604	1.505
母亲是否党员(参考类=非党员)	−2.623	0.069	0.073
常量	4.854	0.405	128.233
合计	108		

说明：(1)*$p<0.05$；**$p<0.01$；***$p<0.001$；(2)婚姻自主性中，−2LL=100.333，Cox & Snell R Square=3.41%，Nagelkerke R Square =4.59%。

3.5 女生的家庭与事业的权衡意识现状

3.5.1 女生的家庭与事业的权衡意识的一般特征

本文的家庭与事业的权衡意识所用的具体指标有5个，包括"男人以事业为重，女人以家庭为重"观点的认同选择、"男主外，女主内"的家庭模式的选择等主要想法测量女生对家庭和事业的倾向选择。下面主要描述广西大学女生的家庭与事业的权衡意识的频数统计结果。

(1)在对"男人以事业为重，女人以家庭为重"观点的选择态度中。从表43是否同意"男人以事业为重，女人以家庭为重"的观点中，有61.5%的女生选择不同意，所占的比例最多；选择无所谓同意不同意的女生比例是18.9%；而选择比较同意这种观点的女生占有19.7%的比例,说明仍有一部分女生认为家庭比事业重要。

(2)在对"男主外,女主内"家庭模式的选择态度中(见表44)。有19.2%的女生认可"男主外,女主内"的家庭模式,和表43中女生认为家庭比事业重要的人数比例差异不大;而有26.2%的女生不认可这种家庭模式;选择最多的是视情况而定,所占比例是51.5%;从表45数据中说明仍有一部分女生认为家庭比事业重要。

(3)在对"女性结婚后应以丈夫和孩子为中心安排活动"观点的选择态度中(见表46)。在是否赞成"女性结婚后应以丈夫和孩子为中心安排活动"的观点时,持有反对态度的女生所占的比例是最多的,达到61.6%,但是仍有20.0%的女生表示赞成这种观点,这个数据也进一步证实了仍有一部分女生认为家庭比事业重要。也有18.5%的女生表示无法做判断。

(4)在对"如果今后家庭和工作发生了冲突你会怎么办?"的态度选择中。这个问题最能测量女生对家庭还是事业的态度选择,如果今后家庭和工作发生冲突,有31.0%的女生选择主要以家庭为主;而选择主要以工作为主的女生所占的比例很少,只有4.7%;选择视情况而定的女生人数是最多的,所占的比例是59.7%;这说明了在面临家庭和事业的选择时,有相当一部分女生会倾向于选择家庭。上述的问题都是围绕比较偏向家庭或事业的权衡问题,我们可以看出有一部分女生选择了以家庭为主,但是也有很多女生选择了比较中性的态度,还看不出她们是比较重视事业呢还是觉得家庭和事业都同时重要,所以我们有必要再设计一个问题做测量。

(5)在对"女性可以有工作,但家务、育儿应该做好"观点的选择态度中(见表47)。这个问题主要测量女生家庭和事业是否同时重要的问题,从表47可以看出,有69.8%的女生赞成和较赞成"女性可以有工作,但家务、育儿应该做好"的观点,所占的比例是最高的;选择反对和较反对态度的女生总共有20.9%;而无法做判断的女生所占的比例是9.3%;这个问题很好地测量出了女生对"家庭和事业同时重要"态度的人数比例。

小结:从问题和数据分析来看,大约有19.2%~31.0%的女生比较看重家庭;有60.0%左右的女生觉得家庭和事业同时重要,而只有少数的女生比较看重事业。见表43到表47。

表43　家庭比事业重要的意识的频数统计结果(1)

您同意"男人以事业为重,女人以家庭为重"观点吗					
—		频数	百分比(%)	有效百分比(%)	累计百分比(%)
有效	完全不同意	18	13.5	14.8	14.8
	比较不同意	57	42.9	46.7	61.5
	无所谓同意不同意	23	17.3	18.9	80.3
	比较同意	24	18.0	19.7	100.0
	合计	122	91.7	100.0	—
缺失	系统	11	8.3	—	—
合计		133	100.0	—	—

表44　家庭比事业重要的意识的频数统计结果(2)

您认可"男主外,女主内"的家庭模式吗					
—		频数	百分比(%)	有效百分比(%)	累计百分比(%)
有效	认可	25	18.8	19.2	19.2
	不认可	34	25.6	26.2	45.4
	视情况而定	67	50.4	51.5	96.9
	无所谓	4	3.0	3.1	100.0
	合计	130	97.7	100.0	—
缺失	系统	3	2.3	—	—
合计		133	100.0	—	—

表45　家庭比事业重要的意识的频数统计结果(3)

您赞成"女性结婚后应以丈夫和孩子为中心安排生活"的观点吗					
—	—	频数	百分比(%)	有效百分比(%)	累计百分比(%)
有效	赞成	4	3.0	3.1	3.1
	较赞成	22	16.5	16.9	20.0
	较反对	46	34.6	35.4	55.4

续表

您赞成"女性结婚后应以丈夫和孩子为中心安排生活"的观点吗					
—	—	频数	百分比(%)	有效百分比(%)	累计百分比(%)
有效	反对	34	25.6	26.2	81.5
	讲不清	24	18.0	18.5	100.0
	合计	130	97.7	100.0	—
缺失	系统	3	2.3	—	—
合计		133	100.0	—	—

表46 家庭与事业权衡意识的频数统计结果

如果今后家庭和工作发生了冲突你会怎么办					
—	—	频数	百分比(%)	有效百分比(%)	累计百分比(%)
有效	主要以家庭为主	40	30.1	31.0	31.0
	主要以工作为主	6	4.5	4.7	35.7
	视情况而定	77	57.9	59.7	95.3
	不清楚	6	4.5	4.7	100.0
	合计	129	97.0	100.0	—
缺失	系统	4	3.0	—	—
合计		133	100.0	—	—

表47 家庭与事业都重要的意识的频数统计结果

您赞成"女性可以有工作,但家务、育儿应该做好"的观点吗					
—	—	频率	百分比(%)	有效百分比(%)	累计百分比(%)
有效	赞成	38	28.6	29.5	29.5
	较赞成	52	39.1	40.3	69.8
	较反对	16	12.0	12.4	82.2
	反对	11	8.3	8.5	90.7

续表

您赞成"女性可以有工作,但家务、育儿应该做好"的观点吗					
—	—	频率	百分比(%)	有效百分比(%)	累计百分比(%)
有效	讲不清	12	9.0	9.3	100.0
	合计	129	97.0	100.0	—
缺失	系统	4	3.0	—	—
合计		133	100.0	—	—

3.5.2 性别在家庭与事业的权衡意识中的差异

(1)从表48得知,在"男人以事业为重,女人以家庭为重"的观点选择中,男生选择同意的比例有18.1%,女生有9.6%,说明男生同意这种观点的人数要多于女生;选择不同意的男生比例有16.4%,女生有30.1%,说明女生不同意这种观点的人数要多于男生。从卡方检验的结果来看,性别对"男人以事业为重,女人以家庭为重"观点有显著差异,特别是在比较同意和比较不同意两个的选择中,男女所占比例的差异较大,说明男生持有同意这种观点的人数要多于女生,而持有不同意观点的女生人数要多于男生。

(2)从表49数据显示可知,在"男主外,女主内"的家庭模式选择中,有12.7%的男生认可这种模式,有8.6%的女生认可这种模式,说明男生认可这种模式的比例要多于女生;选择不认可的男生比例有7.2%,而女生比例有11.7%,说明女生不认可这种模式的比例要多于男生。从卡方检验的结果来看,性别对"男主外,女主内"的家庭模式有显著差异,就是男女生在认可和不认可的选择中的差异比较大,男生认可的人数多于女生,女生不认可的人数多于男生。

(3)从表50得知,在"女性结婚后应以丈夫和孩子为中心安排生活"的观点选择中,男生选择赞同的比例有23.0%,女生的比例是9.0%,说明了男生赞成这种观点的人数要多于女生;选择反对观点的男生比例是15.1%,女生比例是27.5%,女生反对这种观点的人数要略多于男生。从卡方检验的结果来看,性别对"女性结婚后应以丈夫和孩子为中心安排生活"的观点的选择有显著差异,特别是在赞成方面的观点,男生赞成的人数要多于女生赞成的人数。

(4)从表51得知,选择赞成和较赞成的比例总和是68.6%,男生赞成的比例和女生赞成的比例差不多,分别为14.5%和13.1%;较赞成的男女比例分别为23.1%和17.9%;反对态度的男女比例差异不大。从卡方检验的结果来看,性别对这种观念的选择差异不大,说明男生和女生在这种观念的选择态度上都差不多。

小结:总的来说,有近20%的女生认为家庭比事业要重要,有近70%的女生认为两者同时重要,只有少数女生认为事业比较重要。说明大部分的女生都认为在追求事业的同时要照顾好家庭。

表48 性别和家庭重于事业的意识的交叉制表和卡方检验结果

性别*您同意"男人以事业为重,女人以家庭为重"观点吗 交叉制表($n=249$)								
			您同意"男人以事业为重,女人以家庭为重"观点吗					合计
			完全不同意	比较不同意	无所谓同意不同意	比较同意	完全同意	
性别	男	计数	14	27	41	42	3	127
		总数的%	5.6%	10.8%	16.5%	16.9%	1.2%	51.0%
	女	计数	18	57	23	24	0	122
		总数的%	7.2%	22.9%	9.2%	9.6%	0.0%	49.0%
合计		计数	32	84	64	66	3	249
		总数的%	12.9%	33.7%	25.7%	26.5%	1.2%	100.0%
χ^2			24.095***(Sig.=0.000)					

注:"#"表示p<0.1;"*"表示p<0.05;"**"表示p<0.01;"***"表示p<0.001。

表49 性别和家庭重于事业的意识的交叉制表和卡方检验结果

性别*您认可"男主外,女主内"的家庭模式吗 交叉制表($n=291$)							
			您认可"男主外,女主内"的家庭模式吗				合计
			认可	不认可	视情况而定	无所谓	
性别	男	计数	37	21	93	10	161
		总数的%	12.7%	7.2%	32.0%	3.4%	55.3%
	女	计数	25	34	67	4	130
		总数的%	8.6%	11.7%	23.0%	1.4%	44.7%

续表

性别*您认可"男主外,女主内"的家庭模式吗 交叉制表($n=291$)						
			您认可"男主外,女主内"的家庭模式吗				合计
—	—	—	认可	不认可	视情况而定	无所谓	
合计		计数	62	55	160	14	291
		总数的%	21.3%	18.9%	55.0%	4.8%	100.0%
χ^2			8.991*(Sig.=0.029)				

注:"#"表示$p<0.1$;"*"表示$p<0.05$;"**"表示$p<0.01$;"***"表示$p<0.001$。

表50 性别和家庭重于事业的意识的交叉制表和卡方检验结果

性别*您赞成"女性结婚后应以丈夫和孩子为中心安排生活"的观点吗 交叉制表								
			您赞成"女性结婚后应以丈夫和孩子为中心安排生活"的观点吗					合计
—	—	—	赞成	较赞成	较反对	反对	讲不清	
性别	男	计数	20	47	50	17	27	161
		总数的%	6.9%	16.2%	17.2%	5.8%	9.3%	55.3%
	女	计数	4	22	46	34	24	130
		总数的%	1.4%	7.6%	15.8%	11.7%	8.2%	44.7%
合计		计数	24	69	96	51	51	291
		总数的%	8.2%	23.7%	33.0%	17.5%	17.5%	100.0%
χ^2			22.690***(Sig.=0.000)					

注:"#"表示$p<0.1$;"*"表示$p<0.05$;"**"表示$p<0.01$;"***"表示$p<0.001$。

表51 性别和家庭与事业都重要的意识的交叉制表和卡方检验结果

性别*您赞成"女性可以有工作,但家务、育儿应该做好"的观点吗 交叉制表($n=290$)								
			您赞成"女性可以有工作,但家务、育儿应该做好"的观点吗					合计
—	—	—	赞成	较赞成	较反对	反对	讲不清	
性别	男	计数	42	67	26	6	20	161
		总数的%	14.5%	23.1%	9.0%	2.1%	6.9%	55.5%

续表

性别*您赞成"女性可以有工作,但家务、育儿应该做好"的观点吗 交叉制表($n=290$)

			您赞成"女性可以有工作,但家务、育儿应该做好"的观点吗					合计
			赞成	较赞成	较反对	反对	讲不清	
性别	女	计数	38	52	16	11	12	129
		总数的%	13.1%	17.9%	5.5%	3.8%	4.1%	44.5%
合计		计数	80	119	42	17	32	290
		总数的%	27.6%	41.0%	14.5%	5.9%	11.0%	100.0%
χ^2			4.466(Sig.=0.347)					

注:"#"表示$p<0.1$;"*"表示$p<0.05$;"**"表示$p<0.01$;"***"表示$p<0.001$。

3.5.3 女生家庭与事业的权衡意识的影响因素描述

1. 因变量的选取

本文用问卷中的"您赞成女性结婚后应以丈夫和孩子为中心安排生活"的观点作为测量家庭重于事业的因变量,把"赞成"和"较赞成"归为一类,重新编码为"1",表示有婚姻自主性;把"较反对"和"反对"归为一类,重新编码为"0",表示没有婚姻自主性;把"讲不清"归为一类,视为系统缺失(见表52)。

2. 自变量的选取:和上述的一致

从对"家庭重于事业"的回归分析结果发现,女生年龄因素、党员身份、父亲职业、母亲教育程度和母亲党员身份都对女生的这种"家庭重于事业"观点有显著的影响。其中,年龄越大的女生越认可这种"家庭重于事业"的观点;其次是党员身份对女生的影响,是党员身份的女生认可这种观点的可能性比非党员女生要低,大约低8.4%,说明了非党员女生更认可"家庭重于事业";父亲职业对女生的这种观点也产生了一定的影响,其中,父亲职业是农、林、牧、渔、水利业生产人员和不便分类的其他从业人员对女生认可"家庭重于事业"的观点影响比较大,父亲职业是农、林、牧、渔、水利业生产人员和不便分类的其他从业人员的女生赞同"家庭重于事业"的可能性是父亲职业为党政机关事业类的女生的570.5倍;母亲的受教育水平也对女生赞同"家庭重于事业"产生一定的影响,母亲教育水平为高中、中专、技校的女生赞同"家庭重于事业"的可能性是母亲只有小学及以下水平的女生的60.1倍;最后是母亲党员身份对女生赞成"家庭重于事业"的影响比较大,母亲是党员身份的女生赞同"家庭重于事业"的可能性是母亲是非党员身份的女生的61.1倍。

表52 女生认为家庭重于事业的意识的回归分析结果

自变量	家庭重于事业		
	B	Sig.	Exp (B)
年龄	0.994*	0.038	2.703
民族(参考类=少数民族)	1.135	0.312	3.110
年级(参考类=本科)	−0.486	0.788	0.615
专业(参考类=工科)	—	0.187	—
理科	0.510	0.619	1.666
文科	−1.689	0.132	0.185
文体类	−21.834	0.999	0.000
是否党员(参考类=非党员)	−4.120*	0.017	0.016
成长环境(参考类=农村)	—	0.562	—
城市	1.254	0.490	3.505
县城	−1.089	0.404	0.336
乡镇	−0.774	0.560	0.461
是否学生干部(参考类=否)	1.410	0.418	4.098
月生活费	−0.002	0.144	0.998
父亲职业(参考类=非机关事业类)	—	0.150	—
企业类人员	4.006	0.077	54.921
商业、服务业类	2.724	0.259	15.246
农业类人员、不便分类人员	6.347*	0.025	570.504
母亲职业(参考类=非机关事业类)	—	0.167	—
企业类人员	1.364	0.571	3.913
商业、服务业类	2.165	0.355	8.714
农业类人员、不便分类人员	−2.401	0.372	0.091

续表

自变量	家庭重于事业		
	B	Sig.	Exp (B)
父亲教育程度(参考类=小学及以下)	—	0.755	—
初中	1.534	0.337	4.637
高中、中专、技校	0.795	0.635	2.214
专科、本科	-1.159	0.626	0.314
研究生及以上	-25.454	0.999	0.000
母亲教育程度(参考类=小学及以下)	—	0.105	—
初中	1.191	0.299	3.292
高中、中专、技校	4.112*	0.016	61.088
专科、本科	5.479	0.051	239.716
父亲是否党员(参考类=非党员)	0.445	0.767	1.561
母亲是否党员(参考类=非党员)	4.093*	0.032	59.903
常量	-28.093	0.015	0.000
合计	98.000	—	—

说明：(1)*$p<0.05$；**$p<0.01$；***$p<0.001$；(2)家庭重于事业中，-2LL=57.281，Cox & Snell R Square=4.11%，Nagelkerke R Square =6.12%。

4 研究结论和讨论

4.1 女生参政意识研究的结论和讨论

4.1.1 女生参政意识的一般特征总结和讨论

迄今为止,政治参与是全球女性地位中最薄弱的一个方面,在我国也不例外。那么女性的参政意识是否也和参政现状一样薄弱呢?

在参政意识的测量中,本文用了政治关注程度、政治参与程度、政治期望和参政意愿来测量女生的参政意识现状。从数据显示来看:①在政治关注程度方面,广西大学有40%左右的女生经常和比较关注有关政治的事项,超过一半的女生选择很少或者偶尔关注,说明女生对政治关注度比较低的比例是大多数。②在政治参与程度方面,女生经常参与有关政治的评论或讨论的比例只有11.3%,大部分都是很少参加,大约有1/4的女生从未参加过有关政治的评论或讨论,说明女生对政治的参与度比较低。③在政治期望的测量中,有1/3的女生认为她们的政治期望不高,有超过1/3以上的女生认为自己的政治期望一般,有很高和比较高政治期望的女生所占的比例只有14.6%,说明具有较高的政治期望的女生还是属于少数。④在参政意愿方面,有10.5%的女生表示,如果有机会,一定会选择参加有关政治的工作或活动;而可能和不确定的态度的比例比较高,达到80.4%,说明只有少数女生比较肯定自己有参政意愿。

总的来说,广西大学的样本量女生在参政方面的意识比较薄弱,对待政治的态度没有那么积极,政治期望也不是很高,参政意愿不强烈。

有研究表明女性参政比例低的原因之一是女性自身缺乏参政意识[1],再

---

[1] 叶文振.女性学导论[M].厦门:厦门大学出版社,2006:303.

回顾自1954年第一届全国人大代表大会以来,40多年间全国人大女代表所占比例在21%左右,见表53。这在很大程度上可以证实女生的参政意识直接影响到女生今后参政行为的可能性很大。因为本研究的数据显示女生的参政意识较低,与现实生活中女性参政比例较低比较相符合。

表53　历届全国人民代表大会的代表人数和性别构成

—	人数及性别构成		比例及性别构成	
	女	男	女	男
第一届	147	1079	12.0	88.0
第二届	150	1076	12.2	87.8
第三届	542	2492	17.9	82.1
第四届	653	2232	22.6	77.4
第五届	742	2755	21.2	78.8
第六届	632	2346	21.2	78.8
第七届	634	2344	21.3	78.7
第八届	626	2352	21.0	79.0
第九届	650	2329	21.8	78.2
第十届	604	2381	20.2	79.8

资料来源:《中国社会的女人和男人——事实和数据》,86页。

4.1.2　性别与参政意识的差异检验结果总结和讨论

世界各国之间虽然存在着巨大的文化差异,但是有一个现象是一致的:男女两性在政治领域中的参与程度有很大的差异,尤其在我国,女性参政的比例明显低于男性。但是两者在参政意识方面是否也有差异?本文用政治关注程度、政治参与程度、政治期望和参政意愿4个变量和性别做交叉表和卡方检验,从而得到以下的数据分析结果。

①在政治关注程度方面,卡方检验结果显示,性别对政治关注度有显著差异,说明男生和女生在政治关注程度方面存在差异,男生经常关注和比较关注政治的比例要大大超过女生的比例,而不关注政治的男生要比女生少,说明了男生的政治关注程度要明显高于女生。②在政治参与程度方面,卡方检验结果显示,性别对政治参与度没有显著差异,也就是说男女在政治参与

程度方面的比例差不多,虽然数据没有达到显著的程度,但是在经常参与的选择中,男生比例是7.8%,女生比例是5.1%,说明男生参与政治评论或讨论的人数比女生稍微多一些。③在政治期望方面,卡方检验结果显示,性别对政治期望有显著差异;男生有很高和比较高政治期望的比例大于女生,说明男生对政治期望高于女生。④在参政意愿方面,卡方检验结果显示,性别对参政意愿有显著差异;选择肯定会参政的男生比例要多于女生,说明男生的参政意愿要高于女生。

总的来说,男生和女生在参政意识方面是存在显著差异的,男生的参政意识要高于女生。现实社会中,男女两性在政治领域中的参与程度有差异,而且男性的参与程度要高于女性。从表52也可看出,现实中,男女在政治参与方面的差距是很大的,男性的参政人数要多于女性。李银河在《两性关系》书中曾指出:"在大多数国家政治高层中,女性所占比例很少,甚至没有。"[1]现实中女性的参政现状薄弱和本研究发现女生的参政意识较低也是比较相符合的。那么这里就存在一个问题,是女性的参政意识低于男性造就了这种女性参政比例低于男性的现状还是现状差异造成了这样的意识差异。这是比较值得思考和探究的问题。

4.1.3　女性参政意识的逻辑回归分析总结分析

本文在研究设计中提出了研究的假设,假设女生基本情况的11个自变量对参政意识有显著影响。在回归分析中,本文发现:①在政治关注程度中,只有是否党员身份对政治关注程度有显著影响,结果说明了党员的身份对政治关注程度的可能性是非党员的4.8倍。②在政治参与程度方面,有两个因素对政治参与有显著影响,第一是文科专业,文科专业对政治参与程度有显著影响,文科的女生对政治参与的可能性是工科的6.5倍;第二是学生干部的身份对政治参与有显著影响,学生干部的女生对政治参与的可能性是非学生干部的19.4倍。③在政治期望方面,只有党员身份对政治期望有显著影响,结果分析表明,中共党员的政治期望值很高和比较高是非党员的11.9倍。④在参政意愿方面,母亲政治面貌对女生的参政意愿有显著影响,母亲是中共党员的女生愿意参政的可能性是非党员母亲的女生的10.5倍。

---

[1] 李银河.两性关系[M].上海:华东师范大学出版社 2005: 34.

结果表明,党员身份、文科专业、学生干部、母亲政治面貌对女生的参政意识有显著影响,而且都是正向的影响,也就是说明了党员、文科专业、学生干部、母亲是党员身份都在一定程度上影响着女生的参政意识,而且都是正向的影响,女生具有这些特征,那么她们的参政意识就会比较高。

在我国,党员身份对参政行为有着很大的直接关系,这是我国政治体制的特征。所以女生的党员身份在一定程度上影响着她们的参政意识是比较合理的。而大多文科专业都会多多少少的涉及政治领域的知识,需要学生经常关注国家政治动态或社会政策,以促进专业上的学习,所以女生大多需要经常关注政治领域的知识或动态,久而久之会受到感染,增强她们的参政意识。学生干部身份的女生经常要搞学生活动,例如党团活动或者学生会的活动,能经常接触到有关政治的生活,所以学生干部身份也会增进其参政意识。符合互动理论认为,人在社会化过程中,互动一方会对另一方产生一定的影响,所以说母亲是党员身份的女生在家庭社会化过程中经常和母亲在互动中不自觉的增加了参政意识。

4.1.4 女生参政意识存在的问题及原因分析

1. 存在的问题

上述对女生参政意识的研究总结发现了女生的参政意识比较薄弱,对待政治的态度不积极,政治期望不高,参政意愿不强烈。男生的参政意识要明显强于女生。这也正是女生的参政意识所存在的问题。为什么会存在这样的问题,女生的参政意识薄弱是否合理或正常?到底是女性的较弱的参政意识影响到了女性的较低的参政行为,还是女性较低的参政行为反应导致了女性的参政意识薄弱?这是我们值得思考的地方。

2. 原因分析

(1)首先有必要对女生的参政意识薄弱是否合理做一个解释,这就直接涉及一个问题:女性是否真的需要参政?如果女性有参政必要,那么女性的参政意识薄弱就是不合理的,需要提高。理论界对女性是否有必要参政这个问题存在着3种认识。一是"平等权利论"。该理论认为参政是共同属于两性平等的、不可剥夺和必须予以实现的权利;并从实现女性利益和两性权利平等的角度加以解释。二是"社会需要论"。它以实现社会整体利益的角度为出发点,认为女性参政是女性自身利益的需要,更是男女平等的体现,更重要的是,它是社会发展和人类进步的迫切需要。三是"和谐论"或"平衡论"。该理论从达到社会平衡的角度来解释,认为社会就像一部设计精良的机器,需要各个部分遵循协调运行的原则互相配合,发挥各自特有的功能,以达到平衡与和谐;只有以这种"生态平衡""协调发展"的眼光看女性参政问题,才能正确评价女性在政治领域中的作用和贡献。❶因此,女性有必要参政,但女性的参政意识薄弱就是不合理的,需要提高。(2)女生参政意识薄弱的原因分析。①传统性别观念的制约。一方面,传统的"男尊女卑""男主女从"的性别观念和"男女有别""女不如男"的性别偏见一直潜藏于人们的思想深处,导致女性参政意识、参政主动性的匮乏;❷另一方面,女性一直以来都脱离政治体制中心,这造成了各界观念上认为女性不适合参与政治,也导致多数女性本身认为不适于参政。这些因素都导致了当今女性薄弱的政治参与现状。❸女性参政意识的薄弱在相当程度上影响了她们淡薄的政治参与,而淡薄的政治参与反过来又促进了薄弱的参政意识。②传统社会性别分工与家庭角色的影响。一直以来,我国男女两性在性别分工上依然受"男主外,女主内"的传统分工模式的影响,这就导致我国很多女性不敢问津与权力相关的职业,缺乏参政的自信心和文化自觉性。❹同时,男女有别的传统社会分工模式也助长了男权主义,许多男性认为女性参政是不合乎传统社会分工的,这种偏见使很多女性的参政行为遭到她们丈夫的反对,从而失去最关键的支持,这就更促进了现实社会女性参政比例低的现象,现实较低的参政比例又加深了女性较弱的参政意识。女性参政意识薄弱的另一个重要障碍就是家庭角色冲突。从古到今,女性在家庭中所充当的角色就是承担着主要的家务劳动,培养教育子女、从事家务以及照顾老人等,这就使得她们无法把更多的精力放在家庭以外的事业中,大大地降低了女性从政意识。

综上所述,政治这个权力领域是否有女性参与以及参与的程度,是衡量男女平等地位的重要标志。女性政治参与是提高女性社会地位更是最终实

---

❶ 叶文振.女性学导论[M].厦门:厦门大学出版社,2006:311.

❷ 同❶ 332.

❸ 李银河.两性关系[M].上海:华东师范大学出版社,2005:34.

❹ 同❷.

现男女平等的必由之路。所以有必要提高女生薄弱的参政意识,才能促进女性参政的行为。要提高女性的参政意识必须扭转能影响女生的参政意识的传统性别观念和改变社会分工。

4.2 女生就业意识研究的结论和讨论

4.2.1 女生就业意识的一般特征总结

就业是女性在社会中获得独立生活的经济基础,无论世界其他国家还是中国,女性走出家庭参与社会劳动已经成为主流。伴随着工业化和城市化的进程,女性进入市场就业的机会增加,参加就业的女性所占的比例也迅猛攀升,女性在全部社会劳动力中所占的比例日益接近半数。但是,女性在就业方面还有很多不尽如人意之处,例如女性的就业结构和工资水平较低,女性集中在技术水平较低、工资较少的行业和职业中,这是一个在全世界都普遍存在的现象。那么女性的就业意识也和现实的就业状况一样那么低吗?这是个值得我们寻找的答案。

在就业意识的测量中,本文用了就业准备、就业期望、就业动机和就业心态来测量女生的就业意识现状。①在就业准备方面,本文用了两个具体的指标:是否做过职业生涯规划和就业信息关注程度。在职业生涯规划方面,大部分的女生都没有做过职业生涯规划,只有36.1%的女生做过职业生涯规划;在就业信息关注程度方面,只是偶尔、很少或几乎没有关注过就业信息的女生比例占大多数,只有26.3%的女生经常关注就业信息。说明女生就业准备意识比较薄弱,不积极做职业生涯规划,也不经常关注就业信息,就业准备不充分。②在就业期望方面,本文用了4个具体的指标:就业地域的倾向、职业单位类型、职业性质和职业的薪酬,测量女生想要在哪里、想进哪种类型的单位、做哪种类型的职业和希望有什么样的薪酬。从数据显示的情况来看,大部分的女生倾向到中小城市就业;在职业单位类型的选择中,倾向事业单位的女生比较多;在职业性质中,选择稳定性职业的女生比较多;在薪酬期望中,女生希望的月薪平均是4446.80元,选择5000元月薪的人数比较多。说明女生比较倾向在中小城市,倾向事业类单位和比较稳定的工作,期望的薪酬

4464.80元。与清华大学中国经济社会数据中心发布的大学生收入报告,2011年大学应届毕业生的平均初始工资为2719元以及新华网发布的中国大学生平均起薪2153元具有很大的差异,说明女生对薪酬的期望还是很高的。③在就业动机方面,选择实现自身价值、为生计需要以及为追求更高水平的物质享受为就业目的的女生所占的比例均衡,接近1/3。说明女生的就业动机主要集中在实现自身价值、生计需要和更高水平的物质享受方面。④在就业心态方面,有信心面对激烈的就业竞争的女生大约有1/3,而没有选择、信心一般和较没有信心的女生所占的比例是最多的,超过了一半,说明女生的就业心态不是很乐观。

总的来说,女生的就业准备不足,倾向于到中小城市事业类单位寻找比较稳定的工作,对薪酬期望比较高,就业的主要目的是实现自身价值和为生计需要以及为追求更高水平的物质享受,但是就业心态不是很乐观。

经济地位是决定社会地位的一个重要指标,所以就业是体现女性社会地位的一个非常重要的指标。国家统计局发布的《第二期中国妇女社会地位抽样调查主要数据报告》中,经济指标排在女性社会地位衡量指标体系的首位,其核心就是就业。女生的就业意识能影响到她们的就业行为,能影响到寻找什么样类型的职业。所以女生就业意识的不足在一定程度上导致了女生在劳动力市场地位低下的现实。所以要想提高女生在劳动力市场的地位,必须先提高女生的就业意识。

4.2.2 性别与就业意识差异的总结与讨论

女性参与就业是社会发展、人类进步的需要,也是女性提高地位、获得与男性平等的权利和实现女性人生价值的途径。但是由于种种原因,在就业方面的现实状况是,女性相对于男性的劣势表现在有酬工作的女性就业率低于男性,表现在女性的就业结构不如男性,女性的就业主要集中在技术性较低、工资较低和职业保障最少的职业类型中。那么男女在就业意识方面是否和现实一样差异很大?如何认识这些差异是值得我们认真讨论的问题。

①在就业准备方面,从卡方检验的结果分析,性别对职业生涯规划没有显著差异,说明男女对待职业生涯规划的态度都差不多;性别对关注就业信息没有显著差异,说明了男生和女生在关注就业信息程度上差异不大。男生

和女生在学校的时候对就业准备都是不充分的,就业准备的程度较低,就业准备不积极。②在就业期望方面,卡方检验结果说明,性别对就业地域的倾向有显著差异,男生更倾向于到大城市发展,而女生更乐意到中小城市发展;性别对职业单位的选择有显著差异,男生选择党政机关和民营企业的比例比女生多;性别对职业性质的倾向没有显著的差异,但是从表中数据可看出,女生选择稳定工作的比例要稍微多于男生;独立样本T检验的结果表明,男女生在薪酬期望上有差异,男生对薪酬期望比女生高。③在就业动机方面,因为本问题的设计是多选题,所以无法做卡方检验,但是从交叉制表可知,男生选择实现自身价值和为生计需要的比例大于女生。④在就业心态方面,卡方检验的结果显示,性别对就业心态有显著差异,男生比女生就业心态要乐观。在现实的高校毕业生就业中,女大学生的求职经历确实比男生更为艰难,主要表现在女生寻找工作的时间成本与心理成本要高于男生,还表现在女生投递简历的份数要多于男生,但是获得面试的机会却少于男生,所以女生在求职中产生的心理压力和挫败感就会明显大于男生。

总的来说,男女在就业意识中除了就业准备没有显著差异外,其他方面选择还是有差异的,男生的就业心态比女生乐观,就业薪酬期望也高于女生,男生更倾向于到大城市就业,而女生更倾向于到中小城市发展,男生倾向于选择党政机关和民营企业的单位类型的比例高于女生等。

高校女生的综合素质并不低于男生,女生在校学习成绩总体好于男生,能力也比男生强。但是现实社会的劳动领域中存在着性别等级秩序,工资收入存在差别和性别等级,女性工作所得到的报酬要比男性少,在收入上的性别差异是很明显的。❶现实的劳动市场中,男女的就业差异很明显,而在高校中,男生和女生都还没有进入劳动力市场之前,他们的就业意识竟然存在着那么大的差异。林聚任曾指出"传统观念认为女科学家科研成就低的重要原因,是她们的成就动机低于男科学家"。❷同样的道理,也就是说明女生的就业成就低于男生的原因是比男生缺乏强烈的成就动机或者说是较高的职业期望所引起的。

---

❶ 叶文振.女性学导论[M].厦门:厦门大学出版社,2006:254.
❷ 林聚任.社会性别的多角度透视[M].广州:羊城晚报出版社,2003:209.

4.2.3 就业意识的影响因素总结

本文在研究设计中提出了研究的假设,假设女生基本情况的11个自变量对就业意识有显著影响。由于就业意识的具体指标性质原因,在就业意识的具体指标中,只能选择就业准备和就业心态做回归分析。

(1)就业准备方面。在职业生涯规划方面,结果显示,专业因素、月生活费因素、父母的教育程度对女生的职业生涯规划有影响。文科专业和文体类专业的女生比较倾向于做职业生涯规划,这和专业的就业难易程度相关,一般来说,工科和理科专业比文科和文体类专业好就业,所以文科和文体类女生和理工科的倾向于做职业生涯规划是比较合理的。月生活费低的女生比月生活费高的女生更倾向于做职业生涯规划,月生活费在一定程度上代表了女生的经济地位,也代表了其家庭经济条件的高低,"穷人的孩子早当家"这句谚语说明了家庭经济条件越差的孩子越早做职业打算,大部分在校的时候就在做兼职、关注就业信息等,所以家庭经济能力较低的女生越倾向于做职业生涯规划也是比较合理的。父亲教育程度越低的女生越倾向于做职业生涯规划,父亲教育程度越低,其家庭经济条件可能也比较低,所以在就业方面对子女的帮助不大。女生需要自己多做职业生涯规划、多做职业准备等。在就业关注方面,专业因素、是否党员身份、成长环境、学生干部身份、母亲职业和父亲政治面貌都对女生的就业关注有影响。文科专业的女生更倾向于经常关注就业信息;是党员身份的女生更倾向于经常关注就业信息;家住县城和乡镇的女生更倾向于经常关注就业信息;学生干部身份与关注就业信息成负相关的关系;母亲的职业是非机关事业类单位的女生更倾向于关注就业信息;父亲是党员身份的女生更倾向于经常关注就业信息。

(2)就业心态方面。从回归分析的结果来看,没有任何的因素对就业心态有显著影响,说明了女生的就业心态并没有因为家庭背景的不同,或者专业因素的不同,而有所差异。作为女生身份,她们在就业心态方面是那么的统一。大部分女生在面临就业求职问题方面,都没有乐观的心态。不管她们有怎样的家庭背景,以及怎样的专业或者怎样的学历,女生的就业心态都不如男生。

4.2.4 女生就业意识存在的问题及原因分析

4.2.4.1 存在的问题

从研究的结果来看,女生的就业准备不足,就业期望不高,就业心态比较消极;就业意识明显不如男生。这些研究结果同时也正是女生就业意识存在的问题,女生的就业意识不强。这些问题的反映也比较符合男女两性在现实的劳动力市场中的现象。

4.2.4.2 原因分析

①传统社会性别观念的影响。在我国,"男尊女卑"性别歧视、"男主外,女主内"的社会性别观念源远流长,至今仍影响着女性的社会性别意识观念。传统的性别观念,包括对性别的歧视、男女在各行业中角色分工的不同以及性别角色期待的不同等均是直接影响和塑造当代女大学生的就业观念的重要因素。传统社会性别观念的不足,影响了当代女大学生就业意识。❶社会性别理论认为是后天社会文化环境及社会观念造成女性的社会地位低于男性,并不是生物性因素或先天原因,即传统的社会性别观念在女性的社会化过程中根深蒂固。男性能在劳动力市场中一直保持优势,是多年形成的性别文化的表现。女性无法实现平等就业、发展机会少于男性,是社会文化造成的社会性别歧视的结果,而男性在劳动力市场的优势现实中在一定程度上对女生的就业意识产生了负面影响。②两性分工论。从经济学效益角度来看,劳动分工的思想基础是比较优势,即男性具有挣钱的优势,所以他们工作挣钱养家,而女性因为具有生育机能的优势,所以她们投身于家庭的生育和抚养孩子之中。"经济学上说,这种分工所增加的效益,是两性婚姻结合的最基本利益。"❷按照经济学的这种观点来看,男性趋向于市场工作,而女性更倾向于家务工作,这种分工是比较有效率的,久而久之,这种分工模式造就的性别观念化使两性的就业分工分离化,女性倾向于顾家,男性倾向于市场工作。李银河曾在《两性关系》中说过,这种不利于女性的性别劳动分工既是女性社会地位低下的原因,又是它的结果。❸根据本文对女生就业意识的研究

---

❶ 叶文振.女性学导论[M].厦门:厦门大学出版社,2006:230.

❷ 同 ❶ 228.

❸ 李银河.两性关系[M].上海:华东师范大学出版社,2005:66.

发现,女生的就业意识明显弱于男生,说明和传统的性别分工是有很大关系的。传统的性别分工在女生的社会化过程中根深蒂固,导致很多女生认为有些工作是男性的领域,女性比较适合稳定的、轻松的工作,这样能照顾到家庭,导致了她们的就业意识的弱化,缺乏追求事业的动力。

4.3 女生的婚育权意识研究结论和讨论

4.3.1 女生婚育权意识的一般特征总结

婚姻是指男女双方按照社会认可的方式结成夫妇并承担相应的权利和义务的一种社会制度。在我国,绝大部分的男女都会经历婚姻,在传统社会中子女的婚姻决定权由父母掌握,个人的自主权很小,尤其是女性更堪忧。中华人民共和国成立以来,《婚姻法》和《妇女权益保障发法》都对女性的婚姻作了明确规定,从法律上保障女性的婚姻自主权。但是高校女生的婚姻自主权意识是否和法律同步?所以有必要对选择高校女生的婚育权意识做一个初步的了解。女性的婚育权意识,主要表现在婚姻自主权、家庭事务决定权、家庭经济权、理想的家务分工模式和生育自主权等方面。

①在婚姻自主权方面。本文用两个问题测量婚姻自主权意识:第一是直接问是否能对自己的婚姻做主;第二是有关"结婚是个人的选择,所以结婚不结婚都可以"观念的态度。能对自己的婚姻做主的女生所占比例是12.9%;大部分的女生都需要和家人商量后才能做决定,比例是80.3%;仍有少数女生认为自己的婚姻由家人决定。说明只有比较少的女生有婚姻自主意识。在第二个问题中,有超过一半的女生赞成这种观念,也有将近一半的人数表明反对和无法做决定的态度。总的来说,有一半的女生觉得婚姻是自己的事,但是真正的情况是只有少数女生能对自己的婚姻做主,不受任何人的影响。②在家庭事务的决定上,选择夫妻共同决定的女生所占的比例是最高的,有75.0%;也有少数女生选择丈夫做主。说明现在女生比较倾向于夫妻双方决定家庭事务和男女双方平等家庭地位的意识。③在家庭经济权方面。本文也用两个问题做测量,第一是"家庭财务权由谁掌控比较合适?";第二是"家庭财务的重大开支,由谁支配比较合适?"。在第一个问题中,大部分的女生

选择了夫妻共同决策,所占的比例是70.7%;其次是妻子做主,丈夫同意。第二个问题的选择在家庭财政的开支上,有82.7%的女生认为夫妻共同决策比较合适;但是仍有10.5%的女生认为由丈夫做主,妻子同意比较合适。总体上来说,现在女生对家庭经济权方面倾向于选择夫妻共同管理,表现出女生倾向于夫妻之间的平等意识。④在理想的家务分工模式中,大部分的女生认为夫妻双方共同承担是她们理想的家务分工模式,也有少数女生觉得妻子承担大部分家务比较合适。说明仍有少数女生停留在传统社会的家务劳动分工的模式意识中,但是大部分的女生倾向于夫妻共同承担,表现出了男女应有平等的家庭地位的意识。⑤在生育自主权方面。本文用两个问题测量,第一是"妻子在生孩子方面有主动权,与丈夫无关或与其他亲属无关";第二是"男性和女性在生育决策(生不生小孩,生育多少等)上,谁占主导地位"。在第一个问题中,只有4.6%的女生赞成这种观点,大部分的女生都选择了反对这种观点。在第二个问题中,大部分的女生认为在生育决策上,男性和女性占有同等的地位,仍有少数的女生觉得是男性占有主导地位;有15.8%女生认为是女性占主导地位。说明有很大部分女生对自己的生育自主权无法做主;大部分的女生认为生育孩子应该由夫妻双方共同决定。

总的来说,女生在婚姻自主权和生育自主权方面缺乏自主意识,但是在家庭事务决定权、家庭经济权的管理和理想的家务分工模式的选择上都是倾向于夫妻双方一起决策一起承担,说明女生追求男女平等的家庭地位意识。对女性而言,对生育行为的自主意识是性别地位的最佳指标,一个女人能否有生养自己想要的孩子的自由代表且反映了女性的地位。所以说女性什么时候意识到了能自主掌握自己的生育自主权,那代表女性的社会性别意识有了显著的飞跃。

4.3.2 性别与婚育权意识的差异结论和讨论

在传统的婚姻家庭中,男女的地位存在很大的差异,那么男生和女生的意识差异是否像现实生活中的状况一样呢?是值得我们研究的问题。

①在婚姻自主权方面。从卡方检验的结果分析可知,性别对婚姻自主权意识有显著的差异,说明男生和女生在婚姻自主权意识方面有显著差异,大多数男生对婚姻的自主意识要比女生强。②在家庭事务决定权方面。卡方

检验的结果显示,性别对家庭事务的决定方面没有显著的差异,男女在这方面的意识都差不多,大部分男女都倾向于选择夫妻共同决定家庭事务。③在家庭经济权方面。首先在家庭财政权中,卡方检验的结果显示,性别对家庭财政权有显著差异,特别是在选择"丈夫做主"的男女差异比较大,说明了在家庭财政权方面应比女生更有掌控权观念的男生比女生多。其次在家庭重大开支权中,从卡方检验的结果来看,家庭重大开支权方面性别差异显著,特别是在选择"丈夫做主",男女的差异最大,也就是说男生认为在家庭重大开支方面比女生更有决定权的比例比较大。这说明了男生家庭经济权意识比较强烈。④在家务分工模式选择倾向中,从卡方检验的结果分析可知,性别对家务分工模式的倾向性有显著差异,特别是妻子承担大部分家务模式中,男女差异比较显著,男生认为妻子应该承担大部分家务的意识比女生要多。这说明了男生具有妻子应该承担大部分家务的意识比例要多于女生,男生在家务分工的倾向中还沿袭着传统的家务分工模式。⑤在生育自主权方面,从卡方检验的结果来看,性别对女性的生育自主权没有显著的差异,说明了大多数男生和女生同样反对女性能自主决定生育。在生育主导地位中,卡方检验的结果显示,性别对生育主导地位的选择有显著差异,差异比较大的是男生持有主导地位意识的比例大于女生。也就是说男生女生拥有的生育主导权,部分男生甚至觉得男性应当主导生育自主权方面占有主导地位。女生普遍生育自主权意识不强烈,大部分女生所认同的还是生育自主权方面男女占有同样的地位。

男生和女生在婚育权意识方面有所差异,男生比女生的婚姻自主性更强;虽然有超过一半的男女生都倾向于对家庭事务决定权、家庭经济权和家务分工模式的共同分担,但是仍有一部分男生更倾向于对家庭经济权的掌控,更倾向于女性做更多的家务劳动,更倾向于在生育自主权中占主导地位等。说明男生的婚育观念较女生更传统,因为女性除了在婚姻和生育自主权方面的自主性不强之外,都比较倾向于男女平等的家庭地位的意识。《第三期中国妇女社会地位调查主要数据报告》显示:男女共同分担家务的观念得到更多认同。88.6%的人同意"男人也应该主动承担家务劳动"的主张,其中女性为91.2%,男性为82.2%,也就是说女性比男性认同这个观念的比例要多一些。❶这个数据和本文的研究数据结果有相符的地方,即虽然大部分的男女都倾向于共同承担家务分工,但是仍有一部分男生没有这种意识。通过现实家务分工的调查发现女性家务劳动负担较重,72.7%的已婚者认为,与丈夫相比,妻子承担的家务劳动更多,女性承担家庭中"大部分"和"全部"做饭、洗碗、洗衣服、做卫生、照料孩子生活等家务的比例均高于72.0%,而男性均低于16.0%。❷说明意识和现实的差异是很大的,虽然男性也认为应该共同承担家务,但是在现实生活中,大部分的家务还是落到了女性身上。在婚姻自主性方面,在现实生活中,男性的婚姻自主性确实比女性要强。根据《中国妇女社会地位概观》的调查发现,与男性相比,女性自主婚姻的比例低10.3%。❸

在现实生活中,性别与家务分工确实存在着很大的差异,根据研究表明在大多数国家,女性都承担着家庭大部分的劳动。传统的社会性别分工导致了女性在家庭和在社会的从属地位,是性别不平等的根源。但是通过调查发现,女生对家务分工模式的选择倾向于男女平等的模式,这点是值得欣慰的,女生没有因为现实生活中家务分工模式而影响着对平等的家务分工模式的追求。生育,作为人类繁衍的最基本过程,在社会生活中占有重要位置。生育本来就是女性应该有的权利,但是现实生活中,女性对自己的生育自主权不能自主,而且女生大多没有这个自主的意识。这和社会传统观念有着很大的联系,李银河在《性别问题》书中指出:人类在公元前9000—前7000年才开始了解男性在生育中的作用。男人发现自己在生育中的作用之后,一改过去对女性神秘的生育功能的敬畏之情,开始坚持子女要姓男人的姓,把女人变成奴隶,令其婚后到男方家庭中居住,使她们与娘家分隔,远离亲戚,将她们放置在男方的监督和控制之下,严密监督女人的性活动。这种男尊女卑的新秩序在5000年前已经遍及全世界。❹社会性别理论认为,生育文化领域也是男性掌握着绝对的"话语权"。貌似客观、中立的生育文化体系暗含着一个前提,即女性的生殖功能被界定为私人化的、家庭的、家族的。❺

---

❶ 第三期中国妇女社会地位调查课题组.第三期中国妇女社会地位调查主要数据报告[J].妇女研究论丛,2011(6):12.

❷ 同❶.

❸ 中国妇女社会地位调查课题组.中国妇女社会地位概观[M].北京:中国妇女出版社,1993-2008:197-198.

❹ 李银河.性别问题:第一版[M].青岛:青岛出版社,2007:195.

❺ 刘建中,孙中欣,邱晓露.社会性别概论[M].上海:复旦大学出版社,2010:97.

4.3.3 女生婚育权意识的影响因素总结

本文在研究设计中提出了研究的假设,假设女生基本情况的11个自变量对婚育权意识有显著影响。由于婚育权意识的具体指标性质原因,在婚育权意识的具体指标中,只能选择婚姻自主性做回归分析。

从对婚姻自主性的回归分析结果发现,只有女生的学生干部身份对婚姻自主性产生显著影响,是学生干部或者曾经做过学生干部的女生对婚姻的自主性是非学生干部的9.2倍。而其他的变量,例如家庭背景、专业、年级等因素都没有对婚姻自主性产生显著的影响。学生干部一般自主性和自我培养能力比较强,是学生群体中比较有主见的,所以她们对婚姻的自主性比较强是可以理解的。

4.3.4 女生的婚育权意识存在的问题及原因分析

从社会性别的角度来探讨婚育权意识,主要是想了解女生对其在婚姻家庭中地位和作用的认识程度。从本文对女生的婚育权意识的研究中发现,女生的婚姻自主性和生育自主权意识不强,但是在家庭事务决定权、家庭经济权和理想的家务分工模式上比较倾向于夫妻双方共同分担,说明女生已经有了追求家庭地位平等的意识。

对女生的婚姻自主性和生育自主权意识不强的原因解释:我国传统的社会结构是建立在父权制的基础上,所以传统的婚姻家庭模式是以男性为主导,女性在家庭中则处于从属的地位。而我国传统的婚姻制度大多是娶妻嫁女,女子嫁到夫家,从夫居,子女依男系继嗣。正因为传统的婚姻实行"男娶女嫁"的制度,妇女在家庭中附属于男性,导致了家庭中夫妻关系的不平等。从家庭权利配置和家庭关系的角度看,过去"夫唱妇随"被认为是传统家庭美德,女性在婚姻家庭中的地位低于男性。很多女权主义对女性的婚姻家庭有一种见解,认为"女性在社会中之所以地位低下,是传统的婚姻和家庭生活模式本身造成的"。❶所以说我国传统的婚姻制度和家庭模式对女生的婚姻自主性和生育自主权意识方面会产生很大的影响,导致她们认为自己的生育自主权不能由自己控制。由于我国实行了计划生育政策,虽然不是以解放妇

---

❶ 叶文振.女性学导论[M].厦门:厦门大学出版社,2006:262.

和提高妇女的社会地位为出发点,但是这种政策客观上有利于男性减少控制女性的生育,有利于女性从家庭中解放出来,有利于女性在婚姻家庭生活中实现男女两性的平等关系,从而有助于实现社会性别平等。正如费尔斯通(Shulamith Firestone)指出,女性因其生理特性而很难摆脱生育子女任务,致使其地位较男性更低,而不得不依附男性。为此,女性的目标就是设法使女性摆脱生育子女的生物学革命,只有这样,妇女受压迫状况才能根本改善。正因为女生在社会化过程中,受这种传统婚姻制度和家庭模式的影响,所以她们婚姻自主性和生育自主权意识的薄弱是可以理解的,这种意识可能又在一定程度上促进了传统的婚姻制度和家庭模式。

4.4 女生家庭与事业的权衡意识研究的结论和讨论

4.4.1 女生家庭与事业的权衡意识的一般特征总结

在现实生活中,男性的事业和家庭似乎不必对立起来,也没有什么太大的冲突,而这二者在女性身上就会发生冲突,就是说女性要经常面对着家庭和事业的冲突问题。而高校女生是怎么权衡这两者的,是值得我们讨论的问题。本文用了5个问题指标测量女生对家庭和事业的偏向。

①在对"男人以事业为重,女人以家庭为重"观点的选择态度中。大部分的女生不同意这样的观点,有近1/5的女生同意这种观点,说明仍有一部分女生认为家庭比事业重要。②在对"男主外,女主内"家庭模式的选择态度中。也有近1/5的女生认可"男主外,女主内"的家庭模式,说明仍有一部分女生认为家庭比事业重要。③在对"女性结婚后应以丈夫和孩子为中心安排活动"观点的选择态度中。大部分的女生持反对态度,但是有20.0%的女生表示赞成这种观点,这个数据也进一步证实了仍有一部分女生认为家庭比事业重要。④在对"如果今后家庭和工作发生了冲突你会怎么办?"观点的选择态度中。有近1/3的女生选择以家庭为主;而选择以工作为主的女生所占的比例很少,这说明了在面临家庭和事业的选择时,有相当一部分女生会倾向于选择家庭。⑤在对"女性可以有工作,但家务、育儿应该做好"观点的选择态度中。有近7/10的女生赞成这样的观点,说明大部分的女生想同时拥有事业和

照顾好家庭的意识,觉得两者都重要。

从数据来分析,总的来说,有近20%的女生认为家庭比事业重要,有近70%的女生认为两者同时重要,只有少数女生认为事业比较重要。说明大部分的女生都想追求事业的同时又要照顾好家庭的一种倾向。

但是现实往往是比较残酷的,鱼和熊掌不能兼得。现实社会中,女性在应聘时常常由于生育和顾家等原因不被聘用,或在单位中不被重用,女性承担职业和家务、育儿的双重压力使她们不堪重负,无法兼顾,而这又进一步恶化了她们的职业弱势地位。然而,"男主外,女主内"的家庭分工模式经历了奴隶社会、封建社会等漫长的人类历史而源远流长。它已成为人们的一种社会文化、成为人们思维方式的一种定势、成为人们心理的一种习惯。所以女性认可这种模式也是可以理解的。在现实中"大多数妻子则倾向于把家庭摆在人生的首位,把照顾好家看作是她对家庭的最大贡献,她们往往会因为家庭而顾不上事业的更高追求"。❶

4.4.2 性别和家庭与事业权衡意识差异的结果分析

"男主外,女主内"已被社会普通认定。如丈夫少做家务或不做家务,得到社会的普遍认可;而妻子少做家务或不做家务,则会被社会认定为失职。所谓思维方式的定势,是指"男主外,女主内"已成为男女人生选择上的确定的价值取向。❷那么高校男生和女生对待这种模式的认可是否有差异,这个也是值得我们研究的问题。

①在"男人以事业为重,女人以家庭为重"观点的选择态度中。卡方检验的结果表明,性别对"男人以事业为重,女人以家庭为重"观点有显著差异。男生同意的人数多于女生,女生不同意的人数多于男生,说明男生比女生更同意这种观点。②在"男主外,女主内"家庭模式的选择态度中。从卡方检验的结果来看,性别对"男主外,女主内"的家庭模式有显著差异。男生认可这种模式的比例多于女生,女生不认可的比例多于男生,说明男生比女生更认可这种模式。③在"女性结婚后应以丈夫和孩子为中心安排生活"的观点选择态度中。从卡方检验的结果来看,性别对这种观点的选择有显著差异。男生同意这种观点的人数多于女生,说明男生比女生认可这种观点。(4)在"女

---

❶ 刘建中,孙中欣,邱晓露.社会性别概论[M].上海:复旦大学出版社,2010:164.

❷ 同 ❶ 163.

性可以有工作,但家务、育儿应该做好"观点的选择态度中。从卡方检验的结果来看,性别对这种观点的选择差异不大,说明大部分的男生和女生都比较认可这种观点。

总的来说,男生和女生在事业与家庭的选择偏向中有差异。总体来看,男生比女生更偏向于"男主外,女主内"的分工模式。男生的传统观念比女生还要强烈。从第四个问题的分析结果发现,男人鼓励女人成就事业,但是一方面又希望她们同时做好家务劳动和育儿的工作。在欧美国家,大部分人不赞成"男主外,女主内"的分工模式。调查研究表明在实际生活中,男性做家务的比例则要比女性低得多,这说明了人们对社会性别分工的态度与行为之间存在很大的距离。

郑也夫、孙立平等社会学家也认为"男主外,女主内"的社会性别分工模式是现代家庭中的最佳搭配。只因为这种模式发挥了男女两性的不同"优势"。显然他们受生物决定论和经济学思想的影响比较深。但是随着现代化、工业化和城市化的发展,越来越多的女性就业,尤其是高校女生作为女性中的精英,肯定要参与社会的就业中,所以说这种家庭中的传统的性别分工模式开始面临挑战,并由此影响到男女对传统的婚姻角色期望的调整。但是数据表明,女生转变观念比男生要快,因为还有部分男生停留在传统的性别分工观念中。这将会阻碍女性的发展,因为在婚姻家庭中,如果没有男性的支持和鼓励,以及观念的转变,女性想发展事业是比较困难的,所以有必要对高校男生进行社会性别意识的教育和培养。

4.4.3 女生在家庭与事业的权衡意识中的影响因素总结分析

从对"家庭重于事业"的回归分析结果发现,女生年龄因素、党员身份、父亲职业、母亲教育程度和母亲党员身份都对女生的这种"家庭重于事业"有显著的影响。其中,年龄越大的女生越认可这种"家庭重于事业"的观点;非党员身份的女生越认可这种观点;父亲职业等级越低的女生越容易认可这种观点;母亲学历高的女生更认可这种观点,母亲是党员身份的女生更认可这种观点。

年龄越大的女生,越接近婚育的年龄,面临着准备找工作和结婚的事实,开始思考工作和婚姻家庭的准备。年龄越大越认可"家庭重于事业"的观点在一定程度上说明了女生在真正面临选择家庭重要还是事业重要的时候,受传统性别观点和性别分工的影响还是蛮深的。目前高校的女生党员,多数是在学习能力、组织纪律、组织能力等方面有着突出表现的优秀学生,她们在职业发展中也具备更强的竞争力,所以比非党员女生较不认可这种观点是可以理解的。女性学学者认为,女性社会性别的塑造与其成长的家庭环境有密切关系。父母的职业和受教育程度等因素会对女生的社会性别意识的塑造有一定的影响。本文研究发现,父亲职业等级越低的女生越认可家庭重于事业,说明她们可能存在着一种干得好不如嫁得好心理。而母亲是党员而且学历比较高的女生,也比较认可这种观念,说明母亲本身也有这种想法,在和女儿的互动交流中有意无意的影响着女儿,导致女生在家庭社会化过程中也接受了这种观点。母亲在接受高等教育的同时并没有受到社会性别意识的培养和教育,受传统的社会性别观点和传统的分工模式影响比较深。导致这种思想影响到了下一代,如果女生们的社会性别意识还是处于传统的观点,则有可能继续影响到她们的下一代子女。

4.4.4　女生在家庭与事业的权衡意识中存在的问题及其原因

本文在研究中发现,大多数女生倾向于同时兼顾家庭和事业,但是仍有一部分女生认为家庭比事业重要,很少有女生认为事业比较重要。女生具有同时兼顾家庭和事业的意识,但是在现实生活中,很少有女性做到这种境界,在各行各业的优秀职业者中,女性占的比例很少。也就是说女生的这种想法同时兼顾家庭和事业的意识,和现实中女性不能做到家庭和事业同时兼顾的现象是相悖的,说明意识未必就能促进现实行为,或者说女生的这种意识为什么不能促进现实的行为,或者还是有什么原因阻碍了这种意识促进现实的行为。

针对上述问题,有学者提出由于家庭分工角色不同,给了在外面闯事业的女子更大压力,这构成了当今家庭男女的不平等,构成了事业型女子所普遍遇到的事业与家庭的矛盾和困惑。[1]从家庭分工的角度来看,我国传统的家庭分工模式是"男耕女织",这种传统家庭分工模式强调"男主外,女主内"。女性工作角色与家庭角色的冲突是现代社会中一个突出的问题。所以

---

[1] 刘建中,孙中欣,邱晓露.社会性别概论[M].上海:复旦大学出版社,2010:164.

说即使女生想同时兼顾家庭和事业,但是现实社会的家庭分工角色使得女性在面临选择家庭还是事业的时候,大多还是选择家庭,而花在事业上的时间和精力就相对减少,从而造成了女性在就业领域的地位低下。关于性别分工体系有各种讨论,但相比较之下,理性选择理论对性别与劳动分工的解释较为广泛,理性选择理论假定几乎所有人类行为都可以解释为当他们在寻求收益最大化和成本最小化时的个体理性选择的结果。这个理论被美国经济学家 G.贝克尔延伸到家庭生活中对劳动的性别分工。他认为,对劳动的分工通常是家庭成员理性作决策的结果,无论什么时候,家庭成员在市场工作和家庭工作的技能都是存在差异的。一个在市场工作上拥有较好技能的个体将更多时间花费在市场工作中,这是合乎理性的,因为这样个人的工资水平会更高,带给家庭的收益也会更多。他的理论认为那些仅仅只对孩子承担有限责任的丈夫们可以将他们的时间投资到学习市场技能上。而妻子们通常在照顾孩子上花费更多的时间,因此她们可以用来发展市场技能的时间就更少。由此,男性在市场工作上更加专业化,而女性在家庭工作中更加专业化。❶这种理论虽然被广泛效仿,但是也受到了大量的批评,人们质疑这种"理性"的存在,也质疑"理性"存在的前提条件。该理论中,说明了丈夫们对孩子承担的责任要少于妻子们,为什么会有这样的行为,原因不明,说明该理论受生物决定论的影响很深;如果男女照顾家庭的时间一样多,那女性不是有更多的时间发展市场技能了吗,女性的市场技能不是就能专业化了吗?所以说归根到底还是传统的社会性别分工和传统性别观念在影响着女性,使得她们在面临家庭和事业的选择时,没有和丈夫争取属于自己的权利,而是顺着传统的性别分工继续她们的生活。所以从社会性别视角来看"男主外,女主内"的模式应该要不断地挑战,把女性从家务中解放出来,实现自身的价值。

婚姻家庭,是以存在劳动和角色的社会性别分工为前提,也是既定的社会性别观念的产物。有了传统的性别分工和传统的性别观念,会导致女性在家庭中面临角色整合与冲突。女性即使有同时兼顾家庭和事业的意识,但是在面临选择时,还是会受传统的性别分工和观念的影响,使得女性面临着家庭角色和职业角色的冲突,有些女性选择了事业,导致的结果大多以离婚收场,而选择家庭的女性选择了放弃追求事业的成功。古德在《家庭》中说:"人

---

❶ 胡克斯.女权主义理论——从边缘到中心[M].晓征,平林,译.南京:江苏人民出版社,2001.

们在社会化过程中,经历和学习了家庭权利与义务的诸多规则,并逐步接受和认可了这些规则。也就是说,这些规则在潜移默化着每一个人对这种家庭模式的向往。"❶说明人在接受社会化过程中所接受的规则和观念对人的影响是很重要的。所以说有一部分女生认为家庭比事业重要的意识是可以理解的。

4.5 研究总结和结论

总的来说,女生在参政方面的意识比较薄弱,对待政治的态度没有那么积极,政治期望也不是很高,参政意愿不强烈。在就业意识中,就业准备意识不强,比较喜欢稳定的工作,倾向于选择中小城市发展,就业心态不乐观。在婚姻自主权和生育自主权方面缺乏自主意识,但是在家庭事务决定权、家庭经济权的管理和理想的家务分工模式的选择上都是倾向于夫妻双方一起决定一起承担,说明女生有追求男女平等的家庭地位意识。在家庭与事业的权衡意识中,大部分的女生倾向于选择家庭和事业同时兼顾。

总的来说,女生和男生在社会性别意识方面确实存在不同程度的差异。①在参政意识方面。女生和男生在参政意识方面是存在显著差异的,男生的参政意识要高于女生,具体表现在男生对政治的关注高于女生;男生的政治期望高于女生;男生的参政意愿比女生强。②在就业意识方面。男女在就业意识中除了就业准备没有显著差异外,其他方面选择还是有差异的,男生的就业心态比女生乐观,就业薪酬期望也高于女生。男生更倾向于到大城市就业,而女生更倾向于到中小城市发展。男生倾向于选择党政机关和民营企业的单位类型的比例高于女生。③在婚育权意识方面。男生和女生在婚育权意识方面也表现出不同程度的差异,男生比女生的婚姻自主性更强;男生更倾向于对家庭经济权的掌控,男生更倾向于女性做更多的家务劳动,更倾向于在生育中占主导地位等。说明男生的婚育观念较女生更传统,因为女性除了婚姻和生育自主权的自主性不强之外,都比较倾向于男女平等的家庭地位。男生和女生在事业与家庭的选择偏向中有差异。男生比女生更偏向于"男主外,女主内"的分工模式。男生的传统观念比女生还要强烈。

---

❶ 古德.家庭[M].北京:社会科学文献出版社,1986:17.

从女性社会性别意识的回归分析结果发现,女生的年龄、专业、成长环境、政治面貌、学生干部身份、父母职业、父母教育程度和政治面貌都在不同程度地对女生的社会性别意识产生一定的影响。

对于女生产生的社会性别意识问题,本文有针对性地做出了原因分析。从原因分析中发现,虽然这些原因各有不同,但是在本质上有共性,相互之间有联系,也有沟通和交流。本文发现女生的社会性别意识的薄弱主要是由传统的社会性别分工和传统的观念造成的,对于这些理论内在的联系和沟通交流,本文在下文会进行讨论。

5 理论思考和教育的反思

5.1 理论思考

从上述对女生社会性别意识的研究总结中可知,总体来说女生在参政意识、就业意识、婚育权意识方面比较传统,传统社会分工和传统性别观念两个方面是造成女生社会性别意识不强的主要原因。

(1)有关传统的社会分工。有关社会分工的讨论,埃米尔·涂尔干在《社会分工论》一书中论述过社会分工的原因、条件以及所产生的影响。他认为劳动分工并不是纯粹的经济现象,并指出由于人口密度大、个人异质性及人们追求进步和幸福的动力产生了社会分工。他指出分工就像社会的纽带,所以称为"有机团结"。他从大脑容量角度阐释了由于人和人的脑量差别大,所以人在社会分工中的差异也很显著,近代社会是差异的社会。并指出社会分工促进了社会的分化,社会分化促进了社会的分层;由于社会分工的发展,人们在意识、信仰方面的差异也日益增大。从他的论述中,我们知道他受到了进化论的影响,认为人的智商和能力的差异产生,社会分工和社会分化,进而促进了社会分层的产生。反思现在的男性社会地位高于女性的社会事实,可以理解为女性的智商和能力不如男性,所以在社会分工中有显著的差异,久而久之,女性的社会地位就低于男性了,所以就造成了现在社会中男女地位的不平等。

到了20世纪70年代,女性主义者海迪·哈特曼提出"二元制理论",她阐释了由于父权制度,劳动分工是有性别等级的,男性在这个等级的上面,而女性在底层,这种性别劳动分工等级使得女性处于不平等的社会地位;由于资本主义制度和父权制的相互影响,共同产生了资本主义条件下的女性附属地位。女性的这种屈从地位使得她们在劳动力市场上处于劣势地位。"二元制理论"强调了性别分工的不平等导致了女性在经济领域的劣势地位。韩贺南等在《女性学导论》中对这种"二元制理论"也进行了论述,他认为体制内就存在着父权制与资本主义制度相互交织的特有机制。这种机制强调女性的主要责任是生育和做家务,导致了女性在劳动力市场中的弱势。❶

(2)有关社会性别观念。古德在其书《家庭》中认为男女的社会分工主要是文化观所决定的。毋庸置疑,男女确实存在一些生理差别,但是人类的文化价值观念和伦理道德规范显然已将这类差别扩大到了无以复加的地步。他反对生物决定论,不认同男女两性由于生理原因导致男女工作的差异化,并认为大多数男女都可以干好几乎一切的工作,男女能力和才干上的生物差别对两性做好各种工作所产生的影响微乎其微。他认为是社会文化观念把这种性别分工扩大化了。他又强调了性别分工的总规则是非常明显的。在所有社会中,两性在社会化过程中很早就知道了哪些工作领域是属于自己的,并认为这类分工是合适的,人们理所当然地认为性别分工是"天生的"。他认为男孩和女孩从很小就要学习并获得社会所认可的性别角色,在两个不同的性别行为中,男性或女性都更强调其中的一类行为。他甚至在书中提出:"在人们期望中男子将注意力更多地放在工作上,放在家庭以外的事情上,如政治、战争、兴邦建国、积累财富等;人们期望妇女将注意力更多地放在生儿育女和家务劳动方面。"❷说明了他更强调是后天的社会化中的性别观念影响了男女的社会分工。

默多克(G. Murdock)在《社会结构》这本书中指出,根据已有的资料,在3/4以上的社会里,妇女大多从事这类工作:碾米、担水、做饭、储存食物、做衣服、缝补衣服、织布、编席子、编筐、采集食物、制作陶器。在许多社会中,男子所分配的工作有:放牧、打猎、捕鱼、伐木、开矿、采石、制造金属器皿、制作乐器、干木工活、建造房屋等。按照生物决定论的观点来评价,男性力气大,强壮,所以干的工作都是体力活,而女性力气小,需要生养小孩,所以干离家近

---

❶ 韩贺南,张健.女性学导论[M].北京:教育科学出版社,2001:103.
❷ 古德.家庭[M].北京:社会科学文献出版社,1986:125.

的不需要力气或力气比较小的工作。默多克在《社会结构》中记载,女性的工作都是离家很近的,其中一些工作需要力气,男性的工作大都需要离家或者力气大;但是有些工作比如制作乐器,不需要体力也不需要离家。从男女两性从事的工作可以看出,男子可以做女子所干的一切活,但他们却不做;而那些纯属男子干的活,女人也可以干。可以说分工不是完全根据能力大小的合理判断的,也不是建立在生物学基础之上。这也更能说明社会性别分工之所以得到延续和巩固,根本原因还是社会性别观念的影响和制约。从社会性别的角度看,人类历史的发展可以归结为母系制社会、父系制社会以及人类两性平等社会。目前人类社会正处于从父系制社会向人类两性平等社会过渡的阶段。中国两千多年的封建社会,把父权制抬到了很高的地位,"男尊女卑""男强女弱""男外女内"也就成了传统的性别观念。这种性别观念根深蒂固,它有形或无形地渗透在男女两性的社会性别意识中,阻碍了社会性别意识主流化,从而进一步影响了女性的社会参与行为,又在一定程度上促进了男女地位不平等的社会事实。

综上所述,从造成女性社会地位低于男性的原因分析中,发现有一条清晰的思路是先有社会分工,后才有社会性别分工的观念,然后这种观念在影响人们的社会性别分工,造就了男女社会地位的不平等。本文从社会性别和男女平等两个视角出发,认为男女两性都是平等的个体,都应该具备先进的社会性别意识,但是研究发现由于社会性别分工、社会性别观念及现实社会中男性在参政这个政治权力领域、就业这个经济领域、婚姻家庭领域的地位高于女性等因素制约了女生社会性别意识,导致了女生的社会性别意识较弱,而女生较弱的社会性别意识在一定程度上又对其参与社会的政治权力和就业经济领域产生了一定的制约作用,导致女性在参政和就业方面的行为不如男性,从而进入男女不平等的死循环中。据上述的理论思考和本文的研究,我们做出了以下一个理论框架或者理论模型。如图3所示。

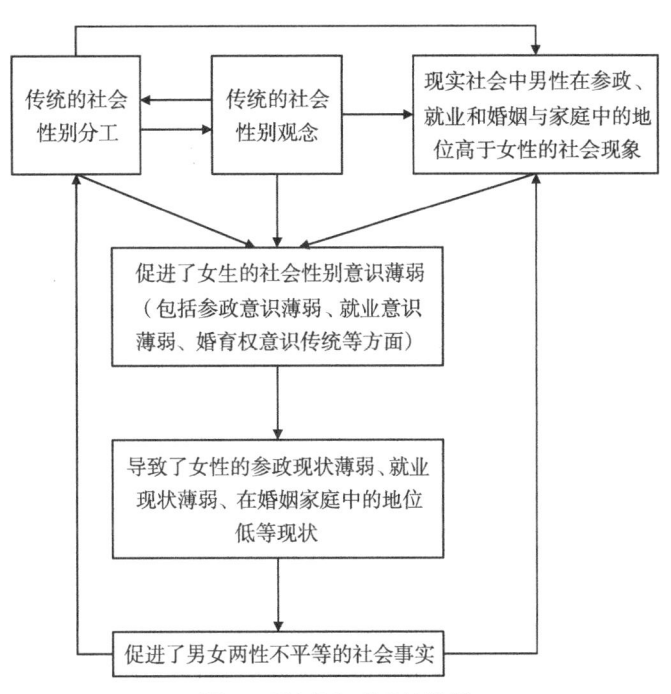

图 3　理论框架或理论模型

从图 3 可知,传统的社会性别分工、传统的社会性别观念和现实社会中男性在参政、就业和婚姻家庭中的地位高于女性的社会现象都在一定程度上影响着女生的社会性别意识。本文研究发现,女生的参政意识和就业意识确实比较薄弱,但是在婚育权方面的家庭事务决定权意识、家庭经济权意识、家务分工模式的倾向意识都是倾向平等的,说明女生想要追求平等的家庭地位。但是社会学认为,职业结构在很大程度上反映了人们的社会地位结构,不管男人或女人,只有较高的职业地位,才能有较高的社会地位,也才能实现家庭地位的平等。所以说女生如果没有较高的参政意识,不能进入政治权力领域,就不能代表女性的利益。没有较高的就业意识,不能进入较高的职业地位,就不能实现女性的经济独立和强大。光有较高的家庭地位平等的意识是不能改变女性地位低的现实的。所以归根到底,女生必须有较高的参政意识和就业意识,积极从政,主动追求事业的成功,才能从根本上改变女性的社会地位。而女生正处于在高校接受教育的阶段,准备面临工作和婚姻家庭的选择,所以有必要对女生进行社会性别意识的培养和教育,不断提高她们的社会性别意识,让先进的社会性别意识影响她们的行为,从而改善男女两性不平等的格局。

5.2 教育的反思

社会性别意识的形成是一种社会化的、文化观念的和个体心理的产物,是社会性别存在的反映。观念和意识与物质和制度方面的改变相比,更难改变的是观念和意识。所以沿袭了千百年的传统社会性别观念的作用既是强大的,又是潜移默化的。它在不言中要求女性的遵从,无情地损害者女性的权利。高校女生作为面向未来社会的女性精英,我们有必要关注女生在高校接受教育过程中对其社会性别意识的培养和发展。

(1)高校对社会性别意识培养的缺失。

学校是个体社会化过程中比较重要的一个环境,所以高校的培养形式和各种观念的输入对女生的价值观起到很大的启蒙作用。在本文的研究中,发现女生的社会性别意识并没有因为在学校的时间越长而有所改变,说明高校在育人的过程中,并没有把社会性别意识输入高校教育或者校园文化中,正如女性主义者认为学校教育机构总是不断地在生产性别差异和性别刻板角色,学生很少处在培养性别公平的环境之中。❶

(2)高校的社会性别教育对大学生的影响。

从图3可知,要想改变男女不平等的地位,必须先让女生有先进的社会性别意识,才能不断加强她们参与政治权力领域、就业经济领域的行为。而高校无疑是承担培养女生先进的社会性别意识的一个重要机构。把社会性别意识应用于当代大学生的培养更有助于改造男生的传统性别观念。本文研究发现男生在婚育权意识方面比较传统,甚至比女生还传统,所以男生的社会性别意识也需要改善,如果男生也有社会性别意识,那么以后对待未来妻子在参政和就业方面就会表示更多地支持,也更乐意接受平等的婚姻家庭地位模式,这对于促进男女地位的平等有很大的现实意义。古德在《家庭》中也指出:"无论男女,受教育的程度越高,他们就越容易接受平等的观念,即认为丈夫和妻子应平等地享有财物和权威。"❷具有社会性别意识的教育作为一种

---

❶ 王裙.阅读高等教育:基于女性主义认识论的视角[M].天津:天津人民出版社,2007:14.

❷ 古德.家庭[M].北京:社会科学文献出版社,1986:137.

"催化剂"(catalyst)正在减少性别的不平等现象。它对女性自身地位的提高、幸福感的提升以及改善女性就业现状起着促进作用。说明具有社会性别意识的高校教育对学生的影响是很大的。女生如果能得到高校的社会性别意识的培养和教育,那么她们的社会性别意识一定会有所提高,较强的社会性别意识更能让女生对参政和就业方面的自主性增强,进而改变这种男强女弱的格局。正如西蒙娜·德·波伏娃在小说《第二性》中,这么写道:

如我们所见,使女人注定成为附庸的祸根在于她没有可能做任何事这一事实;当她成为生产性的、主动的人时,她会重新获得超越性;她会通过设计具体地去肯定她的主体地位;她会去尝试认识与她所追求的目标、与她所拥有的金钱和权力相关的责任。❶

(3)高校引入社会性别意识培养的必要性。

大学生是同龄人中具有较高文化程度和素质的群体,通过对男女学生社会性别意识的教育和培养,能让他们树立先进的性别意识,而且还能够通过他们把社会性别意识传播到社会的各个领域以及他们的下一代。把社会性别意识应用于当代大学生的培养是非常有必要的。因为社会的发展由男女两性的协调发展为前提,只有促进他们培养先进的社会性别意识,才能从根源上消除造成男女社会地位不平等的事实。而且基于社会性别意识的培养对大学生社会性别意识的建构是很有用的,所以把社会性别意识纳入高校的教育是一个现实而又十分重要的紧迫工作。

---

❶ 马建青,严立芬.女研究生婚恋观现状与特点探析[J].高等教育研究,1999:59-63.

附录二 广西高校女生的社会性别意识状况调查问卷

亲爱的同学：

您好！首先，对您的支持与合作表示诚挚的谢意。为了给毕业论文提供更加完整、可靠的数据资料，真实地反映当前广西高校女生的社会性别意识状况以及存在的问题的需要，故在广西大学在校生范围内抽样开展本次问卷调查。本次问卷采取无记名的方式填写，所有数据将由计算机统一处理，仅供学术研究之用，请您不必有任何顾虑。请您真实地回答问卷中的问题，因为您的真实数据资料对研究非常有用，再次对您的合作与支持表示由衷的谢意，祝您一切顺利！

（备注：以下没有特别说明的均为单项选择题，请在符合您的选项前打"√"，答案只代表个人情况，没有对错之分。）只须用红颜色把所选择的答案标红就可以了。

编号：_____（不需要填写）_____

A. 个人基本信息

A1. 您的年龄：_____岁

A2. 您的民族：_____族

A3. 您的年级：_____
1. 大一　2. 大二　3. 大三　4. 大四　5. 研一
6. 研二　7. 研三　8. 博一　9. 博二　10. 博三

A4. 您的专业：_____
1. 工科类
2. 理科类
3. 文科类
4. 其他

A5. 您是独生子女吗？_____

1. 是
2. 否

A6. 您的成长环境：_____

1. 城市
2. 县城
3. 乡镇
4. 农村

A7. 您目前的政治面貌：_____

1. 共青团员
2. 共产党员
3. 群众

A8. 您是否担任过学生干部？_____

1. 是
2. 否

A9. 您每月的生活费：_____元

A10. 您16岁时,您父亲的职业：_____

1. 国家机关、党群组织、企业、事业单位负责人
2. 专业技术人员
3. 办事人员或有关人员
4. 商业、服务业人员
5. 农、林、牧、渔、水利业生产人员
6. 生产、运输设备操作人员及有关人员
7. 军人
8. 不便分类的其他从业人员

A11. 您16岁时,您母亲的职业:_____

1. 国家机关、党群组织、企业、事业单位负责人
2. 专业技术人员
3. 办事人员或有关人员
4. 商业、服务业人员
5. 农、林、牧、渔、水利业生产人员
6. 生产、运输设备操作人员及有关人员
7. 军人
8. 不便分类的其他从业人员

A12. 您16岁时,您父亲那时工作的单位或公司的单位类型是:_____

1. 党政机关
2. 企业
3. 事业单位
4. 社会团体
5. 无单位
6. 个体户
7. 军队
8. 其他(请注明:_____)

A13. 您16岁时,您母亲那时工作的单位或公司的单位类型是:_____

1. 党政机关
2. 企业
3. 事业单位
4. 社会团体
5. 无单位
6. 个体户
7. 军队
8. 其他(请注明:_____)

A14. 您父亲目前的最高教育程度是：_____

1. 没有受过任何教育
2. 小学
3. 初中
4. 高中
5. 中专
6. 技校
7. 专科
8. 本科
9. 研究生以上

A15. 您母亲目前的最高教育程度是：_____

1. 没有受过任何教育
2. 小学
3. 初中
4. 高中
5. 中专
6. 技校
7. 专科
8. 本科
9. 研究生以上

A16. 您父亲的政治面貌是：_____

1. 共青团员
2. 民主党派
3. 共产党员
4. 群众

A17. 您母亲的政治面貌是：_____

1. 共青团员
2. 民主党派

3. 共产党员
4. 群众

B. 个人的就业意识状况

B1. 您有过职业生涯规划吗？_____
1. 没有想过
2. 想过,但是没有做
3. 做过

B2. 您是否关注过就业信息？_____
1. 经常
2. 偶尔
3. 很少
4. 没有(请跳至第B4题)

B3. 您从什么时候开始关注就业信息？_____
1. 大一
2. 大二
3. 大三
4. 大四
5. 研一
6. 研二
7. 研三
8. 博一
9. 博二
10. 博三

B4. 您有为就业做过准备吗？_____
1. 有
2. 没有(请跳至第B6题)

B5. 您主要从哪方面开始为就业做准备？_____

1. 刻苦学习,努力提高学习成绩
2. 考取各种资格证书
3. 积极参加社会活动,了解社会
4. 经常了解就业信息
5. 其他_____

B6. 您是否了解当前社会对所学专业应聘人才方面要求是什么？_____

1. 了解
2. 大概了解
3. 不太了解
4. 不了解(请跳至第B8题)

B7. 您有没有依据社会对所学专业应聘人才的需求而培养自身能力？_____

1. 不太了解市场需求
2. 现在培养为时过早
3. 一直在关注并提升
4. 有此愿望但没有行动

B8. 您认为性别是否会影响您将来的职业生涯规划或者抉择？_____

1. 会
2. 不会
3. 不知道

B9. 假设当您遇到职业抉择时,对您择业影响最大的人是？_____

1. 父母或其他亲戚
2. 自己
3. 男朋友或老公
4. 学校老师
5. 其他

B10. 您对女毕业生就业形势的态度是？_____
1. 通过努力应该可找到工作
2. 现在就业困难比较大
3. 对就业形势很担忧
4. 乐观
5. 其他_____

B11. 您是否认同女生就业竞争力不如男生的观点？_____
1. 认同
2. 不认同
3. 因人而异
4. 不知道

B12. 您对您的就业心态是什么？_____
1. 很有信心
2. 较有信心
3. 一般性
4. 较无信心
5. 很没信心
6. 不知道

B13. 您对目前日趋激烈的就业竞争的心态是？_____
1. 很有信心
2. 较有信心
3. 一般性
4. 较无信心
5. 很没信心
6. 不知道

B14. 您对就业和择业的关系是何种想法？_____
1. 先就业,后择业
2. 先择业,后就业

3. 不清楚

4. 其他

B15. 您对职业单位的选择倾向是？_____

1. 党政机关

2. 事业单位

3. 国有企业

4. 民营企业

5. 外资企业

6. 社会团体

7. 无单位/自雇/自办（合伙）企业

8. 军队

B16. 在就业区域选择上，您会倾向选择？_____

1. 国外

2. 大城市

3. 中小城市

4. 县城

5. 农村

B17. 您选择职业的标准是？_____

1. 稳定性

2. 福利

3. 单位的前景

4. 月薪

5. 深造机会

6. 具有挑战性

7. 工作有趣

8. 轻松性

9. 能发挥能力和个性

10. 社会需要和贡献性

B18. 您希望您的工作月薪大概是多少元？_____元（自己填写）

B19. 您个人就业的主要目的是什么？_____（最多选两项）
1. 实现自身价值
2. 为生计需要
3. 为追求更高水平的物质享受
4. 为发展自己的兴趣爱好
5. 为社会做贡献
6. 为施展能力和完善人格
7. 为提高社会地位
8. 为建立家庭奠定基础

C. 个人的参政意识现状

C1. 您是否关注国家政治事项？_____
1. 经常关注
2. 比较关注
3. 偶尔关注
4. 不关注（请跳至第C3题）

C2. 您关注的主要原因是？_____（最多选两项）
1. 受周围人的影响，形成了习惯
2. 对专业方面的学习有帮助
3. 作为公民，有责任了解国家动向
4. 出于自身的兴趣
5. 无聊的时候看看而已
6. 纯粹为了应付考试
7. 其他

C3. 您是否参与过政治问题的讨论或评论？_____
1. 从未参与（请跳至第C5题）

2. 很少参与

3. 经常参与

4. 其他(请补充_____)

C4. 您参与政治问题的讨论或评论的主要原因是？_____（最多选两项）

1. 个人的情感共鸣或有自己的不同见解
2. 希望唤醒更多人甚至政府的重视
3. 凑热闹而已或宣泄情绪
4. 国家兴亡,匹夫有责
5. 关系到个人切身利益
6. 为了公平和正义

C5. 您不参与政治问题讨论或评论的主要原因是？_____（最多选两项）

1. 跟我没关系,没有兴趣
2. 不懂相关知识和背景,不知道该讨论什么
3. 担心言论被屏蔽或招惹麻烦
4. 对于在网上发表评论的功能还不太熟悉
5. 这些讨论或评论用处不大
6. 其他(请补充_____)

C6. 如果有机会参与投票选举人大代表或者领导者等,您是？_____

1. 肯定参与投票
2. 不一定投票
3. 请人代投票
4. 从不参与投票

C7. 您同意"女性应该对国事家事天下事,事事关心"的观点吗？_____

1. 完全同意
2. 有些同意
3. 很难说

4. 不太同意

5. 完全不同意

C8. 如果有机会,您会选择参加有关政治的工作或活动吗? _____

1. 一定会

2. 视情况,可能会

3. 不确定

4. 一定不会(请跳至第C10题)

C9. 您觉得影响您参加的主要因素是? _____ (最多选两项)

1. 提升社会的女性意识和地位

2. 体现自己的社会价值和影响

3. 兴趣爱好

4. 亲戚朋友中有人参政

5. 专业因素

C10. 您觉得您的政治期望值有多高? _____

1. 很高

2. 比较高

3. 一般

4. 不高

5. 几乎没有(请跳至第C12题)

6. 不知道(请跳至第C12题)

C11. 您认为影响您参政意识塑造的主要因素? _____ (最多选两项)

1. 家庭成长环境

2. 大学所学专业

3. 职业发展规划与机会

4. 个人领导素养

5. 自我成长目标

6. 其他(请补充_____)

C12. 您认为我国的女性积极参政吗？_____

1. 积极（请跳至第C14题）
2. 一般
3. 不积极
4. 不清楚（请跳至第C14题）

C13. 您认为女性不积极参政的主要原因？_____

1. 女性的职业特点不适合参政
2. 没有参政方面的专业知识
3. 事业和家庭难以兼顾
4. 就算参政也起不了什么作用
5. 其他原因

C14. 您认为相对于男性，女性的参政意识和热情？_____

1. 更高
2. 不相上下
3. 较弱
4. 不清楚

C15. 您认为相对于男性，女性的参政能力与水平？_____

1. 更高
2. 不相上下
3. 较弱
4. 不清楚

C16. 您认为我国女性的政治地位和影响力如何？_____

1. 已经很高
2. 比较高
3. 一般
4. 很低
5. 不清楚

C17. 您认为存在哪些主要因素束缚女性参政？_____

1. 性别歧视
2. 家庭因素的阻力
3. 妇女自身竞争意识不强
4. 社会参与度低
5. 自身能力不足
6. 女性不适合政治舞台
7. 社会制度因素

C18. 您认为女性的参政意识和能力等需要专门培训、学习吗？_____

1. 非常必要
2. 必要
3. 可以不要（请跳至第C20题）
4. 根本不需要（请跳至第C20题）
5. 不清楚（请跳至第C20题）

C19. 您认为女性参政意识和能力的培养应该从什么阶段开始？_____

1. 中学以后
2. 大学
3. 工作以后
4. 成为基层领导以后
5. 成为中层领导以后

C20. 您认为促进女性参政程度的关键要素是提高女性的？_____

1. 参政意识
2. 领导能力
3. 组织的制度性保障
4. 学习能力
5. 其他

D. 婚姻家庭权意识状况

D1. 您觉得您的婚姻能自己做主吗？_____
1. 能自己做主，不需要和任何人商量
2. 同家人商量后自己决定
3. 同家人商量后家人决定
4. 父母包办
5. 不清楚

D2. 您赞成"结婚是个人的选择，所以结婚不结婚都可以"的观点吗？_____
1. 赞成
2. 较赞成
3. 较反对
4. 反对
5. 讲不清

D3. 您赞成"女性的幸福在于结婚，所以女性还是结婚为好"的观点吗？_____
1. 赞成
2. 较赞成
3. 较反对
4. 反对
5. 讲不清

D4. 您赞成"在当今社会离婚通常对女性不利"的观点吗？_____
1. 赞成
2. 较赞成
3. 较反对
4. 反对
5. 讲不清

续表

D5. 您赞成"为了孩子的身心健康,夫妻即使感情破裂也应维持婚姻"观点吗?_____

1. 赞成
2. 较赞成
3. 较反对
4. 反对
5. 讲不清

D6. 在家庭事务的决定上,您理想的模式是以谁的意见为主?_____

1. 丈夫
2. 妻子
3. 夫妻共同决定
4. 谁对就听谁的

D7. 在家庭重大开支上,您觉得由谁支配比较合适?_____

1. 妻子做主,丈夫同意
2. 丈夫做主,妻子同意
3. 夫妻共同决定
4. 妻子做主
5. 丈夫做主

D8. 在家庭财政大权上,您觉得由谁掌控合适?_____

1. 妻子做主,丈夫同意
2. 丈夫做主,妻子同意
3. 夫妻共同决定
4. 妻子做主
5. 丈夫做主

D9. 您理想的家务分工模式是?_____

1. 完全由丈夫承担
2. 完全由妻子承担

3. 丈夫承担大部分

4. 妻子承担大部分

5. 双方共同承担

6. 谁有空谁承担

D10. 在现实中,您父母的家务分工模式是? _____

1. 完全由父亲承担

2. 完全由母亲承担

3. 父亲承担大部分

4. 母亲承担大部分

5. 双方共同承担

6. 谁有空谁承担

D11. 您赞成"家庭中女比男强,好景不长"的观点吗? _____

1. 赞成

2. 较赞成

3. 较反对

4. 反对

5. 讲不清

D12. 您赞成"生不生孩子,妻子自己能决定,与丈夫无关或与其他亲属无关"的观点吗? _____

1. 赞成

2. 较赞成

3. 较反对

4. 反对

5. 讲不清

D13. 您觉得男性和女性在生育决策(生不生小孩,生育多少等)上,谁占主导地位? _____

1. 男性

2. 女性

3. 同等地位
4. 无所谓
5. 讲不清

D14. 您赞同"结婚未必一定要孩子"的观点吗？_____
1. 赞成
2. 较赞成
3. 较反对
4. 反对
5. 讲不清

D15. 您赞成"没有孩子的婚姻是不完美的"的观点吗？_____
1. 赞成
2. 较赞成
3. 较反对
4. 反对
5. 讲不清

D16. 您认为生育子女的主要原因是：_____（可多选）
1. 传宗接代
2. 养儿防老
3. 巩固夫妻感情,增添家庭乐趣
4. 增加劳动力
5. 社会的压力
6. 喜欢小孩子
7. 其他

D17. 您认为影响您生育的主要因素是：_____（可多选）
1. 养育孩子的费用
2. 经济与居住条件
3. 是否结婚
4. 结婚的时间

5. 社会风气

6. 国家政策

7. 身体

8. 求学工作传统观念

9. 是否有教育孩子的时间

10. 其他

D18. 您觉得主要由谁照料小孩比较好呢？_____

1. 丈夫

2. 妻子

3. 共同照料

4. 谁有时间谁照料

D19. 您觉得小孩的教育辅导主要由谁承担？_____

1. 丈夫

2. 妻子

3. 共同分担

4. 谁有时间谁承担

D20. 您觉得抚养小孩的经济费用主要由谁承担？_____

1. 丈夫

2. 妻子

3. 共同分担

4. 谁有能力谁承担

E. 个人对就业与照顾家庭两者之间权衡的意识状况

E1. 您是否同意以下说法：

—	完全不同意	比较不同意	无所谓同意不同意	比较同意	完全同意
1. 男人以事业为重，女人以家庭为重	1	2	3	4	5

续表

一	完全不同意	比较不同意	无所谓同意不同意	比较同意	完全同意
2. 相夫教子是女性生命中最重要的工作	1	2	3	4	5
3. 干得好不如嫁得好	1	2	3	4	5
4. 在经济不景气时,应该先解雇女性员工,让女性回归家庭	1	2	3	4	5
5. 男人养家糊口,女人相夫教子是合理的社会分工	1	2	3	4	5

E2. 如果您的配偶收入足够或家里有大量的钱财,您是否还会工作？_____

1. 会
2. 视情况而定
3. 不会
4. 无所谓
5. 不知道

E3. 如果您未来丈夫的薪水能够让您过上宽裕的生活,要求您做全职太太,您会同意吗？_____

1. 非常同意
2. 比较同意
3. 说不上同意不同意
4. 比较不同意
5. 非常不同意

E4. 有人提出:在当前的就业压力下,应该让孕产期的女性回家生育孩子,等孩子3岁左右再重返职场。您认可这个观点吗？_____

1. 认可
2. 不认可
3. 视情况而定

4. 无所谓

E5. 您认可"男主外,女主内"的家庭模式吗？_____
1. 认可
2. 不认可
3. 视情况而定
4. 无所谓

E6. 您赞成"女性结婚后应以丈夫和孩子为中心安排生活"的观点吗？_____
1. 赞成
2. 较赞成
3. 较反对
4. 反对
5. 讲不清

E7. 您赞成"女性可以有工作,但家务、育儿应该做好"的观点吗？_____
1. 赞成
2. 较赞成
3. 较反对
4. 反对
5. 讲不清

E8. 如果今后家庭和工作发生了冲突您会怎么办？_____
1. 辞职回家
2. 主要以家庭为主
3. 主要以工作为主
4. 视情况而定
5. 不清楚